美国法的变迁 1780-1860

雅理译丛

雅理译丛

田雷 主编

雅理

其理正，其言雅

理正言雅

即将至正之理以至雅之言所表达

是谓　雅理译丛

The Transformation of
American Law
1780-1860

美国法的变迁 1780-1860

中文修订版

〔美〕莫顿 · J. 霍维茨　著
谢鸿飞　译

中国政法大学出版社
2019 · 北京

版权登记号：图字 01-2015-4966 号

图书在版编目（CIP）数据

美国法的变迁：1780-1860 /（美）莫顿·J.霍维茨著；谢鸿飞译. --北京：中国政法大学出版社，2019.5
ISBN 978-7-5620-8970-4

Ⅰ.①美… Ⅱ.①莫… ②谢… Ⅲ.①法制史－美国－1780-1860 Ⅳ.D971.29

中国版本图书馆CIP数据核字(2019)第072697号

出版者	中国政法大学出版社
地址	北京市海淀区西土城路 25 号
邮寄地址	北京 100088 信箱 8034 分箱　邮编 100088
网址	http://www.cuplpress.com（网络实名：中国政法大学出版社）
电话	010-58908524(编辑部) 58908334(邮购部)
承印	北京中科印刷有限公司
开本	880mm×1230mm 1/32
印张	16
字数	345 千字
版次	2019 年 5 月第 1 版
印次	2019 年 5 月第 1 次印刷
定价	79.00 元

献给桑德拉（Sandra）

凡例

1. 本书根据 Harvard University Press 1977 年版翻译。原书名为 *The Transformation of American Law*，1780 – 1860. 作者为 Morton J. Horwitz.

2. 书中人名除约定俗成的外，依据新华通讯社译名资料《英语姓名译名手册》（第二次修订本，商务印书馆 1997 年版）译出。

3. 本书注释中的页码和索引中的页码为原书页码，即本书边码。原书注释为尾注，本书改为脚注。本书脚注也标注边码。

4. 对某些术语，译者增加了注释。视注释的性质与长短，译注分文中夹注和脚注两种，均标明“译者注”，且脚注用 * 号标明。

致谢

本书的第一章、第二章、第八章全部和第六章的一部分先前曾分别发表于《美国史观察》(*Perspective of American History*)、《芝加哥大学法律评论》(*University of Chicago Law Review*)、《美国法律史研究》(*American Journal of Legal History*) 以及《哈佛大学法律评论》(Harvard *Law Review*)。

我衷心感谢以下机构允许我使用并引用它们保存的手稿:哈佛大学法学院图书馆、纽约历史协会、威廉和玛丽大学的斯韦姆(Swem)图书馆、马萨诸塞州历史协会。艾里卡·查德伯恩(Erika Chadbourn)、伊迪丝·亨德森(Edith Henderson)和哈佛大学法学院图书馆的玛格丽特·穆迪(Margaret Moody)为我提供了多方面的帮助。查尔斯·卡伦(Charles Cullen)的《约翰·马歇尔文集》(*The Papers of John Marshall*)对我帮助也很大。

我的秘书玛丽·马隆(Mary Malone)、苏姗·莱文(Susan Levin)以及研究助理约翰·费希尔(John Fisher)、罗伯特·罗森(Robert Rosen)、斯蒂芬·耶泽勒(Stephen Yeazell)投入了大

量的时间和精力。

我的一些同事雅正了本书的部分手稿：约翰·P. 道森（John P. Dawson）、安德鲁·考夫曼（Andrew Kaufman）和罗伯特·基顿（Robert Keeton）、邓肯·肯尼迪（Duncan Kennedy）、阿尔弗雷德·科恩弗斯凯（Alfred Konefsky）和威廉·内尔森（William Nelson）。在本书写作的各个阶段，他们对本书提出了尖锐的批评意见。内尔森教授还惠赐我分享其对马萨诸塞州法院档案的研究成果。本套丛书的主编斯坦利·N. 卡茨（Stanley N. Katz）多年来一直给予我支持和帮助。

我也感谢以下机构对本人研究的慷慨支持：拉塞尔·塞奇（Russell Sage）基金、哈佛大学法学院的查尔斯·沃伦（Charles Warren）基金、美国哲学协会（American Philosophical Society）以及国家人文科学捐赠基金（National Endowment for Humanities）。哈佛大学法学院主任艾伯特·M. 萨克斯（Albert M. Sacks）对本人学术努力的坚定支持，我也想表示谢意。

最后，我想感谢哈佛大学出版社的支持。感谢本书的编辑艾达·唐纳德（Aida Donald）和约翰·瑞安（Joan Ryan）。感谢为本书编制索引的南希·多诺万（Nancy Donovan）。

前言

对于本书，我最大的愿望是，让专业史学家和其他未受过法学教育的学者易于理解专业的、晦涩的美国法律史。然而，每个撰写学科专史的学者，都会因面对不同的听众解说这一问题而变得敏感。不论是科学史、经济史或者法律史，史学家都要直面忠于该学科内在的技术结构这一问题，同时，他们又要提供一种可以衡量该学科重要性的更为一般性的视角。这样，他们就要不断面临这样的选择：如何在技术上达到这一目的。完全非专业的阐述，不仅不会给其他专家提供挑战或创作的必要材料，而且也没有给非专业人员提供该学科内在历史变化的基本内容和结构。排除这类（专业性）材料会误导读者，使其相信，他可以忽略一个学科的内在技术生命力是如何产生决定该学科历史性自治力量的。

每个专家都渴望让他自己从事的“神秘的科学”不再那么神秘。这个目标往往要求他努力把专业词汇和概念转变成更一般性的、容易理解的范畴。

我一直热切期望能达到通史学家的水平。然而，我意识到，普通读者会发现，就他们的阅读目的而言，本书的许多地方过于专业。我只能说，我已经尽量将很多我认为可能会给非专业人员带来不必要困难的专业问题限于注释中了。但是，我
xii 仍然保留了我认为对希望认真理解法律史的人而言必不可少的东西。

开始写这本书时，我的目的是研究私法（侵权法、合同法、财产法、商法）与19世纪经济变革之间的关系。我觉得，有关宪法对美国经济发展的影响，以及对宪法代表性特征的研究都已经过多了。确实，传统宪法史不仅包括了大量非典型的“重大判例”（great cases），而且也包括了那些无论是在智识史（intellectual history）方面，还是在作为社会控制样板方面都不具有代表性的宪法判例。事实上，在美国，宪法（constitutional law）代表了修辞传统（rhetorical tradition）所支持的短暂法律干预；对于更缓慢的（通常是更无意识的）法律变革进程而言，这一传统的指导是不可靠的。

但另一个更为重要的曲解是因为将宪法与“法律”过分等同而造成的。由于司法审查特殊的知识背景和制度背景，史学家对宪法的研究都集中在法律的否定功能上，更具体来说，集中在对制定法进行司法干预这种相当特殊的情境上。然而，在整个19世纪的大部分时间里，法院颁布和实施普通法规则，是法律适用的一种更为典型形式。因此，通过集中研究私法，我们可以研究法律、经济和社会互动更为普通的例子。

然而，我并没有涉及私法的所有领域，甚至没有涉及本研究时期明显相关的全部领域。排除的标准取决于某一特定领域的文献是否已经充分。如果现有的资料不仅揭示了法律与社会之间的高度敏感性，而且还能解决专业难题（它们通常会阻碍对法律问题的真实理解），在这个意义上，我想依赖这些资料。因此，比如关于公司法和劳动法已经有了大量出色的研究，本书就没有对它们作任何系统化的论述。

另一个标准也影响了我的选择。吸引我研究的领域是，史学家（事实上还包括大部分法律家）以经济发展、财富或政治权力分配的政策为标准，认为是中立的那些法律领域。在最一般性的历史研究中，诸如侵权和合同之类的法律领域，似乎是以与其内容和政策无关的方式处理的。就连那些总是致力于 xiii
研究镶嵌于当时法律规则中的政策的精明法律家，都倾向于用明显的、令人惊异的、沉闷的形式主义来研究法律史。

尽管如此，没有法律史学家不会认识到，某个特定时期的法律意识不只是那些当时影响法律的社会力量的总和。至少在短期看来，在观念是自治的这一意义上，法律是自治的。而且，法律职业的利益和意识形态的内在需要，使法律职业可以在社会力量与法律之间起到缓冲或过滤作用。这一进程不应与法律家调和各种对立社会力量的主张相混淆。这些主张是为了使法律在政治上中立，而且使其自我证明（self－justificatory）。相反，这一进程事实上承认，对创造一个中立的、非政治性的法律制度表象，法律家是有其自身利益的。

本研究试图挑战自第二次世界大战以来，一直在美国编史工作中占统治地位的某些“共识论”历史研究（“consensus” history）* 的特性。在该传统下，以下几个重大假设或结论是近年来关于本研究关注的特定时期（1780 年至 1860 年）的史学作品的标志性特征。首先，写于新政（New Deal）时期以及其后不久的这类作品，谴责新政的管制完全背离了美国政治传统中已经相当完善的不干预主义。这些作品试图含蓄地论证，管制性国家（regulatory state）事实上只是对政府干预主义早期形式的回归，而远远不是对以前一贯的自由放任的一个崭新背离。例如，汉德林斯（Handlins）与哈茨（Hartz）的研究成功地阐述了美国革命后政府对经济的系统管制模式，以及相当晚（1850 年）后自由放任思想的发展，而这一研究第一次从理论上反对政府行为。其他作者也揭示了，一种混合所有权形式——如在新发展起来的运河系统中——掩盖了早期对政府享有企业所有权的所有原则性反对意见。这一结论给我们的启发大概是，不存在自由放任的历史性准则，如果有的话，就是在界定政府与经济之间的合法关系时，自由放任思想本身代表的是这种关系中的偏差。这一过程为新政提供了自己的历史学谱系。

xiv 我本人对美国内战前的研究对推翻这些基本结论没有任何

---

* 第二次世界大战后在美国兴起的史学学派。代表人物是丹尼尔·布尔斯廷等。这一流派是在清理进步主义史学的基础上发展起来的，它强调美国社会的特点，认为美国社会是同质性较强的社会，美国的改革是在共同价值和法律框架中保守地进行的。美国历史的本质特征是其连续性和一致性。——译者注

帮助，而且，事实上，这些结论的每一点都得到了确认。而我反对的观点集中在这些史学家提出的问题和他们因此打造的分析结构上。大体上，“新政”史学家更关心找出政府干预的证据，而不是质问这些管制是为了谁的利益。令人吃惊的是，他们把所有国家干预的例子都同样用来证明他们的观点，事实上它们往往也可以作为证据，如果考虑到他们想问的问题本质上往往没有区别的话。

这种研究方法最重要的后果之一是，上一代史学著作往往忽略了政府行为影响美国社会的财富和权力分配的所有问题。他们往往假设，实质上所有的管制都是为大众利益制定的，但是，他们却从来没有为这一结论提供任何真实的标准。而且，他们表面上基本接受了政府行为支持者提出的修辞性的所谓公共利益理由。这一研究方法还经常产生惊人的矛盾，就像当莱昂那多·利维（Leonard Levy）运用汉德林斯的共和国（Commonwealth）（实质上是促进公众利益的国家）概念，以解释首席法官莱缪尔·肖（Lemuel Shaw）（1830 - 1860）在这一时期的司法权（Justiceship），汉德林斯等试图证明这一时期共和国理想正在瓦解。但是，利维在搜集肖和其同代人的言论方面和汉德林斯一样成功，这些言论（不是出人意外地）表明肖同样相信他的行为是为了公众利益。

另一个与促进经济发展有关的例子可以说明更早以前人们的政治范畴是如何决定了其历史性质的。如果我们对所有形式的政府干预同样感兴趣，那么，诸如建造运河是通过借债还是税收来融资的问题几乎就无关紧要了，因为这两种融资方式都同样表明了政府对经济发展的促进。但通过发行政府债券的方式融资被认为是避免税收的方式（随后通过征收通行费来清偿债务），在这一意义上，这种融资手段对实际上采纳的财富分配形式就可能具有重大意义。在超过一代人的时间内，马萨诸塞州的预算一直维持在133 000美元，这一事实使政府采用不涉及现金支出的方式——如特许权和垄断，来促进企业的发展。这里，问题又出现了：虽然任何一种促进方式都可能表明政府的能动性（activism），但很明确的是，不同方式对财富和
xv 权力分配的影响大相径庭。因此，举例来说，我们几乎不知道通过税收方式对财富分配的影响会是什么，因为这一系列问题似乎是毫不相干的。

在本书中，我试图表明，在美国内战前，关键性的选择之一是通过法律，而不是税收制度来促进美国经济的发展，在美国社会中，这一选择在财富和权力分配方面产生了重大影响。

本研究与（历史学家所采取的方法的）另外一个主要区别涉及对自由放任理念的使用。自进步主义史学家（Progressive historians）* 以来，这一理念就常常被用来反对政府管制经济，而且政府管制通常意味着缺少立法（制定法）和对经济的行

---

* 19世纪末20世纪初出现的美国史学主要流派。代表人物是特纳、比尔德等。它完成了美国史学由描述性史学向分析性史学的转型。史学家治史回应社会变革的热潮，因此获得了“进步主义史学家”的称号。进步主义史学的理论核心是社会进化论和社会冲突论。它强调美国社会存在各种社会斗争，这些斗争使美国不断文明化和民主化。——译者注

政干预。由于很少有史学家主要关心法官享有的普通法上的权力，他们也没有考虑在普通法的语境中使用自由放任这一观念。严格地说，除非法官拒绝执行所有的合同，拒绝对所有人身损害和财产损害作出赔偿判决，否则，自由放任的体制（regime）就不可能存在。然而，威拉德·赫斯特（Willard Hurst）使用的著名短语“能量的释放”正确地表明，在某些情形，法院的不作为甚至都可以是由发展目标推动的。在这个意义上，19世纪法官的合同观念（contractarian ideology）既是工具性的（在刺激经济发展的意义上），又是自由放任的（在对立法和行政管制怀有敌意的传统意义上）。简言之，在分析私法法官对侵权行为、合同和财产争议的判决行为时，自由放任范畴经常没有什么用，这主要是因为它没有区分发展目标和分配目标。它也忽略了把政府的管制任务主要交给法官的政治意义，而这常常是自由放任原则拥护者的真正目标。

然而，自由放任这一术语的模糊性却涉及这一时期编史中一个更深层的问题。“新政”史学家是否成功地将政府行为问题纳入到了一个一致的框架中？他们有什么证据证明其观点——未经区分地将大多数政府行为方式描述成是对公众利益的促进？

从我们这个时代的观点看，任何人都可能曾随意地把政府行为与促进某些抽象的公众利益等同，这似乎是不可思议的。xvi
但是，“共识论”史学家没有如此幼稚。原则上，他们承认强有力的利益团体可以把其自身的特殊利益转化成政府的政策。

但是，他们对美国社会的看法使任何这样的结果都变得不可能。无论他们的研究是否以一个相对同质的、没有冲突的社会为出发点，或者相反，以势均力敌的冲突群体之间同等仁爱的信仰为出发点，他们都从没有认真地怀疑过法律和政策可以精确地反映社会总体的一致需求。

对美国内战前社会的研究，尤其是法律冲突的研究，会诱使研究者把这些早期的历史描述成是属于意识形态的。在美国独立战争后的8年内，法律制度发生了重大变迁，这是各种社会斗争的方方面面在法律上的体现。社会冲突进入了法律渠道(这似乎有些神秘)，它不应隐藏这样的事实：这一过程已经出现了，而且还使新兴的企业和商业群体在美国社会获得了超额的财富和权力。

由此，法律管制的特性已经改变了，它也成了这些新权贵手中的主要工具。在这些群体经常运用诸如促进公众利益这种辞藻时——有什么自利群体不这样做——人们应当对其主张持怀疑态度。

从某种意义上讲，他们的主张是合理的。如果公众利益的唯一标准是经济发展的最大化，我们就可以举出这样一个事实：在革命后，美国法律制度为了促进发展目标而成功地转型了。但是，如果我们关注随之而来的经济财富和权利的分配结果——关注合法没收社会财富，或者关注在这一过程中因为经济发展而被强行征收并被补贴的受害人，那么，我们就很难将经济发展最大化描述为它体现了某些对社会客观需求的共识。[1]

---

〔1〕 在过去10年中，受科斯（R. H. Coase）开创性的论文"社会成本问题"（"The Problem of Social Cost"，3 *J. of Law & Econ.* 1，1960）的影响，对法律规范作经济学分析的文献已经相当多了。科斯证明，在当事人之间没有"交易成本"时——即当事人可以在没有成本的情况下进行交易——从效率角度看，哪方当事人承担法律责任是无关紧要的。这样，科斯定理就提醒法律史学家在解释法律变迁时应考虑经济效率。 xvi

另一方面，我们才开始意识到科斯定理建立在静态的模型上。既然法律规范确实决定了财富的分配，那么就存在与不同财富分配相关的各种配置结果，这些结果都是有效率的。例如，参见 Barker，"The Ideology of the Economic Analysis of Law，" 5 *Phios. & Public Aff.* 3（1975）；E. J. Mishan，"Pareto Optimality and the Law，" 19（N. S.）*Oxford Economic Papers* 225（1967）以及 *Cost－Benefit Analysis* 121－137（1971）. xvii

更具体的是，对19世纪的法官而言（非常重要）相当清楚的是，经济增长的动态目标是依据这样一个假定来理解的：不同的法律规则会对经济增长产生不同的影响，这取决于它们对财富再分配的作用以及它们鼓励投资的水平。参见 A. Hirschman，*The Strtegy of Economic Development* 55－61（1961）。总之，尽管有科斯定理，但明显的是，法律史学家将其常常提到的调整法律以促进经济增长的战略归于19世纪的法学家是正确的。

目　录

第一章

工具性法律观念的兴起

即使是对19世纪期间美国法律发展最跑马观花般的概览，也会印证丹尼尔·布尔斯庭（Daniel Boorstin）的观点，即它是若干真正“现代法律史中创造性爆发”中的一个。[1] 虽然其他历史学家把这个时期描绘成美国法律的“形成时期”或者“黄金时代”[2]，但是，何以在这个特定时期，法律制度扮演了这种具有创新性和改造性的角色，其原因尚未完全明了。毫无疑问，最根本的变化牵涉普通法的功能。在18世纪的美国，普通法规则并没有被视为社会变迁的工具；任何法律变化都主要是通过立法实现的。在这一时期，普通法被视为使私人当事人在具体案件中获得公平结果而适用的基本上固定的规则体系。因此，在19世纪前，美国法官很少从功能性或目的性的角度分析普通法，而且，他们也几乎从未自觉地把普通法作为 1
引导人们积极改变社会的一种创造性工具。

明显区分19世纪与18世纪法律的标准是，普通法法官在

〔1〕 D. Boorstin, *The Americans: The National Experience* 35 (1958). 269

〔2〕 R. Pound, *The Formative Era of American Law* (1938); C. Haar, ed., *The Golden Age of American Law* (1965).

引导社会变革进程中发挥其基础性作用的程度。尤其在美国内战前的时期，至少在保险业和引导经济发展方面，普通法发挥了和立法同样重要的作用。事实上，普通法法官往往带来了某种影响深远的变革，而在此前，这种变革完全属于立法机关的权力。在美国内战前，马克·德沃尔夫·霍（Mark Dewolfe
2 Howe）曾指出，“在这一时期，律师和法官建立法治（a rule of law）的立法职责要比后来明显得多。美国制度的性质，不论是经济的、社会的、还是政治的，在很大程度上都是由法官决定的。这一点对外行和法律人都同样明确。在这样一个时期，私法问题视为社会政策问题。”[3] 确实，法官逐渐开始塑造普通法规则，而且他们还越来越意识到，一个判决的影响会远远超出他们审理的案件范围，其职责也已经超出仅在个案中实现正义的要求。法院“开始把握每个案件带来的机会，它不只是裁决某个案件，而且要确立可以相当普遍适用的规则。”[4] 简言之，到1820年，普通法的裁判过程承担了许多立法性质的职责。由于法官逐渐认为，普通法的裁判过程不仅仅是一个发现法律规则的过程，而且也是一个制定法律规则的过程，所以他们基于对社会政策和经济政策的自觉衡量，开始制定普遍性的法律。

在18世纪的最后15年间，人们可以发现，有关普通法规则的潜在假设逐步发生了转变。律师和法官第一次经常性地思考某一特定法律规则的社会后果。举例来说，如果在10年前

---

〔3〕 M. Howe, “The Creative Period in the Law of Massachusetts,” 69 *Proceedings of the Massachusetts Historical Society* 237 (1947－50).

〔4〕 T. Parsons, *Memoir of Theophilus Parsons* 239 (1859).

听到一个律师提出这种论辩是不寻常的——如1796年，南卡罗来纳州司法部长提出的论辩——他认为，该州高等法院（Supreme Court）* 不应对因修路而被征收的土地支付补偿金。因为这种判决会“阻碍和抵销公众为了社区利益而行使（征收）这种非常重要的权力。”[5] 类似地，法学家也开始依据“目前这一判决对我国商业的重要性”[6]，或者遵守某一特定的普通法规则能否“完善我们的商事法”[7] 而作出判决的必要性来提出其法律论点。到1810年，法官普遍主张：“可流通票据的当事人一方以证人身份指控该票据，会极大地阻碍贸易和商业的发展，而且几乎会彻底阻止这种特殊纸币的流通。”[8]

体现这种新兴法律思维最好的例子之一，是纽约州1805年判决的*Palmer v. Mulligan*案。在该案中，原告是河流下游的工厂所有权人。被告在河流上游建造了水坝，阻碍了水流。原告要求法院判决被告赔偿。在判决中，法院不仅拒绝适用普通法规则（该规则一直允许位于下游的人因自然水流受到任何人 3
为的阻碍而获得赔偿），而且，法院的司法意见还对普通法的标准作了功能分析。一位法官认为，依据普通法，“第一个在任何公共的或通航的河流上建造水坝或作坊的人，获得了一种排他性权利。至少在某些情况如此。”判决原告胜诉的结果将是，“剥夺

---

* 美国一些州的最高审级的法院称为“supreme court”，与美国联邦最高法院的名称类似。为避免混淆，本书翻译为“高等法院”。以下章节中各州的“highest court”亦同。——译者注

〔5〕 Lindsay v. Commissioners, 2 Bay 38, 45 (S. C. 1796).

〔6〕 Liebert v. The Emperor, Bee's Admir. Rep. 339, 343 (Pa. 1785).

〔7〕 Silva v. Low, 1 Johns. Cas. 185, 191 (N. Y. 1799).

〔8〕 Winston v. Saidler, 3 Johns. Cas. 185, 196 (N. Y. 1802).

公众——其利益一直受到尊重——长久以来参与竞争的利益。"[9]

在19世纪早些时候，人们不断致力于将法律作为政策的工具，明显的例子比比皆是。但是，在20年之前，几乎没有美国法官会同意"斯密教授在其《国富论》中的观点……即为了避免一些人或某个人（财产）的灭失，让更多人分担损失，是最符合保险原则的，也是最有助于商业的总体繁荣的"，[10] 并以这种观点分析一个私法问题。这样的法官是不可能找到的。1806年的"费城科尔多瓦皮制造工人案"（*Philadelphia Cordwainers Case*）中，法官"考虑了"工人的共谋将对"整个社会带来的影响"，即这种共谋会造成没有人"能计算……其以何种价格才能稳妥地订立移交货物合同"的结果。[11] 在20年前，这样的法官同样是不可能找到的。

从法律的全部领域看，在新出现的、特殊经济或技术方面的压力要求变革法律之前，人们就已经从功能性或者目的性角度重新思考以往的规则了。比如，只有在19世纪，美国的法官才开始论证，英国的土地毁损法（law of waste）"不适用于一个刚建立的、人烟稀少的国家"。其原因是，尽管在18世纪，这一问题同样关涉重大，但英国法限制了对土地的开发。[12] 与此

---

〔9〕 3 Cai. R. 307, 314 (1805). 有关普通法规则，参见 Merritt v. Parker, 1 Coxe L. Rep. 460 (N. J. 1795).

〔10〕 Thurston v. Koch, 4 Dall. 348, app. xxxii (C. C. A. Pa. 1803).

〔11〕 Commonwealth v. Pullis (The Philadelphia Cordwainers Case) (1806) in 3 J. Commons *et al.*, eds., *A Documentary History of American Industrial Society* 229－30 (1910).

〔12〕 Jackson v. Brownson, 7 Johns. 227 (N. Y. 1810) (Spencer, J.). See also Findlay v. Smith, 6 Munf. 134, 142 (Va. 1818).

相似的是，在18世纪末，马萨诸塞州的法院还照例遵循英国承认在未开发土地上设立寡妇地产（dower）* 的规则。但是，在19世纪早期，法院却拒绝适用这一规则。原因在于，这一规则“会使作为交付对象的不动产难以流转”。在18世纪的美国人及其后代看来，为了刺激经济发展，土地自由让渡的目标同样重要。〔13〕同样，也只有在19世纪，美国法官在依据火灾保单裁决案件时才放弃了海事保险规则。其理由是，这些规则对海事保险（warranties）规定了严格的构成要件，对火灾保险单适用海事保险规则“将会给他们带来极大的不便以至于完全阻碍其裁判。”〔14〕 4

总之，法律的工具性视角并不只是为了回应19世纪新出现的经济力量的要求而产生。法官开始运用法律以鼓励社会变革，甚至在那些他们以往从不尝试的领域也如此。所以，在本书中，我的任务就是，解释为什么直到19世纪，普通法才在美国社会承担了创新和变革的角色。反过来，这又促使人们质问：能否在更为宽泛的政治理论中找到1780年至1820年间法

---

* 中世纪英国普通法规定的一项制度。妻子在丈夫死后，可以获得其亡夫生前占有的自由继承地产的1/3。除个别例外情况外，妻子的这一权利并不因为丈夫生前转让土地的行为而消灭。这使土地的流通极为不便。1925年后，普通法不再承认了这一制度。美国大部分州也废除了这一制度。——译者注

〔13〕 Conner v. Shepherd, 15 Mass. 164（1818）; Nash v. Boltwood（Mass. 1783）in W. Cushing, “Notes of Cases in the Supreme Judicial Court of Massachusetts, 1772－1789”（手稿见哈佛大学法学院图书馆珍本室）. 在18世纪，马萨诸塞州立法机关大幅度缩短了抵押人（mortgagor）行使其衡平法上回赎其土地权利的时间，以使“对这样取得的不动产的改良不会对抵押权人造成迟延或损失。” J. Sullivan, *The History of Land Titles in Massachusetts* 102（1801）.

〔14〕 Stetson v. Massachusetts Mutual Fire Ins. Co.，4 Mass. 330（1808）.

律观念根本性转变的解释。

18世纪的普通法观念

对于参加过美国革命的那代美国人而言，把普通法设想成一个众所周知的、确定的法律规则体系并没有什么困难。因此，在政治学家坚持“普通法的主要基础”是“自然法则（the law of nature）及其作者”[15] 的观点十余年后，1774年，第一届大陆会议主张，美国人应“遵守普通法”，同时也要遵守殖民地时期存在的英国制定法。这样的主张不足为奇。[16] 此后，类似的动议接踵而来。1776年，弗吉尼亚公约（Virginia Convention）正式采纳了“判决依据”、“英国普通法”和1607年之前通过的“具有普遍性质的”英国制定法。同一年，新泽西州宪法宣布：“迄今为止，一直在这片殖民地上实施的英国普通法及制定法继续有效。”[17] 在1776年至1784年期间，最初独立的13个州中，11个州都直接或者间接采纳了一些继受普通法及某些英国制定法条款。[18]

---

270 〔15〕 J. Otis, A Vindication of the British Colonies, in 1 B. Bailyn, ed., *Pamphlets of the American Revolution* 563 (1965).

〔16〕 1 *Journals of the Continental Congress* 69 (1904).

〔17〕 9 W. Hening, ed., *The Statutes at Large: Being a Collection of all the Laws of Virginia* 127 (1821); 5 F. Thorpe, ed., *Federal and State Constitutions, Colonial Charters and Other Organic Laws.*, 2598 (1809).

〔18〕 E. Brown, *British Statutes in American Law*, 1776－1836, 24 (1964). 1798年，罗得岛州规定了一项继受条款，康涅狄格州则直到1818年才规定。

对普通法的抨击始于革命后的一代。值得一提的是，他们认为，独立革命的那代美国人没有看到在法律争议中将普通法确立为判决依据时的困难。整个殖民地时期盛行对英国法持续的敌意，但这似乎没有影响他们遵守普通法原则。反英态度后来演变为反对英国普通法，尽管这种态度并非始自美国独立于大不列颠统治时期。在殖民地时期及其后，美国人对司法自由 5
裁量权忧心忡忡，但在殖民地时期（不同于殖民地后的时期），很少有证据证明，这种担忧与普通法规则的不确定性有关。例如，1767 年，马萨诸塞州首席法官哈钦森（Hutchinson）宣称，“我们必须要确立法律，否则，法官和陪审团必然会根据其理性行事，而他们的理性就是意志。”还有一点也是必要的，就是“**法官**不能成为**立法者**：因为如果不是这样，法官的意志就会成为法律，这可能会形成一个奴役国家（State of Slavery）。”他总结说，除非法律是“众所周知的”，而且是“确定的”，因此“人们可以知道如何行为，”否则，“其行为就会取决于其他人的任意观点。”但是，他没有发现这一主张的矛盾之处：在没有制定法时，“英格兰的普通法就是规则。”〔19〕殖民者的司法自由裁量权的重大危害不是来自于用普通法裁决案件，而是与制定法的司法解释有关。约翰·亚当斯（John Adams）认为，“因为无论何时，当我们脱离**原则**和明确的实定法而流连于对制定法的解释时，一个接一个的解释或者推断（Consequence）就会层层堆积，直到我们远离事实、真理与本质。”〔20〕

---

〔19〕 “Charge to the Grand Jury,” Quincy's Mass. Rep. 234 – 35 (1767).

〔20〕 2 *Legal Papers of John Adams* 199 (L. Wroth and H. Zobel, eds., 1965).

哈钦森的观点说明了18世纪各殖民地“不可避免地、迅速地接受英国普通法”。在作为美国革命先声的宪法斗争中，对普通法持久的诉求“产生了对普通法看似神秘的优点的尊重。”结果，到18世纪末，律师将“普通法观念视为一个原则体系”，这“鼓励了联邦法院的法律职业者毫无限制地援引英国先例。”[21] 而且，虽然美国人一直坚持只接受那些与殖民地环境一致的普通法原则的权利，但是，美国法与英国普通法大多数根本性的背离，不是通过司法裁判而是通过制定法实现的。因此，直到美国革命时，主张普通法原则不适于美国社会的观点越来越少。

具有典型革命性的宪法条款或立法机关制定的条款总结了殖民地对英国制定法的观点。与殖民地对普通法的观点形成对比的是，这些条款将继受英国制定法的范围限制为殖民时代前制定的制定法，或将英国制定法的效力限制在以前殖民地采纳的效力范围之内。事实上，制定法与普通法之间的这种显著差异，被用于突出18世纪法学家认定两者迥异的观念。直到1720年前后，殖民地和英国关于继受普通法的讨论，依然受
6 爱德华·柯克观点统治。柯克区分了清教徒占领的土地与异教

〔21〕 1 *The Law Practice of Alexander Hamilton* 10, 11, 33 (J. Goebel, ed., 1964).

徒（infidels）占领的土地，以区分普通法的适用。[22] 殖民地的开拓者反对认为美国种植园是“被征服”的领土，因此无权适用英国法的观点。1720年后，他们基本上成功地确立了这样一种观点：他们是带着英国普通法到美国来的。

1712年至1718年间，南卡罗来纳州、北卡罗来纳州和宾夕法尼亚州的立法机关，以及马里兰州殖民地业主（proprietary）都主张普通法的好处，但对英国制定法的好处，他们的主张却只限于有限的制定法种类。[23] 而且，虽然一直到美国革命时期，关于英国制定法的权威问题的争议都一直受到柯克二分法观点影响，但是，在1720年后，在普通法的继受问题上，柯克的观点就没有影响了。同年，英国的司法部长（Attorney General）理查德·魏斯特（Richard West）承认，“英国的普通法是美国种植园的普通法，而且，所有肯定普通法的制定法，如果是在殖民地建立之前就已经通过的，在殖民地也同样生效。除非是私人的行为与这些制定法的规定相反。而在殖民时期以后制定的（英国）制定法在殖民地没有法律效力，除非殖民主义者特别提及。让英国人去他想去的地方吧，正如事物拥有本质一样，他同样拥有法律和自由。”[24] 虽然在美国革命之前，

---

〔22〕 在卡尔文案（Calvin's Case）中出现了这一区分。7 Coke Rep. 1，17（1608）. 有关这一案件的讨论，参见 J. Smith，*Appeals to the Privy Council from the American Plantations* 466 - 69（1950），以及 St. G. Sioussat，*The English statutes in Maryland* 18（1903）. 首席法官霍尔德（Hold）大大扩展了柯克的分类。1693年，霍尔德承认，在英国人发现的“无人居住”的岛屿上，英国法占上风。但是，他却判定，牙买加是“被征服的”岛屿。参见 Blankard v. Galdy，2 Salk. 411.

〔23〕 E. Brown，上注18，第17页；Sioussat，上注22。

〔24〕 Sioussat.

偶尔有人试图否认普通法在殖民地的适用，[25] 但是，魏斯特的观点逐渐成了普通法规则的权威问题的权威观点。[26] 美国独立革命时期的立法机关几乎完全采纳了他关于区分制定法和普通法继受的公式。

在18世纪，殖民地的律师频繁地主张这样一个观点：制定法溯及既往的适用是非法的。这也可以阐释普通法和制定法渊源根本不同这一观念。1786年，弗吉尼亚州的司法部长（Attorney General）约翰·伦道夫（John Randolph）指出，“法律如果溯及既往，就是在试图引导人们先前的行为，所以这种法律是不公平的，也是不合理的。这是一般性的结论。”他强调，仅仅以澄清先前的法律为借口，溯及既往地适用限制奴隶限定继承地产（entails）* 的制定法，“会给两种购买这种土地的人施加负担：一是在普通意义上运用常识理解以往法律的购买者；二是没有发现立法机关的隐含意思的购买者。在后一种情况下，立法者在制定前一部法律时，认为后来的法律有必要阐明这种隐含的意思。在刑事案件中，（主张溯及既往适用法律的）人们臭名昭著，这是他们完全应受的结果。而为什么我们的财产安全的基础，就不如我们人身安全的基础坚固呢?”

虽然伦道夫表达了对溯及既往地适用制定法的不满，这种

---

〔25〕 这是布莱克斯通的立场。4 W. Blackstone，*Commentaries on the Laws of England* 107（1765－69）.

〔26〕 J. Smith，上注22，第482－487页。

* 以往英国保有土地和继承的一种形式。它规定土地只能由土地受让人的特定继承人而不是全部继承人继承。在土地转让时就可以设定这种限制。如在赠与时规定，土地只能由受赠人的直系血亲享有，这样，土地就无法处分给其他人。——译者注

不满已经司空见惯了，但是，没有迹象表明殖民地法律家 7
(lawyer)* 对普通法溯及既往的适用表达过同样的关注。伦道夫自己也承认，对于非制定法上的犯罪，应适用不同的理论。而且，在普通法的民事规则领域，也可以适用不同的理论。他承认，“建立在自然法基础上的法律可以有追溯效力，因为自然法一直存在，违反它就构成犯罪行为，即使任何人类的法律不禁止这种行为。然而一种不过是任意性的、政治性的制度，如果溯及既往的话，就是有害的。因为在这种制度存在之前，人们是无法违反这一制度的。而且，任何人也都不可能预见到，在未来某一天，他（实施的现行法没有规定为犯罪）的行为会被认定为犯罪行为。”[27] 总之，普通法规则来源于正义的自然原则，而制定法则源于人的意志；普通法规则是人们发现的，而制定法则是人们制定的。

1736 年，弗吉尼亚州判决的 *Anderson v. Winston* 案很好地阐发了这一理念。在本案中，原告依据弗吉尼亚州禁止高利贷利息的制定法，提起了债务诉讼。被告声称，他是在该法令通过以前与原告订立合同的，“一个人的行为如果不违反人类的法律，在这种情形，依据事后（*ex post facto*）法惩罚他，就违背了自然公正”。但是他的抗辩并未止于此。因为他明白，如果制定法只是对自然法的宣告，那么，在这个案件上，是否适用制定法就无关紧要了。因此，被告还必须极其详尽地说明“大部分论述自然法的作者都赞同”这一观点：自然法规则并未对

---

* 本书中的 lawyer 依据上下文翻译为“法律家”或“律师”。——译者注

〔27〕 Blackwell v. Wilkinson, Jefferson's Rep. 73, 77 (Va. 1768).

高利贷事先设定任何禁令，[28] 这同样相当重要。

1728年，老丹尼尔·杜拉尼（Daniel Dulany）写道，“普通法纳入了自然法则、理性法则和上帝启示的律法；这些规则在任何时候、任何地方、对任何人都有同样的拘束力。”[29] 美国人也相信这样的观点。因此，他们没有什么理由担心依据普通法裁决案件中的司法自由裁量权问题，或者法官溯及既往地适用法律规则。在普通法规则被认为是“**建立在诸多永恒的**、统一的**和**普遍的**原则**基础上的”，而普通法和自然法都被定义为“根植于每个人内心的法律”时，法学家就不太可能认为普通法的合法性源于立法者的意志了。[30] 正是这一推理，鼓励了殖民者接受了只是宣告普通法规则的英国制定法，与此同时，他们拒绝受那些改变普通法规则的英国制定法约束。如果能表明，在法官的任期和司法独立方面，“（英国的）殖民地法
8 （Act of Settlement）并没有对古代的宪法做出任何创新”，这一法律“就不是新近的法律，而是古代宪法的一部分。”这似乎就会赞成普通法规则是“不可分割的、固有的”个人权利的观点。因此，人们认为，溯及既往地适用这种规则没有任何困

〔28〕 Anderson v. Winston, Jefferson's Rep. 24, 27 (Va. 1736).

〔29〕 “The Right of the Inhabitants of Maryland to the Benefit of the English Laws” (1728)，转引自Sioussat，上注22，第82页；但是，杜拉尼（Dulany）与其同时代的人不同，他主张，对自由的保护要求继受英国的制定法和普通法。他认为，人们“一直相信”这些制定法“与普通法一样，本质上是人们安全的一部分，也是其权利和特权主题的一部分。”上注，第99页。

〔30〕 乔比亚·昆西（Josiah Quincy）在*Rex v. Wemms*（1770年）一案中的辩护意见，转引自4 Blackstone, *Commentaries* 3, in 3 *Legal Papers of John Adams*，上注20，第160页；Hutchinson “Charge to the Grand Jury,” Quincy's Mass. Rep. 113 (1765).

难，因为这种规则“没有引入任何新的法律”，而仅仅是“对旧法律的确认，这种旧法律是以往真正的法律。”[31]

我们发现，在美国革命前很多关于普通法的法学著作中，对自然法原则的确认是与通行的惯例联系在一起的。约翰·亚当斯（John Adams）主张，英国法院“很久以前”的判决，“不仅表明了普通法是什么，而且还表明了普通法的这些规则都是多年来智慧和经验的结晶。”事实上，他是想主张——这与他自己的政治期望相反——普通法并没有规定法官的终身任职权，因为“在**那些案例中，只有习惯可以作为裁决的依据**。”他认为，“一般的习惯……形成了普通法……践行这些习惯的时间已经超出了人们的记忆，或者没有给予人们与习惯相反事物的记忆。”这样，唯一的问题就是，某个特定的机构是否可以“依照习惯，即超出人类记忆的惯例，或者普通法”[32] 来规定法官的终身任职权。

普通法等于固定的、习惯形成的标准。因此，这意味着，法官认为其作用只是发现和适用那些已存在的法律规则。1765年，马萨诸塞州高级法院（high court）的法官们宣称，因为“习惯是不间断地存在的”，“法律大厦就因此建立了”，所以他们“不会做任何创新。”一个法官提出疑问，普通法法院可否背离众所周知的普通法规则？“当然不行。除非他们认为自

---

〔31〕 J. Galloway, “A Letter to the People of Pennsylvania”（1760），转引自 Bailyn，上注15，第266－267页；W. Brattle, in 3 *The Works of John Creation of the American Republic*, *1776－1787*，294－95（1969）.

〔32〕 埃德蒙·特洛布里奇（Edmund Trowbridge）法官在 *Rex v. Wemms*（1770年）案中的指控，参见3 *Legal Paper of John Adams*, supra note 20, at 288；3 *Works of John Adems*，上注31，第527、540、546页。

己比法律聪明。”1737 年，一个弗吉尼亚律师争辩说，在衡平法上，应否存在修改共有财产法律规则的自由裁量权呢？不应该。因为这样会“推翻最悠久的、已经确立的法律规则”，而且会“导致权利和财产极度不稳定”。他得出结论说，这样会使“法律和权利依赖于变动不居的、相互矛盾的任意性判决，而不是依赖于固定的、确立的规则和原则。”〔33〕

这一切的结果是形成了严格的先例观念。虽然偶尔也有詹姆斯·奥蒂斯（James Otis）之类的法律家主张，“遵守众所周知的法律原则比遵循任何先例为优”，但是，在 18 世纪大部分时期，美国法不可抗拒的事实是，在多大程度上，法律家相信英国判例（authority）真正解决了因为没有立法规则而产生的所有问题。事实上，这种思想在美国革命后还持续了一段时间。
9 1786 年，年轻的詹姆斯·肯特（James Kent）在其著作中仍然强调在殖民地适用制定法和普通法的二分法。尽管他认为，任何对殖民地建立后制定的成文法效力的“承认”，都“会破坏我们的独立权利”，但是，他仍然相信，普通法“只能通过研究英国法院的判决来发现，并为众人所知。”这些判例“被视为普通法的‘**真正证据**’，并因此作为具有拘束力的先例被引用，甚至直到 1776 年都如此。”这样，严格的先例规则恰恰就来源于普通法原则的最本质观念，即普通法规则是法官发现的预先存在的规则。1767 年，小丹尼尔·杜拉尼主张，由于“法官不能制造法律”，所以，“……如果法官承担了为以后制

271 〔33〕 Watts v. Hasey, Quincy's Mass. Rep. 194 (1765); Hooton v. Grout, Quincy's Mass. Rep. 343, 362, (1772); Robinson v. Armistead, Barradall's Rep. 223 (Va. 1737).

定规则（regulation）的任务，这些规则调整的就是未来的法律关系。而且，如果他们制定这种规则的目的不是为了判决现在审理的案件，而是为了给将来可能会发生的案件提供法律依据，那么，他们实际上就行使了立法机关的权力。”人们认为，为引导人们将来的行为而制定普遍性规则是立法职权，司法创新本身也被视为法官意志的产物，这种创新是不能被允许的。普通法与立法机关制定的法律在合法性根基上的根本差异，决定了普通法在社会变革进程中只能起到微弱的作用。总之，正如最高法院大法官詹姆斯·艾尔德尔（James Iredell）在1793 年指出的那样：“法律和立法的明确界限不应被混淆，”因为混淆“会使法院变得专制，而且更使得法官成为**新法律的真正制定者**，而不是**对现行法的解释者**（当然，法官本身也应是法律的解释者）。”〔34〕对 18 世纪的法学家而言，这一点是很重要的。

普通法上的犯罪：18 世纪法律观念的解体

普通法统一观念解体最有意思的表现形式是，人们相当严厉地抨击 18 世纪最后几年才出现的联邦普通法（federal common

〔34〕 2 *Legal Papera of John Adams*，上注 20，第127 页；Goebel，同上注 21，at 50n；West v. Stigar，1 H. and McH. 247，254（Md. 1767）；Chisholm v. Georgia，2 Dall. 419，448（1793）.

law)* 上的犯罪规则。在 1793 年之前，反对普通法上的犯罪的观点前所未闻。在共和国成立头 20 年间，美国法官都不接受这种反对意见（只有一次例外），但是，在 1812 年，美国联邦最高法院宣布，在没有制定法的规定时，任何人都不能被判决联邦犯罪，这一观念“在公众中早已根深蒂固。此时，反对普通法上的犯罪的观点开始盛行。[35]

10 抨击联邦普通法上的犯罪的性质究竟是什么呢？对这一问题，主要有两种观点。第一种观点是从州权力的宪法理论（state rights constitutional theories）中推导出来的。第二种观点则体现了变化着的自然法观念。宪法对普通法上的犯罪行为的否定源于杰弗逊主义者驳斥对同情法国（pro - French activity）的美国公民作出刑事控告。[36] 这种反对意见可以归结为这样一个主张：在没有制定法时，如果联邦司法机构拥有判决刑事制裁的司法权，那么，这种权力将抹杀宪法对联邦政府的所有限制。1800 年，托马斯·杰弗逊写道：“如果普通法在美国有效这一原则盛行，”美国就会“立刻拥有一个……具有各州政府所有

---

* 从法律部门的意义上说，美国没有与各州不同的联邦普通法。但是，美国宪法、条约和法律可依据普通法原则解释。另外，在实质上涉及联邦利益或责任的案件中，联邦法院也可以适用普通法规则。——译者注

〔35〕 United States v. Hudson and Goodwin, 7 Cranch 32 (1812). 甚至在这一案件判决 4 年后，当美国最高法院的几个法官有意重审这个案件时，这种观点依然盛行。然而，美国司法部长认为，这一案件应该被推翻。结果，最高法院没有重新审理这一案件。United Stetes v. Coolidge, I Wheat. 415 (1816). See P. DuPonceau, *A Dissertation on the Nature and Extent of the Jurisdiction of the Courts of the United States* (1824).

〔36〕 有关联邦普通法上的犯罪争议的政治背景，参见 1 C. Warren, *The Supreme Court in United States History* 157 - 64 (1922).

权力的联邦政府（general government），而使我们拥有一个单一的、统一的政府。”[37]

尽管杰弗逊主义者反复重申其观点，但是，准确地理解其论点的内容还是很困难。马萨诸塞州的詹姆斯·苏利文（James Sullivan）忠诚于杰弗逊主义，但他认为，普通法司法权问题并未涉及任何特殊的宪法难题，因为它要求的只是联邦的普通法司法权应限定在那些国会拥有立法权的基本犯罪类型上。[38]总之，倘若国会没有在宪法上规定某行为是犯罪行为，法院就不能从普通法上的犯罪角度制裁罪犯。联邦法院超越联邦权力的范围惩罚犯罪行为，与国会超出相同限制通过制定法是同样危险的。

杰弗逊主义者对普通法上的犯罪的宪法立场还有更大谜团。大部分赞同这种宪法立场的、深思熟虑的代表，都同意国会在联邦宪法权力范围内，可以合法地授予法院享有普通法上

〔37〕 7 The Writings of Thomas Jefferson 451（Paul Leister Ford, ed., 1892 - 1899）. 在此1年之前，杰弗逊写道：“在联邦政府提出的所有规则中，一个新奇的规则是，在他们的法院里，普通法是有效力的，而且是可以识别的。这对我而言，是最可怕的规则……如果州法院服从了这一假定，它们就可以关门了。”上注，第383 - 384页。.

〔38〕 ［J. Sullivan］, *A Dissertation upon the Constitutional Freedom of the Press* 31, 40 - 41, 48 - 54（1801）. 斯托里法官在 *United States v. Coolidge*（1 Gall. 488（C. C. A. Mass. 1813））一案的意见中，支持普通法上的犯罪，否认它们会造成联邦越权的危险。他写道：“我用最明确的文字承认，美国的法院只是享有有限司法管辖权的法院。因此，它们不能行使宪法和法律没有委托给它们的任何权力。”

惩罚犯罪行为的权力。[39] 他们认为，唯一的缺陷在于，事实上，国会在 1789 年的司法法（Judiciary Act）中并没这样规定。[40] 然而，他们也因此承认，如果国会通过了一部类似于美国革命后由州立法机关制定的、采纳普通法作为判决依据的法律，就不会有什么特殊的宪法问题了。事实上，这个解决方法提出的唯一主张是，就国家和州政府之间的妥当分权，并不存在真正的问题；事实上，唯一值得注意的宪法问题就涉及立法权和司法权的分立。正是在这里，反对普通法上的犯罪的运动揭示了法律本质的观念正在变化。

11 在美国革命的那一代人的法学中，普通法的地位是无可质疑的。但后来美国法学家成功地颠覆了普通法的这种地位。这一运动从 18 世纪 80 年代的某一个时间开始，到 1810 年达到高峰。“（普通法）是徒劳无益的”，圣·乔治·塔克（St. George Tucker）在 1803 年出版的布莱克斯通作品的著名版本中

---

〔39〕 在 *United States v. Hudson & Goodwin*, 7 Cranch 32（1812）一案中，最高法院宣称，没有“必要”决定国会可否授予联邦法院以普通法上的司法管辖权，因为“没有任何立法机关的制定法授予过这种司法管辖权，这就足以说明问题了。”但是，1 年后，这一司法意见的作者，约翰逊法官写道：“我们不否认，我们也不假定这样一种观点曾经被否定过：如果……国会通过法律授予了法院对美国刑罚权应延伸到的所有案件都享有管辖权，则国会也就赋予法院来决定（尽管给它们指定的路可能是荒蛮的和迂回的）管辖权延伸到哪些案件中的权力。*Trial of William Butler for Piracy* 34－35（未注明出版时间和页码）。[1813?].（哈佛大学法学院图书馆的珍本室藏有联邦巡回法院这一未被报道的司法意见）。另外，还可以参见 1 Blackstone, *Commentaries: With Notes of Reference to the Constitution and Laws of*
272 *the Federal Government of the United States and of the Commonwealth of Virginia* 429－30（St. George Tucker, ed., 1803）.

〔40〕 现代学者认为，这一法案没有授予联邦法院这种司法管辖权。参见 C. Warren, “The History of the Federal Judiciary Act of 1789,” 37 *Harv. L. Rev.* 73（1923）.

写道，我们应该“在第一代美国移民开始到彻底废除英国统治之间的任一时期，通过**一般性的理论**尝试在美国殖民地上，确立英国普通法的统一的权威和（殖民地的遵守）义务。”他强调英国普通法规则和美国殖民地法律规则的差异，还强调各个殖民地之间的多样性。他认为，和独立革命时期制定了不同殖民地的法典一样，把截然不同的、分裂的、相互冲突的地方法规（municipal institutions）协调并融合到一种体系中，需要阿尔弗雷德*一般的才能。”〔41〕

塔克对统一的普通法理念的抨击，是更为广泛地抨击普通法裁决不确定性和不可预期性的基础。他强调，历史中的多样性会危及未来的确定性。倘若普通法不能代表众所周知的、可以被发现的法律规则体系，它又怎能让公民得到自由，让财产得到保护？事实上，正是这些法学问题与宪法权力分配中的所有问题，促使弗吉尼亚州议会于1800年指示该州的美国参议员说，联邦对普通法上的刑事司法权的要求，“创建了一部严苛的新刑法法典，这部法典过时而又鲜为人知，州的各种机构要么完全拒绝这一法典，要么几乎全部修改其各个部分……司法机关根据自己的意志，在公民不知晓法律将什么规定为义务，禁止什么罪行时，就被惩罚了。”〔42〕

历史学家由于过分专注于有关普通法上犯罪争论的政治维度和宪法维度，所以并未完全理解作为宪法斗争基础的法律理

* 可能是指阿尔弗雷德国王，即西萨克逊王国国王（871－899年）。学者及立法者，曾击败了丹麦人的侵略并使英格兰成为统一的王国。——译者注

〔41〕 *Tucker's Blackstone*，上注39，第405页。

〔42〕 上注，第438页。

论的潜在变化。因为很明显，普通法权威的式微，既没有和对党派的忠诚同时发生，也没有与宪政哲学同时存在。例如，法官萨缪尔·蔡斯（Samuel Chase）是一个联邦主义者，也是杰弗逊抨击司法机关时的主要目标，他却是第一个否认联邦普通法上犯罪行为的联邦法官。在联邦普通法上的犯罪问题成为政治问题爆发的前1年，美国判决了1798年的 *United v. Worral* 一
12 案。在该案中，蔡斯宣称，由于美国“任何一个地方都没有照单全收英国普通法”，也由于“一个州的……普通法并不是另一州的普通法，”所以，美国不可能存在一般性的普通法。蔡斯驳回了依据普通法对联邦官员受贿的指控。他认为，“国会应当限定应被审判的犯罪，并规定犯罪应承担的惩罚，这是很重要的。”他还补充说，国会已经宣布和限定了犯罪行为，法官在量刑方面行使自由裁量权是不恰当的。这样，即使在不需要发现和适用普通法规则时，蔡斯仍坚持认为，只有立法准则才可以使法官的自由裁量权合法化。[43]

长期以来，虽然对法院自由裁量权的担忧已成为殖民地政治修辞（political rhetoric）的一部分，但仍值得一提的是，在18世纪最后10年之前，法院的自由裁量权并未与对普通法法院司法权的抨击联系在一起。宾夕法尼亚州的刑事法律修正案赋予法官在某个有限的范围内，判处他人刑罚的自由裁量权。直至1786年，该州海事法院（Admiralty）法官弗朗西斯·霍普金斯（Francis Hopkins）才基于此抨击这一修正案。他抗议说，由于“事实上，这种规定一定程度上授予了法官以立法权。一个

〔43〕 United States v. Worrall, 2 Dall. 384 (1798).

自由政府的明显标志是，人们应提前知悉法律对每个犯罪行为所规定的刑罚；这种体制被称为法治政府，而不是人治政府。但是，依据当前法案，在宣判前，犯罪人都不能知道对其惩罚会是什么。至少，刑罚的数量是由法官作出判决时的特定心理状态决定的。”不过，虽然霍普金斯写了两篇长文，预测未来10年普通法上的犯罪会遇到的挑战，但是，他甚至从来没有提及在没有制定法时对个人的判决问题。〔44〕这表明，普通法准则不应只被视为允许法官享有自由裁量权。

与此类似，18世纪关于殖民地（实施）英国制定法义务(obligation)的辩论，总是会引发对法院自由裁量权的关注。早在1701年，弗吉尼亚州的一个匿名作者认为，只有国会制定的法律才有约束力，因为理性无论是在美国还是在英国都一样的观点，被认为“给法官太多的空间”而遭到反对。他总结道，若没有有关英国制定法权威性的某些指引，“我们对权利 13
中最重要的要点就全然不知，而且案件也会疑点重重，我们也经常被迫在最紧要的时刻和在最重大的价值的事务上受制于法官被扭曲了的自由裁量权。”〔45〕但是，并没有迹象表明，该作者发现了适用与制定法规则相背的普通法规则时的任何问题。另外，虽然殖民地一直关注制定法规则的“不确定性”，但是，也没有证据表明，在美国革命前，美国人曾考虑接受赋予法官任意裁决权的普通法原则。

〔44〕 2 *The Miscellaneous Essays and Occasinal Writings of Francis Hopkinson* 97 (1792).

〔45〕 *An Essays upon the Government of the English Plantations on the Continent of American* 23, 39 (Louis B. Wright, ed., 1945).

殖民地对在没有制定法时判决被告人以刑罚存在疑虑。1712年康涅狄格州的一个判决是体现这种疑虑的少数几个迹象之一。在对一个叫丹尼尔·加德（Daniel Gard）的人进行审讯后，陪审团作出了一个特殊裁决。陪审团裁决某些事实是真实的，并宣称："丹尼尔·加德是否犯有谋杀或者过失杀人罪，我们交由法院裁量。"接下来，法官暂停审理该案，并咨询下议院（Assembly，美国某些州立法机关的下议院——译者注）在"制定法没有为解决这一问题提供特定的方向"时，他们是否可以"通过普通法规则"来决定该犯罪行为的性质。而且，倘若他们判决被告人只是犯了过失杀人罪，他们希望知晓"法官应该参酌什么指示以决定刑罚并宣判。"下议院回复是，"在上述案件中"，法官应该"以普通法规则来决定。"[46]

当然，要从如此匮乏的诉讼记录中得出大量结论是很困难的。在适用普通法过程中，为什么法官觉得困难呢？他们是不是预见到了制定法根本合法性的某些现代理念？如果他们确实相信，立法机关是规定刑罚的惟一合法机构，那么，法官觉得适用普通法困难的原因，似乎就不是因为他们认为普通法规则是不确定或者无法查明的。更可能的原因是，他们的观点只是反映了18世纪早期所有殖民地法学家所承受的重负：在新的殖民地，法官是否当然有权力适用普通法规则是不确定的。法官似乎最多不过是指望立法机关在刑事案件中赋予他们适用普

〔46〕 *The Superior Court Diary of William Samuel Johnson* xviii（John T. Farrel, ed., 1942）. Id., at xviii n. 3. 1743年，在康涅狄格州的另外一个刑事案件中，立法机关告知法院说，因为没有制定法，所以法官应当"按照他们最好的技术和判断"确定刑罚。上注，第xviii页注释3。

通法的权力而已。然而，不论法官的想法是什么，很明显，康涅狄格州下议院很容易就相信，“通过普通法规则”指导案件“判决”，会明示一个清晰易懂的准则。事实上，在这一立法方针下，法官们自己就能裁定罪行的合适标准。

无论怎样看待加德一案，显而易见的是，对普通法上的犯 14
罪行为的公然抨击，都源于美国革命后一种明显的确信，即普通法既不确定，又不能预测。例如，甚至在这个问题成为全国性宪法问题前，在美国革命后很短的时间内，它就在一些州出现了。佛蒙特州的首席法官纳撒尼尔·奇普曼（Nathaniel Chipman）“论采纳英国普通法与制定法的法令”（Dissertation on the Act Adopting Common Law and Statute Law）的论文，“确定了这样一条不能改变的规则：在本州，任何法院都不应在没有制定法依据时，仅以普通法的先例为依据宣判死刑。”而且，两年后，泽弗奈亚·斯威夫特（Zepheniah Swift）（此后不久，他就担任该州首席法官）在其关于康涅狄格州法律的论著中表明，他为这一理论所困扰：“在立法机关没有规定特定的刑罚时，对于任何触犯自然法的犯罪行为，法官都可以行使自由裁量权决定对这一行为的刑罚。”他区分了“制定法和普通法明确规定的犯罪行为”与那些“（普通法）法院已享有自由裁量刑罚权力”的行为，他警告说，法官“应当非常小心谨慎地运用（后一种）权力，”因为“刑事法典的最大优点在于，确定地、精确地界定每个应受刑罚处罚的行为；在不知道法律时，没有人应承受招致刑罚的危险。”他继续说，“如果一个人做出了某一行为，他知道法律从来都没有对该行为处以刑罚，并且该行为没有违反任何法律，但他却被起诉了，法院可以依据该行为之后做出的决定，判定其为犯罪行为，而且判决他承受严苛的刑罚，”这是不公平的。最后，他总结道，“这种做法明显带有让人憎恶的事后法性质。”[47] 传统上，人们是在自然法框架中理解普通法上的犯罪的。斯威夫特虽然没有放弃这一框架，但是，他不再采纳这样的观点：司法机关对法律规则的宣告，即使是第一次宣告，也仅仅是对一些众所周知的、已经存在的自然法准则的宣告。事实上，他整个讨论都认为，如果立法机关或者司法机关不明确宣告法律规则，个人是无法获知其法律义务的。虽然将斯威夫特的分析拓展到整个普通法上的犯罪行为要由他人来完成，但是，斯威夫特专注于分析管理法官制定的刑法制度不公正问题，这显然是美国革命后的现象，它反映了人们认识的深远变化。因为，在斯威夫特关于法院自由裁量权的危险警示背后，一个没有表达出来的前提是，认为法官不再仅仅发现法律，而且还要制定法律的观念日益深入人心。

这个问题甚至在全国范围内都很快就凌驾于宪法修辞（constitutional rhetoric）之上，而这一问题一开始是与它联系在一起的。1813 年出现了这样一个问题：在没有制定法的情形，海事法院是否可以对在公海上实施了谋杀行为的人判处刑罚。毫无疑问，这个案件与先例的区别在于，宪法已授予联邦法院对海事案件（admiralty）享有排他性司法权；因此，与先例不同的是，本案不可能会遇到联邦法院的判决超出其宪法权力的问题。即使如此，最高法院院长威廉·约翰逊（William Johnson）在巡回审判时，判定不应惩罚被告人。他写道，“宪法创建者

〔47〕 N. Chipman's Rep. 61, 67. 2 Z Swift, *A System of the Laws of the State of Connecticut* 365 – 66 (1796).

心仪的一个目的是，不让任何人找寻安全之路或者边界之门（Dii Limini），以确定其行为是否构成犯罪，除了在立法机关的制定法典中寻找。”而且，他认为，在殖民地也如此：“普通法的采纳，取决于各州立法机构的自愿行为”，而非以前认为的那样，取决于来自自然法或者习惯中的固有义务。他否认在美国革命前，美国所有州都接受了全部的普通法。而且，他还否认，在制定法中使用普通法术语（terms），比“使用民法或者教会法（原文作 Cannon，为 Canon 之误，霍维茨指出了这一错误——译者注）特有的术语更能提高普通法的有效性”。最后，他得出结论说，甚至海事法院承认普通法上的犯罪，都会产生“法院的自由裁量权”。这样的制度“会……增加事物状态的变数”，因此，“司法机关就会决定采纳何种制度作为国际法（Law of Nations）的指导，或者任由其受事物适当尺度的观点控制。”[48]

最初，抨击普通法上的犯罪行为是从狭隘的宪法基础出发的。后来，随着这种抨击逐渐与其宪法基础分离，1819 年，一本完全以全新法律理念阐述这一问题的著作问世了。这本引人注目，而且很有影响的书就是俄亥俄州律师约翰·密尔顿·古德诺（John Milton Goodenow）的《美国法学原理与原则历史梗概》（*Historical Sketches of the Principles and Maxims of American Jurisprudence*）。这本书首次探讨了普通法上的犯罪规则可否在各州实施，甚至是在一个州实施的问题。他从对法律义务本质的一般性分析开始讨论，他采用的首要原理就表明了很多美国人距离

---

〔48〕 The Trial of William Butler for Piracy，上注 39，第 28 页、第 21－25、32 页。

18世纪的自然法假设有多遥远：

16 法律是人们自身从其社会状态中创造出来的，而不是人类从神的意志中解放出来的结果。它也不是来自于自然和理性的纯粹制度。法律形态是可变的、任意的；法律必定是实在的、地方性的存在；法律的制定、宣告和颁布，都必须采取为它们所引导的所有人都清楚和明白的形式和特征。否则，法律就绝不能具有强制性：因为它们不能凭直觉获知，也无法通过理性之眼发现。

古德诺将自然法上的义务完全限定于“可以被称为道德权利的东西（right of conscience）”，而且，他还宣称，违反自然法的人，“除了对上帝以外，对任何人都不承担其判断错误的责任。”最后，他总结道，自然法的原则“可以淹没在人类发明的垃圾下，长期被忽视。”

我们在法庭上经常可以听到所有关于普通法辩论都不可少的引语，“法律是完美的理性，违背理性的法律是无效的；一个人没有义务去遵守违反自然法的国家法（municipal law）。”如果这样一种观点事实上占了上风，那么，人类一半的活力（blood）都会在这一观点的实施中流失。

从这些前提出发，古德诺继续论证，“所有惩治犯罪行为的人类法律，都只是社会政策问题；由于各个州政治目的、构成及其目的不同，其法律也具有多样性。”刑事法律“仅仅由人类的自然理性决定，它们也契合当时的政治特征（shade）和结构（texure）。”因而，顺理成章的结论是：对犯罪人施以刑事制裁的唯一合法机构是立法机关，它通过制定法方式立法。最后，古德诺总结道，“刑事法庭的……法官受**实定法**的控制，执行并实施最高权力的意志，即**人民**的意志。”[49]

从古德诺的著作中，我们可以相当清楚地发现，对普通法上犯罪的抨击与政治理论及自然法理念更普遍的变化之间，一直存在不明确的关系。既然如此，我们的任务就是，更准确地探究这些变化是如何发生的；最终得出法律理论的变革最后如何形成工具性普通法观念的结论。

工具性法律理念的出现

在美国革命前，普通法和制定法被认为是两个独立的法律部门。而且，法官和立法者的权威取决于他们所执掌的法律的特殊分类。这两种法律形式实质的两分法本身相当晚才出现 17
的。它是现代主权理念源头的体现。[50] 例如，柯克勋爵在

〔49〕 J. Goodenow, *Historical Sketches of the Principles and Maxims of American Jurisprudence in Contrast with the Doctrines of the English Common Law on the Subject of Crimes and Punishments* 3–4, 6, 33 (1819). 有关古德诺对俄亥俄州法律的影响，参见 A. Hadden, *Why Are There No Common Law Crimes in Ohio*? (1919). 有必要指出，虽然古德诺对普通法的抨击影响深远，但是他明显排除了民事诉讼。他写道：“民事诉讼以私权和对个人的侵权行为为基础，立法机关制定民事法律的权力与此无关。我们私权的全部基础是自然正义和权利理性（right reason）。”参见前引 Goodenow，第36页。

〔50〕 S. Thorne, *A discourse upon the ... Statutes ...* (1942); J. Gough, *Fundamental Law in English Constitutional History* 117–22 (1955).

1608 年的卡尔文案（*Calvin's case*）中，判定英国法律并不能自动在其已征服的疆土上适用。在这一判决中，柯克并没有暗示制定法与普通法在这一问题上存在差异，因为在很大程度上，制定法仍然被视为对习惯的表达。我们发现，在 18 世纪早期，人们对这两种形式的法律采取不同的处理方式。当 1720 年司法部长韦斯特（West）提出将对普通法的继受限定在议会立法中时，我们才发现这两种 18 世纪初期的法律形式被不同对待。由于制定法开始被理解为是主权者的命令，所以，支配接受英国法的规则就与柯克处理这一问题的规则，其作用截然不同。这样就引发了一个问题：服从规则的基础就不再来源于自然法原则。最终，到 18 世纪后半叶，因为主权在英国法律中开始开花结果，所以，布莱克斯通基于他对殖民地出现的宪法斗争的观察，可以再次坚持美国既没有继受制定法，也没有继受普通法的观点。[51]

在独立革命后，美国在多大程度上重复了英国的经历，这一问题并没有被广泛理解。在革命后，尽管美国人抨击布莱克斯通主义者单一的、不可分割的主权理论，但他们同样也开始广泛地接受该理论背后的现代法律理论。虽然他们质疑议会至上原则，但他们同时又主张，成文宪法具有合法性，因为它体现了人民的“意志”。而且，由于他们寻求以人民主权来重新界定法律义务的基础，他们倾向于维护立法机关和制定法的根本优越地位。其后果是，普通法规则最初的自然法基础开始瓦解。

〔51〕 1 W. Blackstone, *Commentaries* 108－109.

在美国独立革命后，基于“在共和国，宪法的终极本质要求法官遵循法律的字面意义”原则，美国出现了将所有法律都法典化的强烈需求。《人民：最好的统治者》(*People the Best Governors*) 一书的作者主张，如果法官“按照他们认为最符合法律精神和理性的方式来解释事物，他们实际上就承担了立法机关的职责，因为对立法者而言，在法律有疑义时，他们应界定其意义。”另一个评论员认为，事实上，法院“必须以法律的本来面貌来适用法律，并且以所有恰当的、合适的方式来适用法律，而没有任何借口判断法律是正确的，还是错误的。”〔52〕

这些法典化的需求之下潜伏着一种新的信念：即大部分英国普通法本身就是法官兴之所至的产物。其中，尤为重要的 18
是，英国的曼斯菲尔德勋爵（Lord Mansfield）改革使很多美国人相信，不能仅仅依赖法官适用现行法。更重要的因素似乎是，曼斯菲尔的判决使托马斯·杰弗逊相信，法官享有的普通法上的权力需要制衡（a check）。1785 年，杰弗逊写道，虽然“以前，法官的目标是使法律越来越确定”，但是，曼斯菲尔德则试图“以让法律更合理为借口，而使法律越来越不确定。在英国法律长期适用的期间，都没有哪一个时期像这个法官（指曼斯菲尔德——译者注）任职期间，推翻了如此多已经确立的规则。”最后，他得出结论说，其结果是，曼斯菲尔德“就职法官后，就开创了一个时代。在这个时代后，所有恢复英国判例的做法都被禁止。”杰弗逊在他的一些著作中，确实还做出了更深层次的探讨。杰弗逊描述了弗吉尼亚州法典编纂者做出的

〔52〕 转引自 Wood，上注 31，第 301 - 302 页。

努力，之后，他宣称，“英国的普通法是英国法律的一部分，它先于现有的最古老的制定法”，它是法典的“根基”。这样，他想把美国接受的普通法限定在13世纪就已存在的规则范围内，如果没有更早的规则的话![53]

在几十年之间，固定的、明确的普通法观念被破坏了。罗伯特·兰拓（Robert Rantoul）在1886年众所周知的法典化呼吁中，清楚地表达了这一观点。他质问，“为什么立法机关通过的事后法是不公正的、违宪的、没有法律效力的，而法官制定的法律就其本质而言一定是事后法，我们却不仅要遵守它，还要赞美它?”[54] 在兰拓提出这个问题时，法官和法学家已经开始不再从自然法角度论证普通法的正当性了，而转换为以一种法律“科学”理论来论证。我将在第八章进一步探讨这一发展。然而，在美国革命后随之而来的时期，对普通法的辩护理由就截然不同了，这体现了为寻找制定法与普通法统一基础的努力。

人们不难发现美国革命后普通法审判的特殊危机。1791年，最高法院法官詹姆斯·威尔逊的“法律讲座”（Lecture on Law）是这一危机最引人注目的表现。他指出，其讲座的主要目的是，阐明布莱克斯通坚持的法律是主权者（superior）意志

---

〔53〕 4 *The Writing of Thomas Jefferson* 115; *Notes on the State of Virginia* 148 (1853). 关于美国革命前，在英国法中寻找“纯粹的”普通法制度的努力，参见Bailyn，上注15，第26 - 27页；J. Pocock, *The Ancient Constitution and the Feudal Law* (1957). 杰弗逊最早试图提出的古代普通法理论，出现在这一问题中：“基督教是否为普通法的一部分。” 1 *The Writings of Thomas Jefferson* 360 [1764?]

〔54〕 “Oration at Scituate” (1836) in *Memoirs, Speeches and Writings of Robert Rantoul*, Jr., 278 (Luther Hamilton, ed., 1854).

的主张是“不恰当的原则”，因为“服从人类法律的唯一合法性原则是：人们对法律的合意。”但是，在讲座中，威尔逊却 19
在一定程度上表现出，他也为将法律作为主权者命令这种现代法律观念的魅力所捕获。他承认，“每个州都必须有一个至高无上的、专制的、绝对的、无法控制的权力。所有人都同意这一观点。”唯一的争论在于“这种权力应属于谁。”

虽然威尔逊依然承认源于自然法的义务，但是，与其前辈不同的是，他将这些义务归结为个人的良知问题。因为最根本的问题是“除了自己同意外，一个人能否受任何人类权力的约束？”

> 我们来设想一下，如果有个人要求我遵守他称之为法律的某种命令……我问他，为什么我有义务要遵守它？他回答说，只是因为我应当那样做。我告诉他，正义是自然法的一部分；给我一个源于人类权威的理由……他却从另外一个完全不同的角度抨击我的观点，语调也柔和了，告诉我如果我按照他的想法去做是多么慷慨，而且又是多么人道。仁慈是义务，慷慨是美德；但两者都不能作为人类的权威。

这样一来，无论威尔逊如何主张是谁最终决定了法律命令的合法性，但是，服从法律的基础依然完全被设定于意志论这种现代法律理论的框架内。这种依据大众意志来界定法律义务的基础，与18世纪从法律固有的公正或正义中界定法律义务的观念截然不同。

这种结果很明显是美国革命后的现象：它试图通过人们对法律的合意这一基础，不仅重建制定法的合法性，而且重建普通法规则的合法性。例如，威尔逊就坚称，习惯“本身就是合意的本质证据。”

> 习惯是如何引入法律的呢？通过自愿的适用。如何成为一般性的习惯呢？自愿适用的情形越来越多。如何才能持续下去呢？通过自愿适用和令人满意的经验。这些经验认可并确认自愿适用所引入的内容。在习惯法的引入阶段、扩展阶段和持续阶段，我们都发现，合意的运作一般是占有统治地位的。

因此，他总结说，普通法的“强制力的源泉仅仅建立在自由、自愿的合意基础上。”〔55〕

威尔逊是沿着布莱克斯通的见解阐发其观点的。我们可以对比威尔逊与圣·乔治·塔克的论点得出这一结论。塔克同样想抵制布莱克斯通有关主权的观点。尽管布莱克斯通“预先假定了在任何案件中，都存在立法机关制定的法律”，然而，
20 塔克依然坚信，“该观点中的机巧多于事实，所有不成文的法律都建立在实定的制定法基础上，对不成文法的记忆已经离我们远去了。”但是，当塔克进一步偏离布莱克斯通对主权的定义时，他倾向于强调“古老的习惯和习俗”是与主权对立的另一个法律合法性源泉。虽然塔克在某种程度上成功地抵制了来自布莱克斯通的压力，但是，他甚至还揭示了在人民主权的政权下，普通法裁决制度甚至更脆弱。〔56〕

---

273 〔55〕 1 *The Works of James Wilson* 180（Robert G. McCloskey, ed., 1967）；上注，II，第506页；I，第121－122页；I，第353以下；Wood，上注31，第292－296页。

〔56〕 Blackstone，上注39，第53注释10。

对某些人而言，如果人民主权原则似乎会在逻辑上导致彻底法典化，那么，詹姆斯·威尔逊等正统法学家（orthodox legal writers）则试图表明，法官享有的普通法权力与主权原则是完全相容的。因此，在美国革命后，法律思想强调普通法的合意基础就被设定为，阐释普通法法官事实上是享有主权的人民的“托管人”或者“代理人”。

因此，在18世纪和19世纪之交，法官和法学家的中心任务就是使普通法符合大众主权这一新出现的制度。1798年，吉西·鲁兹（Jesse Roots）发表了两篇短评论：“康涅狄格州的政府与法律的起源”（The Origin of Government in Connecticut）和“论康涅狄格州的普通法”（On the Common Law of Connecticut），他将其作为鲁兹康涅狄格州法律报道的引言。这两篇评论回应了潜在的普通法规则合法性理论，也是这一理论最微妙的转变之一。在这两篇评论中，鲁兹试图表明，“那些为新宪法大声疾呼的人的无知”会使英国法丧失权威性，同时，他还强调，“那些假定在被制定法修改以前，英国普通法是康涅狄格州的普通法的人犯了错误。”他指出了英国法的封建起源，同时坚持认为，长期以来，康涅狄格州人民遵循的都是本地的普通法。他宣称：“他们的普通法来源于自然法和神启，来自于永恒的真理和正义的规则和原理。它们都源于事物永恒的妥适性（fitness），只需被理解、被服从；因为它们自身就是最高的权威。”

在这一问题上，鲁兹的分析不仅是非常传统的，而且，如果其全部观点就是这样，它们就都是相当引人注目的。在18世纪和19世纪之交，我们找不到这样的美国人：他们最终依赖于这些永恒的自然法原则，同时，他们又坚守美国固有的、

21 独立的、与自然法原则不同的美国法律规则体系。然而，为了与形式保持一致，鲁兹发现，有必要统一合意原则，以解释美国法律与自然法的背离。他写道："另外一个普通法分支……来源于习惯与习俗，在实践中，大多数公民都普遍赞同和适用这些习惯与习俗……"，这样，"法院注意到，这些习惯和习俗是权利的规则，具有法律效力。"

但是，习惯是如何变成法律的呢？对这一问题，鲁兹不再把习惯与强制性的自然法等同起来，他的回答表明了布莱克斯通法律意志论（will theory of law）的影响。"这些习惯和习俗的存在时间已经超出了人们的记忆。而且，这些习惯和习俗一直是强制性的，以便人们承认它们是法律。以上事实似乎有点荒谬：即在它们被承认为是法律之前，它们必须具有强制力；而国家权力在宣布它们是法律，并赋予其法律效力之前，它们又不具有法律的强制力。"习惯古老到它们的起源已经被遗忘，这还并不是它们成为法律的全部条件。鲁兹继续写道："仅仅因此就承认习惯是法律，可能对于专制政府是必须的，但对于我们这样的自由政府而言"，习惯要成为法律，还需要一个"更好的理由"。最后，他总结道，就像制定法因为立法机关的同意而被通过，具有约束力一样，"这些未成文的习惯和规则……也应该被普遍认可，在实践中被普遍适用。"并且，基于该理由，法院才能宣布它们具有强制性。"习惯在实践中的合理性和效用，以及其适用的普遍性"，"是习惯获得普遍同意和认可"的最佳证据。因此，在评论的最后，鲁兹被迫从传统的自然法框架中退却，而事实上他正是从自然法的框架出发的。他坚持美国已经有自己的普通法，最终，他试图通过单一的合意原则，同时论证制定法和普通法的强制力的合法性。[57]

鲁兹试图通过诉诸康涅狄格州本土的、人民已认可普通法原则来挽救普通法。与此同时，另外有一些人，比如马萨诸塞州的詹姆斯·苏利文等，试图将普遍性法律的古老观念建立在大众主权这一新的基础之上。苏利文指出，不动产规则，一直建立地方性制定法、地方性习惯以及法学理论这三个基础上。上述规则调整“没有固定于任何地方或国家的私人财产；就其来源和内容看，依赖于万民法（一般国际性法律）的合同，而不是依赖于某些国家的任何地方性规则的合同……因为私人合同的基础是商业交易，所以，它们不应只以某个国家的特定法 22
律为依据，而应以公认的一般国际法为依据。”尽管如此，苏利文不再满足于把自己对普遍法律的诉求寄托在18世纪的自然法托管（trust）原则上。尽管这些法律原则通过普通法律人的“教科书”（institutes）和“报告”，“一代又一代确定不移地传下来了”，然而，“还是有人会问，这些书是从哪里获得权威而成为该地的法律?”他总结道，这一问题的答案是，“立法机关最庄严的法律不过是对公众的意志的表达罢了。”制定法与普通法都如此。这些原则之所以被当作“原则”接受，是因为“长期以来，该国的人民都服从它们，还认为它们是恰当的、有用的”。

如果苏利文的这个解释似乎只是屈从于习惯（鲁兹曾发现，这种习惯盛行于“专制政府”），那么，苏利文则以不太一样的方式重申他的结论。他写道，“人们可以研究，英国的教科书和法律报道是如何成为美国国家或者各州意志的证据

[57] 1 Root's Conn. Rep. iv, ix – xiii.

的？苏利文得出结论说，“答案是，人民的意志在宪法中得以表达，这使他们自身的权力在各州得以确立。”因为“是人民的呼声建立了（普通法）体系，在其被采纳和实施的范围内，”正是“法官决定作为法律的某项原则是否一直在实施。”[58]

普通法合法性的潜在基础转变的结果是，法学家开始将普通法作为意志的工具。1806年，市长法院（Mayor's court）* 的法官墨斯·利维（Mores Levy）在将对费城科尔多瓦皮制造工人提起的普通法上的密谋控告移送给陪审团时宣称，“即使我们并不理解这一普通法规则赖以建立的原则”，陪审团也“应当遵循”，“我们不能因为不理解其原因就不接受它。我们只要知道它是大多数人的意志就足够了。它是法律，是因为它是大多数人的意愿；如果它是法律，它就可能有充分的理由，即使我们无法挖掘这些理由。”[59]

然而，这个法律观点无疑是双刃剑。虽然19世纪的法官满足于通过提醒陪审团“未成文的习惯”和“制定法同样都是立法机关的法律”来限制陪审团的自由裁量权，但是，其自己的行为也体现了詹姆斯·苏利文的观点，即人民赋予法官以
23 公众宪章（public charter），据此法官可以依据广泛的公共政策来塑造法律规则。到1813年，塔平·里夫（Tapping Reeve）与詹姆斯·古尔德（James Gould）法官在利奇菲尔德法学院作的颇具影响的讲座就反映了这种法律理念的变化。他们教导学生

---

〔58〕 J. Sullivan，上注13，第337－340页。

* 美国某些名义上由市长主持的法院。主要职责是处理轻微的违警案件、其他轻微违法案件和小额民事案件。——译者注

〔59〕 Commonwealth v. Pullis in Commons，上注11，第223页。

说，布莱克斯通有关国家法的定义是“由国家最高权力规定的公民行为规则，它要求人们作正确的行为，禁止人们作错误的行为。”以前，詹姆斯·威尔逊和圣·乔治·塔克曾专注于限制布莱克斯通式的主张。但是，在里夫与古尔德的讲座中，以前的所有限制都完全消失了。不仅如此，他们还同时坦承了普通法的新基础。他们断言，“从理论上说，法院不能制定法律，但事实上却是立法者。”并且，在引证了法院曾经制定法律的判例后，他们质问，“那么，一个国家的最高权力机关应如何规定这些法律？答案是：立法机关默认了这些法律，或含蓄地承认了这些法律。而且，这种默认是在法律产生之前还是之后并不重要。”最终，有些讽刺意味的是，他们停留于旧有的法律观念之上：

> 在【普通法规则的】渊源声名狼藉时，怎么能够说，它的存在是超出人们记忆的呢？法院的法官被认为是普通法的保管者。因此，当法官制定一条新的、前所未闻的规则时，人们还认为他们是从仓库里取出来的。从远古以来，这些规则在仓库中一直处于休眠的、无用的状态。[60]

---

〔60〕 H. Brackenridge, *Law Miscellanies* 84 (1814); E. Whittlesey. “Reeve & Gould's Lectures,” I, 1 (1813)（手稿4024，哈佛大学法学院图书馆珍本室）；“Reeve's Lectures,” I, 4－5（无出版年代）（手稿2013，哈佛大学法学院图书馆珍本室）. 惠特尔西（Whittlesey）的手稿中，对同一问题作了类似的、但远没有如此详细的讨论，同上，I，第6－7页。从其手稿中可以推知，这些评论大概是在1813年左右作出的。在另一份没有表明日期的手稿［重印本载于史密斯（J. Smith）的《法律制度的发展》（*Development of Legal Institutions*）479－81（1965）一书］，里夫（Reeve）宣称，在所有的新型案件中，法院“都想造法”。根据手稿中引用的最新英文报道，史密斯将时间标注为1802年。

当法官开始把自己作为立法者时，他们制定法律规则的标准也开始改变。一位法学家指出，法官决定应否固守一系列判例确立的原则，“**自身就分解成了一个权宜性（expediency）问题**。”但是，“什么是测试……以往判决错误的标准呢?”他质问到。“**就我所知，只是法官的想法而已**。”因此，在19世纪的头20年，法官开始把自己当作法律变革的先行者。1810年，斯威夫特指出，因为“立法机关必须要建立一条普遍化的、确定不移的规则，”而“法院享有在每种可能的情形都塑造规则的自由裁量权”，因此，“在司法权的构成中，有一个固有的、必不可少的原则……即，根据日益增长的需求和人类不断变化的环境，提供救济……而不需要等待缓慢的立法干预。”[61]

1807年，宾夕法尼亚州制定法授权高等法院的法官裁决
24 英国的哪些制定法在该州有法律效力。这一做法明显地体现了法院的这种新角色。虽然即使在20年前，把如此明确的、自觉的立法职能授权给法官可能都是不可思议的，但是，它与将法律视为意志的体现这种新理解完全一致。1808年，该州高等法院的法官休·亨利·布拉肯里奇（Hugh Henry Brackenridge）强烈呼吁废除普通法，倡导制定法的编纂。这也体现了这一变化。但是，到了1814年，他就谴责“英国法官是沉闷的，或者往往胆怯，因为赋予他们的权力非常小。”他评论道，法官受先例约束，只是因为他们有“恐惧创新”，但事实上，如果法官“偏离了规则，这只有通过其**成就**来证明它是正确的。”

〔61〕 Brackenridge，同上，第54、52页；Z. Swift，A Digest of the Law of Evidence v－vi（1810）.

对变革而言，最大的两个阻碍是“依附于裁决”和“惧怕改革的思想”。他坚称，法官是法律体系的建筑师。大多数法官“像霍奇（Hodge）那样，甚至在桥建好之后，还在沼泽之中跋涉，迄今为止，他们根本就没有想建设一座桥梁。这样做也许能被赞美为有判断力的法律家；但他们就满足于此了，不能被称为伟大的法官。”他认为，一个伟大的法官是“跨越所有法学领域的法官”。如果“最高法院的首脑恰好有这种思想”，他就能成为一个改革者。”他总结道，虽然“只有一个技术娴熟的、对整个大厦胸有成竹的建筑师”才应当“承担法律变革的任务”，但是，改革是法官的一项重大任务。因为，“立法机关只能在这个建筑的细节上、具体事项上有所作为，而能干的法官能立刻废除或者改变该建筑中自始就是错误的或者不协调的东西。”〔62〕

正如布拉肯里奇的评论所表明的那样，在美国独立战争后，美国法学最普遍的特点之一就是，批判殖民地屈从于先例。就连像佛蒙特高等法院院长纳撒尼尔·奇普曼那样的保守法学家都抱怨，法律界“怀着无比的敬畏”遵守先例。1793年，他在“论采纳英国普通法与制定法的法律”的论文中指出，这些先例“都是在与目前社会和财产状态极不相同的时候做出的。”而且，很多普通法规则是“在人们的思维被形式束缚时制定的。那时，人们认定，这些形式是实质，抽象的概念是真正的实体。”其结果是，在普通法中，“技术性的推理和毫

〔62〕 对法官宣称英国制定法在宾夕法尼亚州有拘束力的报道，参见 3 Bin. 595（1808）.［H. Brackenridge］, *Considerations on the Jurisprudence of the State of Pennsylvania*（1808）. Brackenridge，上注 60，第 382、469、75 页。

无意义的格言……就频繁地给各种原则提供空间。”他强调，
25 在美国，实质内容比形式更重要。因此，布莱克斯通严格遵循先例的规则在英国足敷适用，因为英国的先例“太容易被背离，法官可能会不经意就干预因信赖这类先例而获得的所有权。”尽管如此，在没理解那些“任意的规则”或者“任意的判决”源于［不同的］社会状态之前，就遵守规则和判决，“肯定会与我们的政府原则和法律精神相悖。”〔63〕

奇普曼的论文反映了在美国独立革命后，美国法律中开始出现了功能主义。他强调法律中的“原则”和“理性”，反对习惯规则的“任意性权威”，这些都源于一种新的普通法观念：即普通法是实现社会政策的一种自觉性工具。他坚称，“我们不能盲目崇拜古代的规则、格言和先例，而应当学会区分两种规则：那些建立在人类本性原则上的规则，它们是永恒而普遍的；那些受该时代环境、政策、习俗、道德规范以及宗教支配的规则。”与此类似的是，斯威夫特（后来他出任了康
26 涅狄格州高等法院院长）1795 年指出，因为该州的定居者“没有受到诸如形式、习俗和先例之类的枷锁的束缚，”所以他们“已经注意到了对政策扩张适用的自由观点。”尽管他们承认，殖民地的绝大多数变革是由制定法造成的，但是，这些法律确立了一系列引导法官行为的“法律原则”。因此，法院“并不是绝对受先例权威所束缚。”

> 如果一个判决的基础是错误的原则，或者判决适用的规则是不便利的，或者违背了法律的要旨，那

〔63〕 N. Chipman's Rep. 63－65.

> 么，法院在此后的案件中，就可以行使变更这些判决或规则的权力，或者作出相反的判决。在这种情况下，他们并不是在判定先前的判决是不好的法律，而是在判定先前的判决并不是法律。因此，这种制度的根本性质是匡正和修改错误的原则。[64]

因此，斯威夫特就和同时代的其他任何法学家一样，主张法官说法律是什么，法律就是什么。虽然在这一时期，没有一个法官承认他们在制定法律规则时，可以不受“理性”和“原则”的限制，但是，这一时期的司法产品都受到了新政策的引导，而法官是自己将这些新政策适用于司法中的。斯威夫特本人也在其1810年关于证据法的论著中承认，“证据规则都具有人为的性质，但是，并不是在所有的情形，这些规则都能建立在抽象的正义原则上。它们是建立在政策之上的实定规则。”在25年前，还没有法学家察觉到这一点。总之，“理性”和“原则”逐渐不再被理解为是要发现的规则或者原则，也不是通过先例适用的习惯性规则。相反，正如斯威夫特本人从“对政策扩张适用的自由观点”出发发现的那样，它们是被制定的、审慎的规则体系。”其结果是，到18世纪和19世纪之交，法官经常从功能角度来解释为什么他们会有漠视先例权威性的自由。例如，在1799年纽约州高等法院裁决的一个关于海事保险的典型案例中，一位法官宣称，如果法院僵化地恪守先例，“我们肯定无法指望完善商事法。尽管单个判决建立在

---

〔64〕 同上，第66n；1 Z. Swift, *A System of the Laws of the State of Connecticut*, 46, 41 (1795).

错误的基础上，它依然会具有约束力。而且，由于重复适用，该错误就会继续下去，或者错上加错，直到人类的常识和案件的必要性迫使我们回到最初的诸原则，摈弃这些先例。”[65]

由于法院宣告他们不受18世纪严格的先例观念约束，他们也开始用新思维来看待法律体系的秩序和一致性。18世纪的美国法学家认为，法律的确定性本质上必须从政治角度予以界定。1767年，马萨诸塞高等首席法官哈钦森指出，如果没有“众所周知的”和“确定的”法律，那么，“法官的意志就会成为法律，而且，这个国家也可能会变成奴隶国家，”因为公民逐渐就会“依赖于他人的任意性观点”。与此相反的是，在19世纪，人们认为，法律确定性极其重要，甚至到了可以使个人更理性地计划其个人事务的程度。例如，斯威夫特就论述了英国的“判决统一性”与“该国巨额财富与空前商业繁荣”之间的关系。另一方面，因为遵循先例原则开始被理解为只是允许人们有规律地安排自己事务的众多技术之一，这样，法官就打算放弃先例，以便创造能保证个人更准确地预见其行为法律后果的实体性规则。例如，在1807年 *Lee v. Boardman* 一案中，马萨诸塞州高等法院背离了英国法律。该法律规定，投保人抛弃了被俘船只的，不能获得全额赔偿。高等法院院长帕克尔（Parker）宣称，对等待结果的船主而言，这一规则会导致“不确定性”，因为这“超出了投保人精确计算其资金的能力：他的商事企业会被检查，而且他的计划会受挫甚至完全失败。”总之，只有在允许私人当事人提前计算其行为特殊后果

〔65〕 Silva v. Low, 1 Johns. Cas. 184, 190 (N. Y. 1799).

的范围内，固守先例才被认为是必须的。一个法官甚至承认，“在这个案由中，以当事人主张的任何一种方式”解决海事保险问题，都不会对“商业带来重大不利”。“当事人的争点应 27
当被明确裁决，并以这种或者那种方式解决；商人可能知道这些判决，并使其业务与这些判决协调。这些才是最重要的。”在20年前，这种不可知论的观点是不可思议的。因为普通法规则被认为是制定出来的，而不是被发现的，所以，先例就不再被视为确保法官适用先前已经存在的法律的技巧。相反，法院开始依据规则创新对当下私人安排带来的“追溯效力”的程度，对法律规则进行分类。因此，在一个“商业利益问题中，其判决不具有任何追溯力，也不影响既已存在的权利”，法院认为，它“更少受到现存判例权威性的约束”。[66]

放弃先例与对法官在制定法律规则中的新角色是紧密联系的。在19世纪初期，涉及遵守英国海事法院判决的一系列案件中，法官最激进地背离了先例原则。这些案件的事实本质上都是相同的：船主的船只被英国认为破坏中立而被扣押，于是船主提起诉讼，要求依据对船只的海事保险单获得赔偿。由于保险单通常只对中立财产承保，问题就在于，美国法院是否受英国海事法院认定这些财产非中立的判决的约束。美国法官面临更深层次的问题是，法院发现和公正适用已经确立的国家法律的传统理念，能否同与之一度冲突的国家政策同时共存。那

〔66〕“Charge to the Grand Jury by the Chief Justice,” Quincy's Mass. Rep. 232, 234 (1767); Swift, 上注61, 第vi页; Lee v. Boardman, 3 Mass. 238, 247 – 48 (1807); Thurson v. Koch, 4 Dall. 348, app. xxxiv (C. C. A. Pa. 1805); Silva v. Low, 1 Johns. Cas. 190 (N. Y. 1799).

时，批评家主张，国家法律遭受着“不确定性之痛，而普通法同样的不确定性也让人难以忍受。”1802年，纽约高等复审法院（High Court of Errors）在推翻先例时指出，纽约法院不受英国先前的判例的拘束。一位法官声称，“这些（英国）法院也没有任何管制其自身的统一法律”，“与国际法律的命令相比，它们更多地听从于主权者的指示。”而且，重要的是，美国法院并没有确立（普通法中的）保险合同的解释规则。这些规则“倾向于阻滞商业发展，或者损害投保人的利益。相反，美国法院采纳了人们认为会极大促进重要目标发展的观点。”因为国际法并没有明确规定，所以，“我们可以自由地采纳会最大限度地促进这个发展中国家一致利益的解释。”美国法院认识
28 到，英国海事法院“是由政治的权宜想法支配的”，这种认识很快就使他们明白了，有必要采纳能反过来最大限度地促进“一致利益”的法律规则。[67]

在美国法律中，功能主义日益强化的一个后果是，在18世纪后期，法官与陪审团之间关系开始发生了戏剧性变化。虽然殖民地法官为了避免陪审团作出背离法律的裁决，设计了各种技术，但是，美国依然存在一种强烈的信念，即认为陪审团才是法律问题和事实问题的最终裁决者。[68] 并且，因为在美国独立战争前，坚持法律确定性是与防止政治专制紧密相连

〔67〕 W. Duane, *The Law of Nations, Investigated in a Popular Manner* 3 (1809); Vandenheuvel v. United Ins. Co., 2 Cai. Cas. 217, 285, 289 (N. Y. 1805); Ludlow v. Bowne, 1 Johns. 1, 7 (N. Y. 1806); Brackenridge，上注60，第344页；DuPonceau，同上35，第124－125页。

〔68〕 Jefferson, *Notes on Virginia* 140; 2 *The works of James Wilson*，同上注55，第540页；“Powers and Rights of Juries,” Quincy's Mass. Rep. 588－72.

的，所以，很少有人指责陪审团促成了法律体系的不可预期性与不确定性。但是，随着人们开始从更具有工具性的角度看待确定性问题，控制陪审团这一问题就有了全新意义。1792 年，一位法官指出，允许陪审团解释法律问题，“会授予他们解释和公布法律的权力，而陪审团的组成没有永久性，或者没有以往一些获取信息的手段，因而，这将使本应是行为统一规则的法律变得不确定，会随着陪审员的感情和观点的每一个变化而波动，不到宣判时就不可能知悉。”在 18 世纪，法官在将案件提交给陪审团时，通常不给陪审团任何指示，或者由几个审案法官提供相互矛盾的指示。但是，在 19 世纪，法院开始致力于给陪审团提供明确的指示。事实上，只有在法官与陪审团问题开始于 18 世纪末产生时，美国人才坚持出版法律报道，以缓解“司法判决中出现的不确定性和矛盾性。”[69]

直到 19 世纪，法官才经常驳回陪审团作出的背离法律的裁决。与此同时，法院第一次将某些问题作为“法律问题”。例如，在 18 世纪和 19 世纪之交，即使对一件复杂的海事保险案件，法院的典型做法也是提议陪审团适用衡量赔偿金的某一规定。但是，法院同时又承认例外情况：“除非被告能拿出更好的规则，否则陪审团就应采纳法院建议适用的规则，或者能够实现公正的其他规则。”到 1812 年，斯托里（Story）法官拒绝接受（陪审团作出的）一个损害赔偿判决，其理由是，陪审员考虑了“会在最大程度上不利于公众利益”的投机因素，

---

〔69〕 A. Addison, *Charges to Grand Juries of the Counties of the Counties of the Fifth Circuit in the State of Pennsylvania* 53（1800）.（这一册常常作为 Addison 报告的附录）Kirby's Conn. Rep. iii.

因为这些因素会使“商业计划陷于彻底的不确定性之中。”斯托里的这一判决表达了19世纪法官对损害赔偿问题的观点。另外，立法机关的做法也体现了这种趋势。在土地征收诉讼中，立法机关开始彻底排除了陪审团在损害赔偿金问题上的作
29 用。正如一个运河公司所主张的那样，其原因是，陪审团评估损失的方法是“有害的，而且花费过高，因此……正义要求完善”法律条款。最终，作为不断扩张的“法律问题”的一部分，法院也首次要求对陪审团作出的裁决进行重审，其理由是，陪审团的裁决违背了证据的权重规则，尽管有人抗议说，“没有一个例子……”表明法院曾经对陪审团关于相互冲突的证言的评估进行过重新认定。[70]

倘若日益强化的法律工具主义观点使法院限缩了陪审团的职权范围，那么，这种趋势反过来又鼓励法官从更实质性的角度看待法律，因为法律与事实间的明显差异必然会促使法院从功能性角度来思考法律。结果，19世纪法律中出现的工具主义最为重要的特征之一就是，决定诉讼结果的各种技术的重要性降低了。在18世纪最后10年，奇普曼和斯威夫特试图把美国法律从“人们思想受到形式束缚的年代”所制定的法律规则中解救出来。在他们的倡导下，法院开始蔑视那些依靠技术性手段打赢官司的律师。1805年，纽约州高等法院宣布，正式诉状（pleading）“不应得到支持，因为它是被精心设计用来

〔70〕 J. Morison, *Life of Jeremiah Smith*, 165－66, 173－74; [H. Binney], *Bushrod Washington* 21－22 (1858); Bentaloe v. Pratt, Wallace Cir. Rep. 58, 60 (E. D. Pa. 1801); The Schooner Lively, 15 Fed. Cas. 634－35 (1812); (1798). 载于 A. Gallatin, "Report on Roads and Canals," *American State Papers*, Class I, Misc. I, 799; N. Y. Stat. ch. 101 (1798); Silva v. Low, 1 Johns. Cas. 184, 199 (N. Y. 1799).

误导地方法官的，而且，特殊诉状中的全部技术细节，都牵涉程序……”。1809 年，马萨诸塞州高等法院首席法官帕森斯（Parsons）谴责了一名被告的辩护律师，因为他企图利用其对辩护的知识优势，规避“该案显而易见的实质问题*。”最后，他总结道，“我们应摒弃所有无用的精巧设计，也应除去所有企图陷害他人的圈套。”一个重要的结果是，法院允许原告修改不完善的诉状，而不是把这些诉状扔出法院的频率不断增加。[71]

这种对法律中的形式的反应，是更深层次的思想变化的一部分。律师和法学家不仅几乎不可能分析与静态普通法令状制度有关的问题，而且，他们也被引导越来越少地从法律系统固有范畴中自足的类比（analogies）角度来思考问题。1810 年，马诸塞州的一名律师主张公司应对侵权行为承担责任，并获得了空前的成功。在其辩论中，他不再主要依赖对现行普通法上的诉讼进行类推。相反，他主张，“这种诉讼形式是应该维持 30
的”，因为“在以前，公司并不普遍，而且不存在（公司诉讼）的必要性。”然而，由于“现在，公司的数量空前倍增……个人会因公司的疏忽而频繁遭受伤害。”与此类似，1793 年，奇普曼在深思本票的流通性时，坦承了法律界以前用以阻碍票据流通的决定性观点。尽管如此，他也承认，虽然普遍法并没有关于票据流通性的规定，而且佛蒙特州也没有继受允许票据流通的英国制定法，但是，“基于从交易本身的性质所产

---

* 是指法官不能自由裁量的问题，如当事人的实体权利问题。——译者注

〔71〕 DuPonceau，同上注 35，第 115 – 116 页；Kline v. Husted，3 Cai. R. 275， 274
278（N. Y. 1805）；Spear v. Bicknell，5 Mass. 125，133（1809）.

生出的权利原则，”票据的流通性“依然是可以成立的……”。他认为，一旦确认了交易当事人的真实理解和目的，法律制度就应当提供能使个人实现其意愿的机制。可见，实体对于形式的优越性已经开始出现。[72]

到1820年，与40年前相比，美国的法律版图几乎脱胎换骨了。尽管法律用语几乎没有改变，但是，法律思想的结构已发生了急剧变化，这又使法律理论发生了变化。法律不再被认为是由习惯表达的、源于自然法的一套永恒原则。它也不再被当作主要是在个案中伸张正义而设定的规则体系。相反，法官逐渐认为，普通法与立法一样，都要承担调整社会关系的责任，都要承担管理社会并鼓励符合社会期望的行为的责任。强调法律是政策的工具，既促进了创新，也使法官可以自觉地以社会变革的目标，指导制定法律规则。从这一变化了的角度看，美国法律已处于丹尼尔·布尔斯庭准确地称之为一个伟大的“现代法律史中的创造性爆发”的边缘。

---

〔72〕 Riddle v. Proprietors of the Locks and Canals of Merrimack River, 7 Mass. 169, 180－81（1810）；“A Dissertation on the Negotiability of Notes,” N. Chipman's Rep. 89, 95. 参照 M'Cullough v. Houston, 1 Dall. 441（Pa. 1789）; Mackie's Exec. v. Davis, 2 Wash. 281（Va. 1796）.

第二章
财产观念的变迁

在19世纪初，对土地和自然资源富有效率的开发，使农业经济时代形成的很多法律规则都出了问题。在18世纪，财产权利是对土地的绝对支配权。而且，法律还假定，这种绝对支配权甚至授予了所有权人禁止其邻人采取会妨害其平和享有土地所有权的使用方式。[1] 事实上，布莱克斯通就已经主张，即使是合法使用某人的财产，如果对他人的土地造成损害，这种使用也可被禁止。“因为相邻的所有权人应寻找另一个造成损害较小的地方实施该行为，这是他的义务。”[2] 因为这种所有权观念必定约束他人开发其土地的权利，它事实上又与法律对绝对支配权的承诺不相容。直到19世纪，这一点才变得明晰。但是，逻辑上的困难很容易被经验所掩盖，因为当时盛行的绝对财产权利观念产生于经济活动不多的社会，土地使用极少发生冲突。然而，在19世纪早期，由于美国开始受社会和经济发展精神的支配，所以，财产观念经受了彻底的变革：从 31

---

〔1〕 布莱克斯通认为，财产权是由独一无二的、专断的支配权构成，依据这种支配权，人们可以对外部世界的物主张和行使权利，并可以排除社会上所有其他人（的干预）。2 W. Blackstone, *Commentaries* *2.

〔2〕 3 同上，第*217－18页。

赋予所有权人不受打扰的享有其土地利益这种静态的农业社会所有权观念，转变为强调土地生产性使用和开发的价值，这是一种动态的、工具性的、更为抽象的财产观。到美国内战时，财产法律观念的根本变革已经完成。本章将探讨这一变化发生的过程。

19 世纪财产权：概述

32 在 18 世纪，解决财产使用冲突的法律规则的基础，是财产权中两个潜在的、相互矛盾的理论。第一是明显反发展的理论，它把财产所有权人的权利限定在法院认为对其土地自然使用的范围内，而且“自然的”使用通常等同于“农业的”使用。比如说，在两个河岸土地所有权人（riparian owners）的权利要求彼此冲突的案件中，法院通常不仅会为了家庭用水赋予当事人占有水资源的优先权，而且也会为农业和畜牧业目的赋予其这种权利。[3]

侵权行为中的严格责任也可能支持了对土地的自然使用，因为任何干涉他人财产的行为都应承担责任。只有符合最低一般标准的侵害行为才能避免损害赔偿金诉讼。18 世纪衡量法院是否愿意对最传统的行为以外的、给他人造成伤害的行为判定损害赔偿，其重要标准是，法院郑重援引“使用自己的财产

〔3〕 See F. Bohlen, “The rule in Rylands v. Fletcher,” 59 *U. Pa. L. Rev.* 298 (1911).

不得损害他人之财产”（*Sic utere tuo, ut alienum non laedas*）[4] 这一法谚的频率。

在18世纪，法院选取的第二种财产权理论，相当于这样一条规则：发展的优先权授予权利人一种阻止将来发生财产使用冲突的权利，虽然这一规则的表现形式各不相同。有时，该规则仅被简单地表述为一句久远的格言“时间在先，权利优先”（First in time is first in right）。更精准的阐述是，要求最初使用者使用财产的时间足够长，以使阻止他人干预的权利得以“成熟”。

乍一看，因为优先权（priority）规则至少赋予了最初使用者按其意愿开发土地的自由，所以它似乎与经济发展更加协调。相比之下，建立在自然使用基础上的规则，却赋予全部土地所有权人以平等的维护事物传统秩序的权力，这种模式就迫使这些所有权人无法持续发展其财产。然而，在19世纪前，优先权理论被用作阻碍经济发展这一共同目的。对两块相邻的、没有被开发的土地，任何一块土地的所有权人都可基于优先权，阻止对方进一步开发其土地。这样，在我们开始基于经济发展水平衡量优先权时，自然使用理论和优先使用理论的结果可能是一样的。因为最低水平的开发也是最初的开发，在土地处于自然状态中时，各方当事人都享有优先权。

更进一步说，正如优先权理论可以被归结为自然使用的一种，自然使用规则也可以与优先权规则共存。如果评价的出发 33
点并不是对土地的第一次使用，而是在第一次使用之前的不活

〔4〕 Use your own（property）so as not to harm another.（使用自己的财产不得损害他人之财产）

跃状态，那么，优先权规则和自然使用规则就会再次产生出相同的结果。事实上，在以不可避免地经济发展的名义开始抨击18世纪的财产规则时，这两项规则就总是被其对手相提并论，被作为同一理论的一部分。

虽然这两种理论可以被融合，但是其适用也可能产生相当不同的结果。如果不是从自然使用的共同标准来衡量优先权规则，而是以一项新技术出现的时间来衡量，那么，自然使用理论会继续践行它的反发展假定，但优先权规则现在则赋予第一个开发者以排他性的财产权。

这两个理论间的潜在冲突在19世纪首次浮出水面。例如，在此之前，处理水资源使用冲突方面还没有这样的判例，也还没有像英国和美国那样承认：遵循“自然流向”原则和与之相对的“优先权”原则的结果不同。因此，只有在法官开始尝试摆脱普通法规则反发展的各种后果时，法院才有动力在这些案件中区分这两种规则。

一旦优先权和自然使用出现了不同的操作意义，普通法就迈入了一个注重经济效率的功利主义世界。基于自然使用的权利主张逐渐退回到模糊的、以往的前工业时代，而测度效率的新兴“平衡标准”（balancing test）则成了明显的焦点。因为优先权规则开始出现了它与自然使用规则区别的活力，所以，它不是作为侵蚀现代性的辩护手段，而是作为一种进攻型规则，通过其促进经济发展的能力获得其正当性。在一个资本稀缺的经济体制中，支持经济发展的人呼吁，第一个从业者（entrant）承担的风险最大；不承认第一个开发者的财产权利，以及排除后从业者进入的附属权力，就不能在法律和经济方面促进投资者在高风险事业投资。

虽然优先权规则拥有的力量在法律各个具体领域各不相同，但是总体来说，在美国经济发展的初级阶段，优先权规则成了财产法中主导性规则。其发展与19世纪早期美国经济普遍的、国家推动的重商主义亦步亦趋；虽然在某些法律领域，这一规则几乎立即就被取代了，但在其他法律领域，到19世纪它依然一直占有稳固的地位。

对优先权规则的抨击表明功利主义财产理论基本上是不
稳定的。由于财产权逐步通过其在促进经济发展的效率来获 34
得正当性，它们在主张效率这种更新的财产竞争形式面前，也变得越来越脆弱。这样，优先权规则就披上了经济发展的外衣，开始战胜了自然使用规则；但反过来，那些基于优先权规则取得的财产权又受到“平衡标准”或“合理使用”规则的挑战，这些规则的目的在于界定在何种程度内，新形式的财产权可以损害旧形式的财产权而不承担责任。随后，优先权规则就主张其自然权利的法律地位，但却很少检视效率的发展。合理使用规则也无法长期保护在其旗帜下前进的人，因为这一规则的功能是为新的、有效率的财产权的发展扫清道路。所以，这一规则的一些受益人最终重新主张优先权规则了。但这一次，他们主张的是采纳“自然垄断”的效率和优先权标准的必然性。

回首历史，人们往往会寻找这一过程中的“马基雅维里之手”（Machiavellian hand）。与一开始就保证第一开发者在未来不受竞争的伤害的做法相比，发展经济还有什么更好的方法呢？而且，一旦发展达到某一水平，通过竞争实现更高效的主张能否被否认？甚至在法律允许新财产权涤荡旧财产权时，通过改变规则，以及掩藏技术性法律规则的复杂变化，经济安全的表象也可以继续维持。

然而，史学家所回眸的计划，并不是这一过程实际参与者理解的计划。这些参与者完全受到当时盛行的效率理念引导。他们是讲求实效的人，可能从来都没有停下来反思他们所带来的变化，也不会反思他们和其前辈的理念之间的巨大差异。

用水权与经济发展

在18世纪末和19世纪初，美国建造了众多作坊和堤坝。这引发了私人经济发展与财产法关系中最重要的法律问题，而且，也正因为如此，普通法反发展规则第一次与发展经济的精神发生冲突。〔5〕其结果是，在使私法规则适应经济发展的运动方面，在所有法律领域中，有关用水权（water rights）的法律演变影响最大。

35 关于用水权的大部分法律纠纷都可分为三类。第一类，截至目前也是最重要的一类，是一个下游河岸的土地所有者针对其上游的邻居提出的诉讼：或者是上游的人出于农业目的使水流改道，或者是因为上游的人为了在上游建造作坊而阻断水的自然流向。第二类争议是随着堤坝的增加而产生的。其事实

〔5〕 虽然在殖民地时期，因为灌溉或者修建锯木厂、作坊而对河流进行改道的行为就已经引发了争议，但是，这一冲突是在1815年以后新建大型英格兰棉纺厂时被强化的。

是：上游的作坊主因下游作坊主把水回灌，阻碍了上游作坊主的机器轮子转动，或降低上下游的落差起诉下游作坊主。第三类案件则是由大多数州通过的作坊法案所引发的：作坊附近的土地所有权人因堤坝淹没了其土地而起诉作坊主。因为本章以后将继续讨论作坊法案的深远影响[6]，这里就集中讨论19世纪上半叶调整水资源利用规则的广泛变化。这一法律部门之所以重要，不只因为它对早期的经济发展具有直接影响，而且也因为它被迫面对的问题和因解决这些问题所发展出来的法律分类，都显示了19世纪所有财产形式的基本思想结构。

不减少水量，不阻碍水流

两个基本假设决定了普通法处理用水权冲突的解决方法。首先，因为水在天然渠道中的流动是大自然计划的一部分，任何阻碍水流的行为都是“人为的”，企图改变事物自然秩序的行为都不被允许。其次，由于对水流流向的权利来源于毗邻土地的所有权，所以，任何与该流域其他所有权人利益相冲突的用水行为，都是对其财产的非法侵入。在18世纪下半叶，新泽西州的一个案件清楚地表达了这一盛行观念：

> 一般而言，如果一个人购买了一块土地，这块土地上有水流自然流过，那么，他就有权在其自然状态

〔6〕 参见本书第47－53页（见本书边码——译者注）。

> 下利用水，而不能阻断或使水改道，损害其他人的利益。用法律术语说，就是“*Ague currant, et debit curare*”。水是按照自然路线流动的，而且应当允许水流经各地，所以，水流沿着自然水道流经其土地的人就可以继续享有为其各种目的使用该水资源的特权。在没有得到所有利害关系人同意时，他就改变水流方向是违法的……我认为，陪审团有权作出对受害方合适的损害评估。〔7〕

有人主张，法律潜在的前提是，土地本质上不是工具性的
36 商品，也不是生产性的资产，而是私人为自己利益享受的私有不动产。在普通法土地理念的形成过程中，英国大乡绅（gentry）起了关键作用。他们将安静享用土地的权利作为财产支配权的基本属性。因此，新泽西州法院认为，对水的合法使用是指为满足家庭需求和农业需要的使用，而对水流的占有则无关紧要。在“没有取得所有利害关系人同意”时，所有干预水自然流动的行为，包括改道和阻断，都是非法的。为灌溉或修建作坊使用堤坝（mill dams）而开发水资源，必然会对水的自然流动造成重大干扰。因此，这些使用都被限定在开发不会造成伤害这一最低的共同标准上。这与土地使用冲突的解决往往支持经济上的无为异曲同工。

在美国法官第一次尝试缓解经济发展的需求与普通法根本上反发展的观念之间的紧张局面时，传统规则的整个体系都面

〔7〕 Merritt v. Parker, 1 Coxe L. Rep. 460, 463 (N. J. 1795). See also Beissell v. Sholl, 4 Dall. 211 (Pa. 1800); Livezay v. Gorgas (Pa. 1811), in H. Brackenridge, *Law Miscellanies* 454－56 (1814).

临崩溃的威胁。一些法院走得更远，甚至实质上拒绝承认（作坊主）任何阻止干预流向作坊水流的行为的权利。例如，康涅狄格州法院曾一度将下游所有权人的权利限定在阻止（上游所有权人）浪费水资源，并为满足“必要目的”[8] 而获取足够水资源的范围之内。甚至在 1818 年该州抛弃这一规则后，康涅狄格州的法学家还依然对这一问题争论不休：用水权的基础是否为水的自然流动这一普通法规则，或者是只能通过长期占有方式才能取得。[9] 在 *Shroey v. Gorrel*（1783 年）一案[10] 中，马萨诸塞州高等法院（The Supreme Judicial Court）认定，如果不存在足可因时效而取得用水权利的长期使用，就没有阻止后来者阻断河流的法律根据。其结果是，在马萨诸塞州，为了灌溉目的而对水流改道的，即使是重大改道，一些判例也没有为受害人提供救济。[11] 虽然马萨诸塞州法院似乎很快就将基于时

〔8〕 Perkins v. Dow, 1 Root 535 (1793), citing Howard v. Mason (1783). 一位法律评论家解释说，“如果我能够处理并获得全部流经我土地的、超过了满足必须目的以外的水，我就享有优先权。因为我在河流的上游，享有最好的机会。” 2Z. Swift, *A System of the Laws of the State of Connecticut* 86 (1796). 当然，这一规则并没有表述为先占规则。因为无论第一个占有水流的人是谁，上游的所有权人都可以获得“他所处的位置带来的人为好处（artificial advantage）。” 同上注，第 87 页. 实际上，这似乎是美国法采纳前法国民法典时期规则的唯一例子。See 3 J. Kent, *Commentaries* 439 n. (a) (4th ed. 1840).

〔9〕 Ingraham v. Hutchinson, 2 Conn. 584, 591 (1818). 有意思的是，泽弗奈亚·斯威夫特法官的司法意见推翻这些 18 世纪的判决，但是，他的《法律制度》(*System of Laws*)（1796）一书却又论证了这些判决的合理性。参见上注 8。

〔10〕 W. Cushing, “Notes of Cases Decided in the Superior & Supreme Judicial Courts of Massachusetts from 1772 to 1789”（手稿，哈佛大学法学院图书馆珍本室）。

〔11〕 Weston v. Alden, 8 Mass. 136 (1811); Bent v. Wheeler (Mass. 1800), in 275
J. Sullivan. *The History of Land Titles in Massachusetts* 273 - 74 (1801); 3 N. Dane, *A General Abridgement and Digest of American Law* 16 (1824).

效提出的诉求作为单纯的形式问题，[12] 成功地削弱了 *Shroey v. Gorrel* 案判决的效力，但是，因上游堤坝阻断水流而要求救济的情形越来越普遍，所以，一直到19世纪初期，法院都在为规避普通规则的限制性效力而持续努力。一些法官主张，普通法上的河流改道诉讼完全不能适用于上游堤坝对水流的临时阻断[13]。还有一些法官则试图修改普通法对法律上损害的界
37 定，以允许为商业目的广泛使用水资源，而无需对他人做出赔偿。

对普通规则最重大的挑战来自于所谓的合理使用标准或平衡标准。虽然直到1825年至1850年，这一标准才最终盛行，但是，该世纪早期的一些判决已经为它的最终胜利奠定了基础。在最早的 *Palmer v. Muligan*（1805）案[14] 中，纽约州高等法院的法官意见分歧。法院首次认定，上游河岸土地所有权人可以因建立作坊的需要而阻断水流。法官布罗克霍斯特·利文斯顿（Brockhost Livingston）主张，干预水的流向的普通法诉讼，“必须被限制在合理界限内，不至于剥夺一个人享用自己财产的权利。”他还主张，法院以后必须忽略因阻断水的自然流动而给其他河岸所有权人带来的“微小不便”。他论证道，如果不是这样，“第一个在任何公共河流或通航河流上建造堤

---

〔12〕 参见下注40。

〔13〕 Palmer v. Mulligan, 3 Cai. R. 307, 312 (N. Y. Sup. Ct. 1805) (Spencer, J.); Ingraham v. Hutchinson, 2 Conn. 584, 595 (1818)（古尔德法官的异议意见）。在 *Sherwood v. Burr*（4 Day 244 1810）一案中，康涅狄格州高等法院借助时效取得规则来处理下游河流的阻断这一新问题，这就暗示，上游所有权人没有长期使用水资源的，就无权提起阻断河流之诉。

〔14〕 3 Cai. R. 307, 313－314 (1805).

坝或作坊的人，至少在某段距离之内，会获得一种排他权，无论他是否拥有相邻河岸土地的所有权都如此。因为在同一条河上的同一河岸很难建第二个堤坝或护堤，而不给第一个所有权人造成妨害或损害。除非两者的距离相当远。"[15]

Palmer v. Muligan 案是人们逐渐接受这种观念的开始，即财产所有权意味着这样一种权能：它首先包括基于商业目的而发展财产的权利。利文斯顿明白，赔偿因水流阻断而产生的损害的规则，实际上会赋予下游财产所有权人以排他性的开发权利。他得出结论说，其结果将是，"公众将被剥夺其通过参与竞争得到的利益，而公众的利益应当受到尊重。"无独有偶，在 *Platt v. Johnson*（1818 年）一案[16]中，上游作坊主的堤坝偶尔会导致断流数天，但法院还是支持了上游的作坊主。法院认为，必须从"人类自然权利出发适用和解释"神圣的普通法格言——"使用自己的财产不得损害他人之财产。"对本案的财产权利冲突问题，法院阐发了一种基本上全新的观念："虽然在财产的使用和享用中，都会产生权利冲突，但是，法院在作出法律判断的过程中，不能将其作为对权利的侵犯。因为如果其他人享用该财产的结果是使财产对其所有人的效用降低，这也是偶然的，而且这种结果取决于其他人行使同样的权利。"[17]

---

〔15〕 同上，第 314 页。

〔16〕 15 Johns. 213, 218 (N. Y. 1818).

〔17〕 同上，第 218 页。

这两个判例是美国法律发展转折点的标志。[18] 它们预示
38 了远离自然使用规则和优先权规则财产理论的趋势，并为美国普通法引入了全新观点，即明确衡量财产使用冲突的相对效率，应当是法律允许判定损害的最终标准。其结果是，以往几个世纪以来，私人遭受的经济损失和法律所认定的损害，或多或少是一致的，但现在却开始出现分歧了。

然而，普通法规则的变革几乎都不是突然发生的，涉及财产内涵的重大变迁尤其如此。对于普通法的法律家（Common lawyer）而言，逐渐赋予旧规则以新意义，要比明确抛弃旧规则使他们更安心一些。因此，在财产观念存在紧张的时期，专题论著的作者试图消除现存法律中的压力，就不足为奇了。这些作者试图通过把隐含的、没有明确表示出来的现存冲突原则抽象出来，借以推进法律规则发展。斯托里有关衡平法和商法的著作逐渐作为范本被人们牢记。其他人则试图消除对规则的创新，重返先前更简单的法律。约瑟夫·安杰尔（Joseph Angell）就属于后者之列。

在安杰尔 1824 年出版的专著《论河道》(*Watercourse*）中，他重申了普通法观点，即所有对水流自然流向的改道或阻断行为都可被起诉。他对公平或均衡使用规则唯一的让步是，指出因为对普通法规则“无疑易于作出合理和自由的解释”，所以

〔18〕1825 年前，在纽约州以外，我只找到一个案件遵循了这一原则：考虑到各所有权人平等使用水资源的权利，合理使用规则可以使对水流的改道或阻断合理化。Runnels v. Bullen, 2 N. H. 532, 537 (1823).

这些规则不允许“对任何琐碎和微小的损失提起诉讼。”[19] 尽管在 *Palmer v. Muligan* 案中，纽约州法院曾试图通过表明上游作坊主的行为对下游作坊主造成的损害是轻微的，以证明该案判决与以往判决决裂是正当的，然而，安杰尔抨击该判决“无疑与权威观点相反，而且明显不公正。”[20] 总之，安杰尔的论著主张传统普通法的观点，即，水资源合理使用的唯一标准不是别的，就是最微小的损害。

尽管安杰尔试图巩固并不太遥远的过去的观点，然而，他的努力几乎没起任何作用。普通法对那些它抛弃了的人是尤其残酷的。它或者忽略他们，很快忘记他们曾经存在过，或者——更常见的是——将他们视为（主张）它不接受的观点的权威作者。安杰尔的命运在两者之间。1827 年，在 *Tyler v. Wilkinson* 一案[21] 的判决中，斯托里法官引述了各种相互矛盾的权威著作（当然也包括安杰尔的著作），写下了有影响的观点。此后，人们认为，斯托里只是重述了安杰尔的立场，并且安杰尔明显僵化的分析就永远被斯托里缓和、难解的规则所取代。后来，无论何时，安杰尔的著述被引述时，尽管话是他说 39
的，但其意义则是斯托里的。

斯托里的观点是已经转变了的典型法律观点，极为模棱两

[19] *Watercourses* 37 (1st ed. 1824).

[20] 同上，第 41 页。

[21] 24 F. Cas. 472 (No. 14, 312) (C. C. D. R. I. 1827).

可，这使未来法律的任何发展都得以可能。[22] 它开了重新肯定传统规则的先河：河岸所有权人“在不削弱水流或阻断其天然流向的情况下……有权使用水资源。”[23] 但即使在阐述该原则时，斯托里似乎也发现了这一严苛规则的反发展倾向，因此他试图限定这一规则的严格性。他写道，“我并不想人们这样理解我的观点：我支持不应削弱水流、阻断水流或损害其他所有人之类的使用方法……因为这样会否定任何有价值的使用……使用原则和使用范围的真正标准是，它是否给其他所有权人造成了伤害。”某些导致“自然水流在数量上的缩减，或者水流的延缓、加速”的行为可以被允许，如果它没有造成“明确的、较大的损害。”[24]

终究，斯托里坚持用水规则的真正标准是合理使用，而该合理性只意味着不造成损害。他试图机智地解决这一紧迫问题：决定有利于经济发展的财产的冲突性和损害性使用的程度。虽然在泰勒（Tyler）案中，斯托里诉求于合理使用规则，

〔22〕 劳尔教授正确地指出，这些早期过渡性的判例，在“预先存在的法律规则与公正分配水资源的需求”之间摇摆不定，“几乎具有精神分裂的……性质。” Lauer, “Reflections on Riparianism,” 35 *Mo. L. Rev.* 1, 8 (1970).

〔23〕 斯托里继续写道：“这一原则的结果是，每一个所有权人都无权损害其他所有权人使用水资源的权利。总的来说，当事人是河流的上游还是下游的所有权人无关紧要；河流上的全部所有权人都享用共同的权利，任何所有权人都无权减少河流水流量。这些水流依据河流的自然流向，流向下游的所有权人，或在下游被阻，回流到上游的所有权人那里。” 24 F. Cas. at 474.

〔24〕 同上。

但毫无疑问[25]，从他后来的观点看，他与安杰尔一样也希望使自然流动原则永久存在。[26]

---

〔25〕 虽然 *Tyler v. Wilkinson* 案常常被误解为阐释了按比例使用原则，但是，我没有发现其后斯托里支持干预水流行为的任何案件，除非这些案件像 *Tyler v. Wilkinson* 一样，建立在时效取得的权利上。参见 Lauer，同上注 22，第 8 页。事实上，在许可禁令救济（injunctive relief）时，斯托里似乎常常适用“自然流向”规则，参见 Farnum v. Blackstone Canal Corp.，8 F. Cas. 1059（No. 4675）（C. C. D. R. I. 1830）；Mann v. Wilkinson，2 Sumner 273（C. C. D. R. I. 1835）. 更能说明问题是，在 *Webb v. Portland Mfg. Co.* 一案，29 F. Cas. 506（No. 17，322）（C. C. D. Me. 1838）中，被告从一条河流中提取了一定比例的水用于工厂使用，斯托里作出了不利于被告的判决，虽然没有证据证明这一行为给原告造成了实际损害。另外，在 *Whipple* 276
v. Cumberland Mfg. Co. 案，29 F. Cas 934（No. 17，516）（C. C. D. Me. 1843）中，斯托里支持了原告。在本案中，原告起诉下游的作坊主，因为他阻回了水流。无独有偶，被告的行为也没有给原告的作坊造成实际损害。他写道，没有必要证明损害的存在，因为“法律的原则走得太远了；每一个河岸土地的所有权人都有权依据河流的自然流向即习惯流向使用水流，而不受任何因作坊主或者同一河流的下游河岸土地所有权人阻断水流的影响……而且，如果作坊主或者同一河流的下游河岸土地所有权人确实……阻断了或者改变了河流的自然流向，那么，即使上游河岸的土地所有权人不能证明他因此受到了实质性损害。他依然有权获得名义上的损害赔偿金（nominal damages），因为这种行为侵害了其权利。”同上，第 935 - 936 页。斯托里通过允许不证明实际损害就提起损害赔偿金诉讼——而且推定为一种禁令（presumably an injunction）——在限制水资源的利用方面，他就超越了普通法。主张不能以牺牲他人利益为代价发展经济是一回事，允许现有的河岸土地所有权人以他在将来某个时候可能要使用水资源为由，阻止其他人使用多余的水，则是相当不同的另外一件事。斯托里的规则不仅与任何平等使用的假定权利相反，而且，也形成了这样的规则：与适用任何普通法规则达成的结果相比，它的结果都更具有垄断性和排他性。

〔26〕 比较斯托里法官的主张与同年佛蒙特州法院提出的观点：“英国的普通法规则似乎是，每块土地的所有人，如果其土地有水流通过，他就有权主张该水流自然流动，而且，同一河流的任何改道给他造成损害的，他都有权提起诉讼……但是，这一原则如果在本州适用，其效力将是，让第一个在小河流或者溪流上建作坊的人控制全部水源，并对抗其他上游作坊的权利。”法院允许上游所有权人在没有“肆意挥霍”水资源或“阻断水流”时，建造会阻碍水的自然流向的作坊堤坝。Martin v. Bigelow，2 Aiken 184，187（Vt. 1827）.

在 *Tyler v. Willison* 一案之后，出现了反对所有改道和阻断水流的大量判决，而不顾这些行为产生的有利后果，[27] 这是19 世纪表达已饱受抨击的传统财产观念的最高峰。它不仅表达了财产生产性价值发展以前的观点，即财产所有权包含了不受外界任何干扰和妨碍的权利，而且它还是从 18 世纪绝对财产权利理念演变而来的，它谴责所有对土地冲突性、损害性（他人利益）的使用，而不考虑这种开发是否会使总体经济福利最大化。

然而，斯托里也承认，有价值的使用效用标准是法律上时效取得的最终根源，他的合理使用标准几乎立即就成了一个开明的公式。通过这一公式，普通法法官可以贯彻其理想的社会政策观念。因此，在 1825 年－1850 年，*Tayler v. Wilkinson* 一案常常被用来支持而不是谴责作坊主阻碍水流行为的合理性。

40 在 19 世纪中期，努力将财产法从反发展的观念中解放出来依然是一场相当艰苦的斗争。迟至 1852 年，马萨诸塞州首席法官肖（Shaw）仍然认为，有必要辩明这一问题："在没有削弱、加速或减缓自然水流的情形"，法律并不曾禁止所有阻断河道的行为，否则"在不侵犯他人权利的情况下，没有所有权人能有益地使用该水流。"[28] 但到美国内战时，大部分法院都逐渐承认均衡标准，这就使河流"合理使用"规则"取决于

---

〔27〕 See, *e. g.* Omelvany v. Jaggers, 2 S. C. (Hill) 634 (1835); Buddington v. Bradley, 10 Conn. 213 (1834); Arnold v. Foot, 12 Wend. 330 (N. Y. Sup. Ct. 1834).

〔28〕 Elliot v. Fitchburg R. R., 64 Mass. (10 Cush.) 191, 195 (1852).

对河岸的下游所有权人造成的损害程度。”[29]

习惯和社会的需求

在19世纪，重塑美国水法以满足工业发展的需要，在更一般性的财产法变迁中起到了关键作用。理解这一点是很重要的。在1820年到1831年间，美国棉纺织厂的生产能力增加了6倍。[30] 约瑟夫·安杰尔指出，在1824年至1833年间（此时，恰值其《论河道》第1版和第2版问世），法院审理的有关水权案件，要比以往整个普通法历史上的水权案件多很多。[31] 在经济迅速发展强有力的影响下，法官开始认识到，传统财产权包含了排除潜在竞争者的权力，而且，任何竞争性的经济发展计划都必然会造成对财产的某些损害性使用。他们试图通过扩大不能得到补偿的损害的范围，将财产观念从其排他性的偏见中解脱出来。法院越来越多地诉诸“不构成法律上损害的损失”（*damnum absque injuria*）”[32] 这一观念。这似乎契合他们承认财产的冲突性和损害性的使用对经济发展至关重要

〔29〕 Snow v. Parsons, 28 Vt. 459, 462（1856）相当早就承认这一原则的案例，参见 *Hoy v. Sterrett* 案，2 Watts 327, 332（Pa. 1834）. 在本案中，法院虽然援引了 *Tyler v. Wilkinson* 案，其目的是为了驳回原告基于先占享有的权利，但法院判定，“如果不再出于恰当的享有水资源的目的……【被告】为其作坊而使用水资源，这是原告必须承受的损害。”

〔30〕 R. Fogel, *Railroads and American Economic Growth* 123（1964）.

〔31〕 J. Angell, *Watercourses* vii（2d ed. 1833）.

〔32〕 不构成法律上损害的损失。（Damage without legal injury.）

这一观点。

马萨诸塞州最明显地背离了普通法上的水权原则。自殖民地时期开始存在作坊法案以来，该州的做法就是，为了促进工业发展，对作坊主授予优先权。由于作坊数量激增，对技术的新考量开始推翻传统法律规则。在很大程度上，一个作坊能产生的水能数量取决于水流的落差，而下游水坝的增高常常会降低上游水坝的水的落差。与此同时，在1815年后，众多大型棉纺厂的建立又产生了对水力的大量需求。就如有人在1829年所指出的那样，“在许多案例中，事实上，在众多所有权人
41 中，只有一个人可以开发【水流】。因为他占领了一个作坊的所在地后，其他人就可能无法使用水流了。在这种情形，哪一个所有权人应受优先保护呢?”[33]

在 *Cary v. Daniels*（1844年）一案[34]中，首席法官肖仔细考虑了这个问题。他一开始就这样写道，“在本州，对河道的有利使用之一，也是最重要的使用方式之一，就是将其使用于作坊和机械的运转。这对其所有权人是有利可图的使用方式，而且对公众也有益。”肖发展了这种全新的、正统的功利观念，并陈述了一个与斯托里早期构想的规则大相径庭的法律规则。他认为，法律不仅规定，“在同一水流上，无论是上游还是下游，其他土地所有权人都有合理使用的类似权利，”而且，法律同时也顾及“公众的习惯和社会的需求”，以及“水力厂的发展过程。”法律规定，“任何人都不能完全破坏水流或改变河流的方向”，以阻止水流向下游的所有权人的土地。同

〔33〕“The Law of Water Privileges,” 2 *Am. Jurist* 25, 27（1829）.

〔34〕49 Mass.（8 Met.）466（1844）.

样，任何人都不能“完全阻断水流”，给上游土地的所有权人造成不利后果。[35] 因此，尽管肖的构想要求“合理使用”，但它还是有削弱比例标准的趋势：如果作坊主不曾“完全”阻断河流，他就可以主张“社会的需要和要求”来证明，他超过比例使用水的份额是合理的。

很明显，从 *Cary v. Daniels* 案看，首席法官肖想得出的就是这一结论。在该案中，肖根据“基于该案件的性质”，[36] 明确拒绝适用按比例分配规则。他指出，在他那个时代的生产条件下，对水资源的有益使用必然会相互排斥。某些特别的生产企业的能源需求要求量大，需要最大限度地使用有限的水资源，这时就要求垄断。“这些原则的必然结果，似乎将是……第一个因生产目的建立水坝的所有权人，有权维护水坝，以对抗上游或下游的所有权人。而且在这个意义上，先占就赋予了该种使用以优先权利。”[37]

肖的观点的基础是，即使以平均分配为代价，也要使经济发展的最大化。当然，肖没有判定平等使用水资源对经济发展造成的限制在何种程度是可以允许的，也没有判定大型棉纺织厂必须就其超出比例地使用水资源的行为对其他人作出补偿。

〔35〕 同上，第476－77页。 277

〔36〕 同上，第477页。同样，在更正统的判例中，肖所在的法院常常坚持，出于生产目的对水资源的任何使用行为表面上（prima facie）都是合理的，而无论它是否按照比例使用。例如，在 *Pitts v. Lancaster Mills*, 54 Mass.（13 Met.）156（1847）一案中，法院判定，一家阻断水流的生产公司，如果它“阻滞水的目的是为了抬高水位向其池塘注入水”，这一行为就是正当的。同上，第158页。也可参见 Hoy v. Sterrett, 2 Watts 327（Pa. 1834）.

〔37〕 49 Mass.（8 Met.）at 477.

何以如此，我们不得而知。事实上，在半个世纪前，法官们也可能曾要求，平等使用原则应当通过补偿已有的临水所有权人
42 来实现。然而，在19世纪，对最大化发展经济的主流思想限制很少。当人们认为按比例使用原则比优先权规则更有效率时，按比例使用就成了合理使用的标准。反过来，当按比例使用水资源阻碍了对水资源的有效使用时，法律就又将优先权规则作为合理使用的标准。

正如*Cary v. Daniels*一案所表明的，合理使用规则可能会同化优先权规则这一历史对手，并因此再次使垄断合理化。一旦合理使用问题成为效率问题，法律规则就能使普通法法官选择发展美国这一取向。到*Cary v. Daniels*案时，他们深深沉迷于发展经济的精神，以至于他们愿意操纵财产概念，以使其符合他们自身关于工业化需求的观念，在*Tayler v. Wilkinson*案判决17年后，法律的导向已经完全转变了。

财产权与垄断权力

在20世纪，关于*Tyler v. Wilkinson*案出现以前，普通法上的水权是基于河岸所有权的体制还是基于先占原则体制一直存在严重分歧。[38] 然而，正如我们所见，只是19世纪早期，当

〔38〕 后一种制度今天在很多西部州盛行。它赋予先占有河流的人在后占有人来以前，在以前使用水的范围内继续使用水资源的权利。比较这两篇文章：Wiel，" Waters ：Americal Law amd French Authority，" 33 *Harv. L. Rev.* 133（1919）；Maass and Zobel，"Anglo－ American Water Law：Who Appropriated the Piparian Doctrine？"，10 *Public Policy* 109（1960）.

有关河流改道的普通规则适用于作坊和堤坝时，人们感到有必要修改这一规则。在法官回应这一需求之后，先占理论才作为美国水法的一个独立因素出现。到19世纪中期，这一规则已经完全没有用了，和与其相关的时效法律一道被摈弃了。

经常参与竞争的好处

就对经济发展的影响而言，水自然流动的普通法原则和先占规则最初是难以区分的。早期依赖于这两个理论的案件，都将两个理论作为可以相互替代的理由，以阻止对水资源的开发。[39] 只有在作坊主以先占为基础，证明其阻断水流或改变水流的流向是正当的，且下游的原告抛弃了优先权规则，而主张自然权利以阻止所有阻碍水流的行为时，在这两个理论之间的选择才是重要的。事实上，只有在19世纪，优先权理论才发

〔39〕 近代英国第一个关于水权的判例，*Bealey v. Shaw*［6 East 208（K. B. 1805）］案就具有典型性。在本案中，法院判定，上游所有权人为了获得超过其长期使用的水资源的数量，有权对河流改道以获取超出其用水比例的水资源。在四个审判法官中，两个似乎认为原告应当胜诉，因为他以前已经占有了争议河流的一部分。另外两个法官也持同样的观点，但他们是基于原告享有的自然权利而不是优先权为由得出这一结论的。另外，还可以参见 *Merritt v. Parker*［1 Coxe L. Rep. 460（N. J. 1795）］案，在本案中，法院援引了这两种理论，以阻止下游所有权人的开发。

挥其攻击性用途，以主张阻断水流的权利。[40]

---

〔40〕 但是，在马萨诸塞州，对普通法传统的一个早期背离导致了法律规则相当复杂的演变，出现了最初对独立的先占理论的思考。在 18 世纪，马萨诸塞州的大多数判例都源于这种理论：对水流的权利的唯一基础，是超出人们记忆的、习惯上的时效取得。3 N. Dane，同上注 11，第 14－17 页；Sullivan，同上注 11，第 272－274 页；1 Legal Papers of John Adams 68 n. 90，82 n. 108，（L. Wroth and H. Zobel eds. 1965）. 但是，在 *Clark v. McCarney*（1772 年）（同上，第 68 页）一案中，双方当事人似乎都是由同一个授予人（common grantor）分配其用水特权的。另外，在 Peason v. Tenny（1802 年）（3 N. Dane，同上注 11，第 14 页）一案中，当事人对水资源的权利是由合同关系调整的。我还发现了这样一个马萨诸塞州的河流改道诉讼：在该案中，原告既没有主张时效取得的权利，也没有主张存在合同，但还是胜诉了。*Clark v. Billings*（1783），转引自 W. Cushing，同上注 10。

认为在没有协议时，只有取得时效才能创设对水资源的财产利益的理论，来自于一条更古老的英国规则。在 1600 年至 1625 年，英国法院宣称用水权不是建立在长期使用基础上的"自然权利"，在此期间，这一规则几乎被取代了。参见 *Shury v. Piggot*［3 Bulst. 399（K. B. 1625）］在这一判例之前，英国从认为只有古代
278 的作坊才能通过时效取得水资源的规则，演化为认为甚至在古老的水流上刚建立的作坊也有主张水流不受干扰的权利。参见 Lauer，"The Common Law Background of the Riparian Doctrine，" 28 *Mo. L. Rev.* 60，83－85（1963）. 因此，甚至在 *Shury v. Piggot* 案以前，英国法院就采纳了"自然流动"规则，允许所有作坊主对河流改道行为提起诉讼，虽然它表达的依然是古代的习惯。在 18 世纪，当英国法律继续向着明确的现代"自然权利"前进时，马萨诸塞州的法律依然锁定在英国法律发展进程的最初阶段。

在 *Shorey v. Gorrell*（1783 年）一案（转引自 W. Cushing，同上注 10）中，马萨诸塞州高等法院误解了英国的先例，认定阻止干预水流的唯一基础是基于时效取得的权利。法院驳回了原告仅仅基于先占而主张的权利。同时，法院指出，因为原告的作坊仅仅存在了 18 年，其时间还没有长到可以时效取得的程度。在这一判例之后，在马萨诸塞州，原告在没有合同时，就常常以时效取得作为诉答（pleading）理由，但是也发生了一个关键性的变化，即附从上文讨论的英国早期的发展。到 1801 年，在詹姆斯·苏利文陈述的马萨诸塞州水法（同上注 11，第 272－273 页。）中，水权仅仅包括了一个要件，即作坊建立在一条古老的河流上，这只是相当于一个自然权利理论的伪装版本。同样可参见 Perham，*American Precedents of Declarations* 196，#1，note（1802）。这一作品明确陈述了这种变化的拟制性效力："在改变水流的起诉状中，将水流表述为习惯上流过原告作坊的古代水流，而不是对水流的任何时效取得成为良好的陈述，因为这些词语的效果是一样的。"

大型堤坝的出现这种新情势促成了这个变化。虽然最初的 43
河流改道诉讼相对有利于下游作坊主，因为他们下游并没有所有权人受到损害，但是，大型堤坝的建立，却使堤坝迫使水回流到上游，并可能给上游的作坊主造成同样的损害。因此，制约所有发展的自然流动规则的理论潜能就成为现实。这一变化使法院不得不面对19世纪美国一个重大的、基本上还没有解决的问题：法律对那些投资经济发展的人作出的保证有多大的确定性和可预期性。是否应当保证第一个建造作坊的人的供水不会因后来的上游占有者减少？在不授予第一个开发者以垄断权的情况下，给出这种保证是可能的吗？

在18世纪和19世纪之交，虽然有证据表明，法院以怀疑的眼光审视这些时效取得的请求（参见下注52），但直到1827年，马萨诸塞州才最终抛弃这一理论。参见 Anthony v. Lapham, 22 Mass.（5 Pick.）175（1827）. 另可参见 Weston v. Alden, 8 Mass. 136（1811）; Colburn v. Richards, 13 Mass. 420（1816）; Cook v. Hull, 20 Mass.（3 Pick.）269（1825）.

马萨诸塞州最早有意识地将河流改道诉讼限制在时效取得的请求范围内的判例，其基础是对经济的考量，这一考量的影响是深远的，与那些后来促使法院修改自然流动规则的因素类似。在 *Shorey v. Gorrell*（转引自 W. Cushing，同上注释10）一案中，法院衡平了阻止河流改道的权利与要求赔偿因他人竞争行为造成的损害的权利（法院认为这种权利是有害的）。首席法官库欣（Cushing）宣称，这是因为，“认为一个人仅仅因为附近有其他作坊或学校，就不能建造作坊或者学校，这是违背公共利益的。”事实上，早期认可或者拒绝适用先占规则的判例都再次阐明，只有在拒绝适用自然流动规则后，才会产生将先占理论作为一种独立理论的需求。然而，在18世纪和19世纪之交，这些考量似乎已经被遗忘了，继续坚持时效取得权利的主 279
张似乎也只是体现了满足这一技术性规则的努力，即为了提起河流改道诉讼，必须主张所有权，而不仅仅是主张占有。参见 Pearson v. Tenny（1802），3 N. Dane，同上注11，第14页。另外可参见 2 W. Blackstone *Commentaries* * 195 – 99; Jones v. Waples, 2 Del. Cas. 159, 162 – 63（1802）; Twiss v. Baldwin, 9 Conn. 291, 301 – 02（1832）.

对这一问题，根本性的回应有两种。第一种回应是，基于占有的优先权，承认干预水流的权利。这种观点虽然经常与自然流动规则一起出现，但是，在1800年至1825年，这一规则开始显现其自身的生命力。〔41〕第二种回应是合理使用或均衡测试标准。衡平法院大法官肯特极力为自然流动规则辩护，又赞成优先权规则，而且他还赞同某些形式的合理使用标准。他沿袭斯托里的观点，认为对自然流动规则“不能作文义解释，因为那样会否定河岸所有权人对水流全部有价值的使用，”会使“河流和溪流完全没有价值，无论是对生产目的还是农业目的都如此。”〔42〕

虽然优先权规则和合理使用标准本来可以将法院从普通法的反发展后果中解脱出来，但这两个规则是不能互换的。优先权规则具有垄断性后果，而建立在按比例使用基础上的合理使用规则却会导致竞争性发展。这两个规则之间的竞争是不可避免的。在1825年至1850年，当这两个规则之间的混淆开始被澄清时，事实上，所有的法院都拒绝适用先占规则。其原因是，用纽约州高等法院颇有先见之明的话来说，优先权规则意味着，“公众将被剥夺其通过参与竞争得到的利益，而公众的

〔41〕1821年，马萨诸塞州高等法院明确宣布采纳优先权规则。在 *Hatch v. Dwight*（1821年）（17 Mass. 289）中，衡平法院大法官肯特在其《评论》一书对水法的论述彻头彻尾是混乱的。在该书中，他对这一规则做了权威性的认可。他承认赞成以往法律规则的人的基本困境。他写道：“如果先占权利……没有走得如此远的话，对于所有当事人而言，为了作坊使用水资源的权利似乎就会完全没有意义。” 3 *Commentaries* 358 n.（b）(1st ed. 1828).

〔42〕3 *Commentaries* 355 n.（b）(1st ed. 1828).

利益应当受到尊重。”[43]

时效取得：现代发展的死敌

在拒绝了先占规则后，美国法院将批判的矛头从财产法对垄断性和排他性的偏好转向了时效取得规则。美国法律直到19世纪才明确出现了这种观念：只有在经过特定年限的时效使用（adverse use）* 后，才可能通过时效取得某些种类的无形 44
财产权利。[44] 在此之前，可以通过长期使用而不是时效使用获得各种不同的财产利益。[45] 例如，经营一个市场或者对渡船征收通行税的权利，虽然开始因为未经国王许可是无效的，但最终可以使排除所有竞争的权利成熟。[46] 房屋的所有权人在数年之后，可以主张对“古已有之的采光权”（ancient light）* 获得时效上的地役权，而且阻止其邻居在毗邻的土地上建造任

---

〔43〕 Palmer v. Mulligan, 3 Cai. R. 307, 314 (N. Y. Sup. Ct. 1805).

* 是不动产时效取得的条件之一，是指没有经过土地所有权的同意，持续、公开、和平、独占性地使用他人土地的行为。——译者注

〔44〕 参见7 W. Holdsworth, *A History of English Law* 343 – 50 (1926); "Acquisition of Title by Prescription," 19 *Am. Jurist* 96, 98 – 101 (1838).

〔45〕 3 W. Blackstone, *Commentaries* *218 – 19; Mosley v. Chadwick, 7 Barn. & Cres. 47 n. (a) (K. B. 1782); Chadwick v. Proprietors of Haverhill Bridge (1787) in 2 N. Dane, *A bridgement* 686 – 87 (1823); Tripp v. Frank, 4 T. R. 668 (1792).

〔46〕 事实上，英国即使在抨击了王室的垄断之后，习惯还是使长期存在的垄断具有合法性，如果不是习惯的话，这些垄断都是非法的。10 W. Holdsworth，同上注44，第402页。

* 普通法上有关地役权的一项规则。如果土地所有权人连续20年都享有采光权，就有权禁止相邻的土地所有权人建造妨害其采光权的建筑物。——译者注

何会阻碍其享受日光的建筑。[47] 河岸的所有权人仅仅通过多年来对水的私占性使用，就可以获得排除其他人损害性使用水的权利。[48] 最终，时效使对贸易的各种限制合法化了，因此，直到18世纪，消费者不和与其有长期商业关系的商人从事交易，而是在别处与人交易的，英国法院还允许对他们提起损害赔偿诉讼。[49] 甚至在19世纪，英国法院还受理依据时效提出的因市场竞争造成的损害赔偿之诉。[50]

对发展中的社会而言，时效规则使法院面临这样一种异常现象，即赋予旧财产凌驾于新财产之上的特权，仅仅因为它是旧的。更重要的可能是，时效取得方面的法律已逐渐与封建社会的垄断性、限制性的惯例联系在一起了。因此，弗吉尼亚州的圣·乔治·塔克在他编纂的富有思想性的、信息丰富的布

---

〔47〕 3 W. Blackstone, *Commentaries* ＊217. 另外也可以参见 J. Sullivan，同上注11，第268页；Story v. Odin, 12 Mass. 157（1815）.

〔48〕 参见 Ingraham v. Hutchinson, 2 Conn. 584（1818）; Sherwood v. Burr, 4 Day 244（Conn. 1810）. 有关马萨诸塞州水权案件中的取得时效规则，参见上注40。

〔49〕 参见 Cort v. Birkbeck, 1 Doug. 218（K. B. 1779）; White v. Porter, Hard. 177, 145 Eng. Rep. 439（Exch. 1672）; 3 W. Blackstone, *Commentaries* ＊ 235.

〔50〕 Mosley v. Walker, 7 Barn. and Cres. 40（K. B. 1827）. 在美国殖民地的一个相关领域，适用时效取得规则是通过授予这些成立时间很长的私人组织以古老的起诉特权、征税权和制定约束其所有成员的内部章程（bylaws）的权利，将这些组织转化为市政法人（municipal corpation）。在1780年以后，马萨诸塞州不再依据时效承认公司。参见 O. Handlin and M. Handlin, *Commonwealth*: *Massachusetts*, 1774－1861, at 162.（1947）.；比较：1 N. Dane, *Abridgement* 459（1823）. 类似地，弗吉尼亚州在美国独立革命后，所有的公司都由立法机关制定的法律创设。参见 1 W. Blackstone, *Commentaries* 472 n. 2（St. G. Tucker ed. 1803）. 但是，长期使用被推定为是破坏公司成立特许（charter）的证据，参见 Dillingham v. Snow, 5 Mass. 547, 551－52（1809）。而且，一些州甚至更进一步，在没有理由假定最初存在特许时，
280 认可这些长期使用的证据。参见 Greene v. Dennis, 6 Conn. 292, 302－04（1826）.

莱克斯通《英国法评论》(1803 年) 的版本中，坚持认为，弗吉尼亚州的普通法没有引入认可通过时效取得获得权利的英国规则。其主要原因是，弗吉尼亚州是新近才建立的，所以无法通过时效取得权利。[51] 而且，毫无疑问，塔克已经认识到时效取得的经济意义和社会意义。

尽管有证据表明，大约在世纪之交，法院开始抵制基于时

---

〔51〕 参见 2 W. Blackstone, *Commentaries* 31 n. 2, 36 n. 7, 266 n. 1 (St. G. Tucker ed. 1803)。类似地，康涅狄格州的泽弗奈亚 · 斯威夫特必然熟悉邻州马萨诸塞州时效取得诉讼的很多情况，但在 1796 年，他却评价道："本州才建立不久，因为时间问题，时效取得权利很难操作。" 参见 1 Z. Swift, *A System of the Laws of the State of Connecticut* 442 (1795). 后来，他成为康涅狄格州的首席法官。他在 *Ingraham v. Hutchinson*, 2 Conn. 584 (1818 年) 中，带着报复的心态承认了时效取得。在 *Cortelyou v. Van Brundt*, 2 Johns. 357, 361 (N. Y. Sup. Ct. 1807) 案中，胜诉方的律师争论说，"时效取得权利不应被支持。在英国，这种权利被视为权利，它们的源头是无法追溯的；但在本地，几乎所有的权利都可以追溯其源头。" 但是，戴恩 (参见 1 N. Dane, 上注 50, 第 459 页) 主张，"虽然本州建立的历史不久，但对于适用时效取得而言，则是够悠久的了。" 然而，戴恩本人对整个时效取得规则都相当怀疑，并发动了一场对其合法性的重大法律争论。参见本书第 45 页 (本书边码——译者注)。

效取得提出的权利要求，[52] 但是，直到 *Ingraham v. Hutchinson*（1818 年）[53] 一案，该规则才开始受到直接攻击。虽然法院支持下游河岸的土地所有权人基于时效取得提出的阻断水流的

---

〔52〕 在 *Palmer v. Mulligan*，3 Cai. R. 307（N. Y. Sup. Ct. 1805）一案中，法院不理睬原告对水资源的时效取得主张，认为它只不过是先占主张而已。参见上注，第 315 页（托马斯法官的异议意见）。到 18 世纪末，马萨诸塞州的法院似乎认为，时效取得主张是不能被推翻的（参见 Perham，上注 40），这可能产生了反作用（producing a reaction）。1801 年，苏利文援引了 1798 年的一个水权案件的判决，它是依据取得时效作出的，而且"要求比这类案件通常调查以外的更多调查。"参见 J. Sullivan 上注 11，第 273 页。这表明马萨诸塞州法院开始实质性地审查取得时效权利主张。实际上，在 1803 年，马萨诸塞州法院申明，即使只有 60 年的期限，也足以通过时效取得获得权利。参见 Devereux v. Elkins，5 N. Dane，*A bridgement* 568（1824）.

在康涅狄格州，1783 年和 1793 年的两个水权判例同样驳回了下游所有权人的时效取得的主张，其要求不能减少水流量。参见 Perkins v. Dow，1 Root 535（1793），本案援引了 1783 年没有被报道的 *Howard v. Mason* 案。在 19 世纪早期其他一些重要的判例中，宾夕法尼亚州法院和康涅狄格州的高等法院驳回了主张排他性渔业权的时效取得权利要求。参见 Carson v. Blazer，2 Binn. 475（Pa. 1810）。在 *Nichols v. Gates*［1 Conn. 318（1815）］一案中，法院驳回了对公共马车排他性专营权的时效取得权利要求。纽约州高等法院在一份适用范围更小的判决意见中，回避了渔业权是否可以通过时效取得这一问题。它判定，即使可以的话，时效取得也不能使将鱼棚建立在他人土地上的行为合理化。参见 Cortelyou v. Van Brundt，2 Johns. 357（1807）.

然而，到这一时期，英国法院就已经改变了时效取得理论。1761 年，它就开始将时效取得期间类推适用制定法要求的诉讼时效（limitation to run）。参见
281 J. Angell，*An Inquiry Into the Rule of Law which Creates a Right to an Incorporeal Hereditament by an Adverse Enjoyment for Twenty Years* 23－31（1827）；7 W. Holdsworth，同上注 44，第 343－350 页。因此，到 1815 年，在缩短时效取得时间方面，因为美国法院遵从英国法官的做法，对时效取得的抨击减少了。一开始缩短到 6 年，参见 *Thurston v. Hancock*［12 Mass. 220，225（1815）］一案；最后缩短到 20 年，参见 *Bolivar Mfg. Co. v. Neponset Mfg. Co.*［33 Mass（16 Pick.）241（1834）］案，还有一个州缩短到 15 年，参见 *Ingraham v. Hutchinson*［2 Conn. 584（1818）］一案。

〔53〕 2 Conn. 584（1818）.

请求，但是，当时最杰出的法官之一，詹姆士·古尔德（James Gould）对此提出了强有力的、颇有影响力的异议。古尔德法官首次主张，下游的所有权人如果没有对水流的时效使用，不论他占有该水流的时间有多长，都不能主张对水资源的排他性权利。所以，“对于被告而言，原告对该河流使用，既不构成法律上的损害，也没有造成任何不便。被告是没有任何权利指控的。因此，被告已默许原告的行为不是对其权利的侵犯，而且，被告没有更早主张这些权利，应对此承担无**过错**责任 45
(guilty of no *neglect*)。”[54] 古尔德指出，法官的多数意见造成的后果是，上游的被告会永远丧失任何修建的权利，因为他没有在时效取得时期内建成他的作坊，而不管“这种修建会不会对他有用，也不管他是否有条件修建。”[55]

正如古尔德所意识到的那样，如果没有他的时效使用概念，时效取得规则不过是先占规则的修改版本而已，两者都同样会造成垄断性的、排他性的后果。因为古尔德认为，侵犯其财产权应得到权利人的默示许可，所以，其后建立作坊的人主张超过其按照比例应得份额的用水权的，不可能不侵占一个已存作坊的合法用水份额。

从某种意义上说，古尔德只是重新界定了判决时效使用(adversity）所必须的条件。在传统观念中，在时效取得期间内，如果河流上只有一个作坊，其所有人就是足够幸运的，因为他被认为是在行使不利于其邻居们将来建造作坊这一期待权（po-

〔54〕 同上，第595页。（这里的“原告”和“被告”似乎应颠倒——译者注）

〔55〕 同上。

tential rights）的权利。然而，古尔德只是承认了不利于既存作坊的使用者。依据古尔德对时效使用的定义，时效取得无法证明垄断是正当的。1825 年至 1850 年，在先占规则被普遍拒绝时，古尔德的观点被广泛采纳〔56〕。因此，为阻止河流上第一个占有者（不管此前多久他建立了作坊）排斥其他所有作坊主，法律规则彻底改变了。

1824 年戴恩（Dane）出版的《美国法律摘要》(*Abridgement*)对旧的时效取得法律规则的冲击更大。虽然戴恩首先承认，本州刚成立并不是禁止时效取得的理由，〔57〕但是，他进一步宣称，时效取得不过是“还没有作为法律确立起来的现代规则”，这使传统的辩护者恼火。〔58〕在约瑟夫·安杰尔对丹尼和

---

〔56〕 Stokes v. Upper Appomatox Co.，30 Va. 343，360，3 Leigh 318，334（1831）；Hoy v. Sterrett，2 Watts 327，330 - 31（Pa. 1834）；Thurber v. Martin，68 Mass.（2 Gray）394（1854）；Pratt v. Lamson，84 Mass.（2 Allen）275，287 - 89（1861）。Norton v. Volentine（14 Vt. 239，245 - 46（1842）一案对下游的使用者适用了相同的规则。比较 Holsman v. Boiling Spring Bleaching Co.（14 N. J. Eq. 335，344 - 46（1862）一案。另可参见“Acquisition of Title by Prescription，”19 *Am. Jurist* 96（1838）. 现代水法肯定了这种趋势。“时效取得的权利不能对抗下游的潜在使用人，只有在制定法规定的下游使用人‘合理使用’水资源的权利全部期间届满，才能通过时效获得这种权利。”参见“Introductory Essay”to *The Law of Water Allocation*，at xxix（D. Haber and S. Bergen，eds. 1958）. 另外，与此密切相关的问题，即非作坊主可否提起阻止取得时效开始的诉讼，例如 *Whipple v. Cumberland Mfg. Co.*，29 F. Cas. 934，935 - 36（No. 17，516）（C. C. D. Me. 1843）一案，这一问题并没有经历相应的变化，虽然首席法官肖试图使之往这个方面变化。比较 Elliot v. Fitchburg R. R.，64 Mass.（10 Cush.）191，196 - 97（1852）案与 Lund v. New Bedford，121 Mass. 286（1876）案以及 Parker v. Griswold，17 Conn. 288，301 - 08（1845）。另可参见 Haar and Gordon，“Legislative Change of Water Law in Massachusetts，”载于 *The Law of Water Allocation*，同上注第 23 页，注释 98。

〔57〕 1 N. Dane，同上注 11，第 459 页。

〔58〕 31 N. Dane，同上，第 54 - 55 页。

古尔德法官的长篇技术性回复中，他堆砌了以往的权威法律观点，以阐明时效取得规则可以被“非常精确地解释和界定。”[59] 但是，安杰尔完全没有击中要害。主要问题不能通过诉诸已确立的法律传统权威来解决，因为新规则有意背离了传统权威。通过界定传统意义上的财产权构成问题，安杰尔就与强烈限制财产所有权人决定经济发展范围的权力的运动失之 46
交臂。

具有讽刺意味的是，安杰尔在一定程度上有先见之明。他自己并不认为，他与古尔德的差异绝不是因为对已被认可的权威观点的误解造成的。他非常自信地主张，依据时效取得用水权与采光权，“原则上没有什么差异”。而且，他还主张，古尔德的观点如果适用于采光权，“会与数个世纪以来一直被一致当作已经确立的法律发生冲突。”[60] 事实上，普通法上“古已有之的采光权”规则赋予了享有古已有之的地役权（ancient tenement）人以阻止其邻居建造任何会干扰他享用阳光的建筑的权利。与用水案件中的时效取得规则相比，这一规则所仰赖的法律依据甚至更为久远。而且，与用水权案件一样，在所有人从来没有行使所有权的情形，保护古已有之的采光权规则可以对抗财产所有权人。然而，古尔德法官早已认识到两者之间非常类似，并宣称，在法律中，古已有之的采光权规则是“异常的”。

在这点上，安杰尔和古尔德都是正确的：古尔德的方案不

---

〔59〕 J. Angell，同上注 52，第 63 页。

〔60〕 同上，第 102 – 103 页。

可能不改变整个时效取得法律。在 *Parker v. Foote* （1838 年）〔61〕这一开创性判例中，纽约州法院采纳了古尔德的分析，推翻了古已有之的采光权规则。〔62〕法院宣称，“在没有造成最有害的后果时，本州正在发展的城市与农村不能再适用”这一规则。〔63〕到美国内战期间，这种观点的势头相当强健，以至于它甚至能挑战一项相当完善的规则，即通过取得时效取得建筑物的支撑权 *。〔64〕

普通法上有长期使用就足以产生排他性财产利益的观念。“查理斯河大桥”案（*Charles River Bridge case*）最鲜明地拒绝适用这一观念。〔65〕在该案中，桥的所有权人主张继承一座古渡口上的排他性特许权利益，他起诉要求一个新近特许建立的桥梁公司赔偿因其竞争行为给他造成的损失。马萨诸塞州法院的莫

---

〔61〕 19 Wend. 309（N. Y. Sup. Ct. 1838）.

〔62〕 正如一个评论家指出，这一判决产生了推翻“现代建筑改良的一个致命敌人的”效力。Noyes，“The Legal Rules Governing Enjoyment of Light”，23 *Am. Jurist* 52，57－58（1840）。

〔63〕 19 Wend. at 318. 在其《评论》一书中，衡平法院大法官肯特完全误解
282 了这一问题。他错误地假定，采光权只能建立在优先权的基础上，而不能建立在时效取得的基础上。他假定，在时效取得期间，一个人不使用财产，就会丧失权利。他得出结论说：“各处对不动产所作的广泛的、迅速的改良，是对这一规则整体的、也是明智的限制。”3 J. Kent，*Commentaries* 450（2d ed. 1832）. 因为他是从一个错误的重要前提出发的，所以，他的“限制”与传统法律观念完全一致。

* 支承权（support）是指土地和建筑物的所有权人维护其土地和建筑物的自然状态的权利。邻地或相邻的建筑物的所有权人不能撤出对土地或建筑物的垂直或侧面的支撑，除非其享有地役权。——译者注

〔64〕 参见“The Natural Right of Support from Neighbouring Soil，”1 *Am. L. Rev.* 1，9－11（1866）. 第一个拒绝适用这一规则的是 *Mitchell v. Rome*（49 Ga. 19（1873））案。

〔65〕 Charles River Bridge v. Warren Bridge，24 Mass.（7 Pick.）344（1829），*aff' d*，36 U. S.（11 Pet.）420（1837）.

顿（Morton）法官拒绝了原告的时效取得主张，而出于自己的目的，求助于普通法上的拟制，即长期使用是最初就没有得到许可（original lost grant）的证据，* 他指出，由于有真实许可的证据，所以，“各原告现在不能主张这种权利特有的任何原则或推论，或可适用于这种证明的证据规则的帮助。”〔66〕虽然斯托里法官只是在最近才试图使美国法律采用这一原则，即21年的使用会产生排他的权利的推定，〔67〕但是，莫顿和其他反对时效取得请求的人，认为长期使用只是取得这种权利的证

---

* 这里提到的是一种法律拟制技术。在英国早期，地役权人主张地役权，必须证明该权利是基于合同成立的，或者自人们还没有记忆的年代就开始享有的。1623年英国颁布《诉讼时效法》，规定占有土地20年为提起诉讼的时效期限后，法院以20年为使用权产生的充分时效条件。其假设是，曾经存在一份权利转让契据，但它已经遗失。这种假定属于可反驳的（rebuttable）假定。在1832年英国的《时效取得法》颁布以后，这种假定丧失了其重要意义，但依然是取得地役权的一种方法。——译者注

〔66〕 24 Mass.（7 Pick.）第449－450页。在18世纪和19世纪之交，盛行的是从技术角度反对时效取得，因为本国的历史太短，没有时效取得适用的余地。参见注51以及注58。正如莫顿的意见所表明的那样，到19世纪30年代，对时效取得的技术性挑战，已经转向了揭示时效取得的“权利转让契据遗失”（lost grant）的拟制性法律特征。参见，Parker v. Foote，19 Wend. 309（N. Y. Sup. Ct. 1838）；Spear v. Bicknell，5 Mass. 125，130 n.（a）（Rand. Ed. 1835）；3 N. Dane，同上注11，第54－55页。这一理论是英国法院当时刚发展起来的。参见7 W. Holdsworth，同上注44，第347－49页。

〔67〕 Tyler v. Wilkinson，24 Fed. Cas. 472，474（No. 14，312）（C. C. D. R. I. 1827）. 在这一时期，时效取得是否创设了一种不容辩驳的权利推定（conclusive presumption of right）的所有问题都完全处于混乱状态。当然，这种混乱状态也体现了法院对于时效取得本身的不安。参见J. Angell，同上注52，第36－68页。

47 据，这种证据还是可以被反驳的，〔68〕这样，他们就可以规避很多只是基于时效就承认排他性特许权的英国判例。

鲍德温（Baldwin）法官精心论证了美国最高联邦法院维持“查理斯河大桥”案判决的正当理由，他强调，美国不能采纳英国任何有关通过时效取得市场和渡船特许权的判例，因为这些判例“源于英国的封建地产保有（Feudal tenures）*，以封建权利为基础。对于这些东西，美国是完全陌生的。”〔69〕甚至连在本案的实质问题上支持第一个桥梁公司的梅克林（McLean）法官都相信，美国成立不久，并且“其人口迅速增长，社会迅速发展进步”阻止了通过长期使用获得大部分财产。他总结道，“这样的权利证据是在那些社会越来越稳定，而且在很大程度上社会发展停滞了的国家中发现的。”〔70〕

在最深层次的意义上，对时效取得的抨击代表了把美国法律从普通法封建财产理念塑造的对经济发展的限制中解脱出来的努力。到1825年至1850年，普通法上时效取得规则的适用范围锐减，以阻止仅在长期使用的基础上产生排他权利。而

〔68〕同一规则在 Parker v. Foote［19 Wend. 309（N. Y. Sup. Ct. 1838）］中得到了发展。

* 源于英国封建土地分封的一种法律制度。在名义上，英国国王是全国土地唯一的所有权人，其他人对土地的占有和使用必须由国王分封。分封是多层次的。土地占有者必须对分封者履行各种封建义务。土地分封者与臣属的关系是普通法上最为重要的关系，也是封建土地制度的核心。——译者注

〔69〕H. Baldwin，A General View of the Origin and Nature of the Constitution of the United States 157（1837）. 鲍德温想将其著作作为彼得法律报道（Peters Report）第11卷的附录，但在发表时该著作还没有准备好。该著作确实出现在9 L. Ed. 868，949（1837）.

〔70〕36 U. S.（11 Pet.）at 562－63.

且，美国法律也进入弗朗西斯·希拉德（Francis Hilliard）所谓的（他是在一个不同的背景中这样写的）一个“反对时效取得的时代”。[71]

作坊法案：作为工具的财产

鼓励建造作坊的各种不同法案，为美国促进经济发展而牺牲私有财产神圣性的意愿提供了最早的例证。第一部这样的制定法是由马萨诸塞州殖民地立法机关于1713年制订的。这一法律为土地使用者展示了在其“少量”的财产因作坊堤坝的水上涨而被淹没时，他们获得赔偿的程序。[72] 然而，这种制定法规定程序极少被使用，因为马萨诸塞州法院拒绝解释该法律，来消除传统普通法上对侵权行为和妨害（nuisance）的救济方法。[73] 该法案在1795年和1798年被修订后，作坊主开

〔71〕 F. Hilliard, *Elements* of Law viii（1835）.

〔72〕 Province Laws 1713, ch. 15.

〔73〕 Dench v. Jones（1783），参见 W. Cushing，上注10；T. Parsons，“Precedents” 51－52（1775）（手稿，哈佛大学法学院图书馆珍本室）。已经出版的1768年到1778年之间有关洪水淹没致损的普通法诉讼并没有提到作坊法案。Keen v. Turner（1768），in 1 *Legal Papers of John Adams* 242（L. Wroth and H. Zoble, eds. 1965）; Wilkins v. Fuller（1770），同上，第274页。

始主张，它为土地被洪水淹没的损失提供了排他性救济方法。[74] 其结果是，大量的州和准州（territories）* 以马萨诸塞州
48 的法律为模本，通过了作坊法案。[75] 而且，在推翻18世纪世界观中土地权益至高无上地位的过程中，以及最终将不动产转换为只是另一种由现金衡量的商品的过程中，这些制定法比其他法律措施的作用都要重要得多。[76] 经济变革与法律之间的关系的主要资料来源，就是这些制定法的历史。出于便利，本章下面的讨论集中在马萨诸塞州的经验。该州的经验特别丰富，而且也具有典型性。

根据1795年马萨诸塞州的制定法，[77] 座落在任何未通行的河流上的作坊所有权人，只要根据法案规定的程序对受害人

〔74〕 J. Sullivan，同上注11，第277-278页。在1798年以后，有关作坊法案的案件的频率体现了这样一种与日俱增的确信：制定法上救济的最终目的是要排除所有的普通法诉讼。Buckman v. Tufts（1800），参见J. Sullivan，同上注11，第277-282页；3 N. Dane，同上注11，第16页；Batchelder v. Peabody（1800），in J.
283 story, *A Selection of Pleadings in Civil Actions* 457-58（1st ed. 1805）；Lowell *v. Spring*, 6 *Mass.* 398（1810）. 迟至1813年，对制定法的救济是不是排他性的，高等法院依然没有作出裁决，参见 *Staple v. Spring*［10 Mass. 72, 74-75（1813）］一案。只是到了1814年，才作出判定。Stowell v. Flagg, 11 Mass. 364, 365（1814）. 但是，本杰明·兰德在对 *Johnson v. Kittredge*［17 Mass. 76, 79 n. 5,（B. Randed. 1832）］案的评论中，主张制定法"应当被理解为只是提供了一种额外的救济，"无疑，这种观点会使制定法上的救济几乎没有作用。

* 当时美国尚未成为州的地区，但有立法机关，通常由一名指定或选举产生的行政长官和选举产生的立法机关管理。——译者注

〔75〕 Head v. Amoskeag Mfg. co.，113 U.S. 9, 17 n. *（1884）一案列举了到1884年这种立法的全部清单。

〔76〕 相反，英格兰允许作坊主从不与他交易而在别处交易的消费者那里获得损害赔偿。这一典型的封建性制度鼓励了作坊的建立。3W. Blackstone, *Commentaries* *235；J. Angell，同上注释31，第119 n. 19.

〔77〕 Act of Feb. 27, 1795, ch. 74,［1794-96］Mass. Acts & Resolves 443.

做出赔偿，都可以建造水坝，淹没其邻居的土地。受害方的赔偿限于每年获得损害赔偿金，而不是获得一笔总的赔付金。即使土地被永久淹没，最初估计的每年的损失还是年复一年地继续，除非其中一方起诉到法院，表明情况已经改变了。该法案赋予了陪审团广泛的自由裁量权，除判定损害赔偿之外，还包括可以建造的水堤的高度和每年可以淹没土地的时间。与某些州，比如弗吉尼亚州的制定法不同[78]，马萨诸塞州法律允许作坊主在没有事先获得法院许可的情况下，淹没相邻的土地。[79] 因此，在这一制定法中，除了陪审团处理作坊主将来的诉讼权力之外，没有提前判定允许作坊主淹没某些土地的效用程序。

作坊法案的排他救济程序取消了四个相互替代的重要救济途径。首先，它废除了侵害土地的传统诉讼。[80] 在这种诉讼中，原告无需证明事实上存在损害就可以得到救济。而在作坊法案规定的程序中，总的来说，出于衡平，被告可以通过证明洪水实际上使原告受益而免除所有责任。[81] 其次，制定法上的损害规则排除了对侵害和妨害施以惩罚性赔偿的可能性。普通法的观念一直是，除非可以施加惩罚性赔偿，否则，就会使

[78] See Wrote v. Harris, 2 Va. (2 Wash.) 126 (1795).

[79] 肯塔基州和 1798 年的罗得岛州同样要求事先许可（prior authority）。1798 年，罗得岛州效仿马萨诸塞州制定了法律。" The Law of Water Priviledges", 2 *Am. Jurist* 25, 31 - 32 (1829). See P. Coleman, *The Transformation of Rhode Island 1790 - 1860*, at 76 - 77 (1963).

[80] 对洪水淹没土地提起的普通法上侵害之诉（trespass）的例子，参见 Wright v. Cooper, 1 Tyler 425 (Vt. 1802). *Cf.* Merritt V. Parker, 1Coxe L. Rep. 460 (N. J. 1795). See also King v. Tarlton, 2 Har. & McH. 473 (Md. 1790).

[81] See pp. 50 - 51.

侵权人享有这种利益："永远保留（非法所得）；因此某人就可以在违背他人意愿的情况下，取走其财产，而且他爱保留多久就保留多久。[82] 第三种普通法上的救济形式允许一个受影响的土地所有权人诉诸自助救济以减轻妨害。[83] 事实上，在许多报道的案件中，不受作坊法案保护的水电厂因邻居主张其普通法上的权利而被拆毁。[84] 最后，该法案排除了永远禁止作坊主造成妨害的可能性。[85]

在19世纪早期，对作坊法案赋予少数人的特别权力提供
49 一种理论说明其合理性的需求是强烈的。自从马萨诸塞州最初制定作坊法案以来，在19世纪，对水力的使用大为扩展，而

---

〔82〕 See Bradley v. Amis, 3 N. C. 399, 400 (1806)（报道人的评注中指出）："有时，商事作坊1年的利润……比对令人烦恼的财产非限嗣继承地产权（fee simple of the annoyed property，在各种土地保有权中最接近所有权的一种权利。这种地产的继承人是所有合法的继承人而不是特定的继承人。这种权利是终身的，而且将一直传给其后的继承人。——译者注）"的价值要多很多……除非损害赔偿金与从建造作坊中所获得的利润相同，或者损害赔偿金达到了使利润不值得追求的数量，否则，法律的目的是不能实现的。See_ _ _（原文如此——译者注）v. Deberry, 2 N. C. 248 (1795). 在侵害之诉中，相同的观点也盛行。在侵害之诉中，"财产的价值，或者对财产造成的损害的数量都不是损害赔偿金的唯一基础……否则，一个人就会随心所欲地强制性地剥夺另外一个人的任何财产权利，而且可以强迫所有权人接受财产的替代价值，即使所有权人不愿意也如此。" Edwards v. Beach, 3 Day 447, 450 (Conn. 1809).

〔83〕 Merritt v. Parker, 1 Coxe L. Rep. 460, 465 (N. J. 1795).

〔84〕 Gleason v. Gary, 4 Conn. 418 (1822); Dimmett v. Eskridge, 20 Va. (6 Munf.) 308 (Va. 1819); Hodges v. Raymond, 9 Mass. 316 (1812).

〔85〕 并不是所有的州都有衡平法院。例如，在马萨诸塞州，直到1827年以前，都没有明确许可限制妨害的衡平管辖权。但是，很多人争论说，1817年的普通制定法授予了这种权力。See Charles River Bridge v. Warren Bridge, 23 Mass. (6 Pick.) 376, 383, 394 (1828); Woodruff, "Chancery in Massachusetts," 9 *B. U. L. Rev.* 168 (1929).

且，18 世纪的作坊与较近期建成的锯木厂、纸厂和棉纺厂存在重要的区别。前者被认为是对公众开放的，后者中的很大一部分则都是只为所有权人服务的。在 *Stowell v. Flagg*（1814）一案[86]中，首席法官帕克尔说，“制定成文法是为了将作坊主从大量的诉讼中解脱出来，”因为立法机关发现，在作坊主淹没了邻居的土地时，普通法上的救济会“给作坊主带来不断的诉讼和花销”。[87] 但是，帕克尔并未受到制定法上每年支付损害赔偿金的补偿方式的困扰，事实上，这种方式强迫土地所有权人为作坊主提供贷款，因此使作坊主能分期赔偿他造成的任何永久性损害。他也没有指出，依据普通法，个人没有淹没毗邻土地的私人权利，即使他作了公正补偿也如此。

由于帕克尔把制定法完全看作是救济性的，所以，他没有必要认为企业在本质上具有充分的公共性，足以享有土地征收权。然而，帕克尔受没有计划的经济变革的巨大潜力（作坊法案使这种潜力成为可能）困扰，他确实指出，1798 年的作坊法案是“对以前殖民地法案和地方法案的轻率抄袭。而在这些法案通过时，作坊的数量稀少，与将土地用于农业目的相比，作坊使用土地的价值要比现在大得多。”[88]

帕克尔的话似乎暗示了，论证广泛侵犯私人权利行为的正当性要求该行为具有公共目的；而且，其唯一的公共目的就是整体效用的增长。这种对效用的计算是立法机关的专属权力。如果征收的合法性只是毗邻财产相对价值的功用，那么，只要

[86] 11 Mass. 364 (1814).
[87] 同上，第 366 页。 284
[88] 同上，第 368 页。

作出了补偿，任何强制性的转让都是合法的。然而，更可能的是，帕克尔只是对立法判断的谨慎性提出了疑问，但他却从未怀疑，就其服务的对象而言，作坊是公共的。

到1814年，不断区分公共企业与私人企业的重要性还只是开始渗透到司法观念中。一些人仍将作坊当作公共企业的一种形式，是不允许竞争的。[89] 商业集团也只是开始撼动旧有的公司模式，依据该模式，特许设立的组织的存在理由是他们
50 服务于公众。而且，15年后，作坊的私有性质增加了，这对每个人而言，都明显是痛苦的。但是，没有任何证据表明，这给法官造成了概念上的困难，即使是最微小的困难。例如，这一时期，旧的公司模式仍旧盛行于弗吉尼亚州，法官也很清楚，可以依据“某人的财产如果被别人强占或者受到了损害，在某种程度上，它就会被认为是用于公共用途”，为该州的作坊法案辩护。[90]

1815年后，棉纺厂的急剧增加为作坊主淹没毗邻土地提供了巨大的驱动力，[91] 反过来，这又促成了关于财产权性质的激烈争论。最早的作坊堤坝运作规模相对较小，所有权人为了获得动力而将水回灌而阻滞水流时，会导致某些上游泛洪。然而，随着大型联合棉纺厂的增加，必然有更多土地被淹没。这不仅是因为更大的堤坝阻滞了更多的水流量，而且也因为需

---

〔89〕 在利奇菲尔德法学院的讲座中，塔平·里夫（Tapping Reeve）质疑，“他人是否有权在会减少【目前的作坊主】利润的地方附近建造作坊。”“Henry H. Fuller's Notes of Lectures on Tapping Reeve and James Gould at the Litchfield Law School，” vol. III，at 467－68（1812－13）（手稿，哈佛大学法学院图书馆珍本室。）

〔90〕 Skipwith v. Young，19 Va. （5 Munf.）276，278（1816）.

〔91〕 J. Angell，同上注19，第62页。

要通过释放下游的巨大水流来产生动力。鉴于这个事实，马萨诸塞州立法机关于1825年修订了作坊法案，允许淹没“位于任何作坊堤坝上游或下游的……土地”。[92] 两年后，在沃尔科特·伍伦（*Wolcott Wollen*）案（1827年）[93] 中，马萨诸塞州高等法院从其一贯的顺从姿态出发，只是指出，“鼓励作坊一直是立法机关青睐的目标，虽然鼓励的原因可能已经消失了，但是，立法机关的青睐却继续存在。”因此，法院把作坊法案的保护范围扩大到基本上属于生产性的企业，尽管控制水流和评估每年的损害赔偿金远比处理上游泛洪的情况困难得多，因为法律确定了堤坝的高度，就很容易预测上游泛洪的损失程度。更重要的是，作坊主甚至成功地促使法院把该法案扩展适用至立法机关几乎从未设想过的一种情况。即一个已经购买了土地，并在已有作坊的上游3英里以外的地方建造了新堤坝的作坊，可以淹没位于堤坝和作坊原所在地之间的土地。实际上，法院赋予了作坊主不受限制地任意毁坏土地价值的权力，即使这些价值远远超过了其可能得到的全部利益。

此外，在1827年，[94] 法院适用了该法案的另一个新条款[95]，允许被告通过证明原告因其土地被淹没而受到的灌溉 51
利益超过了原告蒙受的全部损失，而完全不承担任何损害赔偿

[92] Act of Feb. 26, 1825, ch. 153, 1 [1822 – 25] Mass. Laws 658.

[93] Wolcoott Woollen Mfg. Co. v. Upham, 22 Mass. (5 Pick.) 292, 294 (1827).

[94] Avery v. Van Deusen, 22 Mass. (5 Pick.) 182 (1827).

[95] Act of Feb. 26, 1825, ch. 153, 3 [1822 – 25] Mass. Laws 658.

责任。[96] 这代表了作坊法案25年经验的最高峰，标志着它与18世纪财产理念的最终决裂。在18世纪，淹没土地被认为是对权利的根本性侵犯，而不论真正的损失是多少。正如一个法院在18世纪末所说，“洪水泛滥是产生利益还是造成损害都不重要。任何人都没有权利强迫他人以某种方式改良其财产；强迫他接受利益或使其遭受损失都是违法的。”[97] 但是，依据作坊法案，对仅仅干扰了他人平和享有土地权利的行为，受害人不再享有任何要求损害赔偿的独立请求权。衡量损害的唯一尺度是对土地生产性价值的影响。

生产性公司一直没有把作坊法案的适用范围当成纯粹的恩惠。事实上，在沃尔科特·伍伦案后，它们经常寻求从立法机关那里获取对其有利的待遇，这比其依据该法挑选陪审团可以期望的利益要多。例如，在 *Cogswell v. Essex Mill Corp.*（1828年）案[98]中，通常的角色颠倒了：原告主张获得制定法规定的救济，而被告公司则坚持该诉讼是普通法上的诉讼。该公司的特许状授予该公司享有在某一特定高度建立堤坝的权利，以及在每年的任何时候都可以淹没毗邻土地的权利。该公司主张，如果“接受包含了作坊法案在内的特许状，”就“会接受

〔96〕 然而，即使在没有制定法的特别条款时，高等法院也一直认为，被告在没有给原告造成损害时，无需赔偿洪水淹没造成的损害。Lowell v. Spring，6 Mass. 398（1810）。事实上，在1769年，对一个普通法上的洪水淹没土地诉讼，法院明显许可被告证明其行为改良了原告的土地。参见 Keen v. Turner，in 1 *Legal Papers of John Adams*，同上注73，第242、244－245页。

〔97〕 Merritt v. Parker，1 Coxe L. Rep. 460，466（N. J. 1795）.

〔98〕 23 Mass.（6 Pick.）94（1828）.

陪审团作出的”决定其行为时间和范围“变动不居的评估”[99]，那么它就不会接受。相反，该公司更愿意依据普通法进行诉讼，要求对损害做出一笔总数额的赔偿，以在其他方面获得确定性的保证。法院作出了有利于该公司的判决，其理论基础是，该特许状条款优于作坊法案。然而，即使在这个案件中，作坊法案中的财产权利观念的深刻影响也相当明显。法院已不再质疑作坊主本质上出于私人目的的，但又获得立法机关授权的损害毗邻土地价值的权利，只要他提供了补偿。陪审团的监督作用原本赋予了这个新的事业以重要的合法性标准，但这一作用最终可能被完全涤除。

将作坊法案扩展适用到生产性企业，产生了难以接受的相反情况。生产企业是私人机构的论题一次又一次重复出现。例如，一个评论员指出，最初的作坊法案是在“这个国家处于由 52
蛮荒向文明缓慢进步的时期制定和通过的”，而且，当时“相对而言，土地几乎没有什么价值，相反，支持谷物加工厂或锯厂却具有十分重要的必要性。他说，在这些情况下，作坊就可能合理地被当作“**公共地役**”（*public* easement）。然而，随着该法案扩展适用到生产企业，本质问题就变成了“违背他人意志、出于私人目的使用其财产的权利。”[100] 杰出的波士顿律师本杰明·兰德（Benjamin Rand）反对 *Stowell v. Flagg* 一案中的观点，即作坊法案只是以一种救济方法取代另一种救济方法。他宣称，“只有在出于重大的公众需要和公共效用时，对私人财

---

〔99〕 同上，第96页。

〔100〕 “The Law of Water Privileges,” 2 *Am. Jurist* 25, 30 – 31, 34 (1829).

产的这种侵犯才是可以辩护的。"[101] 最终，那些土地被淹没的人痛诉"没有值得追求的救济方案，"以至于"遭受损害的人很少寻求任何救济。""总的说来，作坊和作坊所在地都掌握在活跃的、富有的人手中。如果受害者诉诸法律的话，这些人有能力使受害者懊恼。"[102]

对作坊法案近乎一致的谴责很快就带来了某种程度上的变化。1830 年，莱缪尔·肖（Lemuel Shaw）开始了他担任首席法官 30 年的生涯。此时，马萨诸塞州法院逐渐明显放弃了它早期对作坊法案勉强作出的、扩张性的解释。而且，在 1830 年之后，立法机关通过扩大受害方获得永久性损害的赔偿机会，剥夺了作坊主获得的声名狼藉的意外之财。[103] 此时，该法案规定的程序的强烈诱惑也就荡然无存了。[104]

有了这个立法机关不再支持作坊主的证据，马萨诸塞州法院坚决拒绝了把制定法扩展适用到新领域的企图。肖在其处理的第一个涉及作坊法案的案件[105]中，提出了这样一个问题：该法案的保护范围是否应扩展适用到位于人工运河上的作坊，

---

〔101〕 Stowell v. Flagg, 11 Mass 364, 366 n. a (Rand ed. 1832).

〔102〕 Maine Citizens Memorial to the Legislature (c. 1833), broadside J 38（手稿，哈佛大学法学院图书馆珍本室。）1820 年，缅因州从马萨诸塞州中分离出去了，但还继续适用马萨诸塞州的作坊法案。参见"The Requisites to Dower and Who are Capable of It," 20 *Am. Jurist* 47, 60－63 (1838).

〔103〕 Act of March 22, 1830, ch. 122, 2 [1828－31] Mass. Laws 474.

〔104〕 然而，与此同时，立法机关通过在生产公司成立的许可状中授予它以淹没土地的权力（这种权力之大，甚至连作坊法案都不予承认），在工业化进程中起到了积极作用。例如，参见 Boston & Roxbury Mill Dam Corp. v. Newman, 29 Mass. (12 Pick.) 467 (1832).

〔105〕 Fiske v. Framingham Mfg. Co., 29 Mass. (12 Pick.) 68 (1832). But *cf.* Chase v. Sutton Mfg. Co., 58 Mass. (4 Cush.) 152 (1849).

该运河是为了把水从自然河流引出而建造的。这个问题给法案带来了这种机遇：在作坊法案的保护翼下，通过许可源于运河网络（堤坝就建于其上）的洪水淹没土地，来刺激工业在地理上的大面积扩充。如果对此适用作坊法案，“一块低地的所有权人可能在其河流上建造一个作坊，并从远处的池塘或蓄水池引水到其作坊。作坊主在未经引水经过的土地所有权人允许时，就穿过这些土地，制定法也保护这种做法。”〔106〕尽管早在5年前，法院似乎就准许这样的做法，然而，肖认定作坊法案 53
的好处只能扩展适用到临水的土地所有权人。当争议超越了调整临水土地所有权人的恰当用水方式这一相当狭隘的、在历史上是独立的问题，从而包括了决定土地所有权人使用其土地权利这一更一般的、必然引起争议的问题时，以往判决的意义才开始充分体现出来。

肖承认，作坊法案“与每个所有权人对其土地的绝对支配和享用的权利稍微不一致，而所有人的这些权利是法律假定他对其土地应该享有的，”〔107〕但是，他继续为该法案作出双重合理的论证。他写道，可以从如下方面为立法辩护：“部分是基于大部分公众对作坊的使用利益”，这是国家征收权理论。“另外，基于财产的本质，即处于某位置的财产，如果没有这种权力的帮助，就不可能被有益地使用。”〔108〕肖争论说，在目前的情况下，无论作坊法案在多大程度上是人为的，但是，它的“立法目的是，为自然河流与水道提供最有用和有利的占有

〔106〕同上，第69页（原告律师的辩护意见）。

〔107〕29 Mass.（12 Pick.）第70页。

〔108〕同上，第70－71页。

和享用方法。每个所有权人按自己意愿使用其土地和水资源的特权不能被完全满足，因此，在某种程度上，一个人必然服从于另一个人。"[109]

肖不顾把作坊法案视为一部纯粹调整水权规范的内在困难，更愿意将他审理的案件（至少部分如此）建立在该法案限制性的、但却在历史上被承认的功能的基础上。因此，他极力强调临水所有权人之间的权利相对性，而把他对征收权理论的依赖降到最低。这种限制征收权则重要性的努力，反映了企业（作坊法案就服务于这些企业）本质上的私有性质的日益实现，以及随之而来州不愿意允许只以推进私人目的而干预所有权的现象。[110]

虽然肖的构想确实有助于克服把征收权理论应用于本质上是私人活动上的一些困难，但其主要贡献是迫使法院明白，财产的绝对性和排他性的支配权观念与工业发展的需要不协调。

---

〔109〕 同上，第71－72页。其后，在一个有关河岸土地所有权人用水权的严格普通法诉讼中，肖进一步扩展了这种观念，以有利于经济发展。他主张，在一
285 条河流只能满足一个生产公司的全部电力需求时，法律就承认第一个占有人的排他性权利，以鼓励垄断——这一次，先占人无需赔偿。Cary v. Daniels, 49 Mass. (8 Met.) 466 (1844).

〔110〕 肖没有成功地说服法院相信他的观点。同年，在肖没有参与审判的一个有关作坊法的案件中，马萨诸塞州高等法院完全以扩展了的国家征收权观念为基础。Boston & Roxbury Mill Dam Corp. v. Newman, 29 Mass. (12 Pick.) 467 (1832). 肖本人偶尔也会皈依到"纯粹的"国家征收权理论上去。Hazen v. Essex Co., 66 Mass. (12 Cush.) 475, 477－78 (1853); *cf.* Chase v. Sutton Mfg. Co., 58 Mass. (4 Cush.) 152, 169－70 (1849). 然而，很明显的是，他为这种原理所困扰。1851年，他宣称"法律赖以建立的基础原则，不是某些人所假定的国家征收权……无论在何种意义上，征收河流流经的土地的所有权人的财产都是不合适的，公众作出任何补偿也如此。" Murdock v. Stickney, 62 Mass. (8 Cush.) 113, 116 (1851).

无论州干预所有权的理论依据是国家征收权，还是更明确被承认的财产权利相对性，受作坊法案的影响，人们开始把财产作为促进经济发展这一至高无上目标服务的工具性价值。

土地改良问题

从19世纪初开始，法官就面临这一复杂问题：修改财产 54
法以适应以土地生产能力为基础的价值理论。他们不得不经常处理美国经济的两个关键事实。首先，美国土地一贯的投机模式和不断上扬的土地价格；其次，土地价值经常与对其改良的价值紧密联系。在许多案件中，法院面对这样一个问题：以土地产值不高的（preproductive）理念为前提，并在土地价格保持相对稳定的经济中传播的普通法规则，能否适用于土地价格迅速浮动和发展速度不断加快的经济中。

在英国，什么是对土地的毁损（waste）

英国干预土地毁损的法律是相对明确的：土地保有人（tenant）* 对土地状况的根本性改变就是对土地的毁损，他对

---

* 土地保有是封建时期的普通法上最复杂的制度。广义上的土地保有人是指依据上下级的封赠关系或者各种合同占有和使用土地的权利人。狭义上的保有是依据土地封赠形成的。在本书中，土地保有人相当于大陆法系中的他物权人。——译者注

此应当承担责任。然而，很清楚的是，经济发展取决于清整土地（clearing land）的国家，都不能实施保持土地现有状况的规则。因此，美国自摆脱英国殖民统治获得独立时起，其法学家就致力于修改或推翻他们已经接受的普通法规则。

虽然在1801年，詹姆士·苏利文就承认了英国调整土地毁损的严格规则，但他却坚持说，“没有报告表明，我们也想不起来我们采纳了这些规则。在农业方面，我们国家现在的形势与欧洲的形势差异相当大，以至于我们几乎不知道如何把欧洲的先例适用到我国的案件中。”苏利文继续提出，事实上，由于土地租约（leases）“一般而言，时间都比较短”，而且，由于“土地性质和改良方式”不同，所以，美国“没有什么土地毁损的诉讼。”[111] 同样，康涅狄格州的泽弗奈亚·斯威夫特相信，“在这个国家，这样的［土地用途］改变，由于与优质农业是兼容的，所以不会被认为是对土地的毁损。”[112]

尽管如此，在19世纪的头25年，对土地保有人能在多大程度上为经济发展的目的而改变土地依然存在严重分歧。例如，在纽约，对一个土地所有权人提起的诉讼，高等法院的法
55 官意见尖锐分歧：一个土地所有权人拥有133英亩土地，在土地保有人实际占有时，这些土地是“荒凉的、未开垦的，其上覆盖着有大量木料的森林”。该土地保有人清理了大部分农

〔111〕 J. Sullivan，同上注11，第334－335页。

〔112〕 2Z. Swift，同上注8，第82页。类似地，1801年，宾夕法尼亚州高等法院驳回了一个对寡妇地产的保有人提起土地毁损赔偿诉求。法院宣称，“如果在英国认为是对土地毁损的行为，在本地也可以这样主张的话，这将违背常识。通过清理土地，一般的土地都会得到改良，只要为了维护土地而保留了恰当比例的林地。” Hastings v. Crunckleton，3 Yeates 261，262（Pa. 1801）.

场，砍伐并搬走了木材。在本案中，法院承认，“在英国将构成土地毁损的，在本地却不会总是这样。”不过，法院坚持认为，土地保有人已因毁损土地而丧失了该地产。尽管土地保有人“无疑有权砍伐部分木材，以使土地适于耕种”，然而，他没有权利“毁掉**所有的**木材，并因而基本上永久地减少土地的价值”。[113] 持不同意见的少数人想更进一步改变法律，以使其适应发展的需求。安布罗斯·斯宾塞（Ambrose Spencer）法官争辩说，“正如英国理解的那样，土地毁损规则不能适用于一个新的、无人居住的国家……对林地在多大范围内应被留作农场用途这一问题，人们的看法相当不同。”在当事人之间没有约定的情况下，“在林地中留下足够数量的土地……我们无权说有些是对土地的毁损，而另一些则不构成对土地的毁损。”实质上，斯宾塞否认土地毁损法是财产法的固有部分，因为在他看来，当事人之间存在契约是法律上不构成毁损土地的唯一基础。[114]

美国法院不愿意走得和斯宾塞一样远，完全使财产权与阻止土地保有人彻底改变地产的权利分离。同时，美国法院也没有适用调整土地毁损的严格的英国普通法。一些法院，比如纽约州的法院修改了这些规则，而另外一些法院则全面拒绝适用

〔113〕 Jackson v. Brownson, 7 Johns. 227, 232 (N. Y. 1810).

〔114〕 同上，第 236 页。有些人可能认为这一结论过于极端了。*Jackson v. Brownson* 就是一个有关保有人违反了不能毁损土地的合约而导致丧失土地保有的案件。斯宾塞承认，“如果这是损害赔偿的合同之诉，那么，事实上，我们就有权对依约不构成土地毁损这一点作更为宽泛的解释。”参见上注。如果他发现土地毁损的后果没有没收土地那样严重，他的不满可能会缓解一些，但是，他的结论的基础依然是合同原则，而不是土地所有权本身就具有阻止土地毁损的权利。

这些规则。[115]

美国重新界定土地毁损法的一个重要方面是，处理土地改良这一共同问题。在土地上建造了建筑物的土地保有人，于土地使用期限届满前，无权除去这些建筑物，这一点在普通法上是非常清楚的。在18世纪，英国法院确立了一个例外，即为从事贸易的目的，土地保有人可以除去这些建筑物。但是，他们没有对完全为农业目的而建的建筑物做这种让步。[116] 在 *Van Ness v. Parcard*（1829年）案[117]中，斯托里法官表达了已经确立了的观点，[118] 即美国从未接受过普通法规则。

> 本国乃一片荒芜，而且普遍的政策是要使土地开垦和改良。土地所有权人和公众都动力鼓励土地保有人投身于农业，而且，也乐意接受有助于实现这一目的兴建的任何建筑；然而，在本国相对贫穷的地区，如果土地保有人因为其在土地上为建筑的行为，就丧失了其全部利益，那么，有什么会支持土地保有人在

〔115〕 例如，参见 *Findlay v. Smith*（20 Va.（6 Munf.）134，142（1818））一案。在本案中，法院没有以“土地毁损法律在本地的适用是不同的，应适应我们州的刚建立、人口稀少的情况”为由作出土地毁损判决。1824年，戴恩写道：“英格兰是一个古老的国家。在那里，人们甚至为了获取工厂和工业的燃料目的而种植树木，几乎就如种植玉米和谷物一样普遍。而我们是刚成立的国家，近年来，除了一些地区外，本国的重要目标是摧毁树木以清理出土地，将蛮荒的、自然的森林清理为耕地或者草地。”参见 3 N. Dane，同上注11，第214页。另可参见 1 W. Cruise, *A Digest of the Law of Real Property* 116 n. 2（Greenleaf ed. 1849）.

〔116〕 参见 Elwes v. Maw, 3 East 38（K. B. 1802）.

286 〔117〕 27 U. S.（2 Pet.）137（1829）.

〔118〕 以前最重要的判决是 *Whiting v. Brastow*，21 Mass.（4 Pick.）310（1826）以及 *Holmes v. Tremper*，20 Johns. 29，30（N. Y. 1822），后一案件区分了 *Elwes v. Maw*，3 East 38（K. B. 1802）案。

土地上建造如此昂贵、价值重大的附属物呢？[119]

从技术角度看，对范·内斯一案只判定了诉争中的土地附属物事实上属于商用附属物，这种情形仍然在英国法所确立的例外之内。但是，正如衡平法院大法官肯特指出的那样，斯托里的判决是"司法造法制度"的一部分，"使拆除土地附属物的权利成为了一项一般原则，而不再是一种例外。"[120] 事实上，肯特认为，将这一规则扩展到农业附属物"对地产的有利享受可能是必要的"，因为它会鼓励土地保有人"开垦和改善"土地。[121] 56

遗产土地的毁损

适用促进改良的政策并不是一帆风顺的。最难摆脱的英国法律规则涉及寡妇的权利，即寡妇对未开发的土地和对丈夫生前出让之后又被开发了的土地的地产权利。在19世纪，美国大部分州继续实施某种形式的普通法规则，即寡妇对她丈夫在婚姻期间所持有的1/3的土地享有终身权益（life interest）。* 而

〔119〕 27. U. S. （2. Pet. ）at 145.

〔120〕 2 J. Kent, *Commentaries* 343（3d ed. 1836）. 10 *Am. Jurist* 53, 56（1833）。在《评论》的最初2版中，肯特只是重复了传统的英国观点。"附属物"（Fixture）[10 *Am. Jurist*, 53, 56（1833）] 宣称，在美国，"商用和农用附属物"的区分"似乎还没有得到普遍承认，也没有流行起来。"

〔121〕 2 J. Kent, *Commentaries* 346（3d ed. 1836）.

* 是对不动产和动产享有的权利。它低于所有权，而且以权利人的生存为条件。相当于大陆法系中的人役权。——译者注

且，因为丈夫不能通过转让土地来废除其妻子的寡妇地产权，在许多州，寡妇可以行使这种权利来对抗丈夫财产的购买者。

由于土地价值日益由其生产能力决定，美国法院不得不决定是否根据普通法，将土地价值与其生产能力分开来衡量寡妇地产权。这一问题以几种不同的形式表现出来。如果未开发的土地能以高价（substantive price）卖与投机商，那么，寡妇地产权有更大的价值吗？如果投机使土地市场价格升高，超过了能体现其目前生产力的总价，那么，寡妇地产权能以当下的地租和利润为计算基础吗？也就是说，正如普通法所规定的那样，寡妇是应当对1/3的土地享有终身权益，还是仅仅对利润的1/3享有终身权益？最后，如果丈夫在其生前已出售其土地，到他去世时，该土地或者是因为土地价值普遍攀升或者是因为购买者已改良该土地而增值了，那么，应怎样计算该土地上的寡妇地产权呢？

从19世纪初，法院便致力于解决上述每一个问题。1783年，马萨诸塞州的一个没有报道的判决[122]重新提到寡妇对未开发的土地享有地产权这一普通法规则的挑战。*Leonard v.*
57 *Leonard* 案（1808年）[123]第一次明确改变了土地评估理论。遗嘱检验法官（probate judge）委任的委员们评估了相关的不动产："该土地相当一部分是林地，没有生产能力。"法院判定，该寡妇获得了全部土地的价值1/3。虽然法院认为，她的实际份额"是地产……最有生产能力的部分"，但法院宣布，"这一规

〔122〕 Nash v. Boltwood（1783），参见W. Cushing同上注10。这一判决的报道最初出现在斯托里的作品中。参见J. story，同上注74，第366页（1805）。

〔123〕 4 Mass. 533（1808）.

则同样保护不把土地中没有生产能力的部分分给寡妇，以及保护寡妇在生存期间因没有任何谋生手段而被继承人遗弃。”法院推翻了以前的规则，并判定寡妇地产不应由土地市场价格决定，而应由地租和利润决定。

这个规则在其被宣布时似乎是公平的，但对于投机性的、发展中的经济体而言，土地市场价值一直高于其目前被资本化了的价值，寡妇会很快成为这一规则潜在理论的牺牲者。在 *Conner v. Shepherd*（1818 年）案[124]中，马萨诸塞州高等法院从逻辑上得出了伦纳德案（Leonard）新规则的结论。法院推翻了其 35 年前的判决，拒绝了一个寡妇对未开发土地的地产权要求。首席法官帕克尔论证道，由于寡妇地产权要由土地的生产价值衡量，在未开发土地上就不能存在寡妇地产权。如果只给寡妇传统的份额，她自己就不能使土地有生产能力吗？法院说，不能，因为那样将构成对土地的毁损。法院回到被质疑的普通法土地毁损规则的特殊情势，宣称：

> 根据普通法原则，如果寡妇砍掉任何可以用作木料的树木，她会丧失地产。把土地从荒地改造为适宜耕种的土地或作为牧场这一纯粹财产变化……可能被认为是对土地的毁损：因为对财产的改变，**即使因此使财产更有价值，也**会使寡妇丧失地产权：继承人有权与其祖先留下财产时的同样状况继承财产。[125]

这样，无论是否改良土地，寡妇都得不到利益。价值效用

〔124〕 15 Mass. 164（1818）.

〔125〕 同上，第 167 页（加注重点符号的部分）。

标准使她对未开发上的地产权变得毫无价值，但土地毁损的这一非效用规则又使她不可能改良土地。

冲突依然在进一步升级。为了不让有关土地毁损争议完全依赖于过时的普通法规则，帕克尔继续主张，对寡妇地产所作的改良“从事实和从技术角度看，都会是对土地遗产的毁损。”他说：“在这个人口迅速增长的国家，事实上处于自然状
58 态的土地可能会比相同的用来……耕种的土地更值钱。”[126] 帕克尔在此似乎是在建议，只要购买者愿意为未开发的土地支付比已开发土地更多的钱，法律规则就会阻挡或拖延经济发展。如果是这样，他的理论在其他案件中似乎没有得到支持，而且与当时判例法中的财产理念不协调。[127] 事实上，正在改变的土地毁损法的潜在前提是，鼓励土地保有人立即改进土地是更可取的，即使改进会阻止其他将来对土地的使用，并因此削弱土地的流通性能。[128]

在 *Conner v. Shepard* 案中，帕克尔的主要目的是要削弱寡

---

〔126〕 同上。

〔127〕 参见 3 N. Dane，同上注 11，第 219 页。

〔128〕 帕克尔支持认为直接发展会减少土地价值的观点，还有另一种更一般的假设可以解释这一点。在独立革命之前，土地投机是美国最重要的生意之一。“法官、土地管理官员、政府官员及其家庭成员和军官，在他们刚定居时，就开始对新地区投资以获得权利。”很多地区法官也卷入到了土地投机中，有很多司法许可土地欺诈的案例。大部分法律职业者也参与了土地投机。参见 P. Gates，*History of Public Land law* 92 （1968）. A. Chandler，*Land Title Origins* 484 （1945）；M. Rohrbough，*The Land Office Business* 21（1968）.

有关政府土地政策的历史文献强调政府鼓励土地投机造成的灾难性后果。“来到一个新社区的人被认为是侵略者，他们多年来阻止土地开发，而等待土地价值的上涨，这样就阻滞了本地的发展。”P. Gates，同上，第 149 页。也可参见 Claiborne v. Henderson，13 Va. （3 Hen. & Munf.）322，331（1809）.

妇地产权本身，得出这一结论似乎是必然的。法院“相信【寡妇地产权】的操作会成为地产的障碍，而地产是用于交换的对象”，因此想采用任何方法剥夺寡妇的份额，包括信赖土地的市场价格与生产价值之间存在关系这一值得怀疑的假设。但是，认定寡妇对未开发的土地不享有地产权，其最重要的影响可能是，进一步推动了认为土地的价值完全取决于生产力的认识。

Conner v. Shepard 案确立的原则明显是鼓励那些拥有土地的人开发土地这一一般性政策的例外。在寡妇对抗购买者而不是对抗继承者这一相关背景下，该政策被相当统一地实行了。比如，自 19 世纪头 10 年起，马萨诸塞州的法院就已认定，寡妇无权接受由于她丈夫的买家对土地的改良而给土地带来的任何增值。[129] 其他各州也出现了相同的结果。[130] 而且，纽约州判定，寡妇不能获得改良土地的好处，也不能获得土地价值普通上升带来的好处。[131] 另一方面，早在 1792 年，宾夕法尼亚州高等法院就否认寡妇地产权扩展到包括对土地的改良，[132] 但拒绝剥夺寡妇从土地价值普遍上升中获得的利益。[133] 虽然法院在谁应该享有土地价格上升的好处这一问题上有分歧，不管普通法的财产规则如何，它们都赞同改良的价值应当留给开

---

〔129〕 Libby v. Swett (1804) in Francis Dana Papers, Mass. Historical Society (Box 15 “Supreme Judicial Court Cases”). 对这一案件的报道，参见 J. story，同上注 74，第 365 页以及 4 N. Dane, *A bridgement* 675 (1824). 另可 Webb v. Townsend, 18 Mass. (1 Pick.) 21 (1822); Ayer v. Spring, 9 Mass. 8 (1812).

〔130〕 *E. g.*, Braxton v. Coleman, 9 Va. (5 Call) 433 (1805).

〔131〕 Humphrey v. Phinney, 2 Johns. 484 (1807)　（土地改良）; Dorchester v. Coventry, 11 Johns. 510 (1814)（土地价值的增长）。

〔132〕 Winder v. Little, 1 Yeates 152, 154 (1792). 287

〔133〕 Thompson v. Morrow, 5 S. & R. 289, 291 (1819).

发者。

买主当心：法律规则应当是衡平、正义和便利的规则

18世纪末期，新司法提出的最为困惑的问题可能就是，
59 在土地买卖中，恰当地确定违反担保条款（warranty）的损害赔偿金中土地的生产价值。在多数买卖合同中，卖方都承诺他有土地占有权（seisin）*，或是对土地享有有效的所有权，除此以外——或者相反，卖方可能会加入一个保证买方安静地享用其购买土地的契约。如果购买者在购买该土地一段时间后，第三人证明了其对土地享有效力更强的权利，把买方从土地上驱逐出去了，在这种情况下，他还能从卖方那里获得土地增长（这种增长或是因为改良，或者是因为价格上涨）的价值部分吗？或者，他只能取回其购买价格土地的价金？

对此，英国普通规则又是明确的：购买者只能拿回其最初支付的价金。虽然一些对英国规则的解释提到封建土地法的神秘性，但是，抛弃了英国观点的大部分美国法院坚称——用康涅狄格州高等法院的话就是——“英国与我们的惯例之间的……差异，无疑是基于各自土地的永久价值：一个历史悠久的

* 英国土地法上的一种制度。比另外两种占有，即possession和occupation的效力更强，更接近于所有权。传统上，它是基于土地分封制度享有的一种权利。因为国王享有土地所有权，所以它类似于事实上的所有权。在近代，它相当于土地所有权。——译者注

国家，和我们这样一个新兴的、土地价值不断上涨的国家。”在美国，法院补充道，“人们认为购买者应继续改良土地，并让土地变得更好，直到他被驱逐出土地。[134]

到1810年，6个州通过了确定违反土地所有权担保条款的损害赔偿金的方法。其中，在4个州，即南卡罗来纳州、[135]康涅狄格州、[136]弗吉尼亚州[137]和马萨诸塞州[138]，购买者在其被驱逐出土地时，可以获得通常高于其原始购买价值的赔偿。在宾夕法尼亚州[139]和纽约州[140]，购买者只能获赔其购买

---

〔134〕 Horsford v. Wright, 1 Kirby 3 (Conn. 1786).

〔135〕 Guerard v. Rivers, 1 Bay 265 (1792); Liber v. Parsons, 1 Bay 19 (1785)

〔136〕 Horsford v. Wright, 1 Kirby 3 (1786).

〔137〕 Humphrey's AdM'r v. M'Clenachan's AdM'r, 15 Va. (1 Munf.) 493, 500 (1810); Mills v. Bell, 7 Va. (3 Call) 320, 326 - 27 (1802). 在 *Lowther v. Commonwealth*, 11 Va. (1 Hen. & Munf.) 202 (1806) 一案中，买主从卖主那里获得了在买主被驱逐出土地时土地的价值。接着，卖主请求州——其转让人——赔偿。法院判定，他只能从州那里获得土地销售价金的赔偿额。因为最初对他提起的诉讼中，损害赔偿金就被限制在这一数额。虽然这一案件被 *Humphrey's AdM'r v. M'Clenachan's AdM'r* 案完全推翻了，但是该案从来没有被提及。

〔138〕 Gore v. Brazier, 3 Mass. 523, 545 (1807). 马萨诸塞州区分了违反占有 (seisin) 合约与违反平静地享有所有权的合约。对于前者，买主只能获得购买价金的赔偿，Marston v. Hobbs, 2 Mass. 433, 440 (1807)；对于后者，买主则可以获得其被驱逐出土地时的土地价值作为赔偿。这一理论认为，违反前者发生在买主被驱逐出土地之前，而驱逐是违反后一合约的原因。

〔139〕 Bender v. Fromberger, 4 Dall. 436, 441 - 46 (Pa. 1806). 虽然这一判决没有提到原告是否有权获得购买价金的利息，但陪审团认定的损害赔偿金是2979美元，而价金是2390美元。同上，第436页。法院维持了陪审团的裁决。宾夕法尼亚州1804年和1806年的两个审判细则此前就已经将损害赔偿金问题分开了。参见 *The Institutes of Justinian* 619 - 20 (T. Cooper trans. 1812)（译者评注）。第三个法院发现这一问题没有解决，其指示明显要求陪审团作出一个特别判决，尤其是要区分购买价金的损害赔偿和土地改良价值的赔偿。4 Dall. at 445（史密斯法官的意见）。

〔140〕 Staats v. Ten Eyck, 3 Cai. 111 (1805)（利文斯顿法官的意见），（土地增加的价值）Pitcher V. Livingston, 4 Johns. 1 (1809)（土地改良）。

时的价金及其利息。

许多意见分歧都集中在对担保条款当事人的意图的理解或解释上。1785 年，南卡罗来纳州的潘莱顿（Panleton）法官在颁布该州规则时宣称，“如果只考虑到通过金钱获取利息，人们就不会购买商品了。他们是打算获得所购买的东西的增值利益。”〔141〕相反，宾夕法尼亚州和纽约州注意的是卖方的推定意图。纽约的范·内斯法官写道：“如果在一万个买方中有一个在缔结那些契约时具有这样一种微弱的意识，他就在把自己及其后代置于……灾难性的后果中。”〔142〕但不可避免的是，观点的差异也反映了在应该促进谁的利益上选择的差异。斯宾塞法官不赞同只允许购买人获得较低赔偿的纽约规则，他质问，“作一个勤勉的公民或技工意味着什么？如果依据契约，他只能取回购买价和利息，谁把自己的血汗钱花在建造自己的小房
60 子或车间上？”〔143〕宾夕法尼亚州的蒂尔曼（Tilghman）法官回答说，“当建造的雄伟建筑物用来满足富人奢欲时，允许较高的赔偿是不合理的。”〔144〕

1810 年后的经历是对普通法正统性的回归，这次获得了合同损害赔偿新理论的支持。在西部首批对该问题作出规定的州，肯塔基州和田纳西州，法院将被驱逐的购买者的赔偿限制在合同价金加上利息这一较低的标准内。田纳西州这样做了，并庆幸自己在合同损害赔偿金确定方面，作了“一个值得称道

〔141〕 Liber v. Parsons, 1 Bay 19, 20 (1785).

〔142〕 Pitcher v. Livingston, 4 Johns. 1, 11 - 12 (1809).

〔143〕 同上，第 14 页。

〔144〕 Bender v. Fromberger, 4 Dall. 436, 444 (Pa. 1806).

的解决方案……用确定性代替不确定性”，来衡量合同损失。[145] 在肯塔基州，虽然结果差不多，但是，法院在很多寡妇地产权案件中，首次区分了土地增值的价值赔偿和土地改良的赔偿。法院总结道，当事人不可能考虑到土地增加价值的损失补偿，因为它仅仅是“一种可能的、假定的损失（hypothetical loss）。”然而改良却不同。虽然如此，由于立法机关已经通过了制定法，允许善意购买人从对该土地享有更优越权利的、把购买者驱逐出土地的人那里获得土地改良价值的赔偿，他就不能再从卖方那里获得赔偿了。[146]

到1815年，北卡罗来纳州和南卡罗来纳州也采用了普通法规则，[147] 后者抛弃了其先前有利于购买者的判决。此后，弗吉尼亚也很快改变了自己的立场。[148] 结果是，只有在马萨诸塞州和康涅狄格州，购买者才能在被驱逐出土地时获得土地增值部分的赔偿。但是，在这些州，购买者只能依据安静享用土地的契约而不是在卖方担保他有合法的所有权时，获得这种赔偿。[149]

大部分有关卖方违反所有权担保的损害赔偿规则很快就成了日益增多的、赞美（传统）民法优点的法律著述的重要主

〔145〕 Bender v. Fromberger, 4 Dall. 436, 444 (Pa. 1806).

〔146〕 Cox's Heirs v. Strode, 5 Ky. 273, 278 –79 (1811).

〔147〕 Phillips v. Smith, 1 *Carolina Law Repository* 475 (N. C. 1814); Furman v. Elmore, 2 Nott & McC. 189, 198 –204 (S. C. 1812).

〔148〕 在 *Stout v. Jackson*, 23 Va. (2 Ran.) 132 (1823) 一案中，法院的意见分歧。它将救济限制在购买价金加上利息的范围内。但是，只是到 *Threlkeld's AdM'r v. Fitzhugh*, 29 Va. (2 Leigh) 451 (1830) 一案时，早期的规则才最终被抛弃了。

〔149〕 同上注138。 288

题。南卡罗来纳州的托马斯·库帕（Thomas Cooper），出版了民法圣经——《优帝法学阶梯》翻译本，而且带有注解。他正确地将对担保的判决视为扩展买主当心趋势的一部分。在书中，他指责这一规则为“法律的耻辱”，但“对土地经纪人而言，则是最舒适的规则。”〔150〕新奥尔良州的查里斯·沃兹（Charles Watts）在写给威廉·赛普森（William Sampson）——在民法学家中，他有点像守护神——的信中，赞扬了路易斯安那州民法典，并指责了买主当心规则，认为它剥夺了善意购买者获取改良价值的权利。〔151〕沃兹详细阐述了库帕的论点，即限制
61 卖方责任的规则有利于土地投机者。在联邦政府成立后，这些投机者是未开发土地的主要卖家。他强调了法律知识与不利于买受人的经济知识的差异，这就突出了一个观点，即买主当心规则有政治性的和再分配效果，这些效果不能因当事人可以自由修改合同而随意摒弃。

在1810年后，土地（瑕疵）担保的合同观念逐渐盛行，并产生了一些令人惊奇的结果。合同损失规则在19世纪的影响，是认为违约赔偿将受害方置于如果合同履行了他就会获得的利益，这种观点还是传统的，但是，在各地涉及土地所有权保证担保案件中，结果是完全相反的。〔152〕将卖主违反土地所

---

〔150〕 The Institutes of Justinian 610, 620 (Cooper trans. 1812)（译者评注）。

〔151〕 *W. Sampson's Discourse and Correspondence with Various Learned Jurists upon the History of the Law* 78 (Thompson ed. 1826). 信件没有表明日期，但是它明显是在1823年到1826年之间写成的。

〔152〕 例如，在 Talbot v. Bedford's Heirs, 3 Tenn. 447, 454 - 55. （1813）以及 and Cox's Heirs v. Strode, 5 Ky. 273, 278 - 79. （1811）这两个案件中，田纳西州和肯塔基州合同理论论证（contractarian reasoning）。

有权担保的损失限于购买价格的规则，似乎与当时占统治地位的主题——运用法律规则保证土地改良人的投资利益——不相符。事实上，它可能是美国法律规则发展过程中体现土地投机负面作用的突出例子。[153] 但是，如果更进一步思考，我们可以发现，鼓励土地改良的政策主要是以另一方式完成的，即通过“善意占有”这种制定法的方式。这些制定法使善意的土地购买者可以从对土地享有更优越的所有权的并将购买人驱逐出土地的人那里，获得他改良土地价值的赔偿。虽然这种方法迫使“不当得利”的实际受益人交还土地改良价值，但是，它也强迫购买人改良土地，无论他愿意与否。土地改良的价值——正如衡平法院大法官肯特痛心地指出的那样——“可能相当大，而且超出了被请求权人的偿还能力。”肯特诉求于传统财产观念，强调索赔人可能“只是钟爱财产，而且，可能在土地的原始状态下，其所有要求和意图都得到满足了，而无需改良土地。”[154]

在19世纪头50年，保护改良价值的立法规划被广泛采纳。[155] 在西部诸州，土地所有权极为混乱，对保证土地所有权人开发土地所要求的最低保障而言，制定法的干涉是必须的。这些制定法将不合法所有权的风险完全让无辜的、未占有土地的所有权人承担，而且也很可能具有将要求土地投机商承担风险的政治压力中立化的效果。在肯塔基州从弗吉尼亚州独

---

〔153〕 参见，同上注128。

〔154〕 2 J. Kent, *Commentaries* 336 – 37 (4th ed. 1840).

〔155〕 关于马萨诸塞州1807年的制定法，参见“Improvements on Land,” 2 *Am. Jurist* 294 (1829)。该文很大程度上致力于建立制定法的民法血统。

立出来后，该州很快适用了有关“土地改良利益返还请求”(Occupying Claimant)* 的法律。据说，该法律是因为在该州“已经存在的权利要求……多于土地数价值的3倍”才制订的。〔156〕
62 当美国最高法院因为该法干预了合同义务而废除这一法律时，〔157〕这在各个州都引发了所有这些法案都可能无效的担忧。

衡平法院大法官肯特同样也借助其《评论》的权威反对制定法。他承认，在很多州都存在“特殊的、紧迫的情况”，因为“地点的冲突以及诈骗性的、孤注一掷的投机行为，在许多情形，土地所有权都变得极其不清楚，而且很难确定。”但是，他认为，制定法“严重地侵犯了财产权利”。他得出结论说，“迁就这些法律是不必要的，而且是危险的，并且会诱发对他人财产的无意侵犯。”〔158〕1830年，田纳西州高等法院遵循了肯特的观点，宣称该州的土地改良利益返还请求制定法“破坏了与财产有关的自然权利的最明确原则，也破坏了宪

---

* 在普通法上，属于不当得利请求权的一种。它是指土地占有人在占有土地时，相信自己对土地享有合法所有权，并改良了土地。后来，真正的土地所有权人剥夺其占有后，占有人有权要求所有权人返还改良利益，通常占有人享有留置权。——译者注

〔156〕 这是肯塔基州长交给州议会的亨利·克莱（Henry Clay）和约翰·罗恩（John Rowan）的报告，以及他们要求美国联邦最高法院重审涉及土地改良利益法律的案件请愿书中的要点。

〔157〕 Green v. Biddle, 21 U. S. (8 Wheat.) 1 (1823). 在本案中，法院第一次作出了否定1821年制定法的判决。斯托里法官写了一个简短的、不让人满意的意见。1822年，该案件重审（reargue）。华盛顿法官写了一个详细的、摧毁该制定法的意见。约翰逊法官写了一个出色的司法意见，支持制定法的合宪性，虽然就程序基础而言，他在形式上与大多数法官的意见是一致的。2 C. Warren, *The Supreme Court in United States History* 96－102 (1926).

〔158〕 2 J. Kent, *Commentaries* *337－38 (4th ed. 1840).

法，因为宪法保证每个人对自己财产的排他性使用。”〔159〕然而，联邦宪法并没有进一步挑战这些法律，而且，到1836年肯特出版其《评论》第3版时，大多数州已通过某些形式的制定法，保护购买者对土地的善意改良。〔160〕

〔159〕 Nelson v. Allen, 9 Tenn. 360, 379（1830）. 在其《评论》的第3版（1836年）中，肯特援引了 *Nelson v. Allen* 案来支持这一主张。2 *Commentaries* 335 n.（d）. 但是，同样参与了判决的卡特伦（Catron）法官在报告中补充了一个评注，声称他认为“对诉由进行合宪性审查”是法院的慷慨行为（gratuitous in cause）”。9 Tenn. at 386. 甚至肯特也承认，独立的衡平诉讼允许善意买占有人获得改良价值救济。2 *Commentaries* 336 n.（c）. 内尔森案的全部司法意见似乎甚至否认了这一程序的有效性，9 Tenn. at 380, 383 – 84，虽然卡特伦法官的评注相当明确地允许这一做法。同上，第386页。

〔160〕 肯特的《评论》第4版列举了有制定法的8个州。2 J. Kent, *Commentaries* 336（4th ed. 1840）。我补充了肯特对纽约州制定法的有限讨论（同上，第335页）以及田纳西州的制定法（参见上注159）。在肯特的《评论》第12版中，奥利弗·温德尔·霍姆斯指出，保护善意购买人原则“已经被几个州的法院与立法机关普遍采纳。”2 J. Kent, *Commentaries*, 336 n.（1）（O. Holmes ed. 1873）.

第三章

通过法律制度扶持经济发展

公正补偿原则的缓慢确立

63 美国经济的发展必然要求普通法理论的巨大转型，这一过程要求法院主动为了“新的”财产利益而牺牲“老的”财产。推动这个再分配过程最有力的法律武器就是土地征收权（eminent domain）——通常是因为修公路、运河，稍后是为了修铁路而强制“征收”私有财产。鉴于土地征收权是19世纪法律争论中的核心问题，当我们发现在这段时间以前，它很少作为一个法律问题出现，这就相当令人惊讶了。直到18世纪末期，发展是微不足道的，这使公共权力对土地的征收和损害补偿问题很难在美国法律中发挥重要作用。

也许更令人惊讶的是，在美国独立革命时期，美国还没有广泛地接受这样一个原则：国家因公共利益征收个人财产的，应予补偿。只有殖民地马萨诸塞州在公路建设中似乎严格遵循

了公正补偿原则。[1] 相反，纽约州则通常限制请求土地补偿
的权利，赔偿限于那些已经得到改良或者已经被圈起来的土
地，或者规定应由那些从私人道路建设中获利的人补偿。[2]
虽然托马斯·杰弗逊致力于在独立后的弗吉尼亚建立公正补偿
原则，但直到1785年，它才通过了因道路建设而征收土地应
予补偿的法律。而该州当时已常常因奴隶死于不法行为或者叛
乱行为而补偿奴隶主。[3] 直到19世纪，宾夕法尼亚州和新泽 64
西州依然不予补偿，其理由是，（国家）最初对土地权利授予
就明确为道路建设保留了部分不动产权利。[4]

---

〔1〕 马萨诸塞州殖民地关于公路的法案（ch. 23, 1693）。 289

〔2〕 例如，纽约州为改善阿尔巴尼的城市和农村的土地清理管制（Clearing Regulating）以及修建公共公路的法案。N. Y. （1742），（3 *Colonial Laws of New York* 262 [1894]）.

〔3〕 T. Jefferson, *Notes on the State of Virginia* 148（1853 ed.）. 弗吉尼亚州何时确定补偿原则很难确定。虽然弗吉尼亚州1785年通过的一部法律似乎对为修建公路而征收土地提供了补偿。参见 Va. Stat. Ch. 75（1785）1831年，弗吉尼亚州高等法院的一位法官宣称，“直到很晚”才补偿对铁路所占用地（rights of way）造成的损害。Stokes V. Upper Appomatox Co. , 3 Leigh 318, 337（1831）.

〔4〕 在宾夕法尼亚州，从威廉·佩恩（William Penn）时代开始，就有一个一贯的政策：多给土地所有人实际购买的土地的6%，因此以后可以在土地上建设铁路。基于此，1802年，宾夕法尼亚州高等法院判定，将土地转让给收费公路公司而不给予补偿的行为并不违反州宪法的“公正补偿”条款。M'Clenachan v. Curwin, 3 Yeates 362, 6 Binn. 509（Pa. 1802）. 一部制定法似乎就是为了回应这个判决制定的，而且，两年后，高等法院解释该制定法时，认为需要补偿。New Market and Budd Street, 4 Yeates 133（Pa. 1804）. Stokely v. Robbstown Bridge Co. , 5 Watts 546, 547（Pa. 1836）. 很快，有关收费公路的法令要求提供补偿就“司空见惯”了。

在新泽西州，依据所有权和州的统治权（governments），对铁路所占用地不予补偿，其理论与宾夕法尼亚州是相同的。“在为了修路为目的而建立公司时，第一次出现了对补偿的许可。”Bonaparte v. Camden & Amboy R. R. , 3 Fed. Cas. 821, 824（1830）（被告律师的辩护意见）。

在18世纪，美国不仅强烈反对补偿的实践，而且还反对有关它的宪法理论。在革命后第一批州宪法中，只有佛蒙特州和弗吉尼亚州的宪法有关于补偿的规定。到1800年，只有另外一个州——宾夕法尼亚州宪法规定了对被征收的土地应予以补偿。甚至到1820年，大部分最初的州还没有在宪法上规定对土地征收的补偿。[5] 但是，因为受布莱克斯通有关提供补偿必要性的强硬观点影响，[6] 加之为主流自然法思想中反国家主义（antistatist）的成见所强化，[7] 在这一时期，除南卡罗来纳州以外，制定法作出补偿规定已经成为各州的标准实践，而南卡罗来纳州的法院继续坚持不对财产征收予以补偿的做法。[8] 即使宪法和制定法中没有关于征收补偿的有利规定，一些法官还是很快就坚持——用衡平法院大法官肯特的话来说——"在行使剥夺个人财产所有权的权力时，制定法中有关补偿的规定是必不可少的、正当的、宪政的要求。"[9] 他确立了这样一种做法：在事先没有关于补偿的规定时，公共机构的

---

〔5〕 Grant, "The 'Higher Law' Backgeround of the law of Eminent Domain," 6 *Wisc. L. Rev.* 67, 70 (1931).

〔6〕 1 W. Blackstone, *Commentaries* 139 (Christian ed., 1855)（下文引作 *Commentaries*）.

〔7〕 7. See Van Horne's Leessee v. Dorrance, 2 Dall. 304 (Pa. 1795). C. G. Haines, *The Revial of Natural Law Concepts* (1935); B. F. Wright, *American Interpretations of Natural Law* 7, 50, 237 (1962).

〔8〕 State v. Dawson, 3 Hill 100, 103 (S. C. 1836); Stark v. M'Gowen, 2 Nott &M'Cord 387 (S. C. 1818); Lindsay v. ComM'rs, 2 Bay 38 (S. C. 1796). 但是，南卡罗来纳州却补偿因建设运河造成的损害。D. Kohn &B. Glenn, eds., *Internal Improvement in South Carolina*, 1817 - 1818, 327, 516 (1938).

〔9〕 Gardner v. Village of Newburgh, 2 Johns. Ch. 162, 168 (N. Y. 1816). See also Raleigh & Gaston R. R. v. Davis, 2 D & B 451, 459 - 61 (N. C. 1837).

官员不能实施任何征收行为。[10]

在19世纪，要求确立公正补偿原则的运动体现了理论和实践上的多种重要冲突，这些冲突随着经济发展的进程而浮出水面。在18世纪和19世纪转换之际，居于统治地位的观念也许是，坚持认为个人的财产权是因国家允许才享有的。举例来说，1802年，宾夕法尼亚州高等法院判定，支持为建立一个收费公路股份公司而征收土地可不予赔偿，否定这种做法违反了州宪法新近通过的有关公正补偿的规定的意见。[11] 法官提到，在殖民地时期，该州的标准做法一直是，在每一个土地财产所有权中，多给土地所有人以6%的土地，这建立在这样一个前提上，即国家以后可以征收这一财产用于修路。法官认为，宪法并没有打算禁止这种做法。

事实上，宾夕法尼亚殖民地那时通常也对建设公路时土地被征收了的土地所有权人予以补偿，但补偿的仅仅是改良后的土地，对未改良的土地则不予补偿。从1787年开始，立法机 65
关常常，如果不是规律性的话，在公路和运河建设方面规定了

〔10〕 Gardner v. Village of Newburgh, 2 Johns. Ch. At 166. 但是，在 *Rogers v. Bradshaw*, 20 Johns. 735, 744 – 45 (Ct. of Err. 1823) 和 *Jerome v. Ross*, 7 Johns. Ch. 315 (N. Y. 1823) 案中，肯特改变了以往认为必须提前补偿的观点。7 Johns. Ch. at 342. 2 J. Kent, *Commentaries* 339 n. (4th ed. 1840). 与他同时代的其他人一样，肯特也想将其以往的观点缓和一些，以促进埃里克（Eric）运河的发展。“如果曾经有一个细微的私人利益应屈从于人民整体的利益案件……这个案件就是。” 7 Johns. Ch. at 342. 但是，在其《评论》的最后，肯特认为，需要提前补偿是“更好的主意”。他强调与早期观念相反的任何观点都是异议意见。Bonaparte v. Camden & Amboy R. R. , 3 Fed. Cas. 821 (1830) 以及 Bloodgood v. Mohawk & Hudson R. R. , 18 Wend. 9 (N. Y. 1837). 这两个案件适用了肯特以往苛刻的观点。 290

〔11〕 M'Clenachan v. Curwin, 3 Yeates 362, 6 Binn. 509 (Pa. 1802).

补偿条款。〔12〕事实上，在 1802 年 *M'Clenachan v. Curwin* 一案中，宾夕法尼亚州高等法院认可了不予补偿，这导致了一场政治风波。风波之后，立法机关似乎往往规定，在建立收费公路时，应对征收的土地予以补偿。

在 19 世纪，随着制定法中补偿规定日益正规化，国家不予补偿就征收土地的权力冲突被弱化了。但是，在美国法律思想中依然存在一股强劲的暗流，即把补偿简单视作基于仁慈而非出于正义的"国家给予的恩赐"〔13〕。南卡罗来纳州的法院继续坚持对征收不予补偿。〔14〕即使某个州的宪法要求补偿，实践的结果都依照了这种观点：补偿条款是对固有的、无限的主权所作的不必要（gratuitous）限制。例如，从 1830 年开始，法律家开始主张这样的观点：即使州对基于公共目的的征收作出补偿，也没有相应的对私有征收（private takings）作出补偿的宪

〔12〕比较《继续执行〈本地开放、改善和维护公路与高速公路的法令〉的法令》（"An Act to continue 'An Act for Opening and Better a Mending , and Keeping in Repair, the Public Roads and Highways within this province," Pa. Stats. Ch. 1309 (1787)）以及《授权南部工作区街道、小路、通道管制的法令》（An Act to appoint to regulate the streets , lanes, Alleys in the District of Southwork）（Ch. 1310 (1787)）。前者继续执行 1772 年的高速公路法的政策，它允许仅仅在改善（公路）的情形作出补偿。后者第一次允许为征收未改良的土地提供补偿金（以及陪审团审判）。

第一个公司成立的制定法设立了 Schuylkill and Susquehanna 运河公司，（Pa. Stat. 1577）(1791)，其中有一条对国家土地征收权造成的所有损害作出补偿的详细规定。这一规定是随后制定的宾夕法尼亚州运河法案的模本。相反，第一个成立收费公路公司的法令设立了费城与兰开斯特收费公路公司（Ch. 1629. (1792)），它只允许对改良提供补偿金。在 M'clenachan v. Curwin，3 Yeates 362，6 Binn. 509（Pa. 1802）一案中，正是这一规定支持了反对宪法的挑战。

〔13〕Commonwealth v. Fisher, 1 Pen. & W. 462, 465 (Pa. 1830).

〔14〕State v. Dawson, 3 Hill 100, 103 (S. C. 1835); Stark v. M' Gowen, 1 Nott & M'Cord 387 (S. C. 1818); Lindsay v. ComM'rs, 2 Bay 38 (S. C. 1796).

法义务。[15] 1831 年，纽约一个铁路律师这样主张：“州宪法中授权为了公共目的征收私人财产的条款，并不是一种（对受害人的）授权（grant），而是对权力的限制”。“州，代表全体人民，是主权者，在所有情形都享有不受限制的权力，除非它受到联邦或者自己宪法的限制。州的立法机关，除非受到州宪法的限制，甚至有为私的目的而征收私人财产的权力。”[16] 这种论调的实质是，那些主张铁路不是“公共的”，因而没有土地征收权的人将承认一种基于“私的”目的、**无需**补偿的、更为强大的、固有的征收权力。

认为公正补偿不是一种授权，而仅仅是对本来不受限制的主权进行限制的论调，在实践中的另一个后果是，使其支持者可以界定宪法保护的范围了。所以，宾夕法尼亚州的首席大法官吉布森（Gibson）——司法界坚持公正补偿是“没用的……无能的”观点最主要的鼓吹者——认为，宾夕法尼亚的宪法并没有限制对私的目的的征收不予补偿。在这些案件中，补偿是
“经常的，可能总是补偿”，但他宣称，这是“基于正义感而 66
不是宪法义务作出的”。[17] 而且他还坚持，宪法并不要求对“间接损害”作出补偿，因为从字面意义上说它们并不是“征收”。吉布森宣称，即使这种“间接”损害“常常得到补偿”，

〔15〕 Beekman v. Saratoga & Schenectady R. R. , 3 Paige 45, 57 (N. Y. 1831)（辩护律师的意见）; Harvey v. Thomas, 10 Watts 63, 66 – 67 (Pa. 1840) (Gibson, C. J.).

〔16〕 Beekman v. Saratoga & Schenectady R. R. , 3 Paige 45, 57 – 58 (N. Y. 1831)（辩护律师的意见）。

〔17〕 Harvey v. Thomas, 10 Watts 63, 67 (Pa. 1840).

这也只是“基于一种仁慈，而不是一种权利”。[18]

然而，在整个19世纪前半期，存在着一种明显的倾向，即在州宪法中规定要求公正补偿的条款。它确实给赞成抽象补偿原则的感情的逐渐形成提供了确凿的证据，同时我们也可以看到，在同一时期，还存在与之相对的另一种倾向，即限制赔偿原则的适用范围。这种限制倾向吸取了早期传播非常广泛的、有力的观点，即所有的财产最初都是经国家许可才为人们享有的。

推迟确立宪法上补偿原则以及限制补偿范围运动的胜利，其意义还没有被充分认识到。在19世纪早期，对补偿原则最激烈的抵制来自于企业集团。它们认为补偿原则是对低成本发展经济的一个威胁。到1850年前后，在观念已经明显的变化时，美国社会中新出现的这些集团在限制赔偿问题上，甚至在论证不补偿是正当的问题上发挥了作用。同时，也有一些人大声疾呼，反对通过运用土地征收权进行任何形式的再分配。“改良精神从来没有像现在一样遍布全国。”早在1829年，一位法学家就警觉地观察到了这一点。“事实上，在大多数州处于萌芽状态中的宏伟计划，如建设**收费公路**、**运河**、**铁路和桥梁**，此外还有其他便利国内交往的措施，几乎数不胜数。”他担心，“在这样一个年代，这样一个国家，即使不是公共改良的必要性，也是它带来的便利，不断吸引着立法机关的注意

〔18〕 The Case of “The Philadelphia & Trenton R. R.,” 6 Wharton 25, 46 (Pa. 1840); “On the Liability of Grantee of a Franchise To an Action at Law for Consequential Damages, From its Exercise”, 1 *Am. L. Mag.* 52 (1843).

……国家试图侵蚀私人财产”的趋势可能不断增长。[19] 到19世纪50年代以前，对土地征收权可能会带来平均财富分配的担心，最终逐渐把最正统的法律理论团结在补偿原则周围。但是，在此之前，低成本经济发展的很多重要利益已经实现了。

损害赔偿判决带来的负担

当公正补偿原则在美国逐渐确立的时候，美国经济持续发展了一段时期。这又使损害赔偿判决成为经济发展规划者关注的中心问题。早在1795年，西北内河航运公司（Western and Northern Inland Lock Navigation Companies）的董事长就报告说，很明显，因为陪审团所作出的巨额损害赔偿判决，对土地价值的赔偿已经使该公司陷入了“严重的财政困境”。因此，该公司“斗胆恳求”纽约州立法机关允许法院任命评估师，而且“他们的结论应该是决定性的”。[20] 无独有偶，1798年，运河公司向立法机关汇报说，当前的评估方式是“有害的、成本高昂的，而且……正义原则要求修改”某些法律规定。[21] 这次， 67

〔19〕“Restrictions upon State Power in Relation to Private Property,” 1 *U. S. Law Intell.* 4, 5, 4 (1829).

〔20〕Report of the Directors of the Western & Northern Inland Lock Navigation Cos. to the New York Legislature (1795), U. S. Senate, 10th Congress, Rep. 250 (1808) 291
in Albert Gallatin, “Report on Roads and Canals,” *American State Papers* (W. Lowrie & W. Franklin, eds.), Class X. Miscellaneous, I, 724, 770, 772 [1834].

〔21〕Report of the Board of Directiors of the Western Inland Lock Navigation Co. to the New York Legislature (1789) in Gallatin, *id.* at 779.

该公司报告强调的是诉讼费用。该公司发现，在一个案件中，陪审团评估的损害仅为1美元，而诉讼费用却高达375美元。该公司同时重申了它以前的请求，即损害赔偿不能再由陪审团决定，并建议立法机关在它授予的公司成立特许（charter）中设定一个类似于它最近授予奥尔巴尼市的条款。该条款规定，在对修建自来水供应系统而征收土地时，评估师的意见是结论性的。[22] 立法机关迅速同意了该公司的要求，[23] 而此时，法院却继续关注运河的利益。在该公司为土地征收作出赔偿之后，它发现，运河必然会淹没两岸毗邻的土地，而这些土地依旧属于农民所有。虽然根本没有评估师考虑了这种事故的建议，1807年，纽约州高等法院认定，在最初的损害赔偿判决中，已经包括了对破坏土地生产价值的赔偿。[24]

因为降低经济发展成本的压力，在一些案件中，甚至对财产的权利也被怀疑。1825年伊利湖（Erie）运河竣工后，差不多20年间，纽约法官不断争论，在州北部的那些大（large up-state）淡水河两岸的作坊主因河水改道进入运河而遭受的损失，作坊主是否有权获得赔偿。[25] 一方面，依据英国的普通法，因为这些河流不会随着潮汐涨落，它们被认为是不能通航的。

〔22〕 1797 N. Y. Stat. ch. 26.

〔23〕 1798 N. Y. Stst. Ch. 101.

〔24〕 Steele v. Western Inland Lock Navigation Co., 2 Johns. 283 (N. Y. 1807).

〔25〕 Ex Parte Jennings, 6 Cow. 518 (S. Ct., N. Y. 1826) *reversed sub nom* Canal Commissioners v. The People, 5 Wend. 423 (Ct. of Errors 1830); People v. Canal Appraisers, 13 Wend. 355 (S. Ct. 1835) 推翻了 Canal Appraisers v. People, 17 Wend. 571 (Ct. of Errors 1836) 案的判决；Commissioners of the Canal Fund v. Kempshall, 26 Wend. 404 (Ct. of Errors 1841); Starr v. Child, 20 Wend. 149 (S. Ct. 1838) reversed 4 Hill 369 (Ct. of Errors 1842).

而且，既然不通航河流的河床所有权（title）长期依赖毗邻河岸土地的所有权人，国家似乎应补偿他们的用水权所受的损害。另一方面，英国面积不大，其关于通航的标准是对现实的 68
精确描述，但这一标准很难在美国适用。因为美国有很多不随潮汐涨落的、可以通航的淡水河。[26] 如果抛弃了普通法规则，那么国家对伊利湖运河周围河流就享有所有权，这会减轻国家的赔偿义务。

依据运河委员会的律师的估计，在 1826 年，一个特别判决“涉及运河建设线的费用可能会超过 10 万美元”。[27] 后来担任最高法院法官的柯文（Cowen）法官计算了整个州的赔偿数量：依据以前的判例，“考虑到大量的内水”，这些财产权金额的“总数将达到百万美元”。[28] 在伊利湖运河地区，州已经投资了 750 万美元。按照肯特大法官的说法，这是“一个浩大的公共工程，新颖、花销及宏伟都是相当惊人的……”[29] 在此之前的支出不菲，所以这一判决中涉及巨大的利害关系。

二十年来，纽约的法院试图决定这一问题，最初是学习宾夕法尼亚州[30]和南卡罗来纳州[31]反对适用普通法规则，[32] 之后又推翻了该决定。[33] 最终，法院通过了一个非决定性的特

[26] See Bronson, J., dissenting in Starr v. Child, 20 Wend. 149, 158 - 59 (N. Y. 1838).

[27] Ex Parte Jennings, 6 Cow. 518, 523 (N. Y. 1826)（委员会律师的意见）。

[28] Note, id. at 550.

[29] Rogers v. Brashaw, 20 Johns. 735, 740 (N. Y. 1823).

[30] Carson v. Blazer, 2 Binn. 475 (Pa. 1810).

[31] Cates v. Wadlington, 1 McCord 580 (S. C. 1822).

[32] Canal Appraisers v. The People, 17 Wend. 571 (N. Y. 1836).

[33] Commissioners of the Canal Fund v. Kempshall, 26 Wend. 404 (N. Y. 1841).

别检验标准（hoc test），即在具体个案中，决定以前的所有人最初是否有授予河流两岸毗邻土地以所有权的意图。[34] 结果是，州减少了很大一部分赔偿，但却不是全部的潜在赔偿请求。

在其他州，关于损害也有类似的担心。1807 年，宾夕法尼亚州 Schuylkill 和 Susquehanah 航运公司的官员报告说，公司没有完成大部分运河项目，原因之一是“为土地和用水权支付的赔偿数量太大”。[35] 康涅狄格州的一个观察员注意到，在建设州收费公路时，“购买土地是一个沉重的负担”。[36] 到 1807 年，米德尔塞克斯（Middlesex）运河的经营者（proprietors）共支出了 53.6 万美元，其中 5.8 万美元用于补偿用水权和土地的价值。[37] 而且，如果不是马萨诸塞州高等法院好意介入，这还只是全部潜在的损害的一小部分。1815 年，在要求增加补偿数量的压力之下，法院认为，洪水淹没了其毗邻运河的土地的所有权人，不能提起普通法上的诉讼，因为在 22 年以前通
69 过的运河宪章，虽然无疑其“条款含义模糊、混乱、难懂”，但它自身也提供了填补损害的方式。[38] 法院排除普通法诉讼的目的仅仅在于，允许原告得以寻求制定法上的补偿。但是法院没有提到，如果因疏忽没有在制定法规定的 1 年时间内提起

〔34〕 Child v. Starr, 4 Hill 369 (N. Y. 1842).

〔35〕 Letter of Charles G. Paleske in Gallation，同上注 20，第 828、829 页。

〔36〕 Letter of Alexander Wolcott in Gallatin, 20，同上注 20，第 869 页。

〔37〕 Gallatin，同上注 20，第 828 页。

〔38〕 Stevens v. Proprietors of the Middlesex Canal, 12 Mass. 466, 468 (1815).

诉讼的话，土地所有人就完全得不到赔偿了。[39]

在建设伊利湖运河的过程中，一个类对损害赔偿诉讼成本的类似关注非常明显。因为毗邻运河的免费土地“很少，其价值几乎可以忽略不计”。1825 年，纽约市运河委员会抱怨：“一些赔偿请求非常过分，这些人被鼓动，冥顽不化，只有如此才可能提出这样的要求。”运河委员会承认，“运河穿过其土地的所有权人，在运河建造占有他们的农田确实受到了妨碍”，但它又坚持，土地价值的一般性上涨和市场化是拒绝赔偿全部损害的正当理由。[40]

此外还出现了另外一些问题。一些土地虽然没有被征收，但因为国家或者邻地的土地所有权人的伤害行为使其价值减少。法院也开始采用各种复杂的、原创性的方式，确立一些规则，以实质性地限制国家的责任，以及那些承担了经济发展任务的私人公司的责任。这些决定缓解了一种普遍的担忧。一个法律评论员表达了这种担忧，即“政府可能会设立一个特许权，被特许人不承担那些毁灭性的损害赔偿判决（的义务），就不能运营……如果可以要求一个运河公司或者一个铁路公司承担间接损害赔偿，企业的成本就增加了，它们就会通过提高

---

〔39〕 C. Roberts, *The Middlesex Canal*, 1793 - 1860, 178 (1938). 很多年后——1860 年，在运河本身已经成为历史的废墟时，马萨诸塞州的立法机关提议，给那些土地被征收而没有得到补偿的所有权人以补偿。O. Handlin and M. Handlin, *Commonwealth*: *Massachusetts* 1774 - 1861, 222 (1947).

〔40〕 The Annual Report of the Canal Commissioners of the State of New York 25 (1825); N. Miller, *The Enterprise of a Free People*: *Aspects of Economic Development in New York State during the Canal Period*, 1792 - 1838, 57 - 58 (1967).

通行费的比例或者其他方式，从公众那里获得相应的报偿。"〔41〕

在美国内战前20年，铁路巨大发展的前夕，这种灾难性判决将会降临到铁路公司上的抱怨变得尤其强烈。1841年，纽约州议会高兴地通告，因为土地捐赠，建设纽约和伊利铁路支付的补偿被证实是“相当小的”，而与之相比，土地补偿“构成了……其他公路建设花销的很大部分”。〔42〕例如，1844年，波士顿—缅因州铁路公司报告说，在延展铁路时，对土地
70 和土地损害的花销几乎占了全部支出的50%。〔43〕到这个时候，铁路公司也开始担心对人身伤害或者是因为火车头溅出火花导致的火灾的损害赔偿判决。1844年，西部（Western）铁路公司就警觉到了“因为人类往往无法阻止而引起的事故导致的花销过大，公司责任增加的比例比铁路生意增加的比例还要大”。〔44〕同年，波士顿—伍斯特（Worcester）铁路公司抱怨花销增长，原因是“一些对偶然事故造成的损害的赔偿数额要求相当大”。〔45〕

---

〔41〕“Consequential Damages,” 同上注18，第66、60页。

292 〔42〕Report of the New York State Assembly, Doc. No. 284 (1841).

〔43〕First Annual Report of the Boston & Maine R. R. Extension Co. 16 (1844) in Mass. Gen. Ct. Comm. On Railways and Canals, *Annual Reports of Railroad Corps. in Mass. For* 1844 (1845). Boston & Worcester R. R. Corp., Report of the Directors 8 (1832).

〔44〕Eighth Annual Report of the Directors of the Western Railroad Corp. to the Massachusetts Legislature (January, 1844) in Mass. Gen. Ct. Comm. On Railways and Canals, *Annual Rpts. of Railroad Corps. in Mass. for* 1843 (1844).

〔45〕Thirteenth Annual Report of the Boston & Worcester Railroad (1844) in Mass. Gen. Ct., 同上注43，第26页。

这些关注的结果是提出了在一段时间内非常流行的建议：对享有特许权的私人公司在运营过程中造成的不可避免的损害，应由政府完全承担法律责任。〔46〕在很大程度上，这种理论只是运输公司为自己服务的宣传，从来没有一个法院采纳这种观点。但是，一些明显中立的学者也得出了同样的结论，这一事实也突显了当时开始在经济发展上大展宏图的人们所面临的严苛法律后果。

按照传统法律规则，对土地的侵害或者妨害不能因为行为的社会效用而被正当化，行为无过失也不是限制对人身或财产损害法律责任的事由。〔47〕因为很多经济发展计划都必然不可避免地导致直接和间接损害，从而减少邻地的部分价值。普通法规则似乎就成了社会变迁的主要阻碍。〔48〕将这些成本转嫁给政府也不能真正避免问题，因为州政府也面临着为公共项目支出庞大费用的可能性。〔49〕举例来说，在1830年以前，因为大量的损害赔偿判决，宾夕法尼亚州在取消陪审团损害赔偿的

---

〔46〕“Consequential Damages,”同上注18. T. Sedgwick, *A Treatise on the Measure of Damages* 110 – 11 (1847).

〔47〕See Hay v. Cohoes Co., 2 N. Y. 159 (1849); Tremain v. Cohoes Co., 2 N. Y. 163 (1849); Fish v. Dodge, 4 Denio 311 (N. Y. 1847).

〔48〕事实上，法院已经判定，对故意的侵权行为，损害赔偿并不限于实际损害。否则，一个人就会随心所欲地强制性地剥夺另外一个人的任何财产权利，而且可以强迫所有权人接受财产的替代价值，即使所有权人不愿意也如此。Edwards v. Beah, 3 Day 447, 450 (Conn. 1809).

〔49〕“在1816年到1840年间，运河建设大约花了125 000 000美元。至少有三个州不得不限制信贷，以避免走到破产的边缘。”G. R. Taylor, *The Transportation Revolution*, 1815 – 1860 52 (1951).

评估权力以前，被迫彻底放弃了各种公共项目。[50] 总之，当时不仅存在法院改变法律责任理论的重要动因，还存在重新思考法律上损害本质的重要动因。在一个剩余资本很少的不发达国家，消除或者减少损害赔偿判决创造了投资的新动力。正如财产被侵害而没有得到赔偿的土地所有权人，事实上被迫为经济发展作了自己的贡献一样。

公正补偿原则的衰落

在损害赔偿判决的压力下，美国法院在美国内战以前就开始修改法律规则，以扶持大规模的公共改良项目活动。在回顾
71 美国内战前过失方面的法律发展情况时，1873 年，纽约州高等法院概括了财产观念的变化：

> 那些一般性规则，即我对我的不动产享有排他性的、不受妨碍的使用权和占有权，以及我在使用不动产时不得伤害邻人的利益。它们都因社会的急迫需要而改变了很多。我们必须拥有工厂、机器、大坝、运河和铁路。他们为满足人类多种多样的需要不可或缺，而且是我们文明的基础。[51]

法院的声明反映了私法理论在过去四分之三个世纪里的根

---

〔50〕 L. Hartz, *Economic Policy and Democratic Thought*: *Pennsylvania*, 1776－1860 159 (1948).

〔51〕 Losee v. Buchanan, 51 N. Y. 476, 484 (1873).

本性变化。19 世纪伊始，妨害法为间接干预财产权提供了几乎是排他性的救济措施，法院也准备不管财产损害行为的社会功用，也不管行为人的行为是否出于疏忽大意都作出损害赔偿判决。相反，到美国内战期间，美国法院创造了很多法律理论，其主要效果就是使那些因为经济发展活动而受到损害的人承担这些损失。

间接损害

美国法最初限制责任范围的努力焦点不在于有关法律责任本质的宏大观念，而在于需要通过减少损害赔偿判决造成的负担，以使经济计划更连贯。这个方向的运动的最初特征是，重新界定法律上损害的范围，因为法官往往关注一些旧观念，慢慢地为它们加入与以前不同的、难以察觉的意义。19 世纪的头 10 年，法院开始判定，某些种类的重大损害因为太琐碎(trivial) 了，不应该得到赔偿，[52] 或者是以前在征收其他土地时，这一损害已经被计入损害赔偿了。虽然，在这种案件中，后来的损害事实上是很难被预见到的。[53] 接下来的 10 年中，法官同样开始判定，邻地建筑物的损害不能得到赔偿，因为该

〔52〕 Plamer v. Mulligan, 3 Caines 307 (N. Y. 1805).

〔53〕 Steele v. Western Inland Lock Navigation Co., 2 Johns. 283 (N. Y. 1807). 对比 Coleman v. Moody 案，4 H & M 1 (Va. 1809)，在这个案件中，法院只允许赔偿预见到的损失，将此作为进一步损害赔偿的限制。

损害是所有人对自己土地进行经济开发的结果。[54] 结果，在
72 19世纪前25年内，已经有了一套关于免除所有权人对某些加害行为责任法律规则，其目的是为了促进土地的竞争性发展。

在接下来的25年内，随着经济的进一步发展，这些规则开始逐渐扩大适用，直接挑战当时已经被普遍赞扬的公正补偿原则。法官吸取了早期判例的精神，开始区分直接损害和间接损害。因此，尤其是涉及政府的行为，如果加害行为既不是对土地的直接侵害，实际征收的土地也不是公共使用的，通常就不予补偿了。在 *Callender v. Marsh* 这个开创性案例[55] 中，马萨诸塞州高等法院判决，一个城市不赔偿其对毗邻街道作出的行为对个人房屋地基的损害。虽然该损害是间接的，但却是重大的。与此类似的是，纽约州高等法院判决，州通过各种公共工程改善公共河流的航运条件，淹没河两岸的土地以及堵塞私人码头的，其造成的损害不可请求赔偿，即使原告的财产价值因此大大减少。[56]

对如何调和免除间接损害的法律责任与公正补偿，从来都没有清楚的解释。在 *Callender v. Marsh* 一案中，首席法官帕克尔似乎暗示了一种不当得利理论，他宣称在最初支付的土地价格中，已经考虑了间接损害发生的风险。[57] 这种理论不仅使

〔54〕 Thurston v. Hancock, 12 Mass. 220 (1815); Panton v. Holland, 17 Johns. 92 (N. Y. 1819).

〔55〕 1 Pick, 418 (Mass. 1823).

〔56〕 Lansing v. Smith, 8 Cow. 146 (N. Y. 1828). See also Hollister v. Union Co., 9 Conn. 436 (1833).

〔57〕 1 Pick. at 431. See Lexington & Ohio R. R. v. Applegate, 8 Dana 289, 298 (Ky. 1839); Radcliff's Executors v. Mayor, 4 N. Y. 195, 207 (1850).

土地所有人期望推导出一条法律规则，而这一规则又反过来决定了这些期望（这是循环的），而且，更重要的是，法院不再认可公正补偿原则创造了对赔偿的强烈期望。事实上，我们很难理解何以不当得利理论不能也使法院得出损害赔偿是不必要的结论，因为在对任何财产支付价金时，同样也把州实际征收的威胁考虑在内了。这就是宾夕法尼亚州高等法院 1802 年主张州 6% 的土地所有权赠与制度，已经预先为其后征收作了补偿的观点的实质所在。[58] 到 1825 年，在任何一个案件中，很多法官都赞同这样的观点——纽约州高等法院 1828 年的声明与此类似，但更坦白——“每一个公共项目的改进都必须，几乎是必然或多或少地影响到个人的便利和财产；当损害属于远 73
因造成的，而且是间接的时，它就是 *damnun absque injuria*。它就被视为为了社会条件的改善而付出的部分代价。这种理论建立在这样一个原则的基础上：整体利益（general good）优于作为部分的个体便利。”[59]

“整体利益”优于“个体便利”，因此可不予补偿个体的损害。这一微不足道的建议就可以使很多人相信，间接损害规则只不过是破坏公正补偿原则的借口罢了。虽然肯特和斯托里都强烈抨击以这种理论为依据的判决，[60] 但在 1825 年以后，法院依然常以整体利益作为辩护理由。

从间接损害补偿不适用公正补偿原则的一开始起，作为一

---

〔58〕 M'Clenachan v. Curwin, 3 Yeates 362, 6 Binn. 509 (Pa. 1802).

〔59〕 Lansing v. Smith, 8 Cow. at 149.

〔60〕 2 J. Kent, *Commentaries* 340 n. (4th ed. 1840); Charles River Bridge v. Warren Bridge, 36 U. S. (11 Pet.) 420, 638（斯托里法官的异议意见）。 293

种规则它就寻求其合理性。一开始，它常常被从刚出现的共同过失规则中借用的因果关系的机械概念所证成。既然一个人应对其行为“自然的和直接的”原因承担责任，法院就开始主张，间接伤害都是远因，行为人无需承担责任。[61] 然而，法院在每一点上都遇到了反对意见：无论损害是不是间接的，被告的行为都是导致损害的唯一原因：“正义似乎要求利之所在，损之所归。”[62] 到19世纪中期，这种机械的解释得到了寻求侵权和合同中间接损害免责的共同基础理论的支持。长期以来，因违约行为造成的间接损害都被认为是无需赔偿的，因为它们不是合同当事人已承担的风险的一部分。基于类似方式，可将合同上的损害类推到侵权损害中，其基础是，人们越来越确信，经济计划要求将企业主的责任限制为，他们仅仅对能够预期到的损害承担责任。[63]

但是，这种理论从来也都不是真正妥当的，因为大多数对土地的侵害其实都是完全可以预见到的，因此这一问题总是回到到底哪一方应当承担经济发展成本的问题上。到1850年，纽约州高等法院准备宣称：“个人财产因为建设公共项目而遭

〔61〕 See, *e. g.*, Hollister v. Union Co., 9 Conn. 436, 446 (1833).

〔62〕 Barron v. Baltimore, 2 *Am. Jur.* 203, 206-07 (Md. 1828) 推翻了 Pet. 243 (1833).［马里兰州上诉法院推翻了原审法院的判决，上诉法院的判决没有报道。但是，基于法庭报道所作出的判决摘要出现在 *Cumberland v. Willison* (50 Md. 138, 150-55 (1878)］一案中。随后，美国联邦最高法院驳回了对马里兰上诉法院判决的上诉，判定它不享有司法管辖权，因为第五修正案规定的“公正补偿”条款仅仅适用于联邦政府。

〔63〕 SeeT. Sedgwick, *supra* note 46, at 63-112; "Consequential Damages," *supra* note 18, at 72.

受间接损害的情况是非常普遍的。”[64] 但是，他们能够提供的否定补偿的唯一正当化理由还是帕克尔尔法官最初的理论，即“人们在城市乡村购买和建筑时，他们通常会考虑到可能会影响财产价值的全部因素。”[65] 但是，法院从来也没有解释，这 74
种理论何以没有消除提供补偿的必要性，即使当财产被实际征收时。

妨害法

对间接损害赔偿的免责通常只是扩展到对州适用，[66] 对私人公司类似的免责也适用同样规则。经济发展给财产造成了大量无形的，但又是持续的妨害，其原因是附近的企业散发臭味和噪音，或者是公共项目阻碍了接近财产或者水资源的权利。在其他法律被改变以适应美国工业的发展时，妨害法却在最长时间内保持了其本来面目，以维护其前工业社会思想状况的质朴性和纯粹性。

在美国内战以前，美国法院几乎完全一致地继续重复布莱克斯通的观点：即使一个人对自己财产的使用是合法的，如果损害了他人的土地，也构成妨害，应被禁止。“因为他有义务

〔64〕 Radcliffe v. Mayor of Brooklyn, 4 N. Y. 195, 206 (1850).

〔65〕 *Id.* at 207.

〔66〕 但是，在 *The Philadelphia & Trenton R. R.* [6 Whar. 25, 46 (Pa. 1840).] 案中，首席法官吉布森免除了一个铁路公司的补偿义务，判定宪法要求公正补偿的条款不能扩大适用于间接损害。对于州常常提供补偿的这一事实，他认为，“这是出于好意，而不是当事人的权利。”

在另外一个损害更小地方实施其行为。”[67] 1813年，在要求变革的压力下，塔平·里夫（Tapping Reeve）法官在里奇菲尔德（Litchfield）法学院的一次讲座中较早地提出了一个当时还很少见的建议。他讨论了这一问题：“如果一个马厩紧靠他人的住房，马蹄踏地的声音使人睡不着，还能否建这样的马厩”。他主张，“这很大程度上取决于这种情况的必要性，即行为人是否可以在其他地方建马厩，因为应当允许行为人做事。”[68] 但是，很少有迹象表明，其他美国法官实际上也采纳了这种明确的利益平衡做法。

在美国内战以前，法院一般不愿意公开承认应当调适妨害法以适应社会发展的需要，最有名的例外可能是最早的一个铁路妨害案件。在1839年的 *Lexington & Ohio Railroad Co. v. Applegate* 一案[69]中，肯塔基州高等法院（highest court）撤销了衡平法院法官颁发的禁令。该法官限制莱克星顿（Lexington）—俄亥俄铁路公司的铁路从路易斯维尔城（Louisviile）中穿行，因
75 为它构成了妨害。肯塔基州上诉法院表达了很难被当时司法观念所承认的观点，宣称“在一个人口稠密和繁荣的国家中，铁路公司……对个体的损害和私人损失必须被预料到……”[70]

> 这个时代的前进精神必须在合理范围内开辟自己的道路。法律是为时代制定的，应当符合时代的需要

---

〔67〕 3 *Commentaries* 217 - 18. See Fish v. Dodge, 4 Denio 311（N. Y. 1847）.

〔68〕 Henry H. Fuller, “Note on Lectures of Trapping Reeve and James Gould at the Litchfield Law School ”（1812 - 13）Vol. III, at 465 - 66（手稿 LMS 2014，哈佛大学法学院图书馆珍本室）。

〔69〕 8 Dana 289（Ky. 1839）.

〔70〕 *Id.* at 305.

> 并且依据时代而调整。已经扩展的和正在扩展的**普通法**的特色（genius）应当像它在别处一样，适应于我们国家和我们国民已经改善了的和正在改善的情况。铁路和蒸汽汽车，现在还是进步的改良的初生孩子，但是它们一样会成为父母，因此，它们本身不应当被视为**妨害**。虽然在逝去的年代里，它们可能被认为是妨害，因为它们相对无用，因而也就更有害。[71]

美国内战以前，在平衡铁路的社会功用和其导致的损害方面，肯塔基州的判决是特立独行的，因为它明显试图使妨害法适应经济发展。[72] 即使在英格兰，法院也是在1865年以后才开始承认，在决定对土地的特殊使用是否构成妨害时，权衡效用而不仅仅考虑损害是必要的。[73]

从19世纪最流行的妨害规则出发，乍一看来，何以美国的工业化会成功似乎难以理解。其他没有确立得如此牢固的法律范畴更容易适应早期规则的变化，而妨害法则体现了18世

---

〔71〕 *Id.* at 309.

〔72〕 比较 Pennsylvania v. Wheeling Bridge Co. （54 U. S. （13 How. ）518，577（1851））案与 54 U. S. （13 How. ）at 602，605，608（丹尼尔法官的异议意见）。

〔73〕 St. Helen's Smelting Co. v. Tipping，11 H. L. C. 642，11 Eng. Rep. 1485（1865）. 甚至迟至1890年，马里兰上诉法院在一个妨害（nuisance）案件中，拒绝权衡社会效用（social utilities）。这一判决被广泛遵循。法官宣称，"权衡社会效用或许有利于被告以及公众。但在法律上，构成妨害的行为，以及对其他人的财产造成了实质性损害的商业行为，在任何地方都会给人造成不便。" Susquehanna Fertilizer Co. v. Malone，73 Md. 268，277（1890）. 只是到20世纪，官方和正式的公害规则才合并为衡平标准（balance test）。See，*e. g.*，Rose v. Socony – Vacuum Corp.，54 R. I. 411（1934）。虽然在相当早以前，通过已经被讨论过的各种技术例外也达到了类似结果。

纪最根深蒂固私人财产绝对权利的观念。在工业化过程中，大量没有被开发的土地肯定是拖延妨害法反发展深远影响的一个重要因素。事实上，正是这种土地的充裕性容许法官忽视了这样一个事实（而那些相对稀少的资源已经迫使法官注意，如用水权）：绝对的、排他性的财产观念必然会阻碍竞争的出现。

然而，主流的妨害规则直接威胁到大多数运输公司的利益，这不仅仅体现在重大损害赔偿诉讼的可能性上，而且也体现在禁令的可能性上。[74] 大多数法官没有像肯塔基的法院一
76 样公开重塑妨害法，但他们也分享了法院对经济发展的偏爱。结果是，虽然妨害规则形式上好像变化很小，但在其适用过程中，法官开始确立了各种创造性的变化，最终在实质上改变了该规则本身。这些改变的结果是，那些因为大型公共改良项目而遭受损失的个人在寻求补偿时，常常否定妨害规则的好处，虽然至少在形式上，这种规则似乎是有利于受害方的。

早在1807年，纽约州的法院就主张一种最严格的赔偿限制的理论：[75] 在土地征收程序中，土地所受的损害不能得到赔偿，因为在最初的损害赔偿判决中已经计算了这种损害。1843年，新泽西州高等法院在此基础上更进了一步，直接否定赔偿特拉华（Delaware）—拉里坦（Raritan）运河给财产所有人造成的损害，“无论（损害）是不是清晰可见，或者在运河施工前很容易被评估；也无论这些损害是否不确定，或者这些

〔74〕 如 Hudson & Delaware Canal Co. v. N. Y. & Erie R. R.，9 Paige 323（N. Y. 1841）案；Lexington & Ohio R. R. v. Applegate，8 Dana 289，298（Ky. 1839）案。

〔75〕 Steele v. Western Inland Lock Navigation Co.，2 Johns. 283（1807）.

损害是否由施工造成”。[76] 总而言之，法院准备否认一切不可预见的损害！

对妨害行为更普遍的一种限制，源于一条与以往不同且广泛适用的旧规则。虽然普通法一直区分公共妨害和私人妨害，在内战以前，美国法院成功地改造了这一区分，将其转化为对个人干预国内改进的重大障碍。“法律”，布莱克斯通的著作中说，“仅就**私的不法行为导致的损害才给予私的**赔偿”。因此，公共妨害应通过公共机构的起诉才能够构成，因为“这种损害对国王的臣民是共同的，没有人能精确确定他自己所受损害的部分，如果允许国家的每一个臣民都可以采取单独行动干扰加害人，即使可以，也极端困难。”[77] 布莱克斯通给出的理由与当时在美国法律中同时兴起的间接损害理论关系密切。当时，间接损害财产被认为是由远因造成的，在其他场合被认为不能赔偿，因为它们平均散布于整个社会。但是，在布莱克斯通看来，公共妨害和私人妨害之间的差异并不必然导致前者造成的损害不能赔偿，因为“如果一个人因为公共妨害而遭受了
超过国王其他臣民的额外损害……他应当采取诉讼行为获得私 77
人补偿。”[78] 但是，随着国内改良的进展，法院常常扩大公共妨害的概念，以阻碍所有的私人诉讼。

法院运用公共妨害规则阻止赔偿私人损害的最早案例，是那些可通航河流的码头和船坞的所有人提出的诉讼。这些所有

---

〔76〕 Van Schoick v. Delaware & Raritan Canal Co., Spencer's Rep. 249, 254 294
(N. J. 1843).

〔77〕 3 *Commentaries* 219.

〔78〕 同上。参见 Nichols v. Pixly, 1 Root 129, (Conn. 1789) 案；Harrison v. Sterett, 4 H & McH. 540 (Md. 1774) 案。

人控告公共机关的河水改道行为以及损害他们进入码头的行为，因为这些行为使其财产价值实质性地减少了。[79] 在船坞的所有人控告纽约州因建设奥尔巴尼盆地使其财产不能送到开往哈德逊河的船舶时，纽约州高等法院很快就判定，如果妨害"对许多个人组成的一个特殊群体（即使他们只构成社区很小的一部分）的影响是相同的，或者影响方式是相同的，它就不是一种特别损害"，不足以获得私人赔偿。[80] 另外，纽约法院还许可市政机构运用妨害规则，拆除坐落在奥尔巴尼盆地的流动私人仓库，其原因是这些仓库阻碍了通航。[81] 这次，法院判定，任何公共机关的成员都有废止公共妨害的权利，这样就使这些官员从赔偿破坏私人财产的义务中解脱出来了。

关于公共妨害规则最重大的事实是，以前，州依据间接损害规则在诉讼中免责，现在，法院可以将事实上相同的免责扩大适用于私人公司。随着交通革命的进展，公共妨害规则最经常的受益者是铁路。如波士顿—缅因铁路公司依据其成立许可，关闭了波士顿城的部分商业街，以使铁路能延长穿越部分城市。此时土地所有人试图表明，铁路通行的损害使其财产价值减少了。但是首席法官肖（Shaw）复兴了以往范围狭小和技术性的公共妨害规则，以驳回原告的请求。肖写道，即使原告从"其土地和建筑的近因关系看，觉得损失很大"，"这依然属

---

〔79〕 Lansing v. Smith, 8 Cow. 146, 156 - 68 (N. Y. 1828) *aff'd* 4 Wend. 9 (1829); Barron v. Baltimore, 2 *Am. Jur.* 203 (Md. 1828). 32 U. S. (7 Pet.) 243, 244 (1833).

〔80〕 8 Cow. at 157 - 58.

〔81〕 Hart v. Mayor of Albany, 9 Wend. 571 (N. Y. 1832).

于某类损害，其性质不属于个别或特别的损害”。[82] “原告所受的全部损失比其他居住在远处的人遭受的损害大”，这一事实不能成为赔偿的根据，因为“这种损害就其本质而言是共同的、公共的”。因此，对财产损害的赔偿越来越经常地取决于损害是否被确定为同一程度，或者同一种类。具有讽刺意味的 78 是，公共改良引发的“间接”损害越广泛，公共妨害规则就越多地被援用，以阻止任何赔偿。[83] 在构成妨害的形式概念还不容许对特定工程的效用做司法评估时，公共妨害的概念——其宗旨不过只是一种技术性救济规则——却使法院可以决定一项工程的效用是否足以使它从私人损害诉讼和禁令中免责。

制定法的证成

在英国，到18世纪末期，公正补偿问题就已很久不再是一个重要问题了。英国法官在处理因社会变迁造成的损害问题时，远远比他们的美国同行们直率。在18—19世纪转折点时期的两个重要案件中，[84] 英国法院判定，那些由议会授权的公共工程对土地造成的不可避免的损害，官员可不予赔偿。这些判决的作用是，阻止对公共机构无过错行为造成的损害作出

〔82〕 Smith v. Boston, 7 Cush. 254, 255 (Mass. 1851).

〔83〕 Blood v. Nashua & Lowell R. R., 2 Gray 137 (Mass. 1854); Brightman v. Fairhaven, 7 Gray 271 (Mass. 1856).

〔84〕 Governor & Co. of the British Cast Plate Manuf. v. Meredith, 4 T. R. 794, 100 Eng. Rep. 1306 (1792); Sutton v. Clarke, 6 Taunt 29, 128 Eng. Rep. 942 (1815).

赔偿。而同样的损害如果是由私人造成的，受害人则可以要求赔偿。虽然在19世纪早期，美国的一小部分案件采取了这种原则,[85] 但是美国法官从来没有明确表示遵循这一原则，因为他们似乎不愿意采纳这一规则：明确承认公共官员和私人的行为不应遵循同样的法律规则。[86] 其他法官则公开谴责英国那些允许征收无需补偿的判例。[87]

但是，在1825年－1850年间，随着州法院被逐渐劝导扩展这种理论，以便把私人公司也纳入可适用公共行为对损害赔偿免责的范围内，英国这些判例的吸引力就复苏了。这种新理论最初的一批受益者之一是宾夕法尼亚运河公司。[88] 州对该公司享有一小部分股份。[89] 1831年，缅因州高等法院将免责扩大到适用于一个完全属于私人的公司造成的损害上。法院宣称："没有必要遵循这样的规则"，即"原告的财产因被告的故意行为遭受了严重损害，所以原告就有权获得损害赔偿。"法
79 院评论说，有一些行为可以"由法律条文明确予以正当化"。其他种类的损害可能源于"他人在享有和行使其自身权利或者

〔85〕 Steele v. Western Inland Lock Navigation Co., 2 Johns. 283 (N. Y. 1807); Callender v. Marsh, 1 Pick. 418 (Mass. 1823); Lansing v. Smith, 8 Cow. 146 (N. Y. 1828). See also J. Angell, *Watercourses* 66 (1st ed. 1824).

〔86〕 第一个公开承认免责应限于政府官员的案件是 *Sayre v. Northweastern Turnpike Rd.* (10 Leigh 454 (Va. 1839).)。但是，到这一时期，这一规则已经扩大到包括私人公司了。

〔87〕 Bloodgood v. Mohawk & Hudson R. R., 18 Wend. 9, 30 (N. Y. 1837); Barron v. Baltimore, 2 *Am. Jur.* 203, 212－13 (Md. 1828).

〔88〕 Shrunk v. President of the Schuylkill Navigation Co., 14 Serg, & Rawl. 71, 83 (Pa. 1826).

〔89〕 L. Hartz, *supra* note 50, at 85.

管理其事务的合法行为”。最后，损害“可能源于一些原则的适用，这些原则尊重和促进了公共利益，即使在很多方面，其适用不利于个体利益。”[90]

但只是到1840年以后，英国的判例才被广泛援引。此时，美国法律家主张，所有立法授权的行为，无论是由公务员还是由享有特许权的私人做出的，如果他们行为时尽了注意义务，对其造成的损害同样都可以免责。一个法学家抱怨，为了捍卫这种观点，依据现行法，“政府可以迫使其【特许权的】受让人以必然损害私人利益的方式实现其权利。而法院有时承认政府的权力，但在财产所有权人对政府授权的不法行为的诉讼中，又支持所有人。”[91] 这种论点被纽约出色的法学家西奥多·塞奇威克（Theodore Sedgwick）全盘接受。在1847年有影响的著作《论损害》(*Treatise on Damages*) 中，他从以往英国和美国大量的判例中构建了一条“一般性规则……即受让人没有超过授予他们的权限，没有被指控缺乏应有的注意的，就无需赔偿其行为造成的损害。”[92] 然而，美国很少有判例曾走得这么远，即仅因行为已经被立法机关批准而免除对私人土地的损害

〔90〕 Spring v. Russell, 7 Greenl. 273, 289 – 90 (Me. 1831).

〔91〕 “Consequential Damages,” *supra* note 18, at 66.

〔92〕 T. Sedgwick, *supra* note 46, at 110. 同年，甚至约瑟夫·安杰尔都接受了这一规则，虽然他早期的《河道》一书的观点相对保守，只同意对政府官员适用有限的豁免。比较《论潮汐》(*Treatise on Tidewaters*)（2d ed. 1847, 93 – 97）与《河道》(*Watercourses*) 108 – 09 (2d ed. 1833).

赔偿责任。[93] 而且一些法院明确不接受这种理论。[94] 但因为减少损害赔偿的动力相当强大，所以 1863 年纽约高等法院（highest court）判定，甚至建造穿过纽约市的街区铁路，也是对临近财产的“使用和享有的一种妨碍和损害”，如果没有立法机关授权，就“达到了构成连续的私的妨害的程度”。然而，在宪法上，州可以免除私人事务行为的损害赔偿责任。[95] 此前 2 年，纽约州法院允许纽约中心铁路（公司）穿过河流建造一条公路，结果阻塞了河流，淹没了一个邻地土地所有人的财产。法院判定，如果公司没有过失，就可以不赔偿，因为公路建设是经立法机关授权的，而且是为了公共目的，所以不构成妨害。[96]

80 通过这些判例，公法上的公正补偿规则开始被私法中还在继续发展的过失原则所限制和侵蚀。过失原则认为，如果造成损害的行为是对社会有益的，行为（人）又没有过失，就可以不赔偿损害。但是，在立法机关没有作出决定时，法院要公开决定哪些行为是充分值得追求的，以悬置调整妨害责任的历史规则，还为时过早。[97] 结果是，法院塑造了两个不同的妨害赔偿标准。其一，一般的公司依然对妨害造成的损失承担绝

---

〔93〕 一个明显的例外是 *Hollister v. Union Co.*（9 Conn. 436，445－46 (1833).）案。

〔94〕 Ten Eyck v. Delaware & Raritan Canal Co.，3 Harr. 200（N. J. 1841）；Hooker v. New－Haven & Northampton Co.，14 Conn. 146（1841）（3－2 decision）.

〔95〕 People v. Kerr，27 N. Y. 188，190（1863）.

〔96〕 Bellinger v. N. Y. Central R. R.，23 N. Y. 42（1861）.

〔97〕 See Scott v. Bay，3 Md. 431（1853）；Fish v. Dodge，4 Denio 311（N. Y. 1847）.

对责任；其二，对已经获得授权的公共改良工程，即使是由私人出资的，也仅对其过错行为给财产所有权人造成的损害承担赔偿责任。[98] 更重要的可能是，在1800年被认为是“妨害”的案件，在1850年则被认为完全是“过失”案件，这使注意的标准不再像以往一样严格。体现从妨害到过失这种新分类最明显的例子，是铁路对其造成火灾的责任。[99]

法院决定消除对经济发展的限制，将立法机关对妨害行为免责的观念又发展了一步。因为制定法对国内改良的授权逐渐被认为是对私人诉讼的一种抗辩手段，一些法院进一步发挥了这种观念，甚至使公共职员（public officers）的行为都可以构成公共妨害行为。宾夕法尼亚州曾将建设连接运河地方路线的任务交给伊利湖运河公司的职员。为了修建排水的水库，必须排干沼泽地。后来，州起诉了运河公司的职员，因为其中一个水库的水“不流动、腐烂、有毒，那里散发着对人有害的湿气和恶臭，严重污染和腐蚀了空气”。然而，法院认为，“国内改良的工程，由州支出费用并由州官员管理，其目的是为了全体人民的利益，法律永远不能将其作为妨害；因为主权机关已经明确想通过它们来促进本区域的繁荣。”[100]

---

〔98〕 顺便指出，到这一时期，英国的制定法规定，铁路应对其对土地“伤害性的”行为承担责任。参见 I. Redfield, *Law of Railways* 116（2d ed, 1858）。毫无疑 295
问，这会导致“英国建造铁路会付出高昂的成本……“建造英国铁路的巨大成本……这些成本主要来自土地高昂的价格，而且，在一开始征收土地时就支付了这些成本。” H. M. Flint, *The Railroads of the United States* 26（1868）.

〔99〕 参见本书第98-99页（本书边码——译者注）。

〔100〕 Commonwealth v. Reed, 34 Pa. 275, 281-82（1859）.

损害赔偿理论的变化

在法院转换法律责任观念时，法学家开始寻求使损害赔偿金*理论适应社会发展需要。直到19世纪，正统法律思想家才
81 开始把损害赔偿金的确定作为“一个法律问题”。在以后的章节中，我将回到这个主题，并试图描述在19世纪，司法是如何控制合同和商业案件的损害赔偿金规则的。这一发展不仅代表了法官与陪审团，以及商业集团与反商业集团之间的重要权力转换，而且反映了精确的、算计的商业精神对相当粗糙、不正式的普通法上的陪审团裁决的胜利。

19世纪侵权法同样体现了过去与未来的冲突。损害赔偿判决是继续反映侵权法中古老的维护和平（peace keeping）与家长主义（paternalistic）观念呢？还是顺应企业集团的新要求，即认为确定性和可预期性对经济发展是必不可少的？

在早期，违反侵权法的行为一般被认为是不正当的、反社会的，几乎不存在调整损害赔偿判决与精确损害标准是否一致的道德压力，因为侵权法的特征性目标是对“不当得利”的威慑和预防。但是，在人身和财产损害开始被认为是“干事业”不可避免的成本时，法律思想家就面临这样一个悖论：其行为整体上对社会有利的人应承担损害赔偿责任。早期道德化和惩罚性的损害赔偿观念，应当如何与发展中的经济相适应？

---

* 依据damages的上下文，本书将其翻译为“损害赔偿”或“损害赔偿金”。——译者注

而这种损害赔偿判决本身又是经济发展至关重要的“成本”。

在后面的章节中，我将要分析制度上和程序上对这些问题的回应，这些回应最终使所有损害问题都处于法官的控制之下。在这一点上，我想全部集中在尤其与侵权法相关的损害赔偿争论上，其范围略微狭小：惩罚性赔偿金的法律性质。

早在1830年，西伦·梅特卡夫（Theron Metcalf）（后来担任马萨诸塞州高等法院的法官）就认为，“损害赔偿金的评估既不是建立在某项原则的基础上，也不能由先例（authority）的优越性来决定，而只能由实际损害来决定——损害程度是确定损害赔偿金的法律标准。此外没有其他评估标准。”[101] 梅特卡夫试图阐明，对侵权行为，普通法从来都不允许适用惩罚性赔偿，主观恶意的证据，可以用于证明实际损害赔偿的程度，但它与损害赔偿金的确定无关。“好像没有理由解释，为什么原告的损失相同，但他从那些有意伤害他的被告处得到赔偿，比他从因偶然事故给他造成损害的被告处得到的赔偿要多一 82
些。”虽然，“被告在这个案件中比在那个案件中应当赔偿更多，更符合……我们自然而然的感情。”他补充说明道：“……司法审判不能运用单纯的情感和单纯以伦理规则决定是非（casuistry），如果运用了的话，解释原告应获得超过他损害的赔偿就困难了。”另外也难以解释“……即被告支出的比原告应接受的要多的法律和伦理原则。道德义务和法律义务、道德责

[101] “A Reading On Damages in Actions Ex Delicto,” 3 *Am. Jur.* 287, 288 (1830). 这一没有署名的作品的作者是梅特卡夫。参见 T. Sedgwick, *supra* note 46, at 45n.

任和法律责任共存是不可行的。"[102] 因此，梅特卡夫试图将侵权法从维护私的和平的古代功能中分离出来。他得出的结论是："损害赔偿金是对被告，而不是公众所受到的损害的补偿。"[103]

在一个陪审团有偏袒小土地所有人——其财产受到了大交通公司行为的损害——嫌疑的年代，梅特卡夫的损害赔偿理论增加了消除陪审团裁决惩罚性赔偿主观色彩的可能性，以及解决因其主观性带来的固有的、不可控制问题的可能性。由此，它给法院提供了控制损害赔偿判决的更好标准。而且，在一个很多对土地的损害是由运河或者收费公路公司深思熟虑的工程决定造成的年代，任何对有意造成的损害不作惩罚性赔偿的保证，在经济上都具有突出的重要性。这种理论将对损害赔偿判决的标准产生实质性的影响。除了这一重要事实外，它也表达了19世纪前50年广泛存在的需求，即在损害赔偿法中增加更多的确定性和可预见性，由此企业可以更精确地估算经济发展的成本。

1846年，西蒙·格林里夫（Simon Greenleaf）的优秀作品《论证据法》(*Treaties on the Law of Evidence*）继续讨论梅特卡夫的论题。"损害赔偿金"，格林里夫宣称，"应当与损害恰好一致，既不多，也不少。"[104] 然而，一年后，他的观点受到了塞奇威

---

〔102〕 同上，第292页。

〔103〕 同上，第305页。

〔104〕 2 *Treatise on the Law of Evidence* 209（1st ed. 1846）. 格林里夫的观点还参见："The Rule of Damages in Actions Ex Delicto" 9 *Law Rep.* 529（1847）. 这一未署名的作品的作者是格林里夫，参见10 *Law Rep.* 49（1847）。

克的挑战。后者在《论损害赔偿金的标准》(*Treaties on the Measure*
of Damages) 一书中指出，“赔偿理论并不是我们法律的理论”。
他主张，“在侵权案件中，普通法上的诉讼既要考虑公共目的，
也要考虑私人目的。” 塞奇威克 “找不到任何理由，解释为什
么在一个民事诉讼中，被告不能因为其欺诈、恶意或者胁迫行
为受到处罚，也不能解释作为刑罚一种的罚金，为什么不能落 83
入原告的腰包，而进入了州的保险箱。”[105] 在次年出版的《论
证据法》第二版中，格林里夫虽然认为，塞奇威克的立场
“似乎可以被某些法官通常使用的语言所证实，” 但他最终认
为，这些表述仅仅是法官的附带意见而已。[106]

认为有关惩罚性赔偿的争议反映了政治与法律理论之间的根本性分裂，这是有诱惑力的。塞奇威克坚持保留侵权法的家长主义和管制功能。格林里夫则情愿将侵权法转换为一个非道德体系，相当于向加害人出售许可证。这种更传统和没有政治意义的观点与格林里夫的杰克逊主义思想不同。但是，任何这类解释都存在一定的困难。尽管有大量例子表明，19 世纪的法律思想家愿意推翻相当巩固的理论，但有时，他们权衡已经被接受的法律传统，认为其影响是不可抗拒的，以至于已不允许创新。而且，似乎很明显的是，在这场争论中，塞奇威克基本上忠实于已经确立的法律传统本身。

事实上，在损害赔偿理论的最一般标准上，塞奇威克和格

---

[105] T. Sedgwick，同上注 46，第 46 页注释。另可参见同上注，第 38 - 44 页。塞奇威克的观点也可参见 “The Rules of Damages in Actions Ex Delicto,” 10 *Law Rep.* 49 (1847). 文章作者署名为 T. S。

[106] 2 *Treatise on the Law of Evidence* 242 n. 2 (2d ed. 1848).

林里夫之间并没有争论。塞奇威克的《论损害赔偿金的确定》一书不仅是美国内战以前最优秀和大胆创新的法律作品，也是第一部关于损害赔偿的作品，它本身就标志着法律理论的广泛转型。塞奇威克本人满意地评论道，只是“在相对晚近的时期内，陪审团甚至在合同诉讼中放弃了控制，所有确定损害赔偿金固定的法律方法都被设计出来了。”在坚持惩罚性赔偿作为例外的情况下，他和格林里夫一样，赞扬这样一个有关侵权损害赔偿金的事实，“人们逐渐认识到一些有益的原则……损害赔偿的金额受法院的指示规制，陪审团不能用其模糊和专断的自由裁量权代替法律确定的规则。”[107] 对于已经接受的法律传统容许更灵活性的标准问题，塞奇威克是第一批坚持损害赔偿法应更为确定和更具有可预期性的人。例如，他对间接损害的讨论得出了侵权损害和合同损害赔偿标准相同的原则。他也是最早得出这种结论的人之一。这一原则将合同法中精确的、算计的商业精神渗透到了传统上不可预期的侵权损害赔偿裁决程序中。[108] 最重要的是，他的《论损害赔偿金的确定》一书中的观点在19世纪中期获得了普遍承认（这使得该书地位显
84 赫）：即损害赔偿问题是一个法律问题，在必要的时候，法官可以不理陪审团作出的赔偿数量过大的裁决。

---

〔107〕 Sedgwick，同上注46，第214页。

〔108〕 同上注，第63－112页。

陪审团对审判的侵蚀

除了法律观念的巨大变化外，制度创新也是一个重要的变化。这种创新开始出现在1830年后，当时，州立法机构取消陪审团评估土地征收损害赔偿权能的趋势越来越明显。很久以来，陪审团增加损害赔偿的数量都很平常。正如前文所述，[109] 1789年，纽约州立法机构回应了纽约州第一个运河公司提出的取消陪审团评估土地价值权力的请求。马萨诸塞州陪审团裁决，土地所有人获得的赔偿仅仅比米德尔塞克斯运河业主提供的土地赔偿金多10%。[110] 在该世纪头5年间，最适度的评估出现了。当时弥漫着对公共事业的热情，所有权人也意识到有必要为符合公众舆论而提供解决方案。后来，在宾夕法尼亚州，运用陪审团解决因公共事业造成的损害赔偿请求，"导致了过高的损害赔偿，尤其是在那些对这些事业的管理不满意的县，在一些案件中，州因为花销太大而被迫放弃了建设计划。"[111] 1830年，立法机关组建了一个公共事业委员会，这个委员会"被抨击为是州的党派性武器，而不是司法武器，它关心的不是正义，而是对赔偿金的最低评估。的确，它的那些烦恼的成员不得不承认，他们'有时被迫明显地作为州的律师

〔109〕 参见本书第67页（见本书边码——译者注）。

〔110〕 C. Roberts，同上注39，第177页。

〔111〕 L. Hartz，同上注50，第159页。

的一部分而行动'，通过其创新精神发掘有利于州利益的事实。"[112] 虽然早期也有表明立法机关取消了陪审团评估损害职能的其他例子，[113] 但这也只是在与铁路有关的建设中才真正发挥了作用。在1830年至1837年间，新泽西州、[114] 纽约州[115]、俄亥俄州[116]和南卡罗来纳州[117]支持这样的制定法，反驳了认为这些制定法违反了宪法有关保证由陪审团审判的观点。

随着州将评估损害赔偿的任务交给委员会，很多制定法也允许委员会从实际的损害赔偿金中，抵销其评估的土地所受的利益。[118] 其结果是，铁路公司可以支付很少的赔偿或者不赔偿而征收土地。俄亥俄法院因委员会的一个损害赔偿决定的数量过低而推翻了该决定，俄亥俄州一家倡导宪法改革的杂志社为此欢呼："更光明的一天即将破晓。到那一天，法院将不再支持（公司）粗暴地践踏个人。迄今为止，在它们需要个人财产以支持他们宏伟的投机计划时，这些财产就在为了公共目的这种虚伪而具有欺骗性的借口下被掠夺和征收，很少补偿或

〔112〕 同上，第160页。

〔113〕 参见 Beekman v. Saratoga & Schenectady R. R.（3 Paige 45，68－69（N. Y. 1831））（辩护律师意见）案。

〔114〕 Bonaparte v. Camden & Amboy R. R.，3 Fed. Cas. 821（1830）.

〔115〕 Beekman v. Saratoga & Schenectady R. R.，3 Paige 45（N. Y. 1831）.

〔116〕 Willyard v. Hamilton，7 Ohio 111（pt. 2）（1836）.

〔117〕 Raleigh & Gaston R. R.，v. Davis，2 D & B 451（N. C. 1837）.

〔118〕 参见 Bonaparte v. Camden & Amboy R. R.（3 Fed. Cas. 821（1830）.）案。纽约州最早通过的这类制定法与埃里克运河有关。1817 Stat. ch. 262. sec. 3. 早自1810年，运河委员会委员已习惯于平衡这些利益。参见 W. W. Campbell，*Life and Writings of DeWitt Clinton* 54（1849）。1829年，马萨诸塞州修改了其作坊法案，允许考虑因洪水淹没而得到的利益。In 1829，*Gen. Laws* 1829，ch. 122.

者根本不予补偿。"[119]

过失（规则）的胜利

在19世纪初，存在着有利于补偿的一般私法假定。人们常常引用的普通法原则"使用自己的财产不应损害他人财产"(*sic utere*)[120] 就表达了这一假定。对布莱克斯通而言，很明显的是，即使合法使用自己的财产，如果对他人的土地造成了损害，也应承担损害赔偿责任。"因为加害人有义务另外寻找损害较小的地方从事这一活动"。[121] 在1800年，事实上，所有损害（injuries）依然被认为是妨害（nuisance），所以人们还是诉诸严格责任标准，这一标准往往忽视被告人行为的特殊性。然而，在美国内战以前，许多类型的损害已经被重新划入到"过失"（negligence）一栏中了，其效果是明显减少了企业的责任。 85
这样，过失原则在美国的兴起推翻了18世纪私法的基本范畴，它不仅引发了法律责任理论的激烈变革，而且引发了作为责任理论基础的基本财产观念的变革。

---

〔119〕 *The New Constitution* 167（1849）.

〔120〕 *Sic utere tuo, ut alienum non laedas.*（使用自己的财产不应损害他人的财产）

〔121〕 3 *Commentaries* 217－18.

现代过失规则的起源

我们要是知道在19世纪，过失之诉多晚才成为美国法律中的一个重要因素，一定会惊讶不已。虽然18世纪的法官就“熟知过失的名称和观念”，在它与委托（bailment）及合同托离关系之前，“大胆地主张过失之诉依然为时过早。”〔122〕在18世纪，美国法院已经适用过失概念，以便依据一种合同理论主张普通承运人和受托人的责任。〔123〕起诉医生和律师违反了其与患者或委托人之间合同关系的诉讼也适用这一概念。〔124〕此外，也许是最重要的，在18世纪的众多判例中，过失是一种既包
86 括在普通法中也包括在制定法中的因素，它起诉的行为是行政司法官（sheriff）收取的保释金（bond）不足，〔125〕或者允许被监

---

〔122〕 C. H. S. Fifoot, *History and Sources of the Common Law* 164 (1949).

296 〔123〕 Scovel v. Chapman, 2 Root 315 (Conn. 1795); v. Jackson, 2 N. C. 14 (1792); M'Clures v. Hammond, 1 Bay 99 (S. C. 1790). 有关18世纪早期的两个承运人因过失被控的案件，参见 Gassarett v. Bogardus (1701) 以及 Smith v. Bill (1710 - 11)。载 R. B. Morris, ed., *Select Cases of the Mayor's Court of New York City*, 1674 - 1784 361, 395 (1935).

〔124〕 Stephens v. White, 2 Wash. 203 (Va. 1796); Cross v. Guthery, 2 Root 90 (Conn. 1794); Coker v. Wickes (R. I. 1742), reported in Chafee, *Records of the Rhode Island Court of Equity*, 1741 - 1743, 35 *Publications of the Colonial Society of Mass.* 91, 105 - 07 (1944).

〔125〕 Sparhawk v. Bartlet, 2 Mass. 188 (1806); Brown v. Lord, Kirby's Rep. 209 (Conn. 1787).

禁的债务人逃跑。[126] 美国法官追随布莱克斯通的观点，区分了官员有意（或与债务人通谋放走债务人）与因其过失导致债务人逃脱的行为。[127] 很明显，18 世纪末，在美国区分某些种类的故意伤害和非故意伤害已经是重要的了。

布莱克斯通将行政司法官的职责作为“契约种类的一部分，可以通过理性和法律解释推导出来”，依此，“每一个担负任何公职、被雇佣、受信托或者承担职责的人，对雇佣、委托他们的人订立合同的每一个人，都应当诚实、勤勉、熟练地履行义务”。[128] 与我们通常假想不一样，并没有迹象表明这种区分对严格责任作了任何限制。在这种语境中，过失只不过意味着它是个人起诉没有履行法律规定职责的行为之权利，这种权利长期以来就有。事实上，同样的理论也解释了 18 世纪制定法允许原告起诉没有修理道路和桥梁的城镇。[129] 此外也解释了 19 世纪早期的一些案例，这些案例判决对授予收费公路和运河公司成立特许有过失的行为人应承担责任。[130]

我们应当探询，一开始，这些涉及公共职责的判例中的过

〔126〕 Jones v. Abbee, 1 Root 106 (Conn. 1787); Staphorse v. New Haven, 1 Root 126 (Conn. 1789); Abel v. Bennet, 1 Root 127 (Conn. 1789). See also 2 *Dane Abr.* 649 - 57.

〔127〕 3 *Commentaries* 415 - 416.

〔128〕 同上，第 165 页。

〔129〕 Lobdell v. New Bedford, 1 Mass. 153 (1804); Bill v. Lyme, 2 Root 213 (Conn. 1795); Swift v. Berry, 1 Root 448 (Conn. 1792); Harris v. Moore, 1 Coxe 44 (N. J. 1790).

〔130〕 Lord v. Fifth Mass. Turnpike Corp., 16 Mass. 106 (1819); Riddle v. Prop. Of Locks, 7 Mass. 169 (1810); Townsend v. Susquehannah Turnpike Rd., 6 Johns, 90 (N. Y. 1809).

失观念与今天的过失规则有多大的共同性。例如，在行政司法官阻止被监禁的债务人逃跑的职务案件中，“故意”和“过失”的区别产生了两个重要的法律效力。对于自愿的、故意的放人行为，无论行政司法官其后是否捕获了犯人，他都应当承担责任；但因其过失造成犯人逃跑的，他则仅仅在审判前没有再次捕获犯人的情形才承担责任。如果是故意放人的，司法行政官应当对犯人的全部债务承担责任；如果是因为过失导致犯人逃跑的，陪审团就对损害赔偿金的数量享有自由裁量权，可以依据债权回收的可能性予以折扣。[131]

没有人主张疏忽大意和不谨慎是诉讼的核心。过失最初的意义是“失职”（nonfeasance），因此，司法行政官对其过失造成的逃跑应当承担严格责任。新泽西关于逃跑判例的报告[132]明确强调了盛行的观念：

> 被告人【司法行政官】辩护意见的基础，是证明他尽到了注意义务。对于（逃跑了的债务人），已经采取了符合人性的谨慎，有时这种谨慎甚至接近严苛。这已由几个证人证明。而且，已经证实，逃跑是在不能预见，即使超出一般的努力和谨慎，也不能防止的情况下发生的。

87

但是，高等法院赞同初审法院的意见：即使没有证据表明逃跑是合谋的，或者是故意放人，“依据上帝的法令，逃跑都

〔131〕 3 W. Blackstone, *Commentaries* 415 – 16. See also Lansing v. Fleet, 2 Johns. Cas. 3, 5 (N. Y. 1800).

〔132〕 Patten v. Halsted, 1 Coxe 277, 279 (N. J. 1795).

不应发生。或者，在法律眼里，疏忽大意造成的逃跑是公众的敌人。法律不承认其他借口。”

19世纪初期盛行的对过失的理解是，过失意味着疏忽，或者没有全部履行预先存在的义务，无论这些义务来自合同、制定法，还是来自普通法上的法律身份（common law status）。当然，对医生和受托人之间的默示契约诉讼，原告往往主张被告有疏忽大意和技术不娴熟的行为。但即使在这些诉讼中，也存在着强烈的质疑：这种疏忽大意仅仅是从没有履行义务中推断出来的，或者，正如罗斯科·庞德所说，“过失是由责任建立起来的，但责任却不是由过失建立起来的。”〔133〕例如，18世纪末美国使用的影响最大的英国法律教材之一是拜伦·科明（Baron Comyn）的《英国法律摘要》（*Digest of English Law*），一项对该书的研究揭示了“失职行为”（misfeasance）在何种程度上与现代过失不同。不仅科明讨论的“过失案件诉讼”几乎专指失职行为（nonfeasance）和不履行行为（nonperformance），而且，令人惊讶的是，在“失职案件的诉讼”的标题下，几乎找不到疏忽大意这一概念的痕迹。事实上，科明在写下“因失职行为的诉讼，虽然损害是由不幸【意外事故】引起的”时，〔134〕他并没有表明现代过失的概念。

即使承认对18世纪的某些案例，当时的法律家或多或少地像今天一样将其理解为是关于过失的案例，他们也肯定没有

〔133〕 R. Pound, *An Introduction to the Philosophy of Law* 91（rev. ed. 1954）. 如在 *Johnson v. Macon*［1 Wash. 4（Va. 1790）］一案中，弗吉尼亚州高等法院判定，下级法院为了使警长（sheriff）对逃跑事件承担责任而证明其过失是错误的。虽然制定法明确要求证明“过失”，但是，法院判定过失“应当被推定”。Id. at 5.

〔134〕 1 J. Comyn, *Digest of English Law* 202（1785 ed.）.

明白严格责任和过失责任之间存在任何一般性的冲突。因为只是在19世纪，疏忽大意以及相关的确立注意义务标准的问题，才成为过失诉讼中的核心指控。浏览一下内森·戴恩（Nathan Dane）的《美国法摘要》(*Abridgement of American Law*）中有关过失的章节就知道，甚至一直到1824年，盛行的过失定义还在多大程度上与不履行义务的行为有关。戴恩阐述最多的还是不履行公共职责的行为。例如，“如果一个彩票委员会没有将奖金
88 发给抽奖者，就可以对其提起（过失）诉讼。”或者，“法律的一般性规则是，如果一个人没有做他应当做的事——如没有按照法律规定或者其他方式规定的义务交费（toll）——就可以对他提起诉讼。”这些案件大多数涉及公共官员没有履行其职责。戴恩得出结论说：“在每一个案件中，如果官员被普通法或者制定法规定有职责执行职务，但是他没有执行，那么受害方就可以对他提起诉讼。”[135] 虽然普通法的失职行为体系依然明显是一个次要主题，但是法律家已经开始采纳更为宽广的立场。戴恩不仅引用了英国“过失和不谨慎的”植树案[136]以及外科医生“全然无知和缺乏专业技术”的案件[137]，而且他还提到美国少量涉及失职行为的判例，包括“因过失和缺乏技术的”船舶碰撞案[138]和火灾案件。在火灾案中，“我或我的仆人的过失或者不当行为必须取决于案件的情况”。[139] 总之，过失在美国兴起的故事，包括了一个几乎难以察觉的重点变化。即

---

〔135〕 上述引文均来自3 *Dane Abr.* 31－33.

〔136〕 Id. at 33.

〔137〕 Id. at 35.

〔138〕 Bussy v. Donaldson, 4 Dall. 206 (Pa. 1800), cited *id.* at 35.

〔139〕 Clark v. Foot, 8 Johns. 421 (N. Y. 1811), cited in *ibid.*

在以往身份定位的社会中，不履行职责的概念逐渐被抛弃，现代则明显强调履行过失，并开始取代了以往的概念。

美国的情形与英国一样，“使过失概念最后得以从个案责任原则向独立侵权行为转型的主要因素是，从‘交通致损’（running down）诉讼中收获的丰硕果实。这是从18世纪晚期和19世纪早期商业繁荣中收获的。”[140] 最早的交通致损案包括了船舶碰撞和在世纪转折点时开始出现四轮马拉客车致损的案件。[141] 新出现的东西是，随着法院开始经常强制执行陌生人之间的法律义务，这使他们不得不理解，过失责任理论不能再源于普通法上的法律身份，或者来源于当事人之间的合同。[142] 此外，可能更重要的是，在碰撞案件中首次出现了共同行为

---

〔140〕 Fifoot, *supra* note 122 at 164.

〔141〕 See, *e. g.*, Bussy v. Donaldson, 4 Dall. 206 (Pa. 1800); Waldron v. Hopper, 1 Coxe 339 (N. J. 1795); Van Cott v. Negus, 2 Caines 235 (N. Y. 1804). 直到1825年后，才有出现涉及行人伤害的案件。See M'Allister v. Hammond, 6 Cow. 342 (N. Y. 1826); Lane v. Crombie, 12 Pick. 177 (Mass. 1831). 我知道的美国最早的碰撞案件是Waterman v. Gillings (1770)（普利茅斯，马萨诸塞州民事法院未发表的记录）。这一案件是船只碰撞，它的基础是对过失的指控。这一判决明显是帕森斯 297
的“先例”（“Precedents”）(1775)（手稿LMS 1118，哈佛大学法学院图书馆珍本室）一文中对碰撞的论述的资料来源；在“管理船只过失的案例”（第53页）的标题下写道：“【在殖民地时期】，【船只】碰撞案件相对较少……船只很少在宽广无边的海上沉没。在港口和河道，船只赔偿更常见。因为碰撞造成的损失很小，所以这些案件都没有诉至法庭。” C. M. Andrews, “Introdution” to *Records of the Vice - Admiralty Court of Rhode Island*, 1716 - 1752, 31 (D. Towle, ed. 1936). 然而，安德鲁斯教授援引了两个殖民地时期海事法庭的卷宗。同上。在一个对殖民地时期的马萨诸塞州的海事法院卷宗的研究中，罗思（Wroth）教授同样也发现，“碰撞诉讼相当罕见”。“The Massachusetts Vice Admiralty Court” in In G. Billias, ed., *Law and Authority in Colonial America* 32, 42 (1965).

〔142〕 有关普通法的法官不愿意在陌生人之间适用法律义务规定，一个令人惊讶的、非典型的例子，参见英国的判例 *Heaven v. Pender* [11 Q. B. D. 503 (1883)].

人，这一因素必然使法官和陪审团为了决定到底是哪一方当事人“造成”了损害，不能只是简单地调查损害行为是否发生了。在判断因果关系时，法院的注意力转移到了疏忽上。而且，随着疏忽行为的责任开始被理解为是一种由制定法规定的、独立的社会义务，对注意标准的寻求鼓励法官将自己当作社会工程师和立法者的角色，他们在作出承担责任的判决时就受到了更广泛的对社会政策衡量的影响。

89 正是在过失诉讼出现一段时间后，法官意识到了它在影响社会变革过程方面的潜力。法官意识到过失诉讼是一种独立的诉讼是一回事，培养破坏普通法数个世纪建立起来的损害赔偿观念的思维习惯，则是相当不同的另外一回事。而且，虽然美国法官在 19 世纪就开始谈论过失概念，但他们为了对盛行的严格责任标准发动总攻而使用过失概念，却是相当一段时间之后的事情了。

诉讼格式的影响

人们已经相当普遍地认为，限制独立过失诉讼出现最重要的一个因素是普通法精巧的诉讼格式。按照传统智慧，普通法上区分侵害之诉（trespass）和间接侵害之诉（trespass on the case，常简称为 case）两种令状的重要性在于，前者建立在严格责任的基础上，而后者则需要主张过失。因为侵害之诉被限制为直接损害，所以这种观点认为，在取消侵害之诉和间接侵害之诉之间的严格责任—过失责任的区分以前，不可能存在独立的过失诉讼。这被认为是首席大法官肖对 *Brown v. Kendall*（1850 年）[143] 这一著名案例判决的意义所在。但是，一旦人们认识到，在 19 世纪以前，即使在间接侵害之诉中也并不存在完善的过失概念时，过失发展的这种版本是否还能维持不变？

在 18 世纪，只要间接侵害之诉在很大程度上是以默示合同理论为基础，法官区分侵害之诉和间接侵害之诉几乎不存在概念困难。然而，鉴于涉及陌生人的碰撞案件大量涌现，法官不得不重新思考诉讼的根本理论。从 18 世纪末开始，英国法院开始区分侵害之诉和间接侵害之诉，区分基础系损害是直接的还是间接的。[144] 但是，没有证据表明，美国法官采纳的这种诉状（pleading）区分曾假定，侵害之诉建立在严格责任的基础上，而间接侵害之诉则建立在对过失的主张上。后来，直到一些法官在令状中发现了故意伤害与过失伤害这一现代区分，90
源于诉讼格式的基本法律效力才完全与恰当的诉状手续（formalities of good pleading）相关：对间接损害的恰当请求是间接损害之诉。

在 18 世纪末，当过失概念以不履行行为为中心时，侵害之诉和间接侵害之诉都同样是严格责任，几乎不存在区分两者

---

〔143〕 C. Gregory, "Trespass to Nuisance to Absolute Liability," 37 *Va. L. Rev.* 359, 365–70 (1951).

〔144〕 See Leame v. Bray, 3 East. 593, 102 Eng. Rep. 724 (1803); Scott v. Shepherd, 2 W. Blackstone 892, 96 Eng. Rep. 525 (1773) (opinion of Blackstone, J.); Reynolds v. Clarke, 2 Ld. Raymond 1399, 92 Eng. Rep. 410 (1726). 对这些精彩案件的讨论，参见 E. F. Roberts, "Negligence: Blackstone to Shaw to?" 50 *Cornell L. Rev.* 191 (1965).

的诱因。主宰侵权损害诉讼的妨害本身就是严格责任规则，事实上也是间接侵害之诉的答辩（pleaded）。在18世纪前50年，不履行概念逐渐盛行，它不仅变革了间接侵害之诉，而且也变革了侵害之诉。结果是，在侵害之诉中，一些法官甚至也要求证明过失的存在，其他一些法官则以损害是故意还是过失造成的为基础区分诉讼。但是，无论研究哪一段时期，都不能证明美国法官与他们的英国同行不一样，[145]曾认为调整这两种令状的实体法体现了严格责任和过失之间的区别。[146]

---

〔145〕 See Winfield and Goodhart, "Trespass and Negligence," 49 *L. Q. R.* 359 (1933).

〔146〕 一个对19世纪案件数量的研究证实了这一点。

在 *Taylor v. Rainbow*, 2 H&M 423 (Va. 1808) 一案中，法院的记录员注意到了侵害行为与间接侵害行为的区别，他写道："法律**规定**两者之间的区别是明确的，但是**理由**……却常常难以找到。" 同上，第423页。被告律师主张原告提起的诉讼是错误的，宣称"没有必要解释保持这两类诉讼界限的合理性：已经确定的法律要求必须保持这些界限。" 同上，第430页。三个为这个案件写司法意见的法官中，没有一个从实体法角度做了区分。如弗莱明法官强调，他看不出两类令状之间的实体性区别，因为两者都可以达到正义的目的。但是，他感觉到，"先例的束缚和限制"确立了两者直接或间接的区分。同上，第444页。

同样，在 *Purdy v. Delavan* [1 Caines 304, 312 (N. Y. 1803)] 一案中，有关侵害与间接侵害的区分，法院阐述了一个详细的意见，不过却没有提到两种令状在责任方面的任何区分。一位法官简单地得出结论说："侵害与间接侵害的边界已经被模糊地描述出来了，但是不容易察觉。" 同上，第322页。

298 在 Gates v. Miles, 3 Conn. 64, 67 (1819) 案中，康涅狄格高等法院同样仅仅清楚地说明了保留两种诉讼区别的程序理由：在三年后，受害人就不能提起暴力侵害之诉（*vi et arms*），但间接侵害却不受这一时效限制。因此，保留这两类诉讼之间已经确立的区别就变得相当重要了。

纽约1817年的 *Foot v. Wiswall* (14 Johns. 304) 案是一个转折点。因为它突出了法律家多晚才将间接侵害诉讼中对过失的指控作为责任的限制。在一个船只碰撞案件中，原告的辩护律师依然认为，对被告"自担风险"的行为，应适用严格责任规则。他指出，这一诉讼以间接侵害之诉提起，只是因为在仆人造成伤害时

依据这种分析，可以看出，肖法官对 *Brown v. Kendall*〔147〕的司法意见的意义被夸大了。在那个案件中，原告试图分开两条正在打架的狗，他挥舞棍子，无意中打伤了另一个人。肖法官认为，在原告缺乏过失时，即使是直接侵害之诉中，他也不承担责任。霍姆斯赞颂了肖的意见，将其作为一个大胆的、事实上前所未有的尝试，其目的在于使侵权之诉受控于过失检验标准。从霍姆斯作出这一评价以来，一些评论家就告诉我们，这一判决“是与过去决裂的标志”，而且肖“获得了关于无意造成损害的统一责任理论的大部分荣誉”。〔148〕遗憾的是，这些评论家没有同样关注当时同时发生的在间接损害之诉方面的巨大变革。〔149〕

早在 1814 年，一个原告试图利用直接损害和间接损害之

的诉讼格式要求。他得出结论说：“要是被告那时在掌舵，原告就可以从**侵害**之诉获得赔偿。但是，在间接侵害之诉或者过失之诉中，他为什么就不能得到同样的赔偿是没有任何理由的。两种诉讼的区别完全是技术性的。”同上，第 306 页。然而，纽约州高等法院支持有利于被告的判决，第一次明确表明被告是否违反了一定标准的注意义务，应由原告举证、陪审团决定。三年后，法院仅仅在详细地审查过失的证据后，就同样支持一个因船只碰撞提起的侵害之诉。Percival v. Hickey, 18 Johns. 257, 289 – 90 (1820). 因此，到 1826 年，纽约法院精心解释了为什么“这两种诉讼之间的区分依然是重要的”，但是，法院却仅仅提到在费用和答辩方面的技术性区别。M'Allister v. Hammond, 6 Cow, 342, 344 (N. Y. 1826). 在短暂的几年内，无论是侵害之诉还是过失侵害之诉都同时要求检验过失。

在纽约以外，马萨诸塞州的法官本雅明·L. 奥利弗（Benjamin L. Oliver）第一次明确宣称，无论是在侵害之诉还是间接侵害之诉中，“没有任何过失或过错，就不能提起任何诉讼。” Jr. , B. Oliver, *Forms of Practice*; *or American Precedents* 619 (1828).

〔147〕 6 Cush. 292 (Mass. 1850).

〔148〕 *The Common Law* 84 – 85 (Howe ed. 1968).

〔149〕 Gregory, *supra* 同上注 143，第 365 页。

间难懂的区别，马萨诸塞州高等法院对他缺乏耐心。[150] 同一年，马萨诸塞州的高等法院允许被告修改起诉状，将间接侵害之诉修改为侵害之诉。[151] 这使纳坦·戴恩得出结论说，诉讼之间的“区分并不是那么重要”。[152] 1823 年，法院支持了一个“过失驾驶”四轮马车的案件构成侵害之诉，[153] 但是，直到 1833 年，马萨诸塞州高等法院才第一次承认，依据法律，在一个间接侵害之诉中，原告如果不能证明被告存在过失的，就不能得到赔偿。[154] 而且，即使在 1846 年以前，马萨诸塞州
91 也只报道了三四个这样的案例。[155] 因此，使侵害之诉受过失标准检验的 *Brown v. Kendall* 案，只不过是近来蓬勃兴起的过失

[150] 参见同上注 146。

[151] Cole v. Fisher, 11 Mass. 137（1814）. 法院宣称，如果当事人对损害赔偿金达成共识，“有关诉讼格式的辩论对被告就几乎没有什么意义。”因为即使被告成功地提出了这两种诉讼直接—间接这两种诉讼区别，以证明原告提出的诉讼是错误的，但是，在第二个诉讼中，“要求把【第一次诉讼】的花费作为损害赔偿金增加的基础可能是合适的。”同上，第 139 页。更重要的是，法院的急躁与严格责
299 任在过失观念的压力下开始瓦解有关。被告走出其商店，开枪以打完子弹。这使公路上的一匹马受惊逃跑，损坏了它拉的马车。在一个侵害之诉中，法院对原告是否提起了适当令状的分析，已经表明直接—间接区分的转型。为确定损害是否足以提起侵害之诉，法院关注“马和马车是否在清楚的视线范围内，它们离被告是否足够近，可以吸引被告的注意力或使被告小心。”同上，第 138 页。总之，法院已经无意识地将“直接”标准转换成了过失标准，即被告已经注意到危险了。

[152] Agry v. Young, 11 Mass 220（1814）. 这一报告对修正不置一词。戴恩很有可能是从本案的一个律师那里听说这一程序的。2 *Dane Abr.* 487.

[153] Fales v. Dearborn, 1 Pick. 344（Mass. 1823）. 另可参见 Parsons v. Holbrook（1816）一案［马萨诸塞州民事法院，诺福克（Norfolk）没有出版的记录］。在这个侵害之诉案件中，原告指控被告“运用武力过失造成了马车碰撞”，这表明侵害令状同时转换成了过失标准。

[154] Sproul v. Hemmingway, 14 Pick. 1（Mass. 1833）.

[155] 参见注 202。

诉讼的一部分，与对两种令状实质性区分的早期认识并没有关系。[156]

马萨诸塞州的发展仅仅重复了稍早首先发生在纽约州和宾夕法尼亚州的变革过程。在1843年的 *Harvey v. Dunlop* 案[157]中，纽约州高等法院判定，在侵害之诉中，原告应当证明过失的存在。但这一判决仅仅代表了纽约州判决统一过程中的顶点，从1820年开始，纽约法院就采纳了侵害之诉和间接侵害之诉都应证明存在疏忽的做法。[158] 事实上，宾夕法尼亚州也经历了几乎相同的过程。1839年，在第一个因为没有证明有

---

〔156〕 罗伯茨教授在直接否认大前提的基础上，同样主张 *Brown v. Kendall* 案的重要性被夸大了。"事实上，"他声称，"*Brown v. Kendall* 并没有将严格责任驱逐出法律，因为当时并不存在严格责任。" 参见 Roberts，注144，第204页。首先，罗伯茨教授过于强调侵权免责事由中的"不可抗拒的事故"，他在侵权免责事由中找到了一个早就存在的抗辩事由：没有过失。参见同上，第163页。比较注176。没有迹象表明，在美国，"不可抗拒事件" 是过失原则早期的替代物。其次，罗伯茨教授简单地假定，在整个19世纪的前半个世纪，"美国与英国的侵权法的发展齐头并进"。同上，第201页。而事实上，它们却根本不同。参见上注146，下注177。

弗兰西斯·希拉德——波士顿的律师，后来撰写了第一部英美侵权法作品。他在《法律基础》(*Elements of Law*) 一书中，没有提供认识现代过失诉讼的线索。他只是把对有关过失的讨论扩大到与委托（bailment）联系在一起。同上，第101-102页。他并没有从是否要求主张过失的角度区分直接侵害与间接侵害，并且，他对主人与仆人这一领域的过失观念受到了18世纪过失观念的影响。

〔157〕 Hill & Denio 193（N. Y. 1843）[Lalor supp. 1857]. 虽然霍姆斯在其《普通法》(*The Common Law*，1881）一书中承认这个案件，但 *Brown v. Kendall* 案被夸 300
大的作用推动了忽视以前案例重要性的趋势。然而，因为法院记录人变化了，直到1857年——肖的判决作出7年后——*Harvey v. Dunlop* 案才报道。无论如何，这一判决在每一点上都和肖的意见一样自信，而且，更重要的是，对以前纽约判例的研究强调：这一规则仅仅是对25年来的一种社会潮流的一个总结，这个潮流是要获得过失规则在该州的胜利。

〔158〕 参见注146。

过失而不作赔偿的判决作出后仅仅6年，[159] 一个初审法院（lower court）认为，在侵害之诉中也需要证明过失的存在。[160]

侵害之诉和间接侵害之诉还有另外一个区别，这一区别误导学生认为调整这两种令状的实体法不同。在18世纪的英国，因仆人造成损害而起诉主人的案件往往被归入间接侵害之诉，因为诉讼理论是合同理论。随后，评论家为布莱克斯通的这一陈述所迷惑："如果一个铁匠的仆人在为马掌蹄时致使马瘸腿了，应当起诉主人，而不是仆人。"[161] 但是，因为我们已经将注意义务作为一种对社会的义务了，[162] 我们就被布莱克斯通主张仆人可以从过失中免责这一事实所迷惑。很清楚，布莱克斯通认为，这种法律义务的唯一来源是铁匠与消费者联系着的法律身份。因此，在没有任何默示合同关系时，仆人本身对其过失行为是不承担责任的。在19世纪初，美国法律家继续将主人的责任和主张仆人的过失放在类似的契约条款中，这种做法是典型的。[163] 因此，过失被认为仅具有证明违反默示契约的有限功能。

---

〔159〕 Lehigh Bridge v. Lehigh Coal & Navig. Co. , 4 Rawle 8 (Pa. 1833).

〔160〕 Sullivan v. Murphy, 2 *Law Rep.* 247 (1839).

〔161〕 1 *Commentaries* 431, Compare *id.* at 431 n. 24 (Christian ed. , New York 1832).

〔162〕 参见注142。

〔163〕 塔平·里夫在里奇菲尔德法学院的讲座阐释了布莱克斯通的例子。"如果铁匠的仆人在给马掌蹄时，有意要把马弄瘸，此时主人和仆人都应承担责任。如果仆人是因为过失或者技术不熟练而把马弄瘸了，此时就只有主人应承担责任。但在这两个案件中，假设主人自己做出了某种行为，他就应当承担责任，而且在仆人做出这一行为时，他也应因此承担责任。铁匠承担责任的基础是一个默示合同，即他和其他技工都应以熟练的方式履行其义务。"（citing cases）Vol. I. , p. 146（手稿2013，哈佛大学法学院图书馆珍本室）（18??）。

然而，我们发现，1795 年，康涅狄格州的泽弗奈亚·斯威夫特（Zephaniah Swift）宣称，在仆人依主人明示的或默示的指令而做出侵害行为时，“应当认为，主人与仆人一样，对此也有过失”。[164] 虽然斯威夫特超越了以身份定位的默示合同理论，但是，他并不认为，仆人的过失是成立主人对陌生人责任的根本条件。[165] 然而，正如陌生人开始因为碰撞造成的损害而起诉，因过失而提起主张也开始出现在其古代身份定位框架之外。但是，即使在这里，它的最初出现也是为了在主人—仆人的情境中发挥另外一种相当有限的功能。我们发现，在 18 世纪末，英国法院坚持所有的主人—仆人诉讼案件必须以间接侵害起诉，因为即使仆人做出的直接伤害行为也不能认为是主人的侵害行为。[166] 但是，英国法官认为，如果仆人的行为是故意的，那么主人就不承担任何责任。因为主人责任背后的理论已经逐渐变化，即查明主人是否明示或者默示指示其仆人做出伤害行为。[167] 因此，主张仆人的过失只是服务于有限的目的，即表明仆人的行为不是故意的，否则就是超出主人指示的 92

〔164〕 1 *Laws of Connecticut* 223 (1795). *Cf.* M'Manus v. Crickett, 1 East. 106, 102 Eng. Rep. 43 (1800).

〔165〕 斯威夫特唯一提到的一类“过失”或者“不当行为”的案件是，主人与原告之间存在法律上的身份关系和合同关系。参见同上，第 223 – 224 页。

〔166〕 M'Manus v. Crickett, 1 East. 106, 102 Eng. Rep. 43 (1800); Morley v. Gaisford, 2 H. Bl. 441, 126 Eng. Rep. 639. But see Grinnell v. Phillips, 1 Mass. 530 (1805).

〔167〕 See J. Wigmore, "Responsibility for Tortious Acts: Its History II," 7 *Harv. L. Rev.* 382 (1894), 3 *Select Essays in Anglo – American Legal History* 520 – 33 (1909). 2 *Dane Abr.* 511 – 13. *Cf.* R. Morris, *Studies in the History of American Law* 238 – 39 (1963).

行为。[168] 结果是，19 世纪初，在间接侵害之诉中，即使仆人的伤害行为是“偶然发生的、意外的”，美国法官依然会让主人承担责任。[169] 虽然过错原则确实是以一种限制被告人责任的手段最终出现的，但是，在主人—仆人这一情境中，过失则完全服务于否认（仆人的）故意，以成立主人责任。与前述的行政司法官案件意义一样，过失仅仅被用来指代非故意行为。但最后，几乎是通过难以察觉的重点变化，在主人—仆人领域内的过失功能并入到了 19 世纪发展起来的一般的过失责任之流中。

美国最早报道的主人和仆人责任案件是南卡罗来纳州高级法院 1802 年的 *Snee v. Trice* 案[170]。被告的奴隶在邻地点火，火势蔓延，烧了原告的房屋和玉米地。此后原告起诉被告。虽然大多数意见讨论的是英国关于主人和仆人的法律可否适用于奴隶，但是，这一案例无疑引入了现代过失体系。法院为这一事实烦扰：奴隶是“一种卑下的、固执的人群，他们有自己的意志，有给邻人和其他人造成重大伤害的强健体力，他们的主人没有控制他们的可能性。”法院试图限制英国规则的适用，因为它“绝对不能适应卡罗莱纳州的地方情况与环境，我们这

---

〔168〕 令人惊讶的是，西蒙·格林里夫的《论证据》(*Evidence*) 一书又论述了过失的这种有限功能。他写道，“如果行为是由主人的指示和命令做出的，或者是仆人在执行其主人事务过程中的行为，或者仆人尽到了通常的注意义务，”被告应对其侵害行为承担责任。1835 年，弗兰西斯·希拉德在主人—仆人关系的语境中交替使用了“过失”(negligence) 与“过失的”或故意的行为，但没有使用疏忽 (carelessness)。参见同上注 156，第 30 页。

〔169〕 Bussy v. Donaldson, 4 Dall, 206, 208 (史密斯法官的意见) (Pa. 1800). See also Snell v. Rich, 1 Johns. 305 (N. Y. 1806).

301 〔170〕 2 Bay 345, 1 Brev. 178 (S. C. 1802).

里的全部仆人都是奴隶”。[171] 但是，因为这一案件代表了“被带到本地并被讨论的第一起这种案件”，[172] 法院犹豫是否要改变英国的主人—仆人规则。[173] 代替的方案是，法院认为，火灾的原因“更多的表现为是事故，而不是过失”，因为“早晨很安静，火燃尽了。但到中午时，刮起了风，吹起了沉睡的灰烬，它把火带到了建筑物。”[174] 93

这样，在布莱克斯通含义模糊的部分作品的帮助下，南卡罗来纳州的法院似乎拒绝了普通法关于火灾严格责任规则。英国早于1401年就在火灾案中主张“过失”了，[175] 虽然在普通法中，火灾基本上是严格责任。[176] 直到18世纪初，英国才通

---

[171] 2 Bay at 350.

[172] 1 Brev. at 179 – 80.

[173] 虽然两个报道员当时都是法官，但是，他们对这个案件的报道强调的重点却略有不同。贝（Bay）的报告表明法院稍微改变了英国规则（或者说法院相信英国规则正在变化之中），所以主人将不再对（仆人）“没有被批准的或者随意的行为承担责任，这些行为主人不知道，或者没有同意。” 2 Bay at 350 – 51 布雷瓦德的报告短一些，他并没有说明对英国规则做了任何改变。1 Brev. at 180.

[174] 2 Bay at 350.

[175] Beaulieu v. Fingham, Y. B. 2 H. IV, fo. 18, pl. 6 (1401). 原告宣称，仆人“在照看火苗的时候有很大的过失。”

[176] Tubervil v. Stamp, 1 Salk. 13, 91 Eng. Rep. 13 (1698); Beaulieu v. Fingham, Y. B. 2H. IV. fo. 18, pl. 6 (1401). A. Ogus, "Vagaries in Liability for the Escape of Fire," 1969 *Cambr. L. Jo.* 104, 105 – 06. Compare J. Wigmore, "Responsibility for Tortious Acts: Its History III," 7 *Harv. L. Rev.* 441, 448 – 49 (1894); 3 *Select Essays* 511 – 12 (1909), and 11 W. Holdsworth, *A History of English Law* 606 (1938) with P. Winfield, "The Myth of Absolute Liability," 42 *L. Q. R.* 37, 46 – 50 (1926).

过制定法修改了这一规则。[177] 在这些早期的案例中，过失仅仅意味着“疏忽”或者“没有”把火保持在自己的土地内，这并没有现代的过错或者疏忽的涵义。[178] 布莱克斯通虽然提到了主人对一个“因过失没有看管好火”的仆人承担责任，[179] 但是，同样没有理由认为，他所指的绝对不是旧范式的过失概念。[180] 然而，在南卡罗来纳州的法院被号召起来将这些词语及其意义注入进 *Snee v. Trice* 案以前，就存在限制奴隶行为的责任范围的动因了。所以，美国法对法定过错责任标准的第一次模糊的认识并不是来自于合同。[181]

没有迹象表明，南卡罗来纳州法院的判决对美国法律进程产生过任何影响。在南卡罗来纳州之外，这一判决被忽视了，可能仅仅被作为限于奴隶的特殊问题。1825 年，南卡罗来纳

---

[177] 有关制定法 6 Anne c. 31, R. C. c. 58（1707）对英国普通法的影响程度，参见 11 Holdsworth，同上注 176，第 607－608 页。乔治·特克（St. Gorge Turker）认为，在弗吉尼亚州，该制定法是没有法律效力的。参见 1 W. Blackstone, *Commentaries* 431 n. 15（Tucker ed. 1803）。我没能找到证据证明其他州接受了该制定法。关于殖民地时期的火灾绝对责任规则，参见 R. Morris，同上注 167，第 242－244 页。关于 19 世纪美国重申普通法上的严格责任规则，参见司法部长威廉·沃特（William Wirt）的意见："Claim For Damage by Fire"（1819）in *Opinions of Attorneys General* 163－64（1851）.

[178] See Wigmore, *supra* note 176.

[179] 1 *Commentaries* 431.

[180] 8 W. Holdsworth, *A History of English Law* 469 n. 3（1926）.

[181] 这一案件可以被理解为，它仅仅适用了古老普通法规则中有限的免责事由之一，即使在 *Turbervil v. Stamp*（1 Salk 13, 91 Eng. Rep. 13（1698））一案中，法院也宣称，它将采纳主张火灾的蔓延是因为突然刮风的证据。另一方面，在 *Snee v. Trice* 案中，法院不仅区分了“事故”和“过失”，而且似乎明确按照注意标准来考虑问题，但是，原告的辩护律师的主张主要依据为，奴隶是否已经预见到了损害发生的风险。参见 2 Bay, at 346－47.

州受理第二个奴隶案件时，法官压抑了 *Snee v. Trice* 案中的全部创造性冲动，认为主人对奴隶的过失行为不承担责任。[182] 结果是，在此后相当长的时间里，过失法在南卡罗来纳州依然处于休眠状态。

假定侵害之诉和间接侵害之诉存在实质性区别的通常解释存在的另外一个问题是，它不能解释，如果建立在严格责任基础上的侵害之诉是更有利的辩答，为什么原告会对诉讼格式如此漠不关心。早期有很多因受托人造成的损害的赔偿请求，本 94
来应以侵害之诉起诉，但却以间接侵害之诉起诉。[183] 而且，在 1817 年以后，纽约州高等法院允许原告选择涉及因过失造成的直接损害的诉讼种类，原告以间接侵害之诉起诉和以侵害之诉起诉同样普遍。[184] 即使在那些不允许作这种选择的州，也很难作这样的假设：如果原告意识到了侵害之诉被赋予的、假定的实质性好处，原告在间接侵害之诉中就会常常犯错误。1833 年后，英国法院也允许原告选择侵害之诉和间接侵害之诉。[185] 但是，原告对诉讼格式的漠不关心同样也困扰了两位英国法律史家，他们得出结论说，有许多次要的好处依然促使英国的原告以间接侵害之诉起诉。[186] 无论英国的情况如何，

---

〔182〕 Wingis v. Smith, 3 McCord 400 (S. C. 1825).

〔183〕 See, *e. g.*, Jewett v. Brown (Mass. 1797) (unpublished records of Essex Mass. Common Pleas); Washburn v. Tracy, 2 Chip. 128 (Vt. 1824).

〔184〕 Blin v. Campbell, 14 Johns. 432 (N. Y. 1817); M'Allister v. Hammond, 6 Cow. 342 (N. Y. 1826); Wilson v. Smith, 10 Wend. 324 (N. Y. 1833); Hartfield v. Roper, 21 Wend. 615 (N. Y. 1839).

〔185〕 Williams v. Holland, 10 Bing. 112, 131 Eng. Rep. 848 (1833). 302

〔186〕 Winfield & Goodhart, *supra* note 145, at 359.

大多数这些次要的好处在美国的侵害之诉中似乎也存在。[187]总之，对于直接损害，原告没有一致地以侵害之诉起诉，这证明了美国法官和律师直接表达的观点：以侵害之诉起诉的，从来就没有实质性的好处。相反，侵害之诉和间接侵害之诉都同

〔187〕 我发现了侵害之诉和间接侵害之诉的唯一不同之处，这对于原告而非被告提起间接侵害之诉更具吸引力。在康涅狄格州，对提起侵害之诉有3年的时效限制，但对间接侵害之诉则没有这一限制。参见 Gates v. Miles, 3 Conn. 64（1819）。但是，我未能在任何一个州发现其他判决，可以表明这是一个普遍适用的有利条件。侵害之诉和间接侵害之诉可能也使间接侵害之诉更具有吸引力，如果这一区别曾被遵从的话。在 *Adams v. Hemmenway*（1 Mass. 145（1804））案中，被告开枪射击，伤害了原告船只的船长，导致船只被迫返航。法院支持间接侵害之诉而不是侵害之诉。原告主张获得该航程的预期利益。虽然本案存在之间损害，但是，法院判定原告无法获得侵害之诉中获得间接损害赔偿。然而，甚至在马萨诸塞州，也没有迹象表明人们遵守过这一规则。2 *Dane Abr.* 487－89. 我一直未曾发现美国的其他判例适用过 *Adams v. Hemmenway* 的规则，相反，这一规则常常被拒绝适用。如 Johnson v. Courts, 3 H & McH. 510（Md. 1796）; Wilson v. Smith, 10 Wend. 324, 328（N. Y. 1833）. 另外还可参见 Taylor v. Rainbow, 2 H & M 423, 428, 441－443（Va. 808）案。在本案中，原告律师主张，他有权对直接损害提起间接侵害之诉，因为如果不能这样的话，原告就不能获得直接侵害造成的间接损失。法院没有采纳律师的这一主张。Accord Riddle v. Prop. of Locks, 7 Mass. 169, 172（1810）. 在我所能够发现的唯一类似于 *Adams v. Hemmenway* 的一个案件中，原告对直接伤害行为中的间接损害提起了侵害之诉，法院驳回了起诉。与此同时，法院声称，原告如果为间接损害提出了一个特别诉讼请求的话，这一缺憾就可以得到弥补。Robinson v. Stokely, 3 Watts 270（Pa. 1834）. 另一方面，原告提起侵害之诉有一些明确的、相对不重要的有利条件。原告可以获得某些特定的答辩优势，这是由于法院往往要求被告为某一特定的诉讼请求做出答辩。事实上，这些资料中充满了这样的案例：在侵害之诉中，被告对各种特殊答辩大惑不解。参见 See M'Allister v. Hammond, 6 Cow. 342, 346（N. Y. 1826）案。本案得出结论说，间接侵害之诉“整体上对于被告而言是最有利的”。第二个有利条件是，与原告提起间接侵害之诉相比，如果原告提起侵害之诉，他们往往会获得较少的补偿，但却可以获得赔偿诉讼费用的有利判决。参见同上注。另一个不同在于，对于间接侵害之诉，一些法院要求实际遭受的损害金额的证据，而对于间接侵害，法院则允许陪审团评估损害。参见 Cole v. Fisher, 11 Mass. 137, 139（1814）。

时回应了 19 世纪过失的兴起。

在纽约州、马萨诸塞州和宾夕法尼亚州，过失诉讼是伴随着这样一个假定兴起的：即使在直接侵害的案件中，原告也必须证明过失的存在。但在其他州，保留诉讼格式的区别使法官忽视了英国判决语言的明确性，[188] 而且试图以原告是基于故意（design）还是过失而提起诉讼的，[189] 来区分侵害之诉和间接侵害之诉。1826 年，新汉普郡法院允许原告对因过失造成的直接侵害选择诉讼种类的决定，[190] 就体现了上述规则（formulation），并标志着对故意的和非故意的侵权行为的现代区分。这一判例不仅瓦解了直接损害与间接损害的区分，而且，更重要的是，它显示了在过失理论开始出现后，美国法院已经不能接受英国在侵害之诉中适用的严格责任规则了。

作为法律问题的过失

19 世纪，过失理论在美国的兴起经历了三个非常不同的阶段。第一个阶段始于 19 世纪初，这一阶段重要的事项是重 95
点的转换，即从不履行默示合同理论到失职行为的侵权概念。第二个阶段始于 1820 年后，在这一阶段，受碰撞案件的影响，法官认识到，损害的证据和过失的证据是两个独立的查明事

〔188〕 Leame v. Bray, 3 East. 593, 102 Eng. Rep. 724 (1803); Scott v. Shepherd, 2 W. Blackstone 892, 96 Eng. Rep. 525 (1773)（布莱克斯通法官的意见）。

〔189〕 See. *e. g.*, Taylor v. Rainbow, 2 H & M 423, 440 (Va. 1808)（图克法官的意见）Gates v. Miles, 3 Conn. 64, 75（异议意见）。

〔190〕 Dalton v. Favour, 3 N. H. 465 (1826).

项，法官发展了非契约当事人的陌生人之间的义务，非常清楚地判决在没有过错时，被告不予赔偿。第三阶段开始于1840年前后，过失理论突破了适用于高速公路和船舶碰撞案件的严格限制，逐渐直接挑战已建立起来的法律领域内的损害赔偿假定。

如果碰撞案件改变了对间接侵害之诉中的过失的理解，那么，它们同样挑战了侵害之诉中严格责任的假定。因为即使法院继续坚持直接侵害的唯一恰当的诉求是侵害之诉，在这种诉讼中，对一个碰撞案件，逻辑上已经不可能不考虑过错问题了。[191] 尽管在一个严格责任观念很盛行的社会中，一个典型

303 〔191〕 在形式上，侵害之诉中的“没有过错”（not guilty）答辩只是否认了侵害行为已经发生。然而，显而易见的是，几乎在所有案件中，损害的真正问题都不在于被告事实上是否碰撞了原告，而在于这种碰撞是否由于被告的过失引起。例如，在 *Barber v. Backus*（1824）（马萨诸塞州民事法院，波克夏（Berkshire）未出版的报道）一案中，被告在这个侵害之诉中答辩道：“如果对原告或其车辆……造成了伤害或损失，这也是源于原告的不当行为。”陪审团判决认为，即使被告已经相当明确地承认发生了碰撞，“被告对碰撞也没有过错。”另可参见 Oomen v. Wellington（1828）（马萨诸塞州民事法院，萨福克马（Suffolk）未出版的报道）；Dunn v. Bernard（Sept. 1823）［马萨诸塞州民事法院，诺福克（Norfolk）未出版的报道］以及 Wilbore v. Pickins（March 1816）［马萨诸塞州民事法院，布里斯托尔（Bristol）未出版的报道］。在最后一个案件中，似乎同样不可能的是，陪审团判决没有碰撞发生。因此，1823年，马萨诸塞州高等法院随意将侵害之诉作为过失驾驶马车案件处理的依据，这就不足为奇了。参见 Fales v. Dearborn，1 Pick. 344（Mass. 1823）. 类似地，在 *Percival v. Hickey* 案，18 Johns. 257（N. Y. 1820）中，纽约法院也想当然地认为，在船只碰撞案件中，原告要赢得诉讼，就需要提供证明被告有过失的证据。简而言之，过失标准已经发展为“地下”存在形式。第一个认识到过失已经发展为一种“地下”状态共识的法学家是本雅明·奥利弗法官。他在1828年写道：“两艘船只在黑夜不当行驶发生碰撞，双方不能相互起诉。这似乎是合理的。因为如果不是这样，双方都受损而又各自起诉，这是荒唐的；出于同样的道理，如果双方当事人都应受责难，就都不能各自提起诉讼。”B. Oliver，同上注146，第619页。

的侵权诉讼包括了积极作为的被告给消极不作为的原告造成了损害，但是，碰撞案件中却包含共同行为人，这使究竟是谁造成了损害这一问题不得不首次浮出水面。这样，现代的过失第一次有限地被作为一个因果关系问题，或者用当代术语来说，作为共同过失问题出现了。

即使如此，1823 年以前，共同过失作为独立的抗辩理由并作为一个法律问题的案例，在美国是没有的。[192] 更令人惊讶的是，在 1838 年，只有一个案件涉及碰撞。[193] 在这一阶段，典型的共同过失抗辩产生于马萨诸塞州的一项制定法，它规定，城镇因过失没有维修其控制的高速公路，因而造成损害的，应当承担两倍的损害赔偿金。[194] 法院因为考虑到制定法给城镇的负担太重，就愿意允许其主张原告因为没有尽到警惕危险障碍物的注意义务而不承担责任。但是，认为因为碰撞案件没有产生一种正式的共同过失规则，所以它没有给过失法的

---

〔192〕 英国第一个有关共同过失的案件是 *Butterfield v. Forrester*，11 East. 60，103 Eng. Rep. 926（1809）。美国第一个将共同过错作为一个法律问题的案件是 *Bush v. Brainard*，1 Cow. 78（N. Y. 1823），但是最有影响的案件是 *Smith v. Smith*（2 Pick. 621 Mass. 1824）。在 *Farnum v. Concord*，2 N. H. 392（1821）案中，法官的异议意见承认了共同过失规则。在 *Wood v. Waterville*，4 Mass. 422（1808）和 *Gorden v. Butts*，1 Penn. 334（N. J. 1807）案中，判决语言暗示了共同过失规则，但是，我相信，对这些案件最好通过其他术语来理解。在 *Bindon v. Robinson*，1 Johns. 516（N. Y. 1806）一案中，共同过失是一个抗辩理由，但是，这一案件确实是通过技术性的答辩作出判决的。

〔193〕 Washburn v. Tracy，2 Chip. 128（Vt. 1824）. *Lane v. Crombie*，12 Pick. 177（Mass. 1831）案涉及撞翻了一个行人。

〔194〕 Smith v. Smith，2 Pick. 621（Mass. 1824）；Thompson v. Bridgewater，7 Pick. 188（Mass. 1829）；Howard v. N. Bridgewater，16 Pick. 189（Mass. 1834）；Adams v. Carlisle，21 Pick. 146（Mass. 1838）. See Farnum v. Concord，2 N. H. 392，393 304
（1821）（dictum）；Harlow v. Humiston，6 Cow. 189（N. Y. 1826）.

发展过程打下清晰的烙印的观点都是误导性的。因为，马车或者船舶碰撞案件往往包括了当事人双方的同时行为，陪审团就必然要通过决定哪一方当事人有过错，决定哪一方造成了损害。结果，过失问题就在陪审团审议事实上应由谁对损害承担
96 责任的过程中被隐藏了。所以，碰撞案件对美国法律发展真正长远的影响是，使普通法关于个人应当对所有具有风险的行为造成的损害承担责任这一定理变得模糊了，而且直接使法律仅仅关注直接问题：是哪一方当事人的过错造成了损害。虽然碰撞案件第一次连续地将疏忽引入到对过失案件的分析，但是，法院在后来处理高速公路维修案时，共同过失仅是作为一个独立的法律问题出现的。在这些案件中，因为原告和被告的行为在时间上是分离的，法官最终不得把因果关系理解为不仅是未能修缮道路，而且还包括了一个暂时被分离出来的问题，即原告在驾车时是否尽到了注意义务。[195]

但是，即使共同过失作为一个独立的法律问题后，同时代的人依然没有将其理解为是与严格责任基本体系的根本性决裂。在大多数州，直到 1840 年，能作为一种独立法律范畴、涉及共同行为人的案件依然非常少。法院认为，共同过失问题仅仅是调查谁事实上造成了损害的开始，一旦法院证明了原告的行为不是伤害的近因，法院就常常回到传统严格责任的措辞

---

〔195〕 在美国早期，共同过失案件几乎全都是因公路上的障碍发生的，英国的第一批共同过失案件也如此。参见 Butterfield v. Forrester, 11 East 60, 103 Eng. Rep. 926 (1809).

上了。[196] 例如，直到19世纪中期，法院才允许在侵害之诉和妨害之诉中以共同过失作为赔偿的抗辩，如果原告自身没有过错，法院将不调查被告是否有过错，让被告承担责任。[197] 相反，到1830年，纽约州已经有发达的过失制度了，但是，直到此后相当久，正式的共同过失规则才发挥重要作用。[198]

准确地理解迟至1830年，过失理论在美国哪些地方站住了脚是重要的。只有纽约州不仅明确了过失的决定基础是注意标准，而且明确了没有证据证明被告人过错的，被告在法律上不承担责任。马萨诸塞州和佛蒙特州也认识到，共同过失是对法律责任的一种抗辩手段，但这一问题依然只是被作为对因果关系有限的、初步的调查而已。而且，只要过失规则与因果关系联系在一起，它扩展到涉及原告消极不作为领域的潜力依然是最小的。在这些案件中，因果关系是没有争议的。1840年 97
后，正是在常常涉及铁路公司的领域，引起了过失理论的大爆炸。总之，在1833年以前，除纽约州之外，没有这样的判例：无过失即不赔偿是法律赔偿的基础。[199]

---

〔196〕 这就解释了证明不存在共同过失的举证责任为什么最初由原告承担。参见 Smith v. Smith, 2 Pick. 621 (Mass. 1824); Lane v. Crombie, 12 Pick. 177 (Mass. 1831). 原告证明了自己没有引起损害的发生被作为良好的诉由的重要部分。

〔197〕 2 S. Greenleaf, *Treatise on the Law of Evidence* 451 - 52, 580, 583 (2d ed., 1848); T. Sedgwick, 同上146，第146页。

〔198〕 W. Malone, "The Formative Era of Contributory Negligence," 41 *Ill. L. Rev.* 151 (1946).

〔199〕 南卡洛来纳州的火灾案可能是一个例外。参见 *Snee v. Trice*，对这一案件的讨论，参见本书第93页（本书边码——译者注）然而，因为这一案件完全是孤立的，所以，更合理的是将其限制在主人对其奴隶的责任这一特殊的问题上。

无论如何，在1833年，马萨诸塞州和宾夕法尼亚州的法院作出了体现现代过失原则的判决。在 *Sproul v. Hemmingway*[200] 一案中，马萨诸塞州的首席法官肖主张，在一个不存在共同过失的船舶碰撞案件中，被告应因没有过失而免责。[201] 但依然过了10多年，过失法才在该州的法学中居于重要地位。[202] 宾夕法尼亚州因为没有现存的共同过失规则，所以变革非常引人注目。在一个案件中，大坝决堤，导致洪水毁坏了桥，首席法官吉布森（Gibson）大胆地宣称，因为被告没有过错，所以被告不承担责任。[203] 这是美国法院第四次[204]——也是在纽约州以外第一次——适用过失标准阻止对消极不作为的原告的赔偿。通过这个判例，纽约州和宾夕法尼亚州的法院都明确决定，无论产生风险的行为与造成的损害有没有因果关系，行为本身并不是承担法律责任的基础。过失检验开始被作为对法律责任的一般性限制。

---

〔200〕 14 Pick. 1（Mass. 1833）.

〔201〕 该案的基本问题是，有过失的被告是否对他所租的汽船在靠岸过程中造成的船只碰撞过失承担责任。尽管法院没有考虑原告的共同过失，但是，法院仍然可以把案件中决定过失的问题仅仅作为涉及因果关系的确定问题。因此，这一判决很难说是现代过失原则响亮的表述。

〔202〕 See Worster v. Prop. of Canal Bridge, 16 Pick. 541（Mass. 1835）（一个过失的诉因没有制定法基础）；Barnard v. Poor, 21 Pick, 378（Mass. 1838）；Howland v. Vincent, 10 Met. 371（Mass. 1845）；Tourtellot v. Rosebrook, 11 Met. 460（Mass. 1846）. 注意，这些判决是在本雅明·奥利弗1828年坚持应提出证明过失的证据的观点后作出的。参见B. Oliver，同上注146，第619页。

〔203〕 Lehigh Bridge v. Lehigh Coal & Naving. Co.，4 Rawle 8（Pa. 1833）.

〔204〕 纽约早期的全部案例是：Clark v. Foot, 8 Johns. 421（1811）；Panton v. Holland, 17 Johns. 92（1819）；Livingston v. Adams, 8 Cow. 175（1828）.

过失责任的全面胜利

在19世纪初，赞成财产征收补偿的普遍观念逐渐形成，对财产损害承担严格责任的原则被当作这一观念的又一次适用。强调这一点是重要的。宪法有关公正补偿的条款仅仅适用于国家征收的财产并不是重要的。实施了侵权行为或者妨害行为的、获得成立特许的运输公司也同样被视为国家机关。[205]而且，在1840年后，大多数涉及侵害人身和财产的案件都是因运河和铁路公司的行为引起的。然而，就强加一种有利于赔偿的法律义务而言，甚至公司的成立许可也不是必要的关键因素。为了有利于适用制定法的赔偿方案，作坊法中止了对被淹没土地的普通法上的损害救济。对这些法令应根据这一假设分析：否定对受到损害的财产所有人进行一切形式补偿的法律规则等于是违宪征收。[206]

直到法院准备将对损害的过失标准，扩大到一度由适用严格责任标准的妨害支配的那些案例上时，赔偿原则与新出现的 98
过失原则之间的冲突才明朗起来。事实上，就在过失责任开始超越相对晚近出现的、范围狭小的碰撞案件，开始扩张适用的同时，抽象的补偿原则终于在美国取得胜利了。公正补偿原则

---

〔205〕 Ten Eyck v. Delaware & Raritan Canal Co. , 3 Harr. 200, 203 (N. J. 1841); Beekman v. Saratoga & Schenectady R. R. , 3 Raige 45 (N. Y. 1831).

〔206〕 Stowell v. Flagg, 11 Mass. 364 (1814). See also Varick v. Smith, 5 Paige 137, 143 -47 (N. Y. 1835).

的发展与过失责任的兴起不仅在时间上相关，而且，许多评论家指出，过失责任的兴起也是摆脱公正补偿原则中道德律令的一种尝试。

新旧分析体系之间最具有戏剧性的冲突之一，体现在康涅狄格 1841 年的 *Hooker v. New Haven & Northampton Co.*〔207〕一案中。高等法院以 3∶2 的表决认定，被告运河公司不能因为它没有过失，就证明它对邻地的损害是正当的。少数派援引早些时候的一个判例，该判例认为，在没有疏忽时，特许成立的公司可以因制定法授权其活动而免责。但多数派依然用旧的道德标准检验法律问题，坚持唯一的问题就是公正补偿：

> 个人可以使用自己的财产，但是不能有损害邻人财产的意图；如果他损害了邻人的财产，就应当承担责任。对于所有的民事诉讼，法律对受害人损失的考虑，比对行为人意图的考虑要多一些。而且，虽然一个人的行为是合法的，但如果确实因此给其他人造成了损害，而这种损害又能避免，行为人就应当承担责任。（上述援引的判例）和其他同类判例的理由是，既然有人受了损害，受害人就应当得到赔偿。〔208〕

但是，在美国内战前 20 年，过失标准开始侵入调整对人身和财产损害的一般法律领域。最重要的途径之一就是这种观念的传播：特许成立的公司，经立法机关授权，除非疏忽行事，否则都没有超出其权力范围。另一个重要的领域是火灾的

〔207〕 14 Conn. 146.

〔208〕 同上，第 156－157 页。

蔓延。在一个首次得到普遍承认的美国判例中，法院判定，无过失即无须赔偿。1811 年，纽约州高等法院判定，被告对于因其土地上的火苗蔓延给他人造成的损害无需承担责任，“因为原告在其土地上生火是合法的”。[209] 这一判决不仅明显偏离了普通法上火灾的严格责任，[210] 而且，因为它否定了对未作为的原告对使其遭受损害的、实施作为行为的被告的赔偿请求，所以它成了把过失问题从因果关系问题中彻底分离出来的
第一个判例。但是，在 1840 年以前，还有少数几份火灾案件 99
的判例被报道，[211] 这些判决都在原告不能证明行为人存在过失时，让行为人承担责任。然而，在美国内战前 20 年左右，在铁路公司的机车常常把火花溅到附近的土地，火灾蔓延问题就成了一个具有普遍性的重要问题。的确，随着法院将过失标准扩大到一切侵权诉讼案件，在很多州，第一批被报道的非碰撞过失的判例都提出了火灾责任问题。[212]

在判决中无情地适用私法上过失原则的情况日益增加，颠覆了正在扩大的公法上的公正补偿原则，这必须被看成工业化过程中的一个现象。所以，挑战严格责任观念的过失责任标准

---

〔209〕 Clark v. Foot, 8 Johns. 421, 422 (1811). 我认为 *Snee v. Trice*, 2 Bay 345
(S. C. 1802) 一案的某方面主要涉及主人其奴隶行为的责任。但无论如何，这一 305
案件对美国法的发展进程影响很小。

〔210〕 See p. 93 *supra*.

〔211〕 *Barnard v. Poor*, 21 Pick. 378 (Mass. 1838) 一案对因火灾导致的损害赔偿金的确定作出了判决，虽然双方当事人都似乎同意必须证明被告的过失。*Wilson v. Peverly* (2 N. H. 548 (1823)) 案同样假定，要确定主人对火灾的责任，仆人必须有过失，虽然该判例对主人责任问题做了相当狭义的解释，并据此否定了赔偿。

〔212〕 Jordan v. Wyatt, 4 Gratt. 151 (Va. 1847); Tourtellot v. Rosebrook, 11 Met. 460 (Mass. 1846); Ellis v. Portsmouth & Roanoke R. R., 24 N. C. 138 (1841).

最早出现在纽约州、宾夕法尼亚州和马萨诸塞州，这不足为奇。[213] 因为这些州的经济发展水平相对要高一些。事实上，过失原则的兴起仅仅是一个更为普遍的努力的一部分，其目的是为了限制公平补偿原则的适用范围。这种努力又与减轻金额过高的损害赔偿判决的需求紧密相连，而这种判决必然包括在严格责任（或公正补偿）之中。

随着过失规则在19世纪的发展，一位法律评论家后来发现，美国人对法律责任的态度建立在这样一个基础上："文静的公民不能干预极其活跃的同胞的活动"。[214] 的确，在美国社会充满活力和日益发展的力量能挑战美国经济中的那些软弱和相对无力的部分，并最终将其制服的过程中，过失法是一种主要手段。在1840年以后，一个人从事对社会有益的活动时，尽了适当注意义务的，对自己的活动就不承担责任。这一原则逐渐成为美国法律常识了。在这一进程中，18世纪的财产概念逐渐演变为19世纪的财产概念了。18世纪的财产概念是，最重要的土地支配权是赋予所有人防止他人干预其平和地享受财产。在19世纪，人们则假定，财产所有权的本质属性是，充分利用财产，而不管这种利用对其他人造成的损害。

---

〔213〕 唯一可能的例外是佛蒙特州。1824年，该州将共同过失作为赔偿的一个障碍。Washburn v. Tracy, 2 Chip. 128（1824）。1835年，在侵害之诉中，对非因过失造成的人身伤害不予赔偿。Vincent v. Stinehour, 7 Vt. 62（1835）. 但是，这些案件都没有涉及重大的经济因素，经济因素的重要性在 *Claflin v. Wilcox*，18 Vt. 605（1846）才开始出现。

〔214〕 1 Beven, *Principles of the Law of Negligence* 679（2d ed. 1895）.

法律扶持的效果

在美国内战以前，法律方面最惊人的变化之一就是，为了从法律责任中创造出免责事由而改造普通法，以及因此给那些 100
从事经济发展规划的人们提供实质性的扶助。这种扶助模式就这一时期法律与经济发展的关系提出了一些重要问题。例如，法律扶助对社会是有益的吗？这种扶助是不是鼓励了在那些领域的投资？对这一领域，福利经济学家会说，即使私人的成本大于收益，社会利益也会超过社会成本。[215] 或者说，这种扶助事实上是不是促进了对技术的过度投资？这可以从其对国民生产总值极其微薄的贡献中推断出来，正如罗伯特·福格尔(Robert Fogel) 所称，铁路实际上作了什么贡献？[216] 由于很难精确地确定某一特殊技术所产生的间接利益，因此，得出有关法律扶助的社会效益的任何结论都必须非常慎重。

或许对于历史学家而言，一个更为基本的和更容易把握的问题是，需要说明这种如此明确的扶助模式，何以会通过运用法律制度而不是运用税收制度来发展呢？在 19 世纪的头几十年，州经济政策最稳定的特征之一就是特别低的预算支出模

---

〔215〕 A. Hirschman, *The Strategy of Economic Development* 71 (1958). 关于福利经济学运用于经济史的出色讨论，参见 H. Scheiber, *The Ohio Canal Era: A Case Study of Government and Economy* 1820 – 1861 391 – 97 (1969).

〔216〕 R . Fogel, *Railroads and American Economic Growth* 208 – 24 (1964). 福格尔的观点受到了置疑，参见 A. Fishlow, *American Railroads and the Transformation of the Ante – Bellum Economy* 57 – 62 (1965).

式。例如，在马萨诸塞州，从1795年到1820年，州预算持续地保持在13.3万美元左右。汉德林斯（Handlins）等已经确认了诸如州使用垄断权（monopolies）和特许权等法律工具，作为通过支付现金（扶助方式）的替代方式。[217] 甚至纽约州因为建造运河系统而积聚了大量的债务，居然不把这些金融工具视为源于税收的现金扶助，而将其视为一种可营利的投资。事实上，尽管在19世纪20年代和30年代，债务呈几何级数增长，在1843年以前，纽约州也没有征收普遍的财产税。所以有人指出，“在这个州成立的头50年，税收的作用一点不重要。”[218] 宾夕法尼亚州也“不愿意征收有效的税收”。直到1842年，“一项强有力的税收计划才最终开始执行”。对运河的投资也仅仅是“通过这种观念，即一个积极的、营运的国家，是抛弃了税收的国家”，这“增加了一种强烈反税收的偏见”。[219] 总之，强大而隐蔽的法律支持，以及通过改变普通法规则带来的财富再分配，完全像立法机关对企业提供的财政支

---

〔217〕 O. Handlin and M. Handlin，参见同上注39，第65、81－85页。

〔218〕 D. Sowers, *The Financial History of New York State from* 1789 to 1912 114 (1914). 从1815年到1826年，为了清偿州债务，开始征收小规模的财产税。参见第116页。一般的财产税始于1843年。1854年，这一税收达到了126万美元，占州财政的40%。同上，第326－327页。一项计划曾想对因艾里克运河受惠的人征收财产税，但这一计划流产了。对该计划的讨论，参见N. Miller，同上注40，第68－70页。

〔219〕 L. Hartz，同上注50，第17－18页。“新政”（New Deal）学派的历史学家重新激发了对州干预历史的兴趣，他们中的一些人，如汉德林斯（Handlins）、哈茨（Hartz）和乔治·罗杰斯（George Rogers）曲解了美国南北战争前的经济史文献。这些作者往往不加区分地把政府财政事业的各种形式堆砌在一起，因为它们的确阐述了州干预的正当性，但是，他们没有同样注意到这些不同的财政形式对于社会财富分配的影响。例如，G. Taylo，同上注49，第48－52、376页。

持一样重要。

是什么因素使美国内战以前的政治家普遍求助于法律制度的支持，而不是求助于税收制度的支持呢？有种解释似乎相当 101
清楚，即通过技术性的法律规则引起的变化，可以更容易掩盖潜在的政治抉择。与此相反，通过税收制度扶助经济发展，则不可避免地会涉及引发政治冲突的危险。选择表面上非政治的扶助形式和公开的政治资助形式会带来不同的后果。在这些一般性的考察之外，我们还能对这两种对立形式的特殊（财富）再分配后果说些别的什么呢？在我们更多地了解这一时期州税收制度潜在的财富再分配作用之前，对上诉两种资助形式做出任何确定的比较都是危险的。但是，这一点似乎是相当明确的：在这一时期，通过法律变革扶助经济发展的倾向，非常明显地将经济发展的重担加在了社会中最软弱和最不活跃的人身上。相反，这种假定也似乎是有道理的：在财产税为州潜在的财政收入提供了大部分份额时，通过税收扶助经济发展的负担就会不均衡地落在社会中更富裕的人身上。

所以，我们有理由设想，其实选择通过法律制度扶助经济发展，并不仅仅是简单地为了避免政治争议而作出的抽象努力，而且，它还必须更明确地决定，由谁来承担经济发展的负担。而且，这一点确实是可能的，即不管诉诸现存的税收体制会引起何种财富再分配的实际效果，人们对税收的财富再分配作用的担心，在决定通过法律体制而不是税收体系鼓励经济发展这一问题时起了重要作用。无论如何，让人特别惊讶的是，在美国，鲜明的自由放任思想的激剧高涨，竟然与 19 世纪 40

年代州税收的显著增长紧密联系。[220] 这种思想变化的一个明显结果是，在19世纪40年代－50年代，法官们开始限制国家土地征收权之类的用于财富再分配法律规则的适用范围了，而国家土地征收权理论以前大行其道，被用于促进经济发展。[221] 因此，无论对企业的法律扶助是否起到了最佳效果，或者相反，无论它是否鼓励了对技术的过度投资，似乎都可以认为，它们的确强化了不平等的格局，因为它把经济发展的过重负担扔给了美国社会中最无力和最缺乏组织的阶层。

个人主义的影响

美国关于财产使用冲突法律规则的发展可以分为三个阶段。第一个阶段大致延续到1825年，这一阶段主导的思想是
102 普通法原则“使用自己的财产不应损害他人的财产”（*sic utere*）。* 对土地的支配首先被界定为，阻止他人以造成损害的方式使用其财产，无论这种行为的特殊过程是否具有社会效用。在1825年以后，这种体系瓦解了。很清楚的是，不仅普通法规则造成了反竞争的结果，而且在这种体制下，经济发展的代价将是巨大的。通过限制妨害规则适用范围，以及创设过错责任原则和合理使用河岸土地规则，法院开始在冲突的土地

---

〔220〕 有关税收的一般增长，参见G. Taylor，同上注49，第375－376页。

306 〔221〕 州对企业的财政支持更有名的抨击，参见L. Hartz，同上注50，第113－126页。

* 本法谚的拉丁文全文为，*Sic utere tuo alienum non laedas.* ——译者注

使用权之间进行平衡。对那些经济上值得追求的，但是又具有伤害性的行为，如果行为人尽了恰当注意义务的，法院就免除其法律责任。这样，在19世纪中期出现的第二阶段中，大部分财产法逐渐建立在一套权利和责任相互性的基础上，权利的享有和责任的履行要求法院承担社会工程师的功能，在经济上富有成效行为的功用以及其造成的损害之间取得平衡。[222]

但是，在美国内战前20年，有人发现这样一种日益增长的趋势：法官运用平衡标准的方式是，假定有经济效用的行为是合理的，而不管它是否会造成损害。在这种思想背景下，第三阶段开始形成了。在这一阶段，人们自信地宣称，对某些种类的伤害行为，不存在任何法律上的限制。法院开始判定，对很多新兴的、具有经济重要性的领域，财产所有人之间不存在相互的责任，法院甚至不打算衡量行为特殊过程中的功效和损害。虽然这种趋势在美国内战后才达到顶点，但是它深深地扎根于战前财产权概念的变化之中。对土地的支配开始被认为是绝对的权利，包括各种财产上的行为，而不管行为的经济价值

---

〔222〕 妨害法（nuisance）部分是一个特例。甚至在20世纪，这一法律还被注入了严格责任的观念。参见 W. Prosser, "Nuisance Without Fault," 20 *Tex. L. Rev.* 399 (1942). But see P. Keeton. "Trespass, Nuisance, and Strict Liability," 59 *Col. L. Rev.* 457 (1959). 具有严格责任传统的妨害法律规则解释了1850年左右出现的爆炸案件。在 Hays v. Cohoes (2 N. Y. 159 (1849)) 案中，被告在其土地上实施了爆破性行为，溅起的石头和碎片对周边建筑物造成了损害。虽然被告没有过失，但是纽约高等法院判定其承担责任。法院并没有依赖对原告土地的物理性侵入的事实，我认为，对侵害之诉的任何强调都是错误的。参见 C. Gregory, "Trespass to Negligence to Absolute Liability," 37 *Va. L. Rev.* 359, 370 – 72 (1951). 法院援引的全部判例中包括妨害诉讼。事实上，仅仅在4年后，马里兰高等法院在一个爆炸案件中同样判定被告应承担责任。该案中存在直接损害，而表达出来的理论是他的行为构成妨害。Scott v. Bay, 3 Md. 431 (1853).

如何。法官在某种程度上开始从调控可以实施的经济活动的种类和范围的角色中撤退。美国财产法中的重商主义特征被新出现的自由主义意识形态淡化了。

从19世纪相当早的一段时期开始，美国处理邻地所有权人的侧面支撑权*的判例，表明了一种鼓励竞争性改良土地的
103 强烈趋势。早在17世纪，英国法院就已经认定，虽然邻地土地所有人负有与邻地侧面支撑权对应的，维持土地自然状态的义务，但对建立在土地上的建筑物却没有这种支持义务。[223]当这一问题19世纪开始在经济上具有普遍重要性时，英国法院开始强调普通法规则的生命力，判定如果原告建筑物的重量不是造成损害的原因时，邻地所有人应对土地和建筑物的损害承担责任。[224] 相反，美国法院在19世纪的一系列判例中，首次确立了这样的原则：土地所有人对邻地的建筑不承担任何支撑义务。

在1815年影响广泛的 *Thurston v. Hancock* 一案[225]中，马萨诸塞州的首席法官帕克尔宣称了一个一般原则："如果不是受到合同或者习惯的限制，土地所有权人的全部支配权不仅包括土壤，而且只要他愿意去占有，还将上穷碧落，下至黄泉。"

---

* 侧面支撑权（lateral support），法定地役权的一种，是指土地都受到与之相邻的土地的支撑，所以土地所有人有权要求邻地所有权人维持其土地的自然状态，以使自己的土地能保持固有的物理状态。——译者注

〔223〕 Wilde v. Minsterly, 2 *Rolle Abr.* 564 (1639) overruling Slingsby v. Barnard, 1 Rolle Rep. 430, 81 Eng. Rep. 586 (1617).

〔224〕 Brown v. Robins, 4 H & N 186, 157 Eng. Rep. 809 (1859); Stroyan v. Knowles, 6 H & N 454, 158 Eng. Rep. 186 (1861).

〔225〕 12 Mass. 220, 224 (1815).

帕克尔论证道，绝不能“把普通法的原则解释为，因为邻居与其使用财产的方式相同，就起诉邻人。”除非诉讼是以时效取得权利的狭义“资格”（qualification）为基础。[226] 他得出结论说，如果没有这种通过长期使用获得的权利，那么，限制某人的邻人在其土地上为任何原本可以自己进行的行为，就没有法律基础。

该判决体现了与促使法院拒绝用水权领域内的先占权*原则相同的社会和经济衡量，因为法院开始意识到，如果允许第一个占有人决定其邻人将来的行为进程，其结果是不利于经济发展的。[227] 而且，帕克通过驳回最初的建筑人控制其邻人于其后开发土地的请求，明显地改变了土地支配权的观念，这种传统观念的核心是其他人可以对土地使用施加限制。

但是，*Thurston v. Hancock* 一案体现了旧原则和新原则在利益上的紧张关系。虽然该案与帕克尔的财产绝对支配原则似乎存在矛盾，但它还是重申了普通法上保持土地自然状态的侧面支撑义务。因此，在原告不能从其建筑物的损害中得到赔偿时，他依然可以获得对其土地的名义损害（nominal injury）赔偿。帕克尔试图通过建立在满足个人期望基础上的现代财产权理论来解释这种不同的处理方式。他主张，原告不能获得其建 104
筑物的损害赔偿，因为“第一个建造房屋的人本应尽心与邻居

---

〔226〕 同上，第 224 – 225 页。

* 优先权（prior appropriation），是美国西部某些州的法律规则。是指首次将公共河流改道并用于灌溉等目的的人，享有在所占范围内继续使用河流的优先权。详见本书第二章。——译者注

〔227〕 See Lasala v. Holbrook, 4 Paige 169 (N. Y. 1833).

达成协议，或者预见到可能发生的事故，并采取预防措施”。[228] 另一方面，他认为土地损害是可以获得赔偿的，因为“被告本来应预见到，在离边界如此近的地方挖掘的后果”。[229] 无论这种区分是多么循环和矛盾，它的实际效果是，使法律退回到了19世纪普通法上关于“自然的”行为和“人为的”行为的二元对立，这种对立体现了对农业的偏爱。这种偏爱影响深远。例如，在英国的用水权判例中，对水“人为的”和“自然的”使用的类似区分，成了论证农业用水优先于工业用水的重要思想工具。[230] 但具有讽刺意味的是，当这种区分适用于土地所有人的权利时，这种偏爱的效果却完全相反，它使经济发展从优先权规则加诸土地竞争性使用的法律限制中解脱出来了。因为只要建筑被认为是对土地的一种没有价值的人工使用方式，法院就准备撤销优先权规则赋予土地本身的广泛保护。[231]

尽管对 *Thurston v. Hancock* 一案可以有双重看法，但它确实标志着普通法传统的一个根本性的瓦解，而且揭示了个人主义对美国法律的初期影响。该案的判决认为，在某些经济活动中，相邻土地的所有权人之间不存在相互关联的权利和义务。在19世纪，它是第一个持这种观点的判决。一些意在追随马

---

〔228〕 12 Mass. at 228.

〔229〕 同上，第230页。

〔230〕 F. Bohlen, “The Rule in Rylands v. Fletcher,” 59 *U. Pa. L. Rev.* 298, 373, 423 (1911). 一个反映这些意见的美国水权的案件是 *Evans v. Merriweather*, 4 Ill. 492 (1842)。

〔231〕 参见 *Lasala v. Holbrook*, 4 Paige 169, 171 (N. Y. 1833) 案。本案明确了“自然”和“人为”行为的区分。

萨诸塞州判决的案例，与更为传统的普通法模式一致，认为只有在损害是合理的情形，才不存在对建筑物的侧面支撑义务。[232] 但是 *Thurston v. Hancock* 一案走得更远，它完全拒绝检验行为人行为的社会效用。[233]

在 19 世纪中期，受帕克尔的主张的影响，一些人愿意更进一步根除这种主张中传统理论最后的残余。甚至对土地侧面支撑的义务，纽约州高等法院也在 1850 年宣称，这种义务“常常会剥夺人们对其财产全部有益的使用。如果不允许所有权人为建筑的目的而挖掘土地，对于所有权人而言，布鲁克林市*没有被开发的土地的价值就甚小，或者毫无价值。”如果一个土地所有人“因为会破坏对邻地土壤的自然支撑而不能挖掘土地，”法院得出结论说，“土地所有人对其财产就仅仅享有名义上的权利……依据这样的规则，一个城市就不可能建起

---

〔232〕 Panton v. Holland, 17 Johns 92 (N. Y. 1819); Lasala v. Holbrook, 4 Paige 169 (N. Y. 1833).

〔233〕 马萨诸塞州其后不仅重申了这种极端的观点，参见 Foley v. Wyeth (2 Allen 131 (1861)) 案，而且，这一判决还在当时获得了广泛的认同。本雅明·兰德 (Benjamin Rand) 在他对 *Thurston v. Hancock* [12 Mass. at 228 n. (1865 ed.)] 案的评论中批评了这一判决，虽然存在不合理的行为，但判决还是否定了被告的责任。他质问：“为什么原告不能在自己位于人口稠密和拥挤的城市土地界限内合法地建筑？而被告却可以在自己的土地上挖掘？”“如果原告合法地在其土地上，在一个安全、适当的地基上建筑，这个建筑不需要邻地的额外支撑，应平等地允许原告按照通常目的的使用其土地。在这种情况下，被告出于特殊目的以非正常方式挖深 307
坑，损害了原告建筑物的地基，或者使其疏松，被告的行为是不是合法呢？有人说，被告有权尽其所能获取财产上的利益。难道原告没有这一权利吗？如果原告以合理的方式行使了这一权利，被告是否有权以不正常的方式使用财产来损害原告的利益？”

* 现为纽约市的一个区。——译者注

105 来”。[234] 简而言之，到19世纪中期，财产权的涵义处于转型过程中，即从包含了阻止其他人任何损害权利的行为的支配权观念，转变为认为对土地使用的外来限制本身就侵害了绝对的所有权观念。在1840年以后，美国法院事实上一致拒绝将晚近发展起来的河水相邻权规则，扩大到调整渗透到地下水道的河水的法律中。这一事实是对法律基础最引人注目的颠覆。虽然一些英国和美国早期的判例主张，河水理论对地下水也同样适用，[235] 但只是于1840年以后，在技术革新创造了一种“矿产主导的经济”以后，[236] 这一问题才引人瞩目。在1836年的开创性判例 *Greenleaf v. Francis* 一案[237] 中，法院甚至没有提到普通法的水法规则，法院认为，每一个土地所有人都有使用全部地下水的权利。“每一个人都有在其土地上为所欲为的自由”，法院宣称，“即使会给其邻人造成某些不便”。自然，胜诉的被告引用了 *Thurston v. Hancock* 一案的判决。

虽然以土地所有人可否预见到其行为的后果为依据，可以理性地区分地下水和地表水，[238] 美国法院还是更愿意把判决建立在财产本质的一般性概念上，或者建立在鼓励经济发展的

---

[234] Radcliff's Executors v. Mayor of Brooklyn, 4 N. Y. 195, 203 (1850).

[235] Balston v. Bensted, 1 Camp. 463, 170 Eng. Rep. 1022 (1808); Dexter v. Providence Aqueduct Co., 1 Story 387 (U. S. C. C. A. 1832); Smith v. Adams, 6 Paige 435 (N. Y. 1837).

[236] 这一术语是佩洛夫（Perloff）和温格（Wingo）使用的。“Natural Resource Endowment and Regional Economic Growth” in J. Friedmann and Alonso, eds., *Regional Development and Planning* 215, 239 (1964).

[237] 18 Pick. 117, 121 (Mass. 1836) quoting 1 Domat's *Civ. Law* Tit. 12 §2.

[238] 参见英国开创性判例的精辟的讨论，Acton v. Blundell, 12 M & W 324, 152 Eng. Rep. 1223 (1843).

政策上。例如，在宾夕法尼亚州 1855 年的 *Wheatly v. Baugh* 一案[239]中，法院认为，将河水相邻权（reciprocal rights）理论适用到渗透水，“就等于完全废除了所有权。”在 1861 年的 *Frazier v. Brown* 一案[240]中，俄亥俄州高等法院判决的主要理由是，将河水理论扩大到地下渗透水“会妨害排水系统、农业、高速公路和铁路的建设、卫生管制、建筑以及具有装饰性和有用的工程的整体改进。这会对州造成重大损害。”其实，对地下水和地表水的不同处理，很大程度上可以为这一事实解释：直接涉及地下水的第一批判例，是在自由放任观念坚实地主宰了美国法官的想象力之后才产生的。

对地下水不适用相邻权规则的很多理由，同样也可以适用于地表水。纽约州高等法院在 1855 年宣称，如果承认对地下 106
水的相邻权，“没有人购买毗邻河水的土地，或者河水附近的土地是保险的，因为他对土地所作改良会受到限制，而这些改良是有价值的、经常性的、在一个前进的年代还是必要的。”法院认为，任何限制都与“一个人有权自由的、排他性的使用其财产”的规则冲突，除非所有人造成了直接损害。[241] 事实上，正如新泽西州法院多年后意识到的那样，否认相邻权规则不能仅仅以鼓励经济发展为辩护理由：

> 有时人们认为，除非适用英国法规则，土地所有权人对土地的开发就会受到阻碍，因为他们的权利是不确定的。对我们而言，这种理由似乎完全错了。如

〔239〕 25 Penn. St. 528, 532 (1855).

〔240〕 12 Ohio St. 294, 311 (1861).

〔241〕 Ellis v. Duncan, 21 Barb. 230, 235 (N. Y. 1855).

> 果适用了英国法规则，一个人可能在其土地上发现泉水，这种泉水具有重大的医疗价值，或者可以用作特殊的制造业；一个人也可以大量投资于土地开发，但是，泉水的正常供应却随时可能被邻地所有权人切断，后者可以挖掘更深的井，或者使用马力更大的机器，把地下水从第一个发现泉水的人的土地下抽干。而且，他这样做无需承担责任。[242]

法院补充说，依据正统的规则，“强权（*might*）在字面上即可理解为权利（*right*），因此我们便面临这样一个简单的问题：他们（法官）应该决定谁有权这么做，并且保证有权的人能这么做。”

法院因此洞悉了非关联权（noncorrelative rights）规则对平等的抽象诉求，它也意识到了，真正的解释是，它的源泉就是一种权力。无论土地的大小，土地所有人在理论上的平等，都会妨害第一个发现人的期望。但法院意识到，这种妨害的可能取决于“挖掘更深的井，或者使用马力更大的机器”的能力。简单地说，矿业公司自然就成了这种规则的受益者。

当时的人事实上已经意识到，对地表水和地下水规则的区分，本质上是将法律从河水规则的管制性假定中解放出来。一位法律评论家断言，法院正在塑造法律，以便按照“涉及利益大小的不同”，给予企业以优先权。“一个简单的事实是，如果一个人仅仅对邻人造成很小的损害，他就可以从事有利可图

---

〔242〕 Meeker v. East Orange, 77 N. J. L. 623, 637－38 (1909) (emphasis in original).

的事业，这不再是造成损害的充足理由了。如果利益之间存在重大差别，获利多的有充分理由赔偿获利少的一方。"[243] 107

拒绝赋予商事企业相互的权利和义务的趋势日益明显。其结果之一就是在某些形式的经济管制中完全排除了司法介入。例如，法院甚至开始不审查对财产的特殊使用行为是不是以损害邻地所有人为唯一目的，然而，这种审查对于决定造成损害行为的社会效用是不可缺少的。[244]纽约州法院宣称，调查行为的动机"对于安全享有不动产具有重大危险"。[245] 当然，这种趋势只是美国内战以前就开始发展的观念的一部分，它认为，个体所有权人自由地开发其土地是促进经济发展的最好方法。[246] 但是，随着法院试图克服普通法的管制性框架，对土地不受限制的支配权观念常常整体上与其经济基础分离，成了其自身功能自治的教条。

大多数法院判定，与地下渗透水的案例一样，土地所有人对降落到其土地的雨水享有绝对权利。但是，与地下水不同，地面雨水几乎没有什么经济价值，所以，有关它的法律争论经常涉及土地所有人是否有权将这些雨水排向邻地。[247] 虽然一

---

〔243〕 "The Rights and Obligations of Riparian Proprietors," 7 *Am L. Reg.* 705, 716 (1859).

〔244〕 See Pickard v. Collins, 23 Barb. 444, 459 (N. Y. 1856); Chatfield v. Wilson, 28 Vt. 49, 56 – 58 (1856).

〔245〕 Pickard v. Collins, 2 Barb. 444, 459 (N. Y. 1856).

〔246〕 J. W. Hurst, *Law and the Conditions of Freedom in the Nineteenth Century United States*, 7 – 10 (1956).

〔247〕 Haar and Gordon, "Legislative Change of Water Law in Massachusetts" in D. Haber and S. Bergen, eds., *The Law of Water Allocation in the Eastern United States* 1, 25 (1958); Ellis, *id.* at 189, 292; Arens, *id.* at 377, 393.

些法院在决定这种排水在何种程度上可以被允许时，运用了“合理使用”的检验标准,[248] 但是，大多数美国法院还是采纳了来自普通法绝对财产观念的“公害原则”（common enemy）*，认为土地所有人为了排水可以为所欲为，以排干其土地上的雨水，即使这样会给邻地所有人造成损害。[249] 在美国内战前的一系列判例中，马萨诸塞州高等法院发展了“优势规则”（prevailing doctrine）。[250] 在内战刚开始后的一个案件中,[251] 首席法官彼格娄（Bigelow）总结了这些发展：“‘土地所有权上穷碧落，下至黄泉’（*Cujus est solem, ejus est usque ad coelum*）是一般规则，可适用于对财产的使用和享有。”他写道，所有人“对其土地地表、地下和上空的自由和不受限制的使用权，不应当受给其他人造成损害这一衡量的妨碍或者限制。”

在美国内战前20年，自由放任思想和粗鄙的个人主义最
108 终占领了美国财产法理论的制高点。虽然这些理论从来就没有完全推翻较早法律中的管制性基础，但这些新理论却突出了这样一种强烈的趋势：甚至适用传统规则，其目的也是为了有利于美国社会中经济领域中强有力的因素。

---

[248] 例如，参见 Martin v. Riddle, 26 Penn. St. 415 n.（1848）案；Kaufman v. Griesemer, 26 Penn. St. 407（1856）案；Butler v. Peck, 16 Ohio St. 34（1865）案。

* 这里的公害原则是指土地所有人可以采取任何措施以排除其土地的积水，即使会对邻地造成损害。——译者注

[249] See, *e.g.*, Buffum v. Harris, 5 R. I. 243（1858）; Goodale v. Tuttle, 29 N. Y. 459（1864）.

[250] Luther v. Winnisimmet, 9 Cush. 171（Mass. 1851）; Flagg v. Worcester, 1 Gray 601（Mass. 1859）.

[251] Gannon v. Hargadon, 10 Allen 106, 109（Mass. 1865）.

第四章 竞争与经济发展

支持竞争的普通法政策的渊源是，正在变化的财产关系观念以及州与商事企业关系的根本变革。在 18 世纪末，美国刚独立的州通过对个人投资者授予成立公司的特许（corporate charters）和特许经营权（franchise），开始参与促进经济发展的过程。虽然人们常常认为，在经济上，这种模式是必然的，事实上，它似乎产生于对政策的自觉思量。1790 年以后，在每一个州，避免将税收制度作为促进经济发展主要手段的政治决定已经成形。虽然人们从经济的无序和革命后对政府不公正的怀疑角度解释这种转变，但是，历史学家在比较作为替代手段的税收政策与事实上已经形成的私人融资制度时，从来没有试图理解税收政策具有的财富再分配效果。 109

在 18 世纪 80 年代，有一些微弱的证据表明，州当时正在考虑运用税收权力促进经济发展。例如，在 1781 年，宾夕法尼亚州的立法机关废除了一项 1761 年的法令，"……以使 Schuykill Point 草场的土地所有人可以维护河岸、大坝、人工渠道和水闸，并因此获得资金以抵销支出。"该法令规定了零散的改良计划，它规定毗邻河岸的土地所有人都可以自愿承担改良河岸的责任。1781 年，立法机关发现，"经验表明，将维

110 护河岸的义务分配给个人的模式，会带来很多不便”，因此，立法机关代之以更具有强制性的税收计划。它创设了一个新公司，这个公司享有独立的征税权，可以向每一个对改良事项享有股份的所有人征税。[1] 但是，除此之外，直到19世纪初期，这种独立的征税机关的资料也很少。事实上，在马萨诸塞州，立法机关特许成立了一个类似的改造公路的公司，但在1807年，高等司法法院（Supreme Judiciary Court）坚决不支持这个公司的征税权。[2]

到1800年，银行、保险公司和交通设施的私人所有模式在美国已经占据主导地位，虽然法官和法学家可以继续依据当时的法律理论，认为这些企业是州的财产（arms）。事实上，18世纪的英国法理论隐藏了关于公司和特许法律地位这两种根本不同的观念。对这种（法律）关系，更古老的中世纪界定是，它仅仅是另外一种财产，因为这种法律关系具有独占性和排他性特征，而中世纪法律一般将这些属性归于财产权。其次，相当晚以后，一种强调这些特许和公司公共特征的更有限的理论，往往用特许和公司观念来解释对垄断特权的授予。布莱克斯通提出了这两种法律思想，虽然他很明显地强调后一种。后来，在19世纪的美国法律中，这两种思想开始分化，这是明确区分公法与私法的开始。结果是，这一问题——排除竞争的权力是否为一般财产权所固有的权力，或者相反，它代表了公共特权更为有限的授予——很快成了美国法律中的一个关键

〔1〕 宾夕法尼亚州制定法（1781年）第980章废除了宾夕法尼亚州制定法（1761年）第472章。

308 〔2〕 Elis v. Marshall, 2 Mass. 269 (1807).

问题。

但是，直到 1925 年，直接化解这些 18 世纪观念之间矛盾的动因还很少，因此这些矛盾常常被简单地忽略了。整体上，在一个不发达的社会中，鼓励稀少的个人资本投资，是与保障经济确定性的法律制度共存的。在 19 世纪早期，私法中的财产观念通过赋予第一个进入者以排他性的特权，继续促进垄断性的发展。私法中的财产观念就完全被调整公司成立的特许和特许经营权的法律吸收，对因其产生的新形式财产，公法与私法都同样适用反竞争的优先权规则。

竞争原则诞生于一个完全不同的思想和经济氛围中。到
1925 年，在很多法律领域，这种观念正在明确：财产权的垄 111
断性及排他性，是经济持续发展难以想象的重大负担。同时，因为区分公共利益和私人利益的认识日趋深入，促使法院可以质疑 18 世纪的理论是否还与经济的现状和发展目标一致。在这一过程中，随着法院确立了因竞争造成的损害不能获得赔偿的一般规则，支持竞争的原则第一次模糊地出现在普通法中了。

在 19 世纪的美国，竞争与经济发展的关系非常明显。在一个不发达的社会中，可利用的私人资金不多，因此，鼓励发展的政策就需要法律制度提供保障私人投资者确定性和可预期性的法律安排。最重要的保证可能就是，保护投资者可以不对因竞争造成损害承担责任。为了适应这一政策，法院颁布了一些规则，体现了财产权的本质是垄断性和排他性的观点，因此，任何试图从现存的企业拉走生意的行为，都常常会被认为是对财产本身的侵害。

当私人投资与国家促进发展的政策联系在一起时，它也被作为州进一步发展经济这一努力的扩张。因此，法律制度很少区分公共投资与私人投资。但是，随着发展的推进，早期鼓励经济发展的垄断性策略很快就成了进一步发展的法律障碍。法律安排的确定性和可预期性与持续发展经济不协调了。以前，州对私人利益的让步，现在它却代表了对进一步发展的阻碍。于是，州鼓励经济增长的努力开始第一次与私人保持当下法律预期的努力相分离。在鼓励进一步投资的持续压力下，法律制度开始区分公共利益与私人利益。垄断性和排他性的财产观念被允许对财产造成的各种损害不予赔偿的规则取代。最后，这种对财产根本不同的重新界定，最终使支持竞争的法律原则开花结果了。

公共企业和私人企业的分离

公司概念的变化是18世纪向19世纪法律观念根本转变的
112 标志之一。18世纪美国公司的原型是地方自治体（municipality）。这些自治体是承担公共职能的公共机构。在19世纪，公司的原型则是现代商务公司，这些公司是为私人营利目的而成立的。1819年的达特茅斯大学案（*Dartmouth College case*）[3] 判决认定，公司设立的特许（charter）是契约，到此时，公司是公共机构的观念已经衰落了将近一代人的时间了，虽然这种趋

〔3〕 17 U.S.（4 Wheat.）518（1819）.

势的意蕴才开始被研究。在斯托里法官的同意意见*中，公共公司和私人公司的区分就已经很突出了。这种区分首先是对上一代人期间商务公司数量激增的回应。迟至1780年，殖民地的立法机关才授予了7个商务公司以成立的特许权。10年后，这一数字也才增加到40个。但是，在18世纪的最后10年间，又有295个这样的公司成立获得了批准。〔4〕

在19世纪初，旧公司模式的重要性以及变革的压力都随处明显可见。1809年，弗吉尼亚州高等法院赞成一项关于修改保险公司成立特许的法令。"有关公司成立的法令"（acts of incorporation），斯宾塞·罗恩（Spence Roane）评论道，"永远不应被通过，但考虑到它们对公众提供的服务……对于相互联系的个人而言，赋予他们成立公司的特权，对他们可能常常是便利的。但是，如果他们的目的仅仅是**私人的**或者自利的，如果公司对公共利益有害，或者不能促进公共利益，这些人就没有请求立法机关授予他们这些特权的充分理由。"〔5〕然而，早在3年前，马萨诸塞州高等法院就首次认识到了当时组建不久的收费公路公司的私人性质。法院可能想把州对市政公司事务长期以来的管制放在一边，所以评论道："合法授予这个公司，或者任何一个公司的权利，都不能被其后的制定法所控制或者破坏。除非在公司成立的法令中，这种权力是有意保留给立法机

---

* 同意意见（concurring opinion）是指同意判决的判决结果，而不同意或者不完全同意判决依据。——译者注

〔4〕 4 J. S. Davis, *Essays in the Earlier History of American Corporation* 24 (1917). 到1801年，只有8个生产性的公司获得了成立的特许。同上，第269页。

〔5〕 Currie's Admin. V. Mutual Ass. Soc. , 4 H& M 315, 347 -48 (Va. 1809).

关的。"〔6〕

弗吉尼亚保险公司案涉及一个诉讼：因立法机关修改了公司的特许状，使保险金增加了，公司的一个成员表示反对。法院通过认定公司已经接受了这一修改，从而避免了决定这一修订能否不顾公司的反对而适用的问题。同时，既然"在本国和
113 英国，多数决定是公司的基本法则"，〔7〕那么，多数人就可以在没有取得单个股东同意的情况下，作出约束单个股东的决定。法院适用的依然是18世纪地方自治体公司模式。依据这种模式，多数人的投票可以约束单个成员。

1804年，马萨诸塞州立法机关同样采纳了早期的观念，创设了一个以修建街道为目的的公司。它指定，这条街道以后将通过的土地的全部所有权人都是公司的成员。它授权公司评估其成员在这一工程中遭受的损失。在一个未来的成员拒绝接受公司的成员资格时，公司起诉了他，要求他承担评估的应有份额。然而，在这种情况下，马萨诸塞州高等法院认定，公司不能对不同意成为公司成员的人作出评估。"假如评估是一个公共行为"，帕克尔法官写道，"从整体利益的观念出发，问题就会变得更复杂。如果是一个私人的行为，是因为个人的请求作出的，其目的是为了个人利益，或者为了改良其不动产，那

〔6〕 Wales v. Stetson, 2, Mass, 143, 146（1806）. 在同一年，对立法机关的立法享有否决权的纽约法律修订委员会（New York Council of Revision）同样也第一次认识到了收费公路公司的私人性质。在反对赋予收费公路专员（commissioners）对收费公路以某些权力的法案过程中，该委员会声称"收费公路公司的股东享有的权利和其他私法权利一样神圣不可侵犯。"然而，该法案最终不顾该委员会的否决而被通过。

〔7〕 4 H & M at 350.

么这一行为就必须被解释为，就其效力和操作来看，类似于一个让与行为。我们都认为，对于请求作出这一行为的个人，以及那些与他联系在一起的人而言，它是一种让与或者特许。对所有为了修建收费公路、运河和桥梁而拟成立的公司，都应这样考虑。”[8] 总之，立法机关不能以地方自治体为模型创设公司，且这些公司对其成员享有征税权。

这样，公司就不再归属为公共组织，而归属为私人组织。这就不可避免地产生了对州处理法定财产权利自由裁量权的宪法限制。公司观念与其18世纪的基础分离非常彻底，以至于在地方自治体的成员还对公司债务承担个人责任时，[9] 法院在19世纪就逐渐认为，商务公司的成员仅仅承担有限责任。[10] 另一方面，私人权力并不必然受传统上制衡公共组织法律制度的控制。在18世纪，私人不能对公司提起违反公司义务的诉讼。1810年，一个运河公司试图利用18世纪规则的好处，但是，马萨诸塞州高等法院再次求助于对公共公司与私

〔8〕 Ellis v. Marshall, 2 Mass. 269 (1807). 帕克尔尽管区分了公共公司与私人公司，但他还是不想一致地从18世纪的语境中思考公司。这样，他就令人惊讶地继续依赖于英国关于城镇（town）的判例。他从一个判决如果没有城镇**大多数**居民的同意就不能成立（incorporated）的判例中得到了支持。同上，第277页。事实上，这一判例彻底摧毁了他的看法，因为 *Eills v. Marshall* 一案的全部要旨在于，如果没有被告的同意，甚至大多数的投票也不能拘束他。

〔9〕 Brewer v. New Gloucester, 14 Mass. 216 (1817); Chase v. Merrimack Bank, 19 Pick. 564, 568–69 (Mass. 1837).

〔10〕 Andover and Medford Turnpike v. Gould, 6 Mass. 40 (1809). 另可参见 Handlin and Handlin, "Origins of the American Business Corporation," 5 *Journal of Economic History* 1 (1945); E. M. Dodd, *American Business Corporations Until* 1860 75–93 (1954).

人公司的新区分，允许对公司提起诉讼。[11]

一段时间内，在法律看来，公司一直是一个含糊不清的领域。有时，它被作为一种公共机构，而有时，它又被作为一个
114 私人组织。当公司主张对公司财产的宪法保护时，公司强调其新近被承认的私人性质；但公司继续强调其公共服务功能，以主张土地征用权，并对征收造成的损害免责。在18世纪，公共机构可免于竞争。公司试图利用这一观念的好处，继续主张其成立特许授予了它们排他性的财产权，而且它们认为，其经济对手（的竞争）其实是一个对其财产的私法妨害。反过来，这使法院不得不重新考虑公司的法律地位，并重新检验美国有关竞争的一般理论。

竞争理论

公司观念处于转型的过程中，各种令人惊讶的、复杂的经济变革也开始出现了。这些变革进一步破坏了18世纪的法律观念。收费公路取代了普通的公路；桥梁取代了渡船。不久，收费公路又受到运河的挑战，运河又受到铁路的挑战。每一次变革都产生了复杂的法律问题，而过去的法律仅仅为这些问题提供了模糊的指导。

在17世纪英国反对特权政府的过程中，虽然出现了对垄断的多种司法打击，但是，普通法仅仅部分承认竞争精神。在

〔11〕 Riddle v. Prop. of Locks, 7 Mass. 169, 186－87 (1810).

整个 18 世纪，英国法院继续使企业不遭受竞争造成的伤害。这体现了以前封建主义或重商主义的影响。确实，布莱克斯通曾经重申了英国法律的一个古老规则，指出作坊主没有权利因为经济上的损害而起诉竞争者，但他可以对妨害水流的行为提起诉讼。[12] 同时，他又认为，一个人有权“在其他人的附近或者与其他人会发生竞争关系的地方从事任何商业活动，或者建立学校。因为通过这种竞争，公众可能获利。而且，如果新建的作坊或者学校对老作坊或学校造成了损失，这种损失也是无不法行为的损失（*damnum absque injuria*）。”[13]

但是，数百年来，英国法院依据稍微不同的理论，贯彻的是反竞争规则。甚至迟至 1799 年，英国法官受理了一个起诉承租人的诉讼，曼斯菲尔德勋爵作出了判决意见。这个承租人违背习惯，到出租人竞争对手的作坊磨谷物。直到 1824 年，英

〔12〕 3 W. Blackstone，*Commentaries* 219（Christian ed.，1855）（下文简称为 *Commentaries*）直到 19 世纪，法官才逐渐意识到，有关干预水资源的规则导致了同样的反竞争效果。

〔13〕 同上。一些人错误地认为，布莱克斯通为了促进 18 世纪的经济自由主义而发展了这一规则。参见 D. Boorstin，*The Mysterious Science of the Law* 184 - 86（1941）. 事实上，这一规则在 17 世纪中期就被承认了，参见 *Rolle Abr.* 107。这一规则是建立在 15 世纪案例年鉴基础上的。参见 Y. B. 11 Henry IV 47（1408）；Y. B. 22 Henry VI 14（1444）. 哈尔（Haar）的《土地使用规划》（*Land Use Planning*105，1971）一书翻译了后一个判例。然而，这个判例突出了英国法官在遇到因竞争造成的损害这一问题时的不确定性，而且还表明这些案件绝对没有解决英国法中的问题。

115 国法院才最终引入了支持竞争的政策。[14] 事实上，布莱克斯通出于辩护目的（apologetic nature），从认定商业本质上是公共企业的理论出发，支持对商业各种各样的限制。他评论道，作坊是“先祖为了居民的便利而建立的，其条件是，在磨坊建立以后，居民都到那里磨面。”他同时强调，对很多其他商事企业，诸如面包店、麦芽酒店等，反竞争的理论也非常盛行。[15] 事实上，英国17世纪和18世纪的判决就允许作坊主对任何建立竞争性作坊的城镇居民提起诉讼，或者禁止其行为。甚至在某些案件中，还可以拆除其作坊。1735年左右起草的一份宣言说，可以对建立作坊，并且其“意图是为了剥夺（原告）

---

〔14〕 比较 Cort v. Birbeck, 1 Doug. 218, 99 Eng. Rep. 143（1779）（曼斯菲尔德
309 法官）与 Richardson v. Walker, 2 B & C 827, 107 Eng. Rep. 590（K. B. 1824）. 我们至少可以将作坊主的垄断追溯到 *Fermor v. Brooke* 案，Cro. Eliz. 203, 78 Eng. Rep. 459（1590）以及 *Hix v. Gardiner* 案，2 Bulst. 195, 80 Eng. Rep. 1062（K. B. 1614）两个案件。在复辟时期（Restoration）后，衡平法院（Chancery）也同样干预而且开始判决拆除与国王或者与受让人（grantee）作坊竞争的作坊。要不然，衡平法院的法官就完全禁止新的作坊主取得已有作坊的租税权（custom）。Currier v. Cryer, Hard. 21, 145 Eng. Rep. 360（Ch. 1655）; Green v. Robinson, Hard. 174, 145 Eng. Rep. 438（Ch. 1660）; White v. Porter, Hard. 177, 145 Eng. Rep. 439（Ch. 1660）. Mayor of Scarborough v. Skelton, Hard. 184, 145 Eng. Rep. 443（Ch. 1661）. 在 *Smallman v. Brayne*, Colles 49, 1 Eng. Rep. 174（1698）. 一案中，上议院确认了这种做法。18世纪，在 *Drake v. Wigglesworth*, Willes 654, 125 Eng. Rep. 1369（C. P. 1752）案、*Cort v. Birbeck*（同上）以及 *The Duke of Norfolk's* 案，4 Madd. 83, 112, 56 Eng. Rep. 639, 650（Ch. 1819）支持了这一规则。最后，只是到了19世纪，在 *Richardson v. Walker*（2 B & C at 839, 107 Eng. Rep. at 594）一案中，法院才引述说：“人口的增长以及行为方式的改变，使这一限制在这个时期造成的损害不可计量，”并推翻了这些判决。

〔15〕 3 *Commentaries* 235.

从其作坊收费中……得到收益”的城镇居民提起诉讼。[16]

因此，即使英国法已经模糊地认识到了竞争原则，但企业的公共性质实际上依然被认为是使其免于竞争的全方位挡箭牌。甚至在19世纪初期，英国法院还在执行中世纪的普通法，即在距离业主7里之内，不能建立市场或者集市。[17] 正如市场最初是因为国王的特许而建立起来的，所以被作为特许权一样，渡口也是如此。因此，同样的排他性政策就占统治地位。在一段被美国律师引用和阐述的文字中，布莱克斯通指出，即使对老渡口，虽然这些渡口所有人的权利是通过远古习惯取得的，对旅客的运送，他依然被授予了排他性的特许权。[18] 长期以来，英国法官认为，远古的习惯是国王授权已经遗失的证明，虽然这种推定被理解为是为了其他目的而确立的一种法律拟制。英国法院还愿意认定，即使不存在对排他性权利的明确授权，远古的习惯也可以作为这种权利的证明。这样，即使英国在议会主权兴起后，没有议会法令，在国王本身就不能再创设这种垄断权的情况下，这些习惯使长期存在的垄断权合法化的做法，也一直畸形地被坚持。[19] 事实上，每一个确认渡口或市场排他性特权的英国现代判例，都涉及一个远古的特许权，对于该特许权，权利人不得转让（grant），因为这种授权

---

〔16〕“Declaration and Plea Book”32，33（1735）（手稿LMS 1046，哈佛大学法学院图书馆珍本室）。参见同上注13。另可参见J. Angell，*Watercourses* 119n.（2d ed. 1838）.

〔17〕Mosley v. Walker，7 Barn. and Cres. 40，108 Eng. Rep. 640（1827）；Mosley v. Chadwick，7 Barn. and Cres. 47 n. 1，108 Eng. Rep 642 n.（a）（1782）.

〔18〕3 *Commentaries* 219.

〔19〕10 W. Holdsworth，*A History of English Law* 402（1938）.

已经长期被废止了。[20]

116 美国人从这些判例中吸取的经验是，垄断特权不是来源于主权者的任何明示行为，而是来自于财产权本身的性质。布莱克斯通支持这一结论，他从政策角度论证其合理性。他把渡口视为一个准公共机构。因为法律规定，每一个渡口的所有人都应维护其船只，否则就应被罚款。他解释道，"因此，如果新建立的渡口仅仅分享（渡口业主）的利益，而不分担其负担的话，建立这样的新渡口是极端困难的"。[21]

因此，英国先例确立了这样一个没有争议的惯例：授予普通承运人的特权必然意味着排除所有竞争的权利。但是，美国却没有完全遵从这种惯例。1794 年，因为在梅拉马克河（Merimack）上新架了桥，这种竞争减少了一个渡口所有权人的收益，该所有人因此提起了诉讼。在这个案件中，马萨诸塞州民事法庭采纳了桥梁公司的辩护意见，即因为原告"对渡口……的财产权益没有法定权利"，渡口的所有人应当承受"非因伤害行为或者不法行为给他造成的全部损失"。[22] 另一方面，1798 年，马萨诸塞州高等司法法院接受了一个仲裁员（referee）报告，该报告要求桥梁公司赔偿损失，因为它拉走了具有一个 80 年历史的渡口部分生意。虽然所有人对渡口没有特权，但是，法院还是接受了他对时效取得的财产利益的主

---

〔20〕 See, *e. g.*, Tripp v. Frank, 4 T. R. 666, 100 Eng. Rep. 1234 (1792); Huzzy v. Field, 2 C. M. & R. 432, 150 Eng. Rep. 186 (1835).

〔21〕 3 *Commentaries* 219.

〔22〕 *Marston's Petition* (1794)（马萨诸塞州民事法院，Essex 没有出版的记录）。法院判定，原告"对他可能遭受的任何损害都无权获得赔偿。"

张，并且许可他提起诉讼。[23]

特许与美国的竞争

在19世纪初，美国调整特许的法律体现了各种古怪的、令人迷惑的政策。这一点往往被忽视。获得立法授权的一个重要理由是，可以免除所有权人提起妨害诉讼。在没有取得州批准的情况下，建立在通航河流上的作坊或桥梁可以被视为妨害，其所有人也可因为妨碍通航或者渔业而被提起刑事指控。[24] 同样，把收费公路的入口建在免费高速公路上的行为也被视为妨害，除非这种行为得到州的授权。[25] 获得这种特许权的第二个目的是，在有关收费公路以及其后的运河和铁路案件中，企业集团可以分享州基于公共目的征收土地的权力，虽然随着公共企业与私人企业的鸿沟越来越大、更加明显，这

---

〔23〕 Chadwick v. Prop. of Haverhill Bridge, 2 *Dane's Abr.* 686 – 87 (1798). 戴恩错误地将时间标注为1787年。

〔24〕 Commonwealth v. Knowlton, 2 Mass. 530 (1807); Inhabitants of Arundel v. M'Culloch, 10 Mass. 70 (1813); Davidson v. Fowler, 1 Root 358 (Conn. 1792); Burrows v. Pixley, 1 Root 362 (Conn. 1792).

〔25〕 Wales v. Stetson, 2 Mass. 143 (1806).

种权利在每一阶段都受到了挑战。[26]

117 在 19 世纪以前，很多人认为，这两个目标是获得公司成立特许的全部法律理由。1792 年，马萨诸塞州司法部长詹姆斯·苏利文（James Sullivan）在其作品中呼吁废除该州对银行成立的特许，因为这种特许授予的是一种“**排他性特权**”，它允许银行比私人收取更高的利息。但是，他区分了对桥梁和运河公司的成立特许，认为这些特许并没有赋予排他性的特权，因为，“对桥梁公司而言，政府转让了河流上的一种财产权益，这种权益是属于州的；对于运河公司而言，它只是获得了使用它们自己已经购买的财产和土地的权利，或者可以购买其他人的财产和土地的权利。”[27] 总之，苏利文不承认，公司成立特许本质上授予了一种排他性的财产权利。

公司成立特许的法律性质因此更为混乱了。但是，人们承认，州有授予排他性许可的权力，而且公司的成立特许把有限责任的好处扩大到了私人企业主。结果是，人们往往不可能知道，获取公司成立特许的目的是否仅为了获得排他性的特许权。迟至 1812 年，人们可能认为，赞成州许可成立竞争性银行的政策已经确定，在这种情况下，衡平法院大法官肯特还是

---

〔26〕 例如，参见 *Spring v. Russell*，7 Greenl. 273，291 －94（Me. 1831）案；Beekman v. Saratoga & Schenectady R. R.，3 Paige 45，73（N. Y. 1831）案。另可参见【Josiah Quincy】“Remark on the Constitutionality of the Memorial of the City Council For an Extension of Faneuil Hall Market”（1823）；Nathan Dane，“The Rights and Obligations of the Proprietors of the Salem Turnpike & Chelsea Bridge Corporation Briefly Examined in Relation to the Proposed Rail Road from Boston to Salem”（1832）（手稿 1032，
310 哈佛大学法学院图书馆珍本室）。

〔27〕 J. Sullivan，*The Path* to Riches 57（1792 ed.）.

认为，银行成立特许和收费公路、运河、桥梁、渡口的成立特许一样，都是排他性的特许。[28] 此外还有立法授权，其明确目的就是授予受益人以垄断权，如纽约州的富尔顿—利文斯顿蒸汽船公司（Fulton - Livingston Steamboat）获得的授权。[29] 所以，在一段时间内，甚至这些特许是否授予了相对人以任何私人性质的财产利益都是不明确的。

因为立法授权的目的各不相同，所以区分那些允许相互竞争的企业与那些不允许相互竞争的企业往往是不容易的。18世纪的理论借用了布莱克斯通的观点，认为企业是州的财产，所以其他企业不能从事对其造成损害的竞争行为。例如，美国最早的银行是以欧洲公共性质的大银行为模本建立起来的。“虽然银行的数量越来越多，人们依然坚持这样一种强烈的信念：公司成立特许是一种协议，颁布其他特许则违反了这种协议。”[30]

后来，随着公共企业与私人企业的区分更为明确，也还有一些人，比如衡平法院大法官肯特，认为垄断特权的授予主要是对从事重大的、风险性投资的补偿（*quid pro quo*）。肯特宣称， 118
如果允许竞争繁荣，“我们制定法上类似的特许，其收益就微乎其微，而在这些特许上已经花费的数百万资金就白白浪费了。”[31] 斯托里法官在查尔斯河大桥案的异议意见中也认为，

---

〔28〕 Livingston v. Van Ingen, 9 Johns. 507, 573 (N. Y. 1812); see also Charles River Bridge v. Warren Bridge, 7 Pick. 344, 456 (Mass. 1829) (opinion of Morton, J.).

〔29〕 Livingston v. Van Ingen, 9 Johns. 507 (N. Y. 1812).

〔30〕 B. Hammond, *Banks and Politics in America from the Revolution to the Civil War* 67 (1957).

〔31〕 Croton Turnpike Co. v. Ryder, 1 Johns. Ch. 611, 616 (N. Y. 1815).

“在安全性和产出方面，如果资本都不具有确定性和可靠性，那么，最稳妥的方案就是，停止私人和企业投资于公共项目的改良。”[32] 但是，斯托里依据当时刚被承认的公共企业与私人企业的区分，提出了一种新理论，修正了布莱克斯通关于公共企业的旧理论。斯托里首次强调了特许权是对私人的授权，其目的是为了使他们能够得到宪法保护财产权的利益。斯托里也承认，主张这些观点是不再可能了：“对公司的每一个授权本身（*ipo facto*）就是一种垄断权或者是排他性的特权”；或者“对银行、保险公司或者生产性公司的授权是一种垄断权，它可以排除对这些公司造成损害的任何竞争”。既然如此，18世纪的理论还剩下什么呢？斯托里认为，剩下的是区分“涉及为了人民共同利益的公共职责和公共事务的授权，以及不涉及这些考虑的、完全属于私人利益（的公司）的授权”。[33] 总之，排他性的特权是对承担了公共职责的私人企业的报酬。

无论是何种理论，都有使大多数企业具有免于竞争检验的、几乎是无限的潜能。例如，在殖民地时期，将作坊作为公共服务企业最重要的种类就已经有一段长期的历史了。[34] 作坊用地往往是被征收后的公共土地，而且城镇常常免除作坊的税收。[35] 城镇或立法机关常常管制作坊主收取的费用，在18世纪，有一些这样的例子：市政机构阻止作坊主将作坊用作他

〔32〕 Charles River Bridge v. Warren Bridge，36 U. S. （11 Pet. ） 420，608 (1837). （异议意见）。

〔33〕 同上，第639页。

〔34〕 See Stowell v. Flagg，11 Mass. 364 (1814)；Skipwith v. Young，5 Munf. 276 (Va. 1816). 正如我们所见，英国法院在整个18世纪都依据这一理论行动的。

〔35〕 See “The Law of Water Privilleges，” 2 *Am. Jur.* 25，30 -31 (1829).

途，其理由是，作坊主最初是从城镇获得用水特许权的。[36] 在实践中，作坊主可以通过起诉妨碍其水权的竞争者，避免出现因竞争造成的损害，但是他们偶尔也试图像其英国的同行一样，直接获得对因竞争造成的损害的赔偿。在马萨诸塞州的 *Clark v. Billings*（1783）[37] 一案中，原告不仅控告对其用水特权的损害，而且还声称，被告建立其作坊的目的是“有意掠夺原告从作坊得到的利润……而且被告碾磨了大量的谷物，确实给原告老作坊的利益造成了损害”。被告主张，对竞争性行为 119
造成的损害，他不应承担责任。马萨诸塞州高等法院采纳了这一辩护，因为“河水的分流是诉讼的充足理由，虽然单纯的利润（custom）损失不一定是充足的理由”。

尽管这一声明表达了对原告可否依据竞争性行为造成的损害这一纯粹理论起诉的疑问，但是，1784 年，当一个原告因与其具有竞争关系的作坊对其造成了损害，而提起诉讼时，马萨诸塞州高等法院还是将这个具有双重诉因（two - count）的诉讼交给了陪审团。[38] 其中，第一个诉因是主张被告妨害了原告的用水权；第二个诉因提出的因竞争性行为造成的损害理论，与 *Clark v. Billings* 一案及整个 18 世纪英国的很多判例理论类似。就第二个诉因，原告宣称，他“应接受居住在……孟

〔36〕 Conn. Pub. Stats. 1824, tit. 69; 1 T. C. Amory, *Life of James Sullivan* 374 (1859).

〔37〕 William Cushing, “Notes on Cases Decided in the Superior and Supreme Judicial Courts of Massachusetts from 1772 to 1789”, 第 37 页（手稿，LMS 2141，哈佛大学法学院图书馆珍本室）。

〔38〕 Taft v. Sargeants (Mass. 1784)（高等司法法院，Hampshire，4 月开庭期）。

顿城（Menton）及其附近居民送来的全部**谷物**，并在其**作坊碾磨**”。而且，被告建立作坊是“故意的、欺诈性的……不法压制（原告），剥夺和阻碍原告对上述作坊收取费用和获得利润（的权利）”。虽然陪审团作出了有利于被告的判决，但是，没有迹象表明，法院认为被告提出的竞争性行为造成的损害的法律理由不充分。

尽管偶尔也有法官的附带意见暗示，作坊主对其在竞争中受到的损害，不能提起诉讼，[39] 然而，迟至1813年，在美国制造业蓬勃发展的前夕，塔平·里夫（Tapping Reeve）法官在里奇菲尔德（Litchfield）法学院所作的有影响的报告中提出，是否允许作坊之间的竞争依然是一个未决问题。引用他的话说，“在本州的第一个殖民地，土地被批准用于建设作坊。其条件是有一个好人维护它。因此，其他人是否有权在会影响作坊利润的范围内建设磨房，还没有判决解决这一问题。”[40] 虽然对这一问题确实还没有判决，但是，因为19世纪的生产公司与18世纪的作坊各方面都类似，所以，不适用里夫和斯托里的

〔39〕 例如，参见 *Shorey v. Gorrell*（Mass. 1783），载于 W. Cushing，同上注37，第39页。Palmer v. Mulligan, 3 Caines 307, 313（N. Y. 1805）（斯宾塞法官的意见）。

〔40〕 “Henry H. Fuller's Notes on Lectures of Tapping Reeve and James Gould at the Litchfield Law School” III, 467－68（1812－13）（手稿 LMS 2014，哈佛大学法学院图书馆珍本室）。

公共利益理论就没有任何逻辑理由了。[41]

1815年以后，无论布莱克斯通有关特许的理论是多么频繁地被引用，但是，在19世纪早期，实际注意到其观点的人非常少。在19世纪初期的一段时间里，美国法院甚至在州推动的垄断数量不断上升时，也好像不愿意接受布莱克斯通的观点中对垄断的暗示。早期关于银行是垄断的假设“已经缓慢地、顽固地让路了，战胜这一假设的不是逻辑，而是（银行的）自利和腐败”。[42] 到1817年，甚至连肯特大法官都愿意承认，设立银行的权利“属于个人在普通法上的权利，个人可 120
以随心所欲地行使这一权利”，除非受到立法机关的限制。[43]而仅仅在5年前，他还表达了相反的观点。虽然英国有一系列将市场和集市作为公共企业的相当固定的判决，但是，美国法院却没有采纳英国有关排他性市场的规则。[44] 在19世纪早期，促使法院解释新兴的、存在争议的垄断领域的努力往往都失败了。1812年，某人对德拉瓦尔（Delaware）河主张排他性

---

〔41〕 事实上，与里夫相比，斯托里的先行者，哈佛法学院的阿萨赫尔·斯特恩（Asahel Stearn）似乎更倾向于把特许权的范围推进一步。斯特恩虽然谴责英国法律体系中的特权许可（prerogative grants）造成的不平等，但是，鉴于特许权“影响公共和一般公司（concern）的目标，甚至包括私人公司的目标（它被认为是和公共利益联系在一起的）”，在1824年他却明确表示赞成特许权。斯特恩列举的特许机构包括：“保险和银行机构、收费桥梁、公路”以及“难以数计的制造和其他联合会。”“Lecture on Law” p. 31.（1824）（手稿，LMS 1024，哈佛大学法学院图书馆珍本室）。尽管他无意清楚地说明是否上述所有的特许权都能免于竞争，但他没有意识到，他正在把完备的英国法规则扩大适用到这些新的特许领域。这似乎让人难以相信。

〔42〕 B. Hammond，同上注30，第67页。

〔43〕 Attorney General v. Utica Ins. Co.，2 Johns. Ch. 371，377（N. Y. 1817）.

〔44〕 同上注17。

渔业权，新泽西高等法院认为，这种权利的成立“与人民自由和其他基本权利是矛盾的，”而且，“是对人民自然权利的限制”。[45] 两年前，为了驳回河岸所有权人对州的大河排他性渔业权的主张，宾夕法尼亚州高等法院否决了将没有潮汐现象的大河规定为不适航河流的普通法规则。[46] 法院同时还否定了可以通过时效取得排他性权利。在早期，法院甚至以牺牲排他性权利为代价来阻止垄断。因此，1811 年，康涅狄格州高等法院扩大了共同的渔业权，甚至允许个人捡拾河床上的贝类，虽然个人这样做时，毫无疑问会侵入他人的土地。[47]

另一方面，很多立法机关的授权又明确授予了排他性权利。[48] 在 1802 年康涅狄格州的 *Perrin v. Sikes* 一案[49]中，被告取得了从哈特福德（Hartford）用公共马车运送旅客到波士顿的排他性权利，他起诉一个没有取得执照的竞争者，要求按照授权书的规定，没收竞争者的马车和马匹，或者要求他们赔偿双

---

311 〔45〕 Yard v. Carman, 2 Penn. 681, 687 (N. J. 1812). 在 18 世纪后半期，垄断性的渔业权开始受到抨击。参见丹尼尔·杜拉尼的意见，1 H & McH. 564 (Md. 1786); Freary v. Cooke, 14 Mass. 488 (1779). 另可参见“Caroline County Legislative Petition to Confirm and Ascertain the Common Right of Fishing in Rivers” (Va. 1777)，载 1 D. Mays, ed., *The Letters and papers of Edmund Pendelton* 1734－1803 237 (1967).

〔46〕 Carson v. Blazer 2 Binn. 475 (Pa. 1810).

〔47〕 Peck v. Lockwood, 5 Day 22 (Conn. 1811). See also Lay v. King, 5 Day 72 (Conn. 1811).

〔48〕 参见 *Gibbons v. Ogden*, 22 U. S. (9 Wheat.) 1, 97 n. a (1824)（律师的辩护意见）案列举的立法授予渡口、桥梁、马车（stage－coaches）的广泛排他性许可的清单。另可参见 1 C. Warren, *History of the Harvard Law School* 399 n. 4 (1908)，该文提到了州蒸汽船垄断。

〔49〕 1 Day 19 (Conn. 1802).

倍的现金收益。虽然被告已经证明，其公共马车不是将旅客运送到波士顿，而是到奥尔巴尼，法院还是支持了原告的惩罚请求。因为“授权的精神是，（原告）享有在马萨诸塞州的路线上运送旅客的排他性权利。”[50]

但是，在早期，法院并不常常对立法授权作出这种慷慨的解释。1815 年，康涅狄格州法院自己对早期的判决范围作了实质性的限制，认为公共马车的排他性特许运营权是一种私人权利，不能被继承，也不能由时效取得。[51] 此外，可能最具有代表性的，依据后来的发展又最令人惊讶的是，纽约州早期的两个判决体现了对排他性特许权中所有个人财产权利的强烈抵制。在 1808 年的 *Donelly v. Vandenbergh* 一案[52]中，两个公
共马车排他性运营特许权的享有者依据立法机关的规定，起诉 121
一个竞争对手，要求对其处以 500 美元的罚款。被告证明，总共有 6 个人共同获得了特许权，其中两人（不是原告）许可他运营。原告又说，6 个特权的受让人将本州分为单独的排他性路线，被告并没有获得任何一个协议当事人的许可而参与竞争。法院的投票结果是 2 票反对，1 票赞成。其后担任衡平法院大法官的肯特投了反对票。高等法院认定，不能支持原告的罚款请求。法院判定，在授予特许权时，“公共便利是立法机关考虑的目的”，考虑到这一事实，法院拒绝将特许认为是一种可以被分割的财产利益，这种分割是“为了在不同的道路上设立排他性的和独立的权利。”因为被告已经得到了特许人之

〔50〕 同上，第 21 页（原告的主张）。

〔51〕 Nichols v. Gates, 1 Conn. 318 (1815).

〔52〕 3 Johns. 27, 37, 39 (N. Y. 1808).

一的许可，所以不能对他提起制定法规定的罚款之诉。

斯宾塞法官提出了异议意见。但是，甚至这一意见也体现了法律在界定特许性质的旅途上，还有多远路程要走。他认为，因为特许是一种可以分割的财产利益，所以被告应承担责任。但他也认为，特许之所以是排他性的，仅仅是由于立法机关明确的意思形成的。他宣称，立法机关的法令，是为了“公共利益和便利”而制定的，既然这种运营“在每个人享有它之前，是一种权利”，所以，如果制定法不规定罚款的话，那么每一个人就都可以自由地运营公共马车了。

一年后，在 *Almy v. Harris*（1809）一案[53]中，这些观点被强化了。在这个渡口所有人起诉没有得到许可的竞争者的案件中，大法官肯特又提出了同意意见。高等法院推翻了支持原告的损害赔偿判决，依据禁止没有得到许可而建立渡口的立法判定，原告能够取得的赔偿仅仅是 5 美元的罚款。法院判定，如果原告“在普通法上拥有对这个渡口的排他性权利”，那么，不管制定法如何规定，原告都有权提起损害赔偿之诉。但他“在普通法上没有排他性的权利，只享有制定法规定的权利。”虽然他获得了对渡口的排他性特权，也只能取得制定法上规定的罚款。这样，因为否定了排他性特许是普通法上的权利，法院就不仅延续了 *Donelly v. Vandenbergh* 一案的观点，即排他性特许并没有授予普通法应当保护的财产权利，而且还采纳了斯宾塞法官的意见，即特许的唯一目的是管制河流上的渡
122 口，贯彻州的利益。总之，直到美国法官对促进经济发展的过

[53] 5 Johns. 175 (N. Y. 1809).

程中运用排他性特许坚定不移地保护州的利益时，法院才继续抵制了英国的观点，即认为特许权是一种财产权利，受让人可以出于阻止侵害性竞争为目的实施这种权利。

州创设垄断的权力

虽然法院常常想限制排他性特许权的范围，但是，在对纽约州的利文斯顿—富尔顿河蒸汽船公司的垄断争议出现之前，州授予这种特权的权力似乎一直都没有受到来自司法的挑战。[54] 1787 年，纽约州立法机关授予了约翰·费奇（John Fitch）14 年的“唯一的和排他性的权利”。这种权利是：“建造、制造、使用、雇佣各种类型的船只，通过水流、也可能是通过火力或者蒸汽推动，在本州的版图和司法辖区内，通过溪流、河流、海湾以及各种水体（航行）”。11 年后，费奇没有能开发出蒸汽船，立法机关撤销了以前的授权，重新给罗伯特·费奇（Robert Fitch）授予了 20 年的特许权，其条件是，他应当在 1 年内提供证据，证明已经制造了满足特定要求的船只。[55] 但是，这次利文斯顿公司还是与成功无缘，1803 年，

---

〔54〕 Livingston v. Van Ingen, 9 Johns. 507 (N. Y. 1812).

〔55〕 尽管纽约法律修改委员会否决了立法机关废除特许权，但是，立法机关的决议还是通过了。A. B. Street，同上注 6，第 315 - 316 页。有趣的是，基于随后合同条款（指宪法上的合同条款——译者注）的发展，委员会反对的原因在于没收并未依据正当程序进行。这就意味着，人们已经相信，对立法影响撤销的权力至少存在程序限制。事实上，“特许（grant）即合同”的内在寓意早在 1780 年和 1790 年就出现在委员会审议议程中了。同上注，第 234、416 页。

立法机关又将特许权延长了20年。其条件是，在随后的2年开发出符合要求的船只。期限届至时，利文斯顿公司还是没有成功。但是，利文斯顿与他的合伙人，罗伯特·富尔顿再次成功地使立法机关在1807年重新给了他们20年的特许，允许他们两人用更长的时间，成功制造船只来满足州的要求。最后，在他们成功之后，紧接着，立法机关1808年规定，对他们建造的其他船只，授予他们的特许权将再延长5年，一共延长到30年。

1811年，利文斯顿—富尔顿请求纽约衡平法院的大法官约翰·兰森（John Lansing）对一个蒸汽船的竞争者颁发禁令，因为他已经开始在纽约市与奥尔巴尼之间的哈德逊河水域航行了。被告并没有挑战立法机关授予排他性许可的固有权力（除非这种权力与国会依据商业和专利条款享有的权力冲突）。兰森是个热诚的杰弗逊主义者，早在20年前就反对批准美国宪
123 法。这次，他以颁发禁令可能会与自然权利冲突这一远为广泛的理由拒绝颁发禁令。他宣称，他不能找到英国授予排他性通航权的例子，之所以如此，“似乎是考虑到，如果作出了这种许可就违背了公法（*jus publicum*）”。[56] 而且，如果这种授权有效的话，那么，“已被授权的事项和不能被授权的事项之间界限在哪里呢?”立法机关是不是可以进一步限制帆船和划艇的航行呢？“如果到了这一程度，这是不是对共同权利的克减呢？它与州的全体公民享有与其他州的公民相同基本权利和豁免的宪法条文一致吗?”[57]

---

〔56〕 Livingston v. Van Ingen, 9 Johns. at 519.

〔57〕 同上，第520－521页。

兰森的目的仅仅在于对利文斯顿—富尔顿案中授权的合法性提出一定程度上的疑问，因为这样他就可以不特别强调授权是无效的，而是求助于衡平法院传统上的自由裁量权就可以拒绝颁发禁令。即使如此，纽约复审法院*的法官一致撤销了该决定。该法院是以英国上议院为模本建立的，由包括首席法官肯特在内的高等法院法官和纽约参议院的成员组成。值得一提的是，在这个案件上诉审的新一轮辩论中，被告依然忽视了从自然权利角度作出论证，虽然自然权利观念对他们是有利的。这表明，他们也认为，兰森的观点是离经叛道的。毫无疑问，他们的估计是正确的。对立法机关授予排他性许可的权力发动总攻那一天确实来得太晚了。“为了否定立法机关的这种权力”，汤普森法官评论说，“就要将大量的、性质类似的特许从法令全书中废止”。这就会使“所有的收费公路、收费桥梁、运河、渡口和类似的东西”成为问题。[58] 虽然被告从来都没有抨击州颁发许可的一般性权力，但撤销兰森作出的判决，被认为是确立了这种权力。所以，1820 年，在对蒸汽船垄断提起第二次挑战时，复审法院认为，任何对州权力的抨击，“在本案中都不再予以讨论”。[59] 在 1833 年罗·塔尼（Roger Taney）发表司法部长的个人法律意见（对该意见本书后面还有

---

* 复审法院（Court for Correction of Errors）是依据上诉或者法院的纠错令而对下级法院对案件作出复审的法院。纽约州曾经有这种法院，现在已经不存在，高等法院和上诉法院实际行使其功能。——译者注

〔58〕 同上，第 568 页。

〔59〕 Gibbons v. Ogden, 17 Johns. 488, 508（N. Y. 1820）*reversed* 22 U. S.（9 Wheat.）1（1824）.

详细的讨论）之前，[60] 对州授予垄断的权力没有任何更新的法律挑战。

除了争论美国宪法授予议会对商业和专利的排他性权力以外，利文斯顿一案被告人的主要论点涉及颁发禁令的妥当性。然而，仅仅 3 年前，在 *Almy v. Harris* 一案中，高等法院判定，对侵害排他性渡口特许经营权的行为，私人并没有获得普通法上赔偿的权利，唯一可以得到的赔偿是制定法上规定的 5 美元
124 罚款。（该案）因为不承认（特许权）的财产利益，所以似乎认为私人也没有请求颁发禁令的权利。但法院不理睬这一判决，并命令颁发禁令。这是纽约州法院第一次承认排他性的许可构成了法定财产利益。

然而，关于禁令的颁发还存在另外一个问题。英国的衡平法院向来敌视垄断，甚至一直到 18 世纪，在原告第一次依普通法确立了自己的权利前，它们都拒绝禁止违反专利法的行为。[61] 另外，在美国，正如兰森的观点所表明的那样，“垄断”一词具有强大的修辞性力量。而且，“作为杰弗逊主义者，富尔顿与利文斯顿对其权利是否具有垄断性，必然是敏感的。他们非常敏感……以至于其答辩的出发点是，从财产的角度看，其权利并不是垄断。”[62] “**垄断**是一个技术术语”，其辩护人争论说，“它是一种**特权**，是敌视公共利益的。谁听说过议

---

〔60〕 *Infra* at pp. 134－136.

〔61〕 11 W. Holdsworth, *A History of English Law* 424 n. 12 (1938). 事实上，直到 1811 年，英国衡平法院介入妨害案件还是“非常有限的，而且很少。”“自从那一时期，在这些案件中都适用的禁令就逐渐增加了。” G. Watrous, “Touts, 1701－1901” in *Two Centuries Growth of American Law* 113 (1901).

〔62〕 1 J. Dorfman, *The Economic Mind in American Civilization* 481 (1946).

会的法令创造的垄断？立法机关授权的目的是为了补偿那些引入、扩大和完善了其他人的发明的天才。其中考虑了公共利益。"[63]

从历史的角度看，这种看法不是没有价值的。好像从来没有人质疑过国会颁发排他性许可的权力；以往反对创设垄断的权力也完全是为了挑战皇室的特许。[64] 但是，颁发禁令的决定不仅确认了立法机关已被充分承认的颁发这些许可的权力，而且还发展了这样一个相当不确定的主张，即特许只是另外一种形式的财产权，除了可以获得制定法上的救济外，还可以得到普通法上的救济。而且，大量使用禁令救济，阻止了陪审团审理被告的权利。可以猜想，陪审团中反垄断的普遍成见会缓和一种狂热情绪，正是这种情绪，使衡平法院的大法官们不受当前的大众控制，随后扩大了对特许权享有者的保护。

特许和默示垄断

1814 年，在 *Livingston v. Van Ingen* 案之后两年，詹姆斯·
肯特成了纽约衡平法院的大法官。20 年后，斯托里法官在回 125
顾美国衡平法学的蓬勃发展时评论道，在美国独立战争之前，它"根本不存在，即使有的话，也是非常不完善的、不规范

〔63〕 9 Johns. at 547. 参见叶茨法官的意见，他采纳了这种观点。参见，同上注，第 588 页。

〔64〕 Malament, "The 'Economic Liberalism' of Sir Edward Coke," 76 *Yale
L. J.* 1321, 1347 – 58 (1967). 312

的”。他注意到，独立革命以来，“它缓慢发展和培养起来”，一些州完全拒绝采用衡平法体系。他得出结论说，“在大法官肯特先生通过他渊博学识、无与伦比的勤奋和卓越的天分使衡平法成熟以前，衡平法并没有达到完全成熟和发挥其勃勃生机的地步。”〔65〕 1828 年，肯特本人也对其担任大法官作了略带夸张的评论：“我把（衡平）法院看成是美国从来不知道的一个新机构。没有什么东西指导我。这使我可以自由地运用英国衡平法院的所有权力和司法权，只要我认为依据宪法，这些权力是可以适用的。这给了我巨大的空间……我可能有时为一条技术性规则所烦扰，**但我总是会发现适合我对案件观点的原则**。”〔66〕 所以，部分是因为肯特以往的努力，斯托里法官其后可以稍带满足地说：“现在，适用禁令比以前要自由多了。”〔67〕

肯特在担任大法官一年以后，一些人购买了土地，并建设了一条不收费的私人公路，与刚成立的克罗顿（Croton）收费公路公司竞争。原告要求对肯特这些人颁发禁令。〔68〕 调整收费公路公司的一般性法律，〔69〕 以及调整收费公路公司成立的特别法，都没有规定对公司授予收费的排他性特权，只是规定了收费的费率。事实上，一部特别法已经规定，没有一条法律规范“可以被解释为禁止”人们为了与克罗顿收费公路公司竞争，而从“现在或将来的立法机关中获得成立收费公路公司的

〔65〕 1 J. Story, *Equity Jurisprudence* 62－63.（1st ed. 1836）.

〔66〕 J. Kent, Letter to Thomas Washington, 1 *Select Essays in Anglo－American Legal History* 844－45（1907）.

〔67〕 2 J. Story, *Equity Jurisprudence* 156（1st ed. 1836）.

〔68〕 Croton Turnpike Co. v. Ryder, 1 Johns. Ch. 611（N. Y. 1815）.

〔69〕 1807 N. Y. Stat. ch. 38.

法律”。[70] 尽管如此，肯特甚至没有提及制定法的特别条款，就认为修建竞争性的公路“是对原告享有其制定法上的特权的重大的、有害的干扰”，因此颁发了禁令。他宣称：“如果本案中体现的这种图谋被容忍，那么，这种类型制定法上无数被扩大了的特权，就会变得没有多大价值；而且钱也就白花了”。[71]

克罗顿收费公路案件判决代表了美国特许权基本观念的第二个重要转折点。本案与 *Livingston v. Van Ingen* 案存在巨大的差异。在本案中，肯特只是认为收费特许权必然是排他性的，而在 *Livingston v. Van Ingen* 案中，对于立法机关明确授予原告以排他性的垄断权不存在任何怀疑。克罗顿收费公路案件是美 126
国第一个司法执行默示排他性垄断的明显例子。[72] 因此，6 年后，纽约州法院就从 *Almy v. Harris* 案判决的立场转向了克罗顿收费公路案判决的立场。前者认为，排他性许可并没有赋予受让人以财产利益；而后者则认为，即使没有立法机关明示的许可，许可也授予了原告这种财产利益。

在 1821 年的 *Newsburgh Trurnpipe. co. v. Miller* 案[73] 中，应一个收费公路公司的请求，肯特又颁发了一个禁令。这一次是

---

〔70〕 1808 N. Y. Private Stat. ch. 55.

〔71〕 1 Johns. Ch. at 616.

〔72〕 可能 *Chadwick v. Proprietor of Haverhill Bridge*, 2 *Dane's Abr.* 686 – 87 (1798) 是另外一个案件，但其判决被淹没在神秘的时效规则中了。从纽约建造收费公路开始，在纽约的案例报道中，竞争造成的损害开始浮出水面了。1805 年和 1806 年的两个被报道的诉讼涉及因竞争造成的损害，但是，这些案例之所以被报道，主要是因为程序争议。参见 New Windsor Turnpike v. Wilson, Coleman & Caines 467 (N. Y. 1805); New Winder Turnpike v. Ellison, 1 Johns. 141 (N. Y. 1806).

〔73〕 5 Johns. Ch. 101 (N. Y. 1821).

禁止私人架一座会减少该公司收费的桥。肯特写道，这桥（的建设）带来的竞争“会对制定法上的特许造成极大损害，而且还构成……一种妨害”。他引用了布莱克斯通关于通过时效取得对渡口和市场排他性权利的例子，宣称“以类似目的，竞争性的公路、桥梁、渡口和其他类似东西，都不能建在会对特许权造成重大影响或者剥夺其收费的地方。这种建造是对特许权的敲诈，而且会战胜特许。”〔74〕

认为排他性是特许权固有属性的假设，是美国从18世纪末就盛行的经济政策的顶点。在鼓励稀少的私人资本投资于公共改良工程的过程中，立法机关给很多私人集团颁发了垄断特许，这些人准备投资于高风险和高回报的行业。特许是排他性的，即使在这一点还没有被明确承认时，所有当事人通常也都知道。肯特指出：“我们邀请个人投资于大型的、花销大的、风险高的公共工程，如道路和桥梁，而且还必须对之进行长期和良好的维护，其获得的对价就是排他性收费的权利”。无论如何，这种普遍的理解是不是可以在法律上转化为一种固定的权利，则是另外一回事。此外，授权中包括的是特权而不是垄断权，也是维护立法授权的合理理由。收费公路的经营者为了取得成立公司的利益，以及分享州为建设高速公路而征收土地的权力，需要得到立法机关的许可。此外，桥梁公司在阻塞河流的航行以前也需要得到州的许可。然而，一旦这些其他理由

〔74〕 同上注，第111－112页。有趣的是，同年，纽约法律修改委员会不想走得肯特那么远，至少在立法机关批准竞争性许可方面的权力是如此。虽然该委员会成功地否决了会阻碍在先的收费公路特许权的一部法令，但是，它这样做并没有挑战立法机关批准这些竞争性许可的固有权力。参见 A. B. Street, *supra* note 6, at 394－95.

被忽略时，人们好像就坚定地遵循了这些原则：授予特许权唯一可以想象的理由是创设垄断，州在之后颁发成立公司的特许就有违诚信，用肯特的话来说，就是“对特许权的敲诈”。

州许可竞争性特许权的权力

垄断推定（presumption）源于这样的经济环境：鼓励投资似 127
乎需要授予排他性特权。结果是，在19世纪前25年，州促进经济发展的利益很少与私人企业行使排他性许可的利益相冲突。实际上，认为特许权授予了排他性财产权利的结论是在纯粹私人诉讼中发展起来的。例如，肯特参与的所有判决都是在由获得许可的受让人提出的诉讼中作出的，原告的目的是为了排斥那些没有取得州批准的竞争者。但是，到1925年以后，当州可否批准竞争性的公共项目这一问题首次浮出水面时，这些判决和类似的 *Fletch v. Peck* 案、特茅斯大学案的判决，都已经对这一问题作了否定回答。如果特许可以自动产生垄断的话，那么州以后作出的任何许可都构成对这种排他性特许的侵害。

无论如何，在马萨诸塞州高等法院1830年对查尔斯河桥梁这一重要案件作出判决以前，很少有人直接思考州批准竞争性的公共项目的权力。1798年，在马萨诸塞州的哈维尔（Haverhill）桥梁案的争议中，公司辩称，它已经取得了州的许可。

一个技术问题（technicality）阻止了法院考虑桥梁公司的辩护意见。[75] 1793 年，新罕布什尔州的立法机关拒绝颁发一个桥梁公司的成立许可，直到当时的渡口经营人同意后，才予以颁发。该渡口经营者是从殖民地总督处取得排他性许可的。[76] 但这是否绝非对立政治利益的竞争，肯定是不清楚的。虽然在 1797 年，南卡罗来纳州高等法院就在强烈的反对意见中，认为州没有建立竞争性渡口的权力，[77] 但 1815 年，在法院再次考虑这一问题之前，这种权力的存在从来没有被质疑过。[78] 南卡罗来纳州是唯一还在主张为公共目的征收无需补偿的州。1818 年，其高等法院许可州政府可以不予赔偿即将渡口的特许权转让给其他人。[79] 在马萨诸塞州，有人说，1780 年到 1811 年，在 14 个桥梁公司损害渡口所有人可得利润的案例中，其中只有 4 个被立法机关认为适合考虑赔偿问题。[80] 类似地，1811 年，新泽西州立法机关不顾已成立的自来水公司
128 的反对，颁发了成立一个竞争性自来水公司的许可。反对的唯一理由明显是经济上的，而不是法律上的，因为已有的公司主张两个可替代的观点：高风险应该得到高回报；资助一个以上公司的需求并不充分。[81] 即使在 *Livingston v. Van Ingen* 一案

〔75〕 2 *Dane's Abr.* 686 - 87.

〔76〕 See Morey v. Proprietors of Orford Bridge, Smith's Rep. 91 (N. H. 1804).

〔77〕 Anonymous, 2 N. C. 457.

〔78〕 Beard v. Long, 4 N. C. 167.

〔79〕 Stark v. M'Gowen, 1 Nott & M'Cord 387 (S. C. 1818).

〔80〕 Charles River Bridge v. Warren Bridge, 7 Pick. 344, 413 (Mass. 1829)（律师的辩护意见）。

〔81〕 J. W. Cadman, Jr., *The Corporation in New Jersey: Business and Politics*, 1791 - 1875 226 - 28 (1949).

中，私人财产的神圣性被充分讨论了，纽约州高级法院不采纳相对人辩护人的意见，即立法机关撤销一个以前对蒸汽船垄断的许可可能会对其请求产生有害的影响，利文斯顿与富尔顿公司因而宽慰地舒了一口气。[82]

因此，在达特茅斯大学案判决的潜在价值开始被充分开发之前，似乎没有一个人质疑州成立竞争性公共项目的权力。如果没有美国公法理论的支持，英国私法中的垄断理论就不可能限制州的权力。

19 世纪第一个认为竞争性的特许权违背了宪法的判例，似乎确立了相反的原则。在 1828 年的 *Enfield Toll Bridge v. Connecticut River Co.* 一案[83]中，争议的核心问题是，州是否可以授权第二个公司在同一个瀑布上建立水闸。法院宣称，“毫无疑问，”许可是排他性的。“这与已经审理的（put at the bar）收费公路公司、渡口公司与银行等案件不一样。已经许可一个公司在上流瀑布附近的滩点建立水闸，耗尽了立法机关许可在那些瀑布上建立其他水闸的权力。许可另外一家公司在同一瀑布上建立水闸，明显是对第一个许可的侵害。”[84] 法院完全没有宣告任何重大的宪法原则，而似乎将第一个公司的排他性特许建立在这一基础上：从物理角度说，不可能存在建造同一水闸的两个许可。法院认为，第二个许可是对第一个许可事实上的撤销。[85] 基于同一原因，法院拒绝认定这一时期的典型特

〔82〕 9 Johns. at 541 – 42.

〔83〕 7 Conn. 28 (1828).

〔84〕 同上注，第 52 页。

〔85〕 从技术角度看，这些都是异议意见（dicta）。因为很多年前，第一个公司要求法院免除其建造水闸的义务，法院最后判定免除。同上注，第 53 – 54 页。

许如对收费公路、渡口和银行的特许是排他性的。

1823年，肯特大法官因为年龄原因而不得不退休。此时，在特许权问题的讨论出现了一种新腔调。这种腔调并不完全受纽约州当时的政治气候影响。在前一年，一个宪政协议（constitution convention）把最初的衡平法院司法权扩大到可由所有下级法院法官行使。正如一个赞成衡平法院的评述者所说，它体
129 现了这样一种观点："衡平法院不仅花销高昂、单调沉闷，而且非常专制。"他指出，"目前公共舆论强烈赞成最大胆和最极端的改革计划。人们努力创造和扩散反对本州高等法院偏见的观点。我们遗憾地说，协议一开始就已经明确表达了这种趋势。"[86]

在这种改革氛围中，凯尤加（Cayuga）桥梁公司请求纽约州高等法院解释其设立许可。该许可明确授予了该公司在桥梁3英里的范围之内的排他性收费特权，即使对穿越该湖的私人过客，也可以收费。该公司起诉一个徒步穿越冰冻湖面的人，该被告的行程始于3英里范围之外，但其终点却在3英里的范围之内。高等法院判定，公司不能胜诉，应当严格解释法令。"法令授予了公司某些特权，限制了公民权利……在解释那些有利于公司或者特殊个人的制定法，以及那些减损公民普通法上权利的法令时，应注意不能超越这些规范的明确用语及其明确意义。"[87] 1830年，当这一原则被重新适用时，同一年，马萨诸塞州法院对查尔斯桥梁公司案作出了判决。在另一场有

〔86〕 "Equity Jurisdiction in the State of New York," 1 *U. S. Law J.* 32, 40, 35 (1822).

〔87〕 Sprague v. Birdsall, 2 Cow. 419, 420 (N. Y. 1823).

关州许可成立另一家竞争性桥梁公司的权力的法律战斗中，凯尤加桥梁公司又失败了，甚至败得更厉害。[88] 1797 年，该公司被授予在其桥梁 3 英里范围之内的排他性收费权，但该桥梁 1809 年毁灭了。直到 1812 年，该桥还没有重建，于是当地居民向立法机关请求建另外一座桥。最后，在立法机关的压力之下，各方达成了妥协：公司被许可在桥的旧址重新建造一座桥，在几英里外建造另一座桥。而且，立法机关授予了该公司从最初的法令那里取得的一切权利和特权。但是，1825 年，立法机关批准地方居民建造一座不收费的桥，该桥位于最初的桥原址 3 英里之外，但距公司新近建立的桥只有 1 英里。衡平法院大法官沃尔沃思（Walworth）为了废除其前任对不收费桥梁发布的禁令，认为立法机关并没有将 3 英里范围之内收费的排他性限制扩大适用到公司建造的第二座桥上。“这种不妥当的排他性特权”，他宣称，“不能通过解释进一步将其扩张……因此，迄今为止，损害普通法上基本权利的最后两个法令都必须按照普通法原则，作出对公司不利的严格解释。”[89]

查尔斯河桥梁案：经济发展中州职责的变化

随着查尔斯河桥梁案的出现，州法院最终被迫面对州在鼓 130

---

〔88〕 Cayuga Bridge Co. , v. Magee, 2 Paige 116 *aff'd* 6 Wend. 85 (N. Y. 1830).

〔89〕 同上注，第 119 页。 313

励经济发展的过程中，其恰当的角色观念的重要转变问题。[90]随着运河和桥梁开始大规模地取代收费公路和渡口，已经建立起来的有关排他性特权的司法规则逐渐定型了。虽然在一个不发达的社会中，为了鼓励私人投资，以往的排他性垄断特许有其必要性，但是，在1825年后，对这些特许的限制就已经变得明显了。不仅最初获得特许而建立的设施不能充分满足日益频繁的商业活动的需要，而且现存的交通网络也迅速变得过时了。

1785年，连接波士顿和查尔斯镇的查尔斯河大桥竣工。当时，波士顿的人口数量为17 000人，而查尔斯镇的人口则仅有1200人。[91] 到1827年，在马萨诸塞州立法机关授权在该桥附近建造沃伦（Warren）大桥时，波士顿的人口已经增长到超过了60 000人，查尔斯镇的人口也达到了8000人，附近的城郊人口也增长了。[92] 首席法官帕克尔指出，这种变化的结果是，"大桥的利润已经远远超过了本地所有类似建筑物的利润。"[93] 桥梁公司声称，其最初的投资为51 000美元，随后的费用19 000美元。而在许可沃伦大桥建造以前，该公司征收的过桥费是每年30 000美元。[94]

---

〔90〕 对这一案件出色的讨论，参见 S. Kutler, *Privilege and Creative Destruction: The Charles River Bridge Case* (1971)。

〔91〕 Charles River Bridge v. Warren Bridge, 7 Pick. 344, 352 (Mass. 1829). 查尔斯河大桥第一次将波士顿与美国大陆联系在一起了。它被认为是"美国的一个奇迹，吸引了美国其他地区的很多人参观。" 1 Warren，同上注48，第509页。

〔92〕 7 Pick. at 352.

〔93〕 同上注，第532页。

〔94〕 同上注，第379－380页。

与查尔斯大桥竞争的桥梁离查尔斯大桥的一端距离为 260 英尺，离另一端的距离为 915 英尺。[95] 其特许状规定，桥梁经营者可以收费，直到他们获得特定的利润为止。但无论如何，在 6 年内将该桥梁交给州以后，公司就不能再收过桥费了。[96] 因此，1829 年马萨诸塞州高等司法法院辩论查尔斯桥梁案时，离沃伦大桥开放的时间还不到 1 年。但是，查尔斯桥梁公司的收入就已经减少了 1/2 到 2/3。[97] 到 1837 年美国最高法院对该案作出判决时，公司事实上已经没有收入了。[98]

在这一时期，州在促进经济发展过程中的角色开始发生变 131
化。不仅如此，在其他法律领域，一个静态的不发达的社会中发展起来的固定法律预期，逐渐让路于这种信念：在一种动态的和不断变化的社会环境中，财产所有权人需承担法律不能提供保护的很多风险和不确定性。从 19 世纪初开始，立法机关为了促进经济发展，就常常与传统财产权妥协。马萨诸塞州的法律将不动产所有权人回赎其抵押物的衡平权利期间显著地缩短，从 20 年缩短到了 3 年。该州杰出的杰弗逊主义派政治家，詹姆斯·沙利文在其 1801 年的著作中为其“实惠（economy）和好处”鼓与呼，他宣称，规则已经确立了，“不动产的改良

〔95〕 同上注，第 386 - 387 页。

〔96〕 同上注，第 385 页。

〔97〕 同上注，第 390 页。

〔98〕 事实上，沃伦大桥的收入相当多，在建造两年后就收回了成本。但在 1836 年之后，该桥梁确实不再收过桥费了，而立法机关意识到，最高法院的不利判决确实会使桥梁公司承担巨大的损害赔偿责任。参见 2C. Warren，同上注 48，第 529 - 530 页。

就或许不会被耽误，而且不会损害抵押权人的利益。"[99] 法院为了许可经济变革，同样也开始修正传统的财产权利观念。在经济上具有重要性的用水权领域，法官开始拒绝适用这样的普通法规则：如果为作坊而利用水资源会损害位于同一河流的其他经营人的利益时，这种行为就应当被禁止。[100] 此外，法院还拒绝适用先占用规则，驳回了河流第一个占有人为其作坊而排他性的使用水的主张。[101] 早在 1805 年，利文斯顿法官认为，先占规则支持了垄断制度，而在垄断中，"公众的利益本来应常常得到尊重，但在垄断中其经常参与竞争而得到的利益却被剥夺了。"[102] 同时，发展经济的目标也使法院修正了普通法关于土地毁损（waste）的规则，它赋予终身地产保有人*有以剩余地产权*人的费用改造土地的很大自由。"土地毁损规则在**本地**适用，"弗吉尼亚州高等法院的一位法官宣称，"应有所变化，使之适应我们新兴的和无人居住的地区。"[103]

---

〔99〕 J. Sullivan, *The History of Land Titles in Massachusetts* 102 (1801).

〔100〕 例如，参见 Platt v. Johnson, 15 Johns. 213 (N. Y. 1818); Palmer v. Mulligan, 3 Caines 307 (N. Y. 1805).

〔101〕 See Tyler v. Wilkinson, 24 Fed. Cas. 472 (1827); Merritt v. Brinkerhoff, 17 Johns. 306 (N. Y. 1820).

〔102〕 Palmer v. Mulligan, 3 Caines 307, 315 (N. Y. 1805).

* 终身地产保有人（life tenants）是指在自己或相关的其他人的生存期间，终身享有不动产权益的承租人。——译者注

* 剩余地产权人（remainderman）是指享有剩余地产权的人。剩余地产权（remainder）是指在设立有期限的先行地产权时，同时设定由第三人将来享有剩余部分的地产权。——译者注

〔103〕 Findlay v. Smith, 6 Munf. 134, 142 (Va. 1818); see also Jackson v. Brownson, 7 Johns. 227 (N. Y. 1810). "正如英国理解的那样，土地毁损规则不适用于一个新成立的、无人居住的地区。" *Id.* at 237（斯宾塞法官的异议意见）。

在一种类似的趋势中，美国法院修正了普通法中调整附属于不动产的动产规则蕴含的所有权绝对观念。在1829年*Van Ness v. Pacard*[104]的判决中，斯托里法官拒绝适用这一普通法规则：土地所有权人对承租人在土地上添附的全部施舍享有所有权。他指出："本地是未开发的，一般的政策是实现土地的耕种和改良。土地所有权人和公众，都有鼓励承租人致力于农业的强烈动机，并且支持建造有助于实现这一目的的任何建筑；但是，在比较穷困的本地，如果承租人丧失了对其建筑物的全部利益，那么承租人能建设什么更昂贵和更有价值的附属物呢？"1年以后，《论不动产的附属物法》(*A Treatise the law of* 132
Fixture)的作者谴责同一条普通法规则，"它不仅不公平，而且其效力有害于改良精神"。[105]

这种为了促进经济发展而修正财产权关系的趋势，并不总是被热情接受。例如，肯特大法官以怀疑的眼光看待类似的法律，这种法律允许土地的诚信占有人在被一个对土地拥有效力更强权利的人驱逐出来后，可以接受其对土地改良带来的价值。[106]肯特承认，大多数这些法律，在西部的州都通过了，在这些州的"很多案件中，土地所有权是非常模糊的，确认起来很困难。"但是，他宣称，"这些法律确实侵害了财产权利，而这些权利已为普通法的土地法所了解和承认。"他得出结论

〔104〕 27 U. S. (2 Pet.) 137, 145 (1829).

〔105〕 A. Amos and J. Ferard, quoted in 2 *U. S. Law Intell.* 289, 290 (1830)；另可参见"Fixtures," 10 *Am. Jur.* 53 (1833)，本文抨击英国规则"是对不动产改良的限制"，而且"往往会减少土地生产价值和利润"。

〔106〕 参见对马萨诸塞州有关土地改良（Improvements on Land）法令的讨论，2 *Am. Jur.* 294 (1829)。

说，“在物（things）的通常状态……这种迁就是不必要的，也是有害的，会引发对他人财产的过失性非法侵入。”[107]

随着法官开始意识到，财产权的绝对性和排他性观念给了单个土地所有人排除所有经济上值得追求，但对邻地有害的行为的权利，在经济发展的压力下，其他传统财产权利观念也开始退让了。在1815年以后的一系列判例中，法院开始限制私人土地所有者决定经济发展过程的权力，将因土地使用冲突造成的损害与法律不提供救济的竞争性行为造成的损害相比。[108]法院也建立了一套相似的判决，依此，州损害个人土地的行为被认为是“间接”损害，这种损害如果不是对个人财产的物理（physical）侵入，就可以不予赔偿。[109]

在查尔斯河桥梁案中，马萨诸塞州高等法院法官的意见首先反映了财产本质的变化。在查尔斯桥梁的特许权是否构成了一个默示排他性垄断这一问题上，法院的正反意见势均力敌。但是，即使首席法官帕克尔认为特许是排他性的，这也在一定程度上表明，追求发展的精神破坏了传统的财产观念。他从这样的论述开始：“从本州建立第一个殖民地以来，本州的全部历史和政策，就为变革和改良提供了例证。其结果是，将一个城镇不动产的附加价值转化到了其他财产上。这种附加价值（adscititous value）来自于其有利的商业位置。通过改造公路、修桥和新近建立的内陆居住区，将该不动产改造成了大路，或者

〔107〕 2 J. Kent, *Commentaries* 337－38（3d ed. 1836）.

〔108〕 Lasala v. Holbrook, 4 Paige 169, 171（N. Y. 1833）; see also Panton v. Holland, 17 Johns. 92（N. Y. 1819）; Thurston v. Hancock, 12 Mass. 220（1815）.

〔109〕 See Callender v. Marsh, 1 Pick. 418（Mass. 1823）; Lansing v. Smith, 8 Cow. 146（N. Y. 1828）*aff'd* 4 Wend. 9（1829）.

将其作为一个商业货物的存放和集散的基地。因此受到损害的 133
人以前从来没有，以后可能也不会得到赔偿。”而且，对这样一些商业损害，是不能赔偿的：“利润或报酬减少了，有时甚至会丧失，其原因是形势发生变化了，或者因为在同一商业领域，出现了新发明使商业成本降低了，而且使商品更容易被接受。”接着，他得出结论说：“在所有权上，存在这样一种风险（contingencies）是必然的：所有权易于被未来发生的上述事件所侵害……因此，事实上，财产上负担了一个保有权（tenure），它容许因为这种原因造成的财产价值减少。”[110]

帕克尔的观点被理解为，其本意似乎是为了支持第一个桥梁特许并没有授予垄断特权的观点。他和其他所有法官都承认，特许权的授予是州与受让人之间的合同，而且州不能撤销这个合同。他同时还认为，“如果收取渡口通行费的权利仅仅被限制在通往渡口的路上，那么这种权利就没有价值了。因为特许的价值就在于通行费，这又取决于行人。如果在这个渡口的同一岸建起了其他渡口，尤其是桥梁，特许权就会被破坏。”[111] 但是，他也承认，他不理解他关于所有权中包含风险的观点“即使对渡口和桥梁中的财产权不能全部适用，为什么也不能在合理范围内适用。”[112]

对帕克尔的同行，默顿（Morton）法官和怀尔德（Wilde）法官而言，走出概念困境的方法是参考实践经验。在实践中，任何主张存在一个一贯垄断原则的观点都有大量的例外。默顿

〔110〕 7 Pick. at 514 – 15.

〔111〕 同上注，第 519 页。

〔112〕 同上注，第 515 页。

法官写道，虽然“一些令人尊重的饱学之士曾经主张，对第一个银行的成立许可授予了这种广泛的排他性权利”，这种观点“现在已经基本被推翻了。”[113] 而且，“在很多案件中，立法机关批准建立新收费公路，这些公路中的一部分与已有的公路紧密并行，分散了客流，给已有公路的经营者造成了损害，甚至摧毁了其权利。”[114] 因为存在很多因竞争性的设施的建立而造成分散交通和减少利润的例子，所以，默顿认为，帕克尔主张的结果意味着，后来的经营者“是基于对无效的成立许可的信赖，做出行为并花钱的。其所有行为都是没有得到授权的。”无论如何，在后来的设施侵害在先的许可之前，司法部门都不能决定“（这种设施）应离以前的设施……多远，以及它可以转移多少客流”。他得出结论说，承认对一条交通路线的排他性权利，“相当于规定了交通路线和交易过程——事实上——
134 甚至会使社会状态和州本身都应当保持静止。”[115]

查尔斯河桥梁案代表了美国两种不同经济发展模式之间的最后一次大争论。对马萨诸塞州的帕特南（Putnam）法官和联邦最高法院的斯托里而言，发展经济最核心的要素是对法律后果的期望和预期的确定性。在满足这一条件后，帕特南预言，“有钱和有精力的人就会投资于获得成立许可的公共事业上，希望随着公共事业的繁荣而发财……但如果人们怀疑会出现相反的结果，政府信用（public credit）就会瘫痪。”[116] 斯托里认

---

314 〔113〕 同上注，第456页。

〔114〕 同上注，第457页。

〔115〕 同上注，第458页。

〔116〕 同上注，第503页。

为，“在安全性和产出方面，如果资本都不具有确定性和可靠性，那么，最稳妥的方案就是，停止私人和企业投资于公共项目的改良。”[117] 另一方面，默顿法官虽然承认“在短时期内，排他性权利有时会促进对公众有利的企业的发展”，但他也相信，“这些排他性权利的一般趋势是，阻碍公共改良的进程，妨碍公正和平等的竞争，而这种竞争政策一直受到我们州的鼓励。”[118]

斯托里—帕特南观点的问题在于，在高风险和大投资与商事企业的准公共性质的属性之间不再存在必然联系了。现在，在风险水准和投资的规模上，生产企业已经远远超过了那些桥梁公司，更不用说渡口了。但即便斯托里和帕特南也认为，在这些新类型的案件中，法律并没有给予投资者反对竞争的特别法律保护。随着公共服务公司向私人性的、营利性的公司转变，历史上的法律范畴已经不能在决定公共政策的过程中起实际指导作用了。默顿得出结论说，判决最好留给立法机关决定。

马萨诸塞州的全部法官都承认，立法机关有权授予排他性特许权，而不管这种特许权是多么不受欢迎。对这些法官而言，案件中的唯一问题是，在缺乏明示委托（commitment）的情况下，立法机关是否应受到拘束。但 1833 年，在该案件被迁回送到美国最高法院审理时，首席大法官托尼（Taney）赞成州有授予竞争性特许权的自由。这是从 22 年前的利文斯登蒸汽船特许权案件的争论后，州授予这种垄断权的重要权力第一次 135

〔117〕 36 U. S. （11 Pet. ） at 608.

〔118〕 7 Pick. at 462.

受到权威性的法律攻击。这一挑战的发起人是杰克逊总统的司法部长罗杰·B. 托尼（Roger B. Taney）。[119]

1832 年，新泽西立法机关授予卡姆登—安博伊（Camden - Amboy）铁路公司对纽约和费城之间的铁路运输以排他性权利，以此为交换条件获得公司的股份，公司承诺，这些股份收入足以覆盖州政府的全部支出。其后不久，费城—特伦顿铁路公司取得了特伦顿—布伦兹维克（Brunswick）收费公路公司的多数股份，其目的在于促使立法机关允许其在收费公路对面铺设铁路。[120] 收费公路的新所有权人付费寻求法律界的领袖，如肯特、韦伯斯特（Webster）这一法律问题上对他们作出支持，还有托尼的支持。[121] 这三个人都支持收费公路公司的立场，但其理由却明显不同。肯特与韦伯斯特，一如既往地坚持正统观点，认为对卡姆登—安博伊铁路公司的授权是无效的，因为它侵害了对收费公路公司在先的特许权。然而，托尼则认为，立法机关根本就没有授予任何排他性特权的权力。[122]

虽然托尼承认，认为公司成立特许是一个不可撤销的合同

---

〔119〕 1835 年 1 月杜瓦尔（Duval）法官辞职时，杰克逊（Jackson）提名塔尼（Taney）为联席法官（associate justice——法官或联席法官。指联邦法院或其他州法院中除首席法官之外的其他法官——译者注），但是参议院没有通过。然而，在同年 7 月马歇尔法官去世后，塔尼重新被提名。因为参议院在最近选举中人员发生了变化，所以在 1836 年 3 月，提名被确认了。

〔120〕 关于这一争论事件，参见 J. W. Cadman, Jr.，同上注 81，第 55 - 59 页。

〔121〕 在这一时期，司法部长（attornies general——原文如此）常常保持私法上的做法。

〔122〕 参见剪报关于他 1835 年 9 月 5 日对查尔斯河大桥案的意见，“Notebook of Simon Greenleaf”（哈佛大学法学院图书馆珍本室）。对塔尼意见的其他摘要，参见 C. Harr, ed.，*The Golden Age of American Law* 348（1965）.

的观点，“现在已经成了定论”，但是，其观点接近于美国对达特茅斯大学案规则的任何一个挑战。因为立法机关行使的只是委托权力，因此，托尼认为，“非常清楚，立法机关超出选民授予其权力范围行使权力的，不能通过合同或者其他方式约束州。”立法机关是主权和人民的代理人，所以，“当其行为超出了其权力范围时，其行为是无效的”，而且也不能约束以后的立法机关。“问题是，新泽西州的人民是否委托立法机关订立这种合同，并在特定的时期内剥夺了他们从事国内改良事业的权力？而人们又相信，这种改良对于增进其利益和促进州的繁荣是必要的。”

虽然他承认存在“支持将这种权力作为立法机关附带权力的权威观点”，但是，托尼得出结论说，“依据成文宪法，立法机关只享有有限的权力”，因此它“不能通过合同或者其他方式，限制其继任者的权力。”他回应兰森在利文斯顿案中的意见，试图采取终极归谬法（*final reductio ad absurdum*）。“如果立法 136
机关可以剥夺其继任者授权成立特殊种类的公司以及在特殊地点成立公司的权力，很明显，基于同样的原则，他们也可以出于任何目的，剥夺其继任者授权成立任何公司的权力。此外，如果他们可以通过合同或者其他方式，剥夺其继任者的这种立法权力，他们就可以以相同的方式放弃其他所有的立法权力，而且可以使州永远服从这一规定。”

但是，托尼并没有因此放弃他的逻辑路线：州在未来的任何委托都是无效的。他承认，“毫无疑问，在一些案例中，立法机关的行为会约束州，这种约束是不能被撤销的……在所有权力委托的案件中，如果代理人是在其职责范围内行使权力的，情况都是这样。”因此，州融资、转让土地、成立公司的行为都是有拘束力的，因为“这些行为是在立法机关被承认的权力范围之内做出的；而且因为它是人民授权的代理人订立的合同，因而也必然会约束立法机关的选民。没有合同其他当事人的同意就不能改变。”州颁发公司成立许可的权力何以会长期存在争议呢？托尼并没有说明。事实上，他的观点以这样一个论断结束它恰恰是公司的对手在交易中熟悉的武器：〔123〕“放弃主权属性的权力，对于州的福祉至关重要。除非选民明确授权外，不能认为这些权力是由代表享有的。”托尼是从这样一个根本假设开始分析的：对立法机关未来行为的任何限制，原则上都是对主权的破坏。但是，他仅仅得出了一个当时名声不好的杰弗逊主义式的论断：立法机关是否已经接受了明确的权力，这些权力会限制它自身。这种论断甚至被很多人用于质疑州对特许公司成立的权力。〔124〕

毫无疑问，托尼作为司法部长的感想影响了他作为首席法官作出的判决，但是，比较起来，托尼在查尔斯河桥梁案的意

〔123〕 See L. Hartz, *Economic Policy and Democratic Thought* : *Pennsylvania* 1776－1860 73－74 (1948).

〔124〕 1833 年后出现了与塔尼意见类似的论点。费城的大律师查尔斯·J. 英格索尔（Charles J. Ingersoll）在其小册子“对水权的一点看法”（*A View of Water Rights*）中，主张州不能授予运河公司以决定费城可否从 Schuykill 河流中抽水的权力。他追溯了衡平法院法官兰森（Lansing）在利文斯顿案件中的观点，宣称“如果【州】为了航运目的而授予其立法职能……那么，是否可以进一步将河水交与个人?” at 17. 接着，1850 年，在查尔斯河大桥案辩论并胜诉的格林里夫，重申了塔尼最激进的观点，宣称“立法机关使它自己将来不能为公共利益而行使人们授予其权力的任何行为，都无效。”3 S. Greenleaf, ed., *Cruise's Digest of the Law of Real Property* 66－67 n. 1 (1849－50).

见完全是传统的。他的“公众的授权不能通过任何默示的方式”规则,[125] 只不过是体现了在超过一代人的时间以来的变革过程的顶点。这种对商事公司的私人属性的认可，可以追溯到达特茅斯大学案的判决，这种认可也体现了经济关系的本质变化。公司不再主要是对州与私人利益为了公共目的联系在一 137
起的体现，公司形式已经发展成了一种限制风险和促进追求私人利益连续性的便利法律工具。在18世纪30年代，一般性的公司成立法律开始涌现，这些法律都表现了将公司仅仅作为商业团体的另一种形式的倾向。[126] 然而，即使为了限制州在既得财产权利方面的权力而承认公司的私人属性后，依然还存在继续将公司的实质作为一种公共机构的反常观点，它认为公司享有州授予的历史上的特权。在这个意义上，查尔斯河桥梁案体现了这一过程中的另一个环节：在这个过程中，认为公司是州授予特殊利益接受者的旧观点被抛弃，而且还调整了法律，将成立公司的行为仅仅看作一个颁发许可的行为。

对法院而言，最有决定性的影响可能是铁路的出现。马萨诸塞州和纽约州都在1826年颁发了铁路公司的成立许可。马里兰州1827年为巴尔的摩—俄亥俄公司颁发了许可，4年后，新泽西州也跟着这样做了。到1829年，在纽约州只有2个铁路公司。其后5年内，立法机关另外又批准成立了48个公司。同样，到1829年，马萨诸塞州只许可了2条无足轻重的铁路线，在其后的6年内，该州又批准了15条铁路线，其中很多

[125] 36 U. S. (11 Pet.) at 546.

[126] See [Theodore Sedgwick] *What is a Monopoly*? (1835).

（如波士顿和洛厄尔铁路）都是很大的工程。[127] 已经建立起来的交通网络，如桥梁、收费公路和运河，将会使用各种可用的法律武器和政治武器阻止铁路的发展。这一点几乎立刻就明确了。[128] 反过来，对法院而言，铁路成为使它采取新立场最重要的诱因。因为默示的垄断理论加重了每一条铁路的负担，这种难以控制的负担包括昂贵的损害赔偿诉讼和禁令。[129] 首席法官托尼写道，“假定把这种许可理解为附带了一个默示合同……你很快就会发现，原来的收费公路公司从睡梦中惊醒了，呼吁法院镇压改良活动，这些改良活动取代了它们的作用。对铁路和运河的大量投资，以及对以前由收费公路公司所占据的

---

〔127〕 *American Almanac* 189ff（1837）；E. M. Dodd，同上注 10，第 258－261 页、326 页。

〔128〕 早在 1829 年，米德尔塞克斯（Middlesex）运河公司就意识到了查尔斯河大桥案与它抵制铁路竞争的威胁能力有关。参见 C. Roberts, *The Middlesex Canal*, 1793－1860 154（1938）；另可参见“The Remonstrance of the Middlesex Canal Company concerning construction of Boston & Lowell Railroad,” Mass. Sen. Rep. No. 21（1830）；Nathan Dane，同上注26；另还可参见 Dyer v. Tukaloosa Bridge Co. , 2 Porter 296（Ala. 1835）.

315 〔129〕 参见 Hudson & Delaware Canal Co. v. N. Y. & Erie R. R. , 9 Paige 323（N. Y. 1841）；Thompson v. The New York & Harlem R. R. , 3 Sandf. Ch. 625（N. Y. 1846）. 因为切萨皮克—俄亥俄（Chesapeake Ohio）运河公司成功地禁止了 Balitimore & Ohio R. R. 公司的竞争，4G&J 1（Md. 1832），使后者的股票“报价非常之低。”1 L. H. Haney, *A Congressional History of Railways in the United Stares to* 1850 126（1908）. 比较 Mohawk Bridge Co. v. Utica & Schenectady R. R. , 6 Paige 554（N. Y. 1837）；Tuckahoe Canal Co. v. Tuckahoe R. R. , 11 Leigh 42（Va. 1840）；White River Turnpike Co. v. Vt. Central R. R. , 21 Vt. 590（1849）与 Chesapeake & Ohio Canal Co. v. Baltimore & Ohio R. R. , *supra*, and Enfield Toll Bridge Co. v. Hartford & New Haven R. R. , 17 Conn. 40（1845）. 另可参见 H. H. Pierce, *Railroads of New York* 11（1953）；M. Reizenstein, *The Economic History of the Baltimore & Ohio Railroad*, 1827－53 29－31（1897）. 1827－53 29－31（1897）.

交通路线的投资，将会处于危险之中。”[130] 尽管在表面上，查尔斯河桥梁案件的对立方存在着巨大的差异，但是，很明显，鉴于当时对发展经济的普遍热情，这些差异最后被消融在一个 138
相当狭小的法律技术问题上。在新泽西州，铁路公司与收费公路公司之间的冲突使当事人寻求肯特、韦伯斯特和托尼的意见，以获得法律上的支持。与此类似，1831 年，肯特大法官在退休很长时间后，他应莫豪克（Mohawk）—哈德逊铁路公司之请出具了付费的法律意见。但在他意识到他是该公司的竞争对手——奥尔巴尼—斯堪纳迪（Schenectady）收费公路公司的股东后，他“立刻将案卷和费用退了回去，因为虽然我对这一案件非常有兴趣，但我倾向于不给对手出具任何意见。”[131] 在他支持收费公路公司的意见中，肯特坚持反对传统观点，认为 1826 年的法案是非法的，因为它“干扰了一个合法的特许权”。而且，他同时为纽约州立法机关 1830 年的法案的合法性辩护，该法案允许收费公路公司在已有的公路对面铺设铁路。这并没有侵害铁路公司的特许权，因为立法机关一开始就保留了改变公司成立许可的权力。

虽然肯特认为特许权中包含了默示垄断的观点并没有改变，但令人意想不到的是，在肯特的意见中第一次出现了对排他性许可有敌意的评论。肯特热切地为立法机关的这种权力辩护：立法机关预先规定它可以变更和调整成立许可的条款。“谈论既得权利和特权的不可改变性是徒劳的”，他写道，“当

---

〔130〕 36 U. S. （11 Pet. ） at 552 – 53.

〔131〕 Letter form Kent to John R. Bleecker, April 7, 1831, 3 *U. S. Law Intell.* 168, 169 (1831).

这些权利和特权是在明确的条件下被接受的时，许可它们的同一统治者，可以随心所欲地对其做出变更和调整。”肯特甚至也明确意识到，排他性特权的授予是经济增长的一个障碍，如今，他也认可立法保留，即，有效地给予州对公司成立不受限制的权力。

> 考虑到公司和特权通过每一个方向繁殖，在每一个可能的事项上令人惊讶的繁殖，在这种情形，保留变更和调整的权力对于州的繁荣和安全而言就是最重要的了。这种保留可以自由地解释。立法机关迅速地、不慎重地颁发了许可。铁路法令第18节就是对这一问题的明显阐释。这好像意味着，如果没有这一节的话，立法机关的手足就会被束缚，在做出了一个铁路公司许可之后，就不能授予在州的其他任何地方建立铁路的许可了！很明显，这并不意味着，立法机关不能许可建立从**奥尔巴尼城到任何其他地方**的铁路线了。这可能吗？[132]

总之，到联邦**最高法院**判决查尔斯河桥梁案时，承认阻止交通领域未来排他性垄断的需求，已经不再仅仅局限于政治范围内了。唯一重大的争论是，采取何种恰当的方式避免出现以前的垄断后果。肯特不再提到提供法律保证以鼓励私人资本投
139 资的需求。他也不再强调交通公司固有的公共属性，基于此，公司承担了公共职责，并因此取得反对竞争的法律保护。在还不到一代人的时间里，法官和法学家就承认，支持竞争的政策是经济进一步发展必不可少的条件。

〔132〕 同上注，第170、172－173页。

第五章

法律界与商界

令历史学家迷惑不解的一个现象是，独立革命后美国法律界地位的激剧改变。“令人惊讶的兴起”，佩里·米勒（Perry 140
Miller）这样评论美国的法律职业：“仅仅三四十年的光景，它就改变了1790年左右的混乱局面，成为政治界和知识界的主导者。”[1] 在1790年和1820年间，一种重要新关系的发展，使法律界取得主导地位成为可能：即新锻造的法律职业利益与商事利益之间的联盟。正是在这一时期，商人阶层散布出一种恶毒的反法律主义（antilegalism）。在殖民地时期，他们诉诸法律以外的纠纷解决形式，常常就可以证明这一点。而在同一时期，法律界（the Bar）* 首次积极推翻18世纪不利于商业的法律规则。

1790年后，专事商业诉讼以收取高额律师费用的全职法律从业者首次登台了。例如，在马萨诸塞州，年轻的西奥菲勒斯·帕森斯（Theophilus Parsons）“取得了捕获品与海事法（prize

〔1〕 P. Miller, *The life of the Mind in American*: *From the Revolution to the Civil War* 109 (1965).

* 本章中的“bar”依据上下文分别翻译为法律界和律师。——译者注

and admiralty）法律硕士学位，对这一专业，其他律师几乎一无所知。”他认定“这一商业领域因为战争爆发可能会勃兴”。他的儿子还评论道，“事实上，他几乎已经垄断了这一行业，这一行业确实利润丰厚。”

> 我母亲常常提到“捕获品时代”（prize times）……在她眼里，这是最挣钱的，她从来都不知道有如此挣钱的行业。委托人挣钱容易，花钱也同样容易。[2]

在1790年以后，商业律师第一次取代了早期从事土地让
141 与或收取债权的律师，成为律师界的领导者。朱利叶斯·戈贝尔（Julius Goebel）告诉我们，在1789年进入美国政府之前，亚历山大·汉密尔顿在纽约的律师活动，“基本上是为了糊口的业务，没有什么令人振奋的问题……1795年，当汉密尔顿重返法律界时，商业环境已经发生了很大的变化，其商业活动的范围扩大了，其律师费（retainers）也增加了。”在汉密尔顿的第一批案件中，有一个是以获得120 000美元的损害赔偿金结案的。在当时这是一个天文数字。[3]

到1800年，商人和保险公司之间的海事保险诉讼成了（律师）商事业务的中流砥柱。费城资深律师霍勒斯·宾尼（Horace Binney）回忆道，“保险案件可能从来没有像在1801年到1807年那样标的额巨大，而且重要。费城是美国第一流的港口，其保险公司和商业一样活跃。”[4] 同样，在波士顿和纽

〔2〕 T. Parsons, *Memoir of Theophilus Parsons* 141－42（1859）.

〔3〕 2 *The Law Practice of Alexander Hamilton* 47, 44（J. Goebel, ed., 1969），以下简称 *Law Practice of Hamilton*.

〔4〕 C. C. Binney, *The Life of Horace Binney* 60（1903）.

约，资深律师的发达程度，超过了上一代律师最大胆的想象。1808年，巴尔的摩的约翰·希尔（John Hill）创办了本国第一份法律期刊——《美国法律杂志》(*The American Law Journal*)，以报导商事法方面的判决。这也体现了律师界的发展。“每个商人”，他写道，“如果忽视了那些调整他与他最亲近的权利和最重要的特权的法律，结果必然是，他会明显地感到不便和困惑。”[5]

律师积极参与到商业事务中，标志着法律界与商业界关系的重大转变。到1822年，丹尼尔·韦伯斯特（Daniel Webster）“冒昧地”通知斯托里大法官，商业界不赞成他最近作出的一个判决。“商人们都面临着理解这一迫在眉睫的问题”，他写道，“为什么一方面应该有这么多好的法律，而另一方面还得有好的判决。”[6] 斯托里法官对商人的判决也不是漫不经心的。在1815年的 *De Lovio v. Boit*[7] 一案中，斯托里法官将联邦海事司法管辖权扩大到了海事保险上。他指出：“让我惊讶的是……这个意见在商人中间非常受欢迎。他们宣称，在商事诉讼中，他们不喜欢陪审团审判。而且，尤其是波士顿的保险商明确表示，他们对这个判决非常满意。”[8]

对斯托里而言，在大多数案件中“商人不喜欢陪审团审判”是不足为奇的。因为在1790年以后，法官与律师的联盟

---

〔5〕 1 *Am. L. J.* vi (1808).

〔6〕 丹尼尔·韦伯斯特1822年12月18日致斯托里法官的信，载于1 *The Papers of Daniel Webster* 318 (C. Wiltse, ed. 1974). 这一案例是 Tappan v. United States, 2 Mason 393 (1822).

〔7〕 7 Fed. Cas. 418 (No. 3, 776) (C. C. D. Mass. 1815).

〔8〕 1 *Life and Letters of Joseph Story* 270 (W. W. Story, ed. 1851).

以及法官与商事企业的联盟不断壮大的一个主要需求就是迅捷性，这使陪审团的权力被削减了。

142 陪审团的审判范围被三个并行的程序设计所限制。首先，在18世纪末期，美国律师大大扩展了“特别案件”和“保留案件”* 的范围，这种制度将法律争点（points of law）交由法官审理，避免了陪审团的有效干预。在英国，曼斯菲尔德勋爵使用了类似程序，以创造普通法与商事企业之间的联合。〔9〕“这种程序在海事保险诉讼中发挥了很大的作用……将以往整体上作为商业惯例的事项，转换成了可以识别的普通法先例的一部分。”〔10〕“在汉密尔顿在纽约从事律师活动的年代”，戈贝尔评论道，这一程序“创造性的扩张”，“几乎要取代传统诉讼了。”〔11〕同样，在马萨诸塞州，事实上，在18世纪最后20年间，所有移送到高等司法法院的案件，其程序都是在事实陈述没有争议时进行的。〔12〕

第二种关键的程序变革是，对那些“与证据的证明效力相反”的判决，裁决重审。在18、19世纪之交，一些美国法院非常迅速地采用了这种方式。革命一代对出于任何理由的重审

---

* “保留案件”（case reserved），也称特别案件（special case）。是指案件的事实问题已经清楚，但某些法律问题还不能确定，需要本院法官集体决定，或者报请上级法院裁决。——译者注

〔9〕 See C. H. S. Fifoot, *Lord Mansfield* 53－54, 108－10 (1936).

〔10〕 2 *Law Practice of Hamilton*，同上注3，第20页。

〔11〕 同上，第18页。

〔12〕 这一论点是在阅读了1782年到1805年之间几百个马萨诸塞州案例报道手稿的基础上得出的（Francis Dana Papers，马萨诸塞州历史协会）。关于承认这一程序的早期出版判例，参见 Livermore v. Newburyport Marine Ins. Co.，1 Mass. 264 (1804) 一案。

裁决都带着深深的怀疑。1786 年，弗吉尼亚的一个法官评论道，在曼斯菲尔德法官就任前，“英国法院并不喜欢许可重新审判的做法”。曼斯菲尔德“控制陪审团的习惯与本国的自由制度并不协调，”所以，“对微小的案件不应适用”。[13] 然而，到 19 世纪的头 10 年，重审不仅是司法武器库中的优良武器，而且它还扩大到允许撤销陪审团作出的与证据证明效力相反的裁决，虽然有人主张，法院以前会重新评价陪审团对冲突证言作出的判断，“满足条件……的例子不止一个”。[14] 而且，在纽约州[15]和南卡罗来纳州[16]首先适用了这种突然改变的政策，其目的是为了推翻陪审团作出的不利于海事保险公司的判决。同样，在宾夕法尼亚州[17]，最早对证据证明效力重审许可也出现在商事案件中。

---

〔13〕 Hague v. Stratton, 8 Va. (4 Call) 84, 85 (1786). 1785 年，纽约也出现了有关许可重审司法权的争议。衡平法院大法官罗伯特·利文斯顿自己的案件在初审法院赢得胜诉后，他在为自己的案件辩护时，反对再审的动议。他“强烈谴责……曼斯菲尔德勋爵的司法权威，”并反对“曼斯菲尔德新采纳的新规则。这一 316
规则扩大并使再审裁决扩大了，而且更为精致，其目的是将审判方式完全变为法院的任意自由裁量权。” James Kent, *An Address Delivered before the Law Association of the City of New York* 22 – 23 (1836).

〔14〕 Silva v. Low, 1 Johns. Cas. 184, 199 (N. Y. Sup. Ct. 1799) (Lewis, J. dissenting).

〔15〕 Silva v. Low, 1 Johns. Cas. 184 (N. Y. Sup. Ct. 1799); Barnewall v. Church, 1 Cai. R. 217 (N. Y. Sup. Ct. 1803); Dow v. Smith, 1 Cai. R. 32 (N. Y. Sup. Ct. 1803); Mumford v. Smith, 1 Cai. R. 520 (N. Y. Sup. Ct. 1804). 早期唯一的一个非保险案件是 Jackson v. Sternbergh, 1 Cai. R. 162 (N. Y. Sup. Ct. 1803).

〔16〕 比较 Fuller v. Alexander, 3 S. C. L. (1 Brev.) 149 (1802) 一案和 Byrnes v. Alexander, 3 S. C. L. (1 Brev.) 213 (1803) 以及 Wallace & Co. v. Depau, 3 S. C. L. (1 Brev.) 252, 2 Bay 503 (1803) 一案。

〔17〕 Steinmetz v. Currey, 1 Dall. 234 (Pa. 1788). *Cf.* Swearingen v. Birch, 4 Yeates 322 (Pa. 1806).

对陪审团权力这两个重要限制，仅仅是第三个程序变革的一部分。这一变革是更为根本性的，据称开始于18、19世纪之交。一种观点认为，即使在民事案件中，“陪审团也是合适的法官，不仅是审理事实的法官，而且还是审理案件涉及必要法律的法官。”〔18〕在18世纪末，这种观点被广泛认可，甚至一些保守的法学家也持这种观点。1794年，威廉姆·威奇（William Wyche）在其有关纽约司法实践的论文中指出，“在所有事实问题和法律问题混合在一起的案件中，陪审团都可以主动运用法律知识……”〔19〕

但是，在19世纪的头10年，律师界迅速传播了这样一个
143 观点：法律问题和事实问题之间存在尖锐的对立。相应地，法官和陪审团的功能也有明显区分。例如，在1807年以前，康涅狄格州法官的做法是，将事实问题和法律问题都完全移交给陪审团，而不给予陪审团如何作出裁决的任何指示。该州的复审法院（the Supreme Court of Errors）颁布了一条规则，要求管理陪审团的、主持审判的法官，对案件涉及的每一个法律点都给出自己的意见。〔20〕这种制度变革迅速成熟了，成为一个控制

〔18〕 1 Z. Swift, *A System of the Laws of the State of Connecticut* 410 (1795).

〔19〕 W. Wyche, *Treatise on the Practice of the Supreme Court of Judicature of the State of New York in Civil Actions* 168 (1794)（以下简称 *Treatise on Practice*）。另可参见 Alexander Hamilton's *Practical Proceedings in the State of New York* 139 (1782?), in 1 *Law Practice of Hamilton*，同上注3，第118页。（以下简称 Hamilton's *Practical Proceedings*; Georgia v. Brailsford, 3 Dall. 1, 5 (1794).

〔20〕 *The Judicial and Civil History of Connceticut* 163 (D. Loomis and J. G. Calhoun, eds., 1895); Baldwin, "Zephaniah Swift," in 2 W. D. Lewis, ed., *Great American Lawyers* 133 - 34; East Windsor v. Weatherfield (Conn. 1772) in J. T. Farrell, ed., *The Superior Court Diary of William Samuel Johnson*, 1772 - 1773.

陪审团的精巧程序体系。同样，在19世纪的头10年，马萨诸塞州陪审团的权力也开始衰落。1804年和1805年的立法废除了殖民地时期由高等法院全体法官参与审判的制度，同时也废除了这一制度的古怪后果：法官对陪审团的指示多种多样，而且常常相互冲突。单个法官审判代替了全体审判。而且，1808年，高等司法法院第一次规定，法官对每一个重大争论问题，都应当指示陪审团。[21] 最后，在1805年和1810年之间，上级法院开始指令下级法院对错误裁决作出重审，这开始成为常规了。

> 到1810年，明显的是，法院的指示本来是建议性的，现在已经变成了强制性的了。因此，陪审团不再享有决定法律问题的权力了。法院和诉讼当事人迅速察觉到，这种转变已经发生了，而且迅速表达了一个新原则："法律问题——应当——由法院决定"，而事实问题则应当由陪审团决定。[22]

这些程序变革使美国法官从广泛的思想层面上，大规模转变其对商事法的看法成为可能。对陪审团的征服，不仅对控制特殊判决是有必要的，而且对发展法官制定的统一的、可预见的商事规则体系也有利。我们很快就能看见1790年后美国法院推翻18世纪不利于商业的特殊规则的过程。但是，在这一

---

〔21〕 Coffin v. Coffin, 4 Mass. 1 (1808); Cook, "Theophilus Parsons" in 2 W. D. Lewis, ed., *Great American Lawyers* 88 (1907 - 09).

〔22〕 W. Nelson, *Americanization of the Common Law: The Impact of Legal Change on Massachusetts Society*, 1760 - 1830 169 (1795). 马萨诸塞的程序完全依赖内尔森的观点，同上，第165 - 172页。

点上，我希望集中于一种更普遍的转换，即法理的转换，它使律师们在1790年以后，可以将商事法与“自然理性”和“普遍法律”视为一体。

1790年以后，曼斯菲尔德勋爵有关商事法的“一般法理”的观念，在美国的影响势不可挡。[23] 联邦最高法院法官詹姆斯·威尔逊（James Wilson）的很多“法律讲座”，都致力于为曼斯菲尔德以及他将商事法归纳为“理性的和坚实的原则”
144 的努力而大唱赞歌。[24] 威尔逊还呼吁建立处理商业事务的专门“商事法院”，[25] 他还重申了曼斯菲尔德将商事法视为国际法的观点。威尔逊重申，商事法和海商法“不是某一特别国家的法律，而是一般性的国际法。”[26]

将商事法视为一般性国际法的观点有几个重要的功能。无论是英国还是美国，都允许那些支持商业发展的法官，在现行法律制度以外引入新颖的、恰当的法律规则。对于法律的本质和渊源的观念而言，这也是影响深远的反立法主义（anti legislative）。1801年，詹姆斯·苏利文评论说，商事规则是“一般性国际法”的一部分，为了确定“法律的渊源及其解释”，法官必须“依靠”国际法，而不是特定国家的任何地方性（municipal）规则。这意味着，“人类最重要的利益，不能被一国的特别立法所保障、引导和支配……”而是应当由司法宣告的商事

〔23〕 1 W. Crosskey, *Politics and the Constitution* 563－77（1953）.

〔24〕 1 *The Works of James Wilson* 279（R. McCloskey, ed. 1967）（以下简称 *Works*）.

〔25〕 2 *Works*，同上注24，第488页。

〔26〕 1 *Works*，同上注24，第279页。

法来保障、引导和支配。[27]

由此，普通法律师与商事企业之间结盟的学理基础就奠定了。1826 年，在衡平法院大法官肯特就其即将出版的《评论》的安排事宜而致彼得·杜庞塞乌（Peter DuPonceau）的信中，他强调，他仅仅关注了那些商业发达州的判决。“我的目的”，他写道：

> 是讨论法律……波士顿、纽约、费城、巴尔的摩和查尔斯顿等地知悉并接受了这些法律。而且，这些法律也为上述各州的司法判决所证实。我将不过多关注佛蒙特州、特拉华州和罗得岛州的法律，以及其他州的法律。我们能不能假定，美国的普通法就是联邦法院和我提到过的州以及其他一些州的法院宣告的法律，而不考虑各种地方特色的？我假设，我承认的各州的法律是没有例外的，因为我的目的在于讨论“一般原则”以及实证规则，无论是立法的还是司法的，都构成了美国全部法学的基础。[28]

在法学论著传统中寻求“一般原则”和排除“各种地方特色”，这是由肯特开创的，作为其基础的法律思想的形成还不到一代人的时间。迟至 1790 年，“波士顿、纽约、费城、巴尔的摩和查尔斯顿”的法律对于美国律师事实上是没有意义的。但是，在一代人多一点的时间里，为这种法律服务的商人

---

〔27〕 J. Sullivan, *The History of Land Titles in Massachusetts* 338 (1801).

〔28〕 肯特致杜庞塞乌的信，1826 年 12 月 29 日。DuPonceau Papers, Historical society of Pennsylvania, cited in M. Bloomfield, *American Lawyers in a Changing Society*, 1776 - 1876 361 (1976).

145 阶层与法律界的联盟就已成功地形成了。资深律师丧失了其从“佛蒙特州、特拉华州和罗德岛州”的法律得到的利益。对“一般原则”的追求，使他们“在三四十年的时间里就令人惊讶地兴起了，法律界改变了1790年左右的混乱局面……成为政治和知识界的主导者。”

在律师界调适法律规则以使之适应商事企业时，一种影响深远的、表面上自相矛盾的制度变革也开始了。大约在18世纪19世纪之交，恰好是在正式法律制度越来越能够接受商事企业的同时，由商人阶层负责的法律外纠纷解决方式的可适用性却激剧降低。商事企业也第一次被要求承认法律界在法律上的优先性。反过来，法律界也越来越愿意摧毁那些商业发展以前出现的规则，在殖民地时期，这些规则应为商人阶层的反法律主义承担根本责任。

从1609年柯克勋爵在“维尼尔案”（*Vynior's case*）[29]中，作出拒不执行仲裁裁决协议的判决以来，普通法就一直不保护仲裁协议。在柯克那个时代，这似乎是无关紧要的，因为当时为了增强仲裁协议的效力，使用惩罚性保函*是很普遍的。只是在1697年，制定法废除了罚款，这种自我执行（self－policing）的制度被废除后，法院不执行仲裁协议的问题才变得严峻起来。一个重要的成果是1698年英国第一部《仲裁法》的通过。[30]

---

〔29〕 4 Coke's Rep. pt. 8, 81a & 81b (K. B. 1609).

317 * 惩罚性保函（penal bonds）是指为了保证合同的履行，而由当事人约定的义务人不履行义务，则需支付一定数额的罚款的协议。——译者注

〔30〕 9 Will. III, c. 15 (1698); P. Sayre, "Development of Commercial Arbitration Law," 37 *Yale L. J.* 595, 598－608 (1928).

这一法律通过后，英国仲裁的唯一权源就是立法机关的授权。“无论如何，（制定法）的这种认可是有代价的。因为该法律开了将仲裁置于法律的密切监督和审查下的先河……可以认为，在整个18世纪，随着法院将法律的功能与商业共同体的惯例融合为一个一致体系，司法对仲裁的干预过程在逐渐扩大。”[31]

在美国殖民地时期，商事企业之间利用仲裁、协议仲裁（reference）这些司法外的纠纷解决方式非常流行，但是，法院基本上不管制这些方式。[32] 仲裁的流行有两个重要原因。第一，它可以是极其不正式的，因此（与诉讼方式相比）更为迅捷，而且也要便宜很多。例如，1751年，纽约的一家报纸登载了一封信，是一个英国朋友写给另外一个朋友的，这位朋友力劝他不要提起诉讼：

> 你**现在**可能不会赞成将争端事项交由仲裁审理； 146
> 但我告诉你吧，在你花了大把的钱，为伺候律师浪费了大量的时间，准备一个接着一个的庭审后，你就可能会改变主意而交由仲裁审理。尽管你现在不愿意仲裁审理，或许在多年（Seven Years）以后你会为自己当年这么做而高兴。[33]

〔31〕 Lord Parker of Waddington [Hubert Lister Parker], *The History and Development of Commercial Arbitration* 15 (Magnes Press, Jerusalem, 1959).

〔32〕 W. C. Jones, "Three Centuries of Commerciall Arbitration in New York: A Brief Survey," 1956 *Wash. U. L. Q.* 193 (1956). R. Morris, ed., *Select Cases of the Mayor's Court of the New York City*, 1674-1784, 44-45, 551-65 (1935).

〔33〕 转引自Jones书，同上注32，第202页。

同样地，1762 年，纽约的一个商人，约翰·瓦茨（John Watts），愿意接受保险公司的建议，将他们之间的诉讼交由仲裁，“而不是为两个或者三个久拖不决的法律诉讼花钱，依据本地的法律，这种诉讼通常会耽误数年。因为仲裁是最快的，而且作出的决定也是公正的。”两年以后，在另外一个海事案件中，瓦茨在为其将案件交由仲裁的决定辩护时说，他是为了避免“将我们陷入昂贵的、无止境的法律诉讼之中。”〔34〕

使用法律外纠纷解决方式的第二种诱因，可能也是最重要的，是这些方式使殖民地时期的商人避免了前商业（pre commercial）意识。他们常常抱怨，这种意识在“从来不做生意的法院官员和律师中间”盛行。〔35〕在殖民地时期的美国，商人和法律界的冲突尚未与商事利益协调是一个普遍问题。在历史文献中，这一问题被另一个不同但又完全兼容的问题所遮盖了。后一问题即下层阶级憎恨律师，将其视为那些压迫人的债权人和抵押权人*“雇佣的枪”。但是，这种因为律师的传统功能而反对律师的强烈情感，不应遮蔽中产阶级的反法律主义。它是殖民地时期在商人中间发展起来的。例如，弗吉尼亚州存在着对“律师作为一个职业阶层的责难……一直到 18 世纪很晚的时候。”“在这一时期，弗吉尼亚殖民地的很多诉讼都局限在商事案件上……普通法律师……几乎都对柯克理解的法律感兴趣。”〔36〕在纽约，把“律师与保守的土地集团联系在

〔34〕 *Letter book of John Watts*（Collections of the N. Y. His’l. Soc. For 1928）108, 285（D. Barck, ed. 1928）.

〔35〕 转引自 *The Colonial Merchant* 84（S. Bruchey, ed., 1966）.

* 原文为抵押人（mortgagors），疑为抵押权人（mortgagee）之误。——译者注

〔36〕 1 A. Chroust, *The Rise of the Legal Profession in America* 267－68（1965）.

一起”是司空见惯的，“商人和大庄园主这些统治阶级”对律
师整体上表现出了强烈的“反感”[37]。[38] 1765 年，纽约的卡
德瓦拉德·科尔登（Cadwallader Colden）写道，“法律绅士，无论
是法官还是律师界的重要从业者，要么是（土地）所有权人、
继承人，要么就与（土地）所有权人有密切的家庭利益方面
的联系。”[39] 事实上，“对地产精英（landed elite）最强烈也是最
持久的抱怨涉及他们行使纽约州司法权。”[40] 1768 年，纽约
市的一次选举战是围绕“下议院不能有律师”的口号展开的。
“恶毒的攻击吸引了投票人注意到这一事实：纽约是一个商业
城市，其繁荣是商人带来的，而不是律师带来的。争论继续围 147
绕‘律师可否是一个诚实的人’展开。很多人都持否定意
见。”在选举之后，对一份要求削减纽约州高等法院司法权的
提案，当时被认为“几乎是普遍反对法律及其从业者的呼吁的
结果。你无法想象人民的偏见力量有多大。”两年之后，反对
律师的战争依然很活跃。在一场商人与律师之间的公开辩论
中，商人呼吁普通民众在他们与律师之间作出选择，他们说
“一个有声望的商人在到处都受人尊重，尤其是在本市，他的
话比律师的诡辩要强更多。”研究这场争论的一个历史学家写
道：“在 1770 年，纽约的商人在公共杂志发表这样的言论而不
害怕报复，这说明，前些年反对律师的激烈战斗还没有平

〔37〕同上注，第 149 页。

〔38〕P. Bonomi, *A Factious People: Politics and Society in Colonial New York* 242 (1971).

〔39〕转引自上注 38，第 210 - 211 页。

〔40〕同上注，第 227 页。

息”。[41]

殖民地时期的商人一直抱怨“许多讼棍总是想……使法律变得不好理解，至于商业方面的法律，那就更不明确了。”[42]他们谴责律师为了增加收费，常常把诉讼搞成“无止境的业务”。在商事案件耽误了很久之后，一直到了审判那天，人们才主张，律师应将案件交由仲裁：“事实上，因为对如此复杂的案件，陪审员是不能够胜任的。仲裁员将承认证据，而法院则可能因为需要严格的合法性（legality）而拒绝承认。”[43]

148 同样，在曼斯菲尔德升任英国的法官之前，坎贝尔（Campbell）法官认为，“商业问题在进入威斯敏斯特大厅*时，几乎被忽略了，以至于这些问题通常是由商人自己通过私人仲裁解决的。”与英国一样，美国殖民地的法院受“有关农业先例统治，而不是被源于商业先例统治。”这些先例“被用于解决商人的纠纷是有害的。”[44] 甚至直到1793年，英国商人还觉得有必要在泰恩河的纽卡斯尔（Newscatle－upon－Tyne）建立仲裁制度。除了法律判决“常常是极其昂贵的”这一事实外，因为“律师对海事案件的无知”，所以这些判决“经常与一个航海的人认为的公正不同”。“主要是出于对法律绅士”的反对，

---

〔41〕 D. Dillon, *The New York Triumvirate* 100, 103, 116－17 (1949).

〔42〕 *Letter Book of John Watts*, 同上注34，第62页。

〔43〕 *Letter Book of John Watts*, 同上注34，第331页；“Of Abuses in the Practice of the Law”(1753) in *The Independent Reflector* 302 (M. Klein, ed., 1963).

* 1884年以前，英国的普通法法院设在该厅中。——译者注

〔44〕 3 J. Campbell, *Lives of the Chief Justuces* 275; (3d ed. 1874); W. Vance, “The Early History of Insurance Law,” in 3 *Select Essays in AngloAmerican Legal History* 98, 113 (A. A. L. S. ed., 1909).

“……很多对商事和海事知识渊博的绅士”，建立了“一般性仲裁的联合体。”[45]

与此类似，在纽约反对律师的战争中，1768年，商会成立了一个仲裁委员会。残存的记载表明，在1779年到1792年间，该委员会处理了200多个案件。这些纠纷最多的是与海事有关的案件，当然，这些案件实际上都与商事有关。[46] 1794年的波士顿商会仲裁规则，也为“有关商事、保险、海事”事项提供了仲裁。[47]

曼斯菲尔德于1756年升任王座法庭的法官之前，在商事纠纷中，避免使用普通法的解决方式，这一主题是对英国150年来的经验的准确概括。[48] 事实上，甚至在美国独立战争后，美国法律界的前商业社会态度，都是人们敌视法律界的一个重要原因。最明确表达了对法律界的憎恨的人，是马萨诸塞州的商人本杰明·奥斯汀（Benjamin Austin）。在1786年，他大胆地

---

〔45〕 2 T. Clarkson, *A Portraiture of Quakerism* 59 - 60 (Phila. 1808).

〔46〕 这一备忘录后来以《1768年成立的纽约州商会早期的仲裁记录——委员会备忘录》(*Earliest Arbitration Records of the Chamber of Commerce of the State of New York*, *Founded in* 1768—*Committee Minutes*, 1779 - 1792 (New York, 1928?) 为名出版。事实上，商会确立了调整不支付票据金额的损害赔偿的规则。*A Summary Review of the Laws of the United States* 8 n. (T. Edinburgh and J. Ruddiman, eds. , 1788). 有关1779年到1784年这些争议的主题的详细解释，参见Jones书，同上注32，第220页，注114。

〔47〕 *Rules and Regulations of the Boston Chamber of Commerce*, Rule VIII, (Boston, 1794). 同年，纽黑文商会成立了常设仲裁委员会。“Early American Arbitration,” 1 *Arb.* J. (N. S.) 51, 54 (1946).

〔48〕 E. Wolaver, “The Historical Background of Commerical Arbitration,” 83 *U. Pa. L. Rev.* 132, 132 - 38 (1934). 关于商人法院在保险单诉讼中作出的判决的执行难问题，参见Vance, “Insurance Law,” 同上注44，第111页。

主张废除法律职业，并认为用非正式的同时又有拘束力的仲裁来取代大多数法律程序。他写道，“法官手里 7/8 的案件都可以通过公正的**仲裁员**解决。”“为什么商人等之间的纠纷不能由仲裁员来解决，而偏偏要通过冗长乏味的法庭程序来解决呢？而且，为什么我们要请一个对商事一窍不通的律师呢？”[49]

在 1792 年的“法律讲座”中，美国最高法院的詹姆斯·威尔逊（James Wilson）法官同样强调了美国的法律家不熟悉商业交易。“在独立战争以前，”他写道，“在很大程度上，我们法官对于那些被恰当地称为外贸的东西是门外汉。”美国法律家没有“习惯和惯例的优势，不能形成自己的【对外】贸易方面的先例……”因此，那些承认外国证言、认定外国交易的规则，很晚才成为人们深思的对象。”由此，美国人有必要“为了充分利用这些对其有利的机会，应当利用其所处的有利位置，通过建立商事法理学的自由体系来鼓励商业。”“无论是法律界人士，还是商业界人士，都充分认识和深切感受到了……因为缺乏合适的商业法院（forum）造成的困窘。”他为这种状况表示痛心。他倡导设立衡平法院（chancery）和商事法院，以解决商事纠纷。[50]

149 20 年后，一本小册子中也出现了类似本杰明·奥斯汀对法条主义和法律职业的攻击，其名字叫《桑普森反对市侩》（*Sampson against the Philistines*），署名是费城的改革家杰西·希金

---

318 〔49〕 B. Austin, *Observations on the Pernicious Practice of the Law, as Published Occasionally in the Independent Chronicle, in the Year* 1786 8（1819）; reprinted in 13 A. J. Legal Hist. 244, 250（1969）.

〔50〕 2 *Works*，同上注 24，第 488－492 页。

斯（Jesse Higgins）。希金斯指出，打破法律界解决纠纷权力的唯一途径是建立强制性仲裁。这种仲裁不仅会保证一种“更经济【和】更迅速的正义”，而且，“对于自由、开明的商人而言，这还是最便利的。”

“纽约商人很早就建立了普通调和商事规则差异的商会”，希金斯对这件事情很是羡慕。而且，更重要的是，他指出，他们建立了一套商事解决的仲裁机制。他得出结论说，“纽约的这种苗头被各个城市的商人所采纳。”〔51〕

1791 年，为了“各种商人和其他人”的利益，纽约第一次通过了一般性的仲裁制定法。该法扩大了对私人解决纠纷的法律支持，这一点远远超过了以前的任何制定法。〔52〕后者将仲裁局限在商业账目纠纷这一狭小的范围内，虽然在法院审理前，如果这些案件还悬而未决，在普通法上还有一种补充权

---

〔51〕［J. Higgins］, *Sampson against the Philistines or the Reformation of Lawsuits* 23, 32 – 34（2d ed. 1805），以下简称 *Sampson Against the Philistines.* 应当强调的是，希金斯和奥斯汀的抨击的调子和内容都比这里引用的内容更为大众化（populist）。两者都追随了对法律程序的迟缓性和技术性的普遍反对意见，这种意见是强烈的、普遍的。另外一个例子是，在 1817 年，由杰曼镇（Germantown）“很多有名望的居民”通过的一个决议谴责了“法律的贪婪，这体现在增加了费用，耽误了法院司法。它已经成为相当强大的、压迫性的罪恶。所以，本地每一个真正的朋友都有责任阻止人们因法律的欺诈或者法院的腐败而白花钱。”这一决议建议，“只要我们之间和我们与邻镇之间发生了争执和纠纷，我们都将尽力交由各方当事人平等选定的人员友好解决。”2 American Museum 166 – 67（2d ed. 1789）.

〔52〕Ch. 20［1791］N. Y. Laws, 14 Sess. 14. 在 18 世纪，“纽约的司法机构就频繁使用荷兰的仲裁制度，将案件交由公正的第三方解决，这是背离法律程序的。”参见 M. Klein，“The Rise of the New York Bar：The Legal Career of William Livingston,” 15 *Wm. & Mary Quar.* 334, 342（3rd ser. 1958）. 1753 年和 1789 年，康涅狄格州和弗吉尼亚州各自通过了类似的制定法。“Early American Arbitration,” 1 *Arb. J.*（N. S.）53 – 54, 174（1946）.

力，即将案件提交仲裁员审断（refer）。*〔53〕 1791 年，制定法将仲裁扩大到了适用于那些当事人尚未提起诉讼的案件，它还使当事人能够寻求法院规则的保护，这是受法院惩罚藐视法院的权力（contempt power）支持的。

然而，从我们掌握的有限证据看，立法在鼓励司法外解决纠纷方面的巨大进步，似乎收效甚微。在 18 世纪，很显然，仲裁是商人阶层避免普通法判决的一种重要纠纷解决方式，但是，在该世纪末，诉诸仲裁的案件似乎却减少了。尽管纽约 1791 年的制定法使仲裁机会大为增加成为可能，但是，朱利叶斯·戈贝尔汇编的统计资料表明，在 1784 年到 1795 年间，由纽约法院交给仲裁员（referee）审理的案件比例，是 1796 年到 1807 年的两倍多。〔54〕 更令人惊讶的是，另外一个对 1800 年以来交给纽约法院仲裁案件的研究表明，很明显的是，"这些案件的大多数并没有涉及商人之间的商事纠纷。"〔55〕 虽然由于司法档案的问题，我们没有 1800 年以前关于仲裁的同样统

---

* 提交审断（refer）是指对案件中有关账目的问题，不适合交由陪审团审判时，将其交由仲裁员（referee）等决定。——译者注

〔53〕 See Ch. 25, §1, [1781] N. Y. Laws, 4 Sess. 174. 该法重新制定了 1768 年的制定法。Ch. 1363, §1 [1768], 28th G. A., 1st Sess., *Laws of N. Y.* 517 (Gaine, ed. 1774). 另外可参见 W. Wyche, *Treatise on Practice*, 同上注 19，第 239 页。这样，1791 年纽约的制定法就与 1689 年威廉三世的第 9 和第 10 法案（Will. III, c. 15）的效果相同。See Shriver v. Maryland, 9 G & J 1 (1837). 该制定法同样也超出了法院依据当时普通法所享有的权力，扩大了法院仲裁的范围，规定未决诉讼可以提交仲裁，而且，争议的当事人可以在提起诉讼前，寻求法院规则。参见 Shriver v. Maryland, 9 G & J 1 (1837).

〔54〕 2 *Law Practice of Hamilton*, 同上注 3，第 379－380 页。当然，这没有包括当事人协议提交的非正式仲裁，这些仲裁是没有记录的。

〔55〕 Johns 书，同上注 32，第 213 页。

计，事实上大量的仲裁是通过非正式渠道进入的，但是，我们依然有种强烈的感觉：在 1795 年以后，纽约商人诉诸仲裁的案件开始减少了。

在我们考察其他没有相同统计资料的州的情况之前，还应 150
该提到关于纽约仲裁的其他一些观察资料。首先，从 1799 年以来，纽约开始出版仲裁案件的报告。从对这些案件的一个细致解读中，我们会产生这样的强烈印象：法官开始愿意因为仲裁裁决存在技术上的瑕疵而推翻它们。传统上普通法对仲裁员报告的遵从迅速成了过眼云烟，我们确实对此感到震惊。[56] 在 18 世纪和 19 世纪之交的一个案件中，纽约州高等法院撤销了一个仲裁员的裁决。其理由仅仅是："本案件的事实复杂，而且争议事项上存在疑问和模糊之处。因此，有理由担心仲裁员并没有掌握现在可以提供给他们的要点（lights），而法院可以得出令人更为满意的判决。"[57] 两年后，纽约律师乔治·凯恩（George Caine）出版的美国第一部商法作品——《商法》(*Lex Mercatoria*)，强调了这一判决和类似判决中的倾向。凯恩认为，甚至一个保险合同已有仲裁协议的，也不能剥夺当事人依法起诉的权利，因为"本国法院不是因为私人之间的合同才启动司

〔56〕 传统观点认为，即使在失利一方当事人宣称"仲裁员搞错了证据，曲解了明显法律原则"的场合，法院也不能审查仲裁裁决的实质性问题。这种审查是没有"先例的"。"仲裁裁决合理与否并不影响其效力，【除非】……仲裁员有违法行为或腐败行为。"在依据制定法建立了仲裁制度的康涅狄格州，法院也采纳这种观点。参见 Parker v. Avery, Kirby 353（Conn. 1787）. 2 Z. Swift，同上注 18，第7－ 319
8 页，第 17 页。

〔57〕 Allard v. Mouchon, 1 Johns. Cas. 280, 281（N. Y. 1800）.

法权的。"[58] 在 1801 年 *De Hart V. Covenhaven*[59] 一案后，这种趋势变得相当明显了。在这一案件中，纽约州高等法院认定，如果案件可能会产生法律问题，它就不会将任何事项交由仲裁。这就消除了商人寻求仲裁最重要的动因——仲裁员更熟悉商法。[60] 这一判决确立了高等法院作为纽约法律的唯一的、权威性的解释者的地位。从此以后，直到美国南北战争期间，纽约的仲裁都被限定在对事实作出裁决，仲裁员也需要遵循司法建立起来的规则。[61] 总之，在 19 世纪的头几十年，陪审员和仲裁员在独立战争前分享的制定法律的权力都被剥夺了。

从对仲裁裁决的上诉不断增加这一事实中，我们可以看出，在 19 世纪初，纽约法院成功地扭转了殖民地时期商人需要遵从这些裁决的局面。与此形成对照的是，1764 年，纽约的一个商人写道，他不能"得体地对仲裁裁决提起上诉，因为这不合乎惯例。"此外，他还评论说，"我们在将商业界人士作出的不利于我们的裁决交给依然由同行组成的陪审团处理时，
151 是不得体的，因此将案件交给仲裁员审理被认为是正义和妥当之举，或者是由于输家总是很少会满足或者满意，所以应将案件完全交给他们处理。"[62]

在 19 世纪早期，马萨诸塞州也出现了司法敌视仲裁的类

---

〔58〕 1 G. Caines *Enquiry into the Law Merchant of the United States; or Lex Mercatoria Americana* 347 (1802).

〔59〕 2 Johns. Cas. 402 (N. Y. 1801).

〔60〕 See also Adams v. Bayles, 2 Johns. 374 (N. Y. 1807); Low v. Hallett, 3 Cai. R. 82 (N. Y. 1805).

〔61〕 C. Edwards, *The Law and Practice of Referees* 17 – 18 (1860).

〔62〕 *Letter Book of John Watts*，同上注 34，第 285 页。

似模式。本杰明·奥斯汀之类的激进分子联合起来攻击法学家，并提出了一个仲裁制定法计划。在这种压力下，1786 年，马萨诸塞州制定了一部《仲裁员法》(Referee Act)。[63] 虽然该州的法官和律师承认，“立法机关的目的是为民事案件的裁决提供一种迅捷和同等的模式”，而且该法律的“目标……是为了追求一种迅捷的和经济的正义寻求方式”，但是，他们却尽其所能破坏法律的本意。[64] 从一开始起，高等司法法院就增加了撤销仲裁裁决的技术性理由，其理论是“仲裁，作为一种特殊的司法权，背离了普通法，因此应当严格行使。”[65] 在另外一个案件中，法院重申，仲裁法令的用语必须严格解释。法院宣称，“当事人在特定救济方面放弃了普通法时，就不能指望法院给他们特殊的好处。”[66] 在另外一个案件中，法院继续适用了这一规则，判定仲裁法令不允许对有关不动产的问题进行仲裁。但是，正如一个评论家指出的那样，无论是制定法的文字还是普通法都没有规定这一要求。[67]

在贵格会教徒（Quaker）反法条主义的影响下，在提供仲

---

〔63〕依据普通法，在仲裁中获胜的一方当事人要执行仲裁裁决，应提起一个合同之诉。法定仲裁方案的重要性体现在，它要求当事人在仲裁前确定法院规则，这可以使其后在仲裁中获胜的当事人在执行裁决前，拍卖或变卖（levy of execution）在仲裁失利一方的财产。See 1 Dane *Abridgment* 267. 2 Z. Swift，同上注 18，第 8 页。

〔64〕Durell v. Merrill, 1 Mass. 411, 413 (1805) (argument of counsel); Whitney v. Cook, 5 Mass. 139, 143 (1809) (Parsons, C. J.).

〔65〕Mansfield v. Doughty, 3 Mass. 398 (1807).

〔66〕Monosiet v. Post, 4 Mass. 532 (1808). See also Short v. Pratt, 6 Mass. 496 (1810).

〔67〕Flower v. Bigelow, 8 Mass. 1 (1811)；另可参见本杰明·兰德（Benjamin Rand）的评论，in Rand's edition of 8 Mass. at 2, Note (a).

裁方面，宾夕法尼亚州位居殖民地的最前线。贵格会教徒的理论认为，即使“最好的人在其商事交往或者其他交往中，也不可避免地会出现争论”，它强烈要求纠纷“应当通过基督教的方式解决。所以，……教徒不能诉诸法律。但是……他应当将争论交给社团的贤达仲裁。”〔68〕 例如，英国的贵格会教徒就制定了“由社团推荐有关仲裁规则的……简明声明”，该声明包括了对“任何没有尝试按照社团规则协调纠纷，而诉诸法律”的人施加制裁。〔69〕 17 世纪，宾夕法尼亚州的贵格会教徒成立了一个仲裁委员会，由三到四个非法律职业者（layman）组成，这些人是解决市民之间纠纷的“共同调解者”（common peace-maker）。〔70〕 甚至直到 1790 年，詹姆斯·达拉斯（James Dallas）还报告说，在宾夕法尼亚州，“依据当前的做法”，“很多司法管理事务”还“委托”给了“仲裁员”。〔71〕

152 但是，有力的证据表明，在美国独立战争后，宾夕法尼亚州与其他州类似，司法对司法外纠纷解决方式的抵制也不断增长。1788 年，宾夕法尼亚州高等法院注意到，从独立战争以来，为了纠正裁决对事实和法律结论的判定，它对仲裁员报告

---

〔68〕 2 Clarkson 书，同上注 45，第 56 页。克拉克森继续写道：“诉讼极乏味之能事。诉讼进程常常破坏人与人之间的兄弟之爱。同时，还会激发一种复仇精神，并导致家族复仇和不合。这种现象并非罕见。诉讼使人躁动不安，脾气暴躁，使人无法恰当地行事。”同上，第 57 页。

对美国福音派反法律主义（antilegalism）传统的出色分析，参见 Alan Heimert, *Religion and the American Mind* 179－82（1966）.

〔69〕 2 Clarkson，同上注 45，第 56 页。

〔70〕 1 A. Chroust，同上注 36，第 210－211 页；Odiorne，“Arbitration and Mediation among the Early Quakers,” 9 *Arb. Jo.* 161（1954）.

〔71〕 1 Dall. iv.（报告序言）。

的干预更为频繁了。[72] 这样做的一个结果是，仲裁员为了不使其裁决被撤销，就请求法院提供咨询意见，或者在某一个具体的法律问题上，按照法官的决定作出特别判决。[73] 另外一个结果是，初审法院的法官承认，虽然他们“对案件实质问题的深入程度，超过了仲裁员报告的深入程度”，但是他们“并不认为他们背离了以前判决的精神。”[74]

到 1803 年，宾夕法尼亚州高等法院宣布，如果仲裁报告存在“影响案件公正判决的、清楚的和明显的错误，包括事实错误与法律错误”的，法院就会撤销该报告。虽然法院依然宣称，对仲裁报告的判断是自由的，但是法院坚持“【仲裁员】必须同陪审团一样保持诉讼的性质和固定的形式。”而且，报告只能给予“与（陪审团的）裁决相同的效力。”[75] 在作出这些决定前，宾夕法尼亚州的一个法官抱怨：仲裁员的裁决“被认为是一种由私人法庭作出的判决”，因此被视为“与当事人之间的合同一样有拘束力，或者被视为一个拥有合法司法权的法院作出的判决。”[76]

这些对仲裁的限制，明显代表了一种刚出现的对司法外纠纷解决方式的敌视，同时也体现了巩固司法机关宣告法律的唯一职能的努力。在《桑普森反对市侩》一书中，杰西·希金斯反复提到，宾夕法尼亚的法律界一致反对仲裁，竟然到了宣

〔72〕 Williams v. Craig, 1 Dall. 313, 315 (Pa. 1788).

〔73〕 Geyer v. Smith, 1 Dall. 347 (Pa. 1788); Hamilton v. Callender's Ex'rs, 1 Dall. 420 (Pa. 1789).

〔74〕 Pringle v. M'Clenachan, 1 Dall. 486, 488 (Pa. 1789).

〔75〕 Gross v. Zorger, 3 Yeates 521, 525, 526 (Pa. 1803).

〔76〕 Dixon v. Morehead, Addison 216, 224 (Pa. 1794).

称仲裁侵害了将案件交由陪审团审判的程度。[77] 事实上，宾夕法尼亚州高等法院的法官休·亨利·布拉肯里奇（Hugh Henry Brackenridge）在1814年“承认”，“相对难以驾驭的、随意的仲裁的增长而言，他总是更欢迎【地方】法官司法权的增长。”他建议，上诉法院应当通过警告当事人其可能失去从初审法院提起上诉的权利来抑制仲裁，而仲裁规则是初审法院颁布的。[78]

这些观点以及类似的观点在很大程度上限制了仲裁员的独立权力和自由裁量权，以至于在1833年，宾夕法尼亚州的一个法学家可以主张，“仲裁员决定的案件，通过上诉送交到法
153 院审判的，其审判环境丝毫也不比【以前】没有经过任何审理的案件，对仲裁员认为是正确的一方更有利。”他补充道：

> 在一个案件因为上诉进入法庭和陪审团审判时，确实是在案件似乎没有被仲裁过的情况下审理的……仲裁员的裁决分文不值。一个辩护人为了支持其诉讼观点而援引有利于他的仲裁裁决，这些裁决是由最大多数仲裁员依据议会的法令作出的，也会被其同行讥笑，而且被法官制止。

与大多数法律界的人士一样，作者为司法攻击仲裁员的独立权力感到高兴。他认为，仲裁员常常“曲解了……他们的职责和权力。”

> 【仲裁员】的宣誓用词——公正的和平等的——

〔77〕 Sampson Against the Philistines，同上注51，第75页。

〔78〕 H. H. Brckenridge Law Miscellanies 434（1814）.

> 常常被解释为，似乎是意在授予他们以远远超过了法院和陪审团的自由裁量权；在每一个特别的案件中，依据他们采纳的与已确立的法律规则相反的原则裁决案件；为了确认事实而在严格的法定证据以外发现其他证据来源。

他得出结论说："这种信念已经广泛流行了，以至于仲裁员可以忽视严格的法律规则……那些制定仲裁法的人的目的是为了降低诉讼费用，而不是为了改变调整裁决争议的原则。依据仲裁法被推选解决纠纷的仲裁员，如果忽视了调整法院修改和撤销仲裁裁决权力的规则，（通过诉讼解决）至多造成足够多的麻烦和昂贵的花销，而仲裁却使解决案件的费用和不便成倍增加了。"[79]

1836 年，宾夕法尼亚州通过了新仲裁法。它把这样一种正统观点法律化了：仲裁员不享有独立发展商事规则的权力。虽然在普通法上，"仲裁员一方的错误，无论是事实问题还是法律问题的错误……都不足以撤销仲裁裁决"，但该法律还是授予法院在"仲裁员犯有明显错误，无论是事实问题还是法律问题"时，撤销仲裁裁决的权力。虽然在理论上，当事人可以继续适用非制定法规定的仲裁，但采取这种仲裁方式的人却失去了制定法上的仲裁的主要好处——强制执行仲裁裁决。这种理论上的可选择性也对诉讼当事人造成了阻碍，因为宾夕法尼亚州的法院刻意推定，当事人的目的是寻求制定法上的

---

〔79〕 1 *Journal of Law* 24 - 27 (1833) [reprinting articles from 1830 - 1831].

仲裁。[80]

在19世纪早期，南卡罗来纳州也曾经限制过仲裁员的自由裁量权。法学家背离了英国流行的反对干预的严格规则，即承认仲裁员的裁决是“决定性的，除非证明了仲裁员有腐败或者其他不当行为。”相反，他们遵循了宾夕法尼亚州的做法，以主张“法院应审理对【仲裁裁决】的抗辩，无论这一抗辩是基于认定事实的明显错误，还是基于法律错误，以及仲裁员的腐败等。”1839年，一个评论家指出，这一做法的结果是，在南卡罗来纳州，在陪审团裁决的权威性处于低潮的同时，“仲裁裁决的神圣性不应超过陪审团判决的神圣性……**在本州**，它们的做法是一样的。”[81]

结果，法律界不断增长的自我意识成功地遏制了纠纷解决的替代方式。到1836年，戴维·霍夫曼（David Hoffman）评论说，作为确立商事规则中心场所的仲裁程序几乎已经完全被取代了，而且“不幸地”成了“仅仅是最终法庭程序的基础性程序”。他把这种“与日俱增的恶”的原因，归结为律师界“主张职业性的报酬”，这导致了鼓励“昂贵的、拖拉的司法诉讼”。[82]

154 这样，在19世纪初，法官和商人对商事仲裁的态度就发生了一些重要变化。首先，法律界的组织化程度以及自我意识

320 〔80〕 Benjamin v. Benjamin, 5 W. & S. 562, 563, 564 (Pa. 1843).

〔81〕 在 *Alken v. Bolan* 一案［3 S. C. L. （1 Brev.）239, 240 (1803).］中，这些评论被用作注解。这个案例本身阐明了推翻仲裁裁决的严格规则。这一注解首先出现在1839年出版的布雷瓦德（Brevard）的报告中。该注解的目的是，阐明南卡罗来纳州在司法干预仲裁时期的做法已经改变了。

〔82〕 1 D. Hoffman *A Course of Legal Study* 359 (2d ed. 1836).

的增强，注定了他们要反对商人中的反法律主义。在殖民地时期，这种反法律主义采取了诉诸法律外的纠纷解决方式。其次，在18世纪末，商人阶层发现殖民地的法律规则敌视对其利益，因此逐渐发现普通法的法官本身愿意颠覆反商业的法律观念。再次，随着商事企业进一步分裂（这首先表现在海事保险领域），很多以前自我调控的商人集团转化成了依赖正式法律机制的商人集团。最后，我们可以将这一过程大致描述为一个适应过程，即商人被促使服从正式的法律调整，以回报调整商业纠纷的实体法律规则的重大转变。法官不再承认他们在立法方面的竞争对手，这是法律的工具观念不断增长的产物。依据这种观念，法律不再是解决纠纷的工具（agency），而是实现社会控制和变革的积极的、动态的手段。在这种情况下，必须 155
要有一个调整商事生活的无争议的、权威的规则来源。法官对仲裁的敌视，以及商人抛弃法律外的纠纷解决方式，其来源都是相同的：法院对商业利益越来越积极的、热切的态度。

从殖民地时期商人喜爱的一种制度的迅速消失中，可以看出司法对法律竞争性来源的类似抵制模式，以及对商事诉讼不断增加的控制模式。这种制度就是特别陪审团制（struck/special jury）。18世纪后半期，在曼斯菲尔德勋爵将英国普通法作为解决商事纠纷的主要工具之前，商人陪审员就熟悉18世纪英国普通法的做法了。[83] 1741年，纽约采纳了英国1730年的一部制定法，该法规定了对陪审团的选择："其方式是依法选定庭

〔83〕 2 J. Lilly, *The Practical Register* 122 (1719); 3 M. Bacon, *New Abridgment of the Law* 745 (1st Amer. ed., from 6th London ed., 1811).

审的特别陪审团。"[84] 到1764年，纽约商人不愿意对"商业人士"作出的裁决提起上诉，除非上诉审理将由"同一行业的陪审员"审判。[85] 尽管在殖民地的法律制度中，反商业的法律规则占据统治地位，但是，在商事企业之间，特别陪审团被广泛地适用，以建立纠纷解决的替代性方式。

在美国独立战争后，纽约立法机关再次授权诉讼当事人申请特别陪审团审判，并且确立了选择陪审员的程序。[86] 但是，在1801年，立法机关首次将特别陪审团置于法官的控制之下，只有在法官"因为案件的重要性或者复杂性而相信特别陪审团是必要的时，"才允许这种陪审团存在。[87]

依据纽约的做法，选定的陪审团由各方当事人依次从法官助理提供的48个陪审员中，各自"划出"12个名字，然后集合在一起组成的。而审判陪审团（trial jury）则按照普通方式，从剩下的24个候选人中选出。[88] 这种程序的首要目的是聚集

---

〔84〕 Ch. 720，§10 [1741]，20th G. A.，3d Sess.，*Laws of N. Y.* 216，220 (H. Gaine，ed. 1774)．有关英国普特别陪审团的历史，参见 J. B. Thayer，*A Preliminary Treatise on Evidence at the Common Law* 94 - 97 (1898)．

〔85〕 *Letter Book of John Watts*，同上注34，第285页。

〔86〕 Ch. 41，(19 [1786] N. Y. Laws，9 Sess. 78，83.

〔87〕 Ch. 98 [1801] N. Y. Laws，24 Sess.

〔88〕 汉密尔顿的《程序实务》(*Practical Proceedings*)，同上注19，第13页。in 1 *Law Practice of Hamilton*，同上注3，第61页；W. Wyche，*Treatise on Practice*，同上注19，第141 - 142页；G. Caines，*A Summary of the Practice of The Supreme Court of the State of New York* 454 - 68 (1808)．汉密尔顿、威奇和凯恩的上述说明有一个很重要的模糊之处。汉密尔顿写道，选定的24个陪审员（unstruck jurors）"应当审理诉由。"关于初审陪审团是由12人还是24人组成，威奇的说明是不明确的。但是，1786年和1801年的制定法都明确规定，初审陪审团的成员是12个。威奇的说明是以这两个制定法为基础的。参见上注86、87。

熟悉复杂商业惯例的陪审员。

在美国独立战争后，纽约继续广泛使用商人陪审员，这似乎成了已经建立起来的商人控制商法这一规则的一部分。例如，在 1797 年，布罗克霍斯特·利文斯顿（Brockholst Livingston）对这一事实惊诧无比："由 12 个受人尊敬的人组成的陪审团【全部都是商人】居然如此尊重法庭的意见。"〔89〕

只是在 1801 年的制定法剥夺了当事人选择这种陪审团的
权利后，纽约的报告中才出现了挑战特别陪审团的案例。从 156
1803 年到 1807 年，很多涉及商业诉讼的这类案件都交给州高等法院审理。但是，此后一个明显的逆转发生了。在整个 19 世纪，虽然制定法中依然还有特别陪审团的规定，但后 50 年出版的报告显示，从 1807 年后，就没有商业案件交由特别陪审团审理了。

在 1807 年之前，纽约最多的案件是涉及海事保险的案件。这些案件提供了纽约市同质性商人共同体迅速瓦解的非凡画卷。而正是这些商人共同体使特别陪审团得以产生。在 18 世纪的最后 10 年，纽约立法机关开始批准成立海事保险公司，这些公司在短时期内改变了纽约商业关系的整体结构。而在此之前，海事保险是由非正式的、连锁性商人网络承保的，而每一个商人都会为自己经营的事业在该网络中寻求保险。但是，保险公司却破坏了这些循环关系，创造了具有竞争性商业利益的保险商和保单持有者这些不同的阶层。结果之一是，以前被接受的保险法规则开始受到商人的攻击。另外一个结果是，特

〔89〕 2 Law Practice of Hamilton，同上注 3，第 73 页。

别陪审团制度，以前作为当事人一致同意的、选择熟悉商业的陪审员的程序，不再统一服务于商人阶层的利益。对海事保险单提起诉讼的商人发现，普通陪审团反对公司的偏见比商人组成的特别陪审团更有利于他们，于是他们开始反对公司召集特别陪审团的要求。事实上，随着保险公司的利益与普通商人团体利益开始分化，保险公司召集商人陪审团的要求可能被证实也是弄巧成拙的。

在19世纪头10年，纽约出现了这两种趋势。它们似乎既解释了1801年制定法对召集特别陪审团权力的限制（这种权力以往不受限制），也解释了在1807年以后，在商业案件中突然就不再有召集特别陪审团的要求了。这也可以从纽约1803年到1807年的几个案例中看出来。

我们可以看到，1803年的 *Barnewall v. Church* 一案[90]第一次对商人陪审团的权威提出了挑战，以往接受的商业规则开始分化。原告要求被告依据海事保险单赔偿其船只的全部损失。
157 该案的审理“组建了特别陪审团，这些陪审员依据其航海技术和对商事交易的一般知识，”[91] 判决赔偿总额为8000美元。被告还是一个老派的非公司保险人，认为船只损失的原因是，船只在航行的开始就不适航。依据已经确立的法律，这是一个良好的辩护理由。在商人陪审团审判失利后，保险人请求法院撤销陪审团认为船只适航的裁决，被告争辩道：“在这种事情上，陪审员的偏见，法院是不会知道的。”他们坚持说，“在以适航性和高利贷作为辩护的基础时，陪审员从来不会作出有利

〔90〕 1 Cai. R. 217 (N. Y. 1803).

〔91〕 同上第222页（汉密尔顿为原告所作的辩护）。

于被告的裁决，这几乎已经成了一条公理。”[92]

法院的多数法官明显放弃了为时甚久的司法遵从陪审团裁决的模式，撤销了陪审团对适航性问题的裁决，并批准重审。[93] 只有汤普森（Thompson）法官诉诸传统的权威依据，即“这些问题已经由受人尊重的商人陪审团决定了”，愿意支持该裁决。[94]

拉德克利夫（Radcliff）法官虽然是投票赞成撤销陪审团判决的多数法官之一，但他却认可了一种已经开始萌芽的新商业关系模式。他宣称，“本案有特别陪审团的情况并不是作出有利判决的决定性因素，尤其是当该判决的基础作为辩护理由存在着众所周知的严重偏见时。”[95] 总之，商人陪审团不再被允许以裁决事实为借口，修改现行法律规则了。

从 1803 年 *Barnewall v. Church* 案判决作出以来，反对特别陪审团的司法趋势就已经出现了。在此后 4 年的 5 个案件中，[96] 保险公司向高等法院提出召集特别陪审团的要求。除了 1 个案件外，其余的都被拒绝了。重要的是，保单的持有人都反对成立特别陪审团，这显示了他们刚建立不久的对外行陪审员的信心。1804 年，法院宣告了它在制定法律方面的优先

---

〔92〕 同上第 220 页、225 页（被告律师的辩护）。

〔93〕 投票结果是 2:1。参见 2 *Law Practice of Hamilton*，同上注 3，第 561 页，注 293。

〔94〕 1 Cai. R. at 236.

〔95〕 同上，第 243 页。

〔96〕 Livingston v. Columbian Ins. Co.，2 Cai. R. 28（N. Y. 1804）；Manhattan Co. v. Lydig，2 Cai. R. 380（N. Y. 1805）；Livingston v. Smith，1 Johns. 141（N. Y. 1806）；Anonymous，1 Johns. 314（N. Y. 1806）；Wright v. Columbian Ins. Co.，2 Johns. 211（N. Y. 1807）.

性，虽然原告并没有反对成立特别陪审团，法院还是拒绝成立特别陪审团。同时，法院宣称，成立特别陪审团必须满足的条件还有案件必须“复杂或者重大”。司法拒绝特别陪审团的唯一例外是1806年的一个案件。在这个案件中，法院不顾原告的反对，在公司证明了保单的价值高达10 000美元后，批准了保险公司成立特别陪审团的请求。但是，在第二年，即使这个案件也被忽视了，在一个涉及27 500美元的保险索赔案件中，法院拒绝了被告成立特别陪审团的请求。

在1807年以后，在纽约的各种商业案件中，已经没有商
158 人陪审团的任何信息了。虽然制定法中依然还有特别陪审团的规定，而且在诽谤案件中依然使用特别陪审团，[97] 但是，同质性商业共同体能提供统一商业习惯的观念已经不存在了。此后，纽约的商法就成为司法专属的领域了。

另外一个直到18、19世纪之交还在使用特别陪审团的州是南卡罗来纳州。依据1769年殖民地的制定法，[98] 对那些“有关贸易以及与商人之间发生争议”的案件，以及争议标的在50英币以上的案件，当事人双方同意的，可以成立特别陪审团。另外，任何一方当事人如果支付费用，都可以要求成立特别陪审团。依据1791年的制定法，[99] 初审法院还可以自己提议成立特别陪审团。

南卡罗来纳州的商人陪审团，对该州独立战争后商法的发

---

〔97〕 Genet v. Mitchell, 4 Johns. 186 (N. Y. 1809); Thomas v. Rumsey, 4 Johns. 482 (N. Y. 1809); Thomas v. Croswell, 4 Johns. 491 (N. Y. 1809).

〔98〕 No. 1095, (23 [1769] *Public Laws of S. C.* 272 (Grimke ed. 1790).

〔99〕 Law of Dec. 20, 1791, *Acts and Resolutions of the G. A. of S. C., Dec.* 1791 9 (Bowen, ed. 1792).

展过程产生了强有力的影响，甚至超过了它们在纽约的影响。1789 年到 1796 年，大量复杂的商业案件都是由商人陪审团裁决的。[100] 1790 年，一个案件涉及违反交付投机性政府债券合同的损害赔偿金的确定，对这一案件，法院宣称："幸运的是，如此受人尊敬的陪审员聚集在一起，为未来的判定确定一个标准。"[101] 在 1792 年的另一个商事合同纠纷中，原告的辩护律师试图减轻特别陪审团早期作出的一个判决的影响，认为这一判决"不是法院的意见，而仅仅是陪审团变化莫测的意见，这些意见可能会与另一个陪审团的意见相冲突。"但是，法院还是遵从了陪审团较早的裁决，因为该裁决"是由特别陪审团依据非常公正的、合法原则决定的，而且，其他所有的案件……从那时起都确认了这种规则。"[102]

1795 年的一个案件[103]集中地体现了商人陪审团的权力。这个案件的情况是，南卡罗来纳州拒绝承兑一张在波士顿签发的汇票。在初审时，法院将该案件应该由有关损害赔偿金的司法法（jurisdiction's law）调整的纯粹法律问题，移交给一个由外

---

〔100〕 Bay v. Freazer, 1 S. C. L. (1 Bay) 66 (1789); Davis v. Ex'rs of Richardson, 1 S. C. L. (1 Bay) 105 (1790); Scarborough v. Harris, 1 S. C. L. (1 Bay) 177 (1791); Lang v. Brailsford, 1 S. C. L. (1 Bay) 222 (1791); Ash's AdM'rs v. Brewton's 321
Ex'rs, 1 S. C. L. (1 Bay) 243 (1792); James v. M'Credie, 1 S. C. L. (1 Bay) 294 (1793); Ex'rs of Godfrey v. Forrest, 1 S. C. L. (1 Bay) 300 (1793); Miller v. Russell, 1 S. C. L. (1 Bay) 309 (1793); Winthrop v. Pepoon, Otis & Co., 1 S. C. L. (1 Bay) 468 (1795); Ex'rs of Huger v. Bocquet, 1 S. C. L. (1 Bay) 497 (1792); Payne v. Trezevant, 2 S. C. L. (2 Bay) 23 (1796).

〔101〕 Davis v. Ex'rs of Richardson, 1 S. C. L. (1 Bay) 105, 106 (1790).

〔102〕 Ex'rs of Huger v. Bocquet, 1 S. C. L. (1 Bay) 497, 498 - 499 (1792).

〔103〕 Winthrop v. Pepoon, Otis & Co., 1 S. C. L. (1 Bay) 468, 469 - 670 (1795).

行组成的陪审团审理。但是，在陪审团作出裁决后，法院指令重审。“因为当事人……表达了对裁决的不满，”法院解释说，“而且，作为一个**新案件**，它应当由商人组成的特别陪审团重审，它目前是这一争点的最终决定者。”该案件“因此……又交给陪审团审理……有关其规则，或者是法院适用的法律，”或者是采用马萨诸塞州的法律，“作为陪审团认为最适合于商
159 人的法律。”在陪审团决定采用马萨诸塞州的法律后，法院得出结论说，“因此，这就可以被认为是确立了有关这一争点的法律，确立了以发生地法（*lex loci*）即票据签发地的法律为依据。”

在1796年后，与纽约一样，南卡罗来纳州不顾特别陪审团对于商人规则的全部好处，突然就结束了特别陪审团的统治。1797年，在说明（当事人）“为了拖延和欺诈”而使用特别陪审团后，南卡罗来纳州的立法机关废除了特别陪审团，规定只有在双方都同意的情况下才可以使用。随着这一制定法的变革，法院自己提议使用特别陪审团的做法也终结了。事实上，在此后，就没有双方当事人都请求遴选陪审员的案例被报道了。

在商事诉讼中不再使用特别陪审团体现了19世纪早期法律的一种更普遍趋势。它与司法对使用商事仲裁的限制，都标志着殖民地商人将法律纠纷交给司法外机构解决的策略衰败了。这种倾向不仅体现了各商业利益同质性的崩溃，同时它也是司法敌视与其竞争的法律机构的形成这一明显态势的一部分。

第六章
合同的胜利

从根本上说，现代合同法是19世纪的产物。无论是在英国还是在美国，合同法的出现都是基于对中世纪实质正义传统 160
的回应和批判。令人惊讶的是，直到18世纪，这种传统依然在法学思想中占有重要位置，在美国尤其如此。持续到19世纪，法官和法学家才最终放弃了认为合同义务的正当性来自于交易固有的公正或公平的传统信念。他们第一次宣称，合同义务来自于合同当事人意思的一致。

从英国第一部合同法作品——鲍威尔（Powell）的《论合同法和协议法》(*Essay Upon the Law of Contracts and Agreements*)（1790）开始，英国合同法作品的一个重要特征就是，指责实质正义中的平等观念破坏了“法治”。鲍威尔认为，“为了全体公众的利益，绝对有必要，使国民（subject）的权利取决于确定的、固定的法律原则，而不是取决于衡平规则及其解释（construction）。因为衡平法规则及其解释的适用，……在其适用范围内，取决于法官的意愿和恣意，一定是任意的和不确定的。”[1] 衡平法之所以“一定是任意的和不确定的”，正如鲍威尔所说，是因

〔1〕 1 J. Powell, *Essay upon the Law of Contracts and Agreements* x (1790).

为不可能存在实质正义原则。比如，衡平法院不应仅仅因为“价格不公”（exorbitancy of price）就拒绝执行某项合约，因为“确定任何物品公平价格的，恰恰是当事人的合意，而无需参照物的本质属性，或者物的内在价值……因此，”他得出结论
161 说，“公正履行自己订立的合同是人们的义务，即使履行是件难事也应如此。”〔2〕现代合同理论的所有概念性工具，如要约和允诺规则、对价的证据功能，尤其是解释规则（cannon），都体现了合同的“意思理论”（will theory）。

鲍威尔反对内在价值和公平价格的论点，反映了在市场经济出现后思想领域发生的重大变化。英国直到18世纪后半期，全国性商品市场才开始发展起来。从那时开始，“粮食价格不再只是本地价格（local price），而是地区性价格（regional price）；这种情况（第一次）预示了货币的广泛使用和商品的广泛流通。”〔3〕美国独立战争结束之后不久就出现了广阔的政府证券市场，一个广泛的国内商品市场在1815年左右也得以形成。〔4〕无论是对英国还是美国的合同法，这些发展的影响都是深远的。在市场上，商品被认为是可以相互交换的；相应地，合同的作用也从简单地移转特定物的所有权，转化为保护当事人的预期回报。在18世纪还非常少见的待履行的合同，成为订立“期货”（futures）合约的重要手段之一。而以前，经济体系主要依靠特定商品的即时销售与交付。而且，最重要的

〔2〕 2 同上，第229页。

〔3〕 K. Polanyi, *The Great Transformation: The Political and Economic Origins of Our Time* 115 (Beacon Press ed., 1957).

〔4〕 参见本书第173－177页（本书边码——译者注）。

是，在一个社会中，如果价值完全被认为是主观的，转让价格的唯一基础也是任意的个人意愿的合致，那么，人们就会必然认为，实质正义原则具有“任意的和不确定的”价值标准的意味。根据早期的观点，实质正义存在的目的是为了防止人们利用法律体系相互剥削。但是，一旦商品不具有“内在价值”，就不可能存在剥削的实质标准了，而且根据定义，合同双方是平等的。这样，现代合同法从一开始就坚定地宣布，所有人一律平等，因为对不平等的任何衡量标准都是一种幻象。

18世纪衡平法上的合同观念

依据通说，合同的发展可分为三个阶段，每一阶段都与交易的经济制度史与法律制度史相对应。在第一阶段，所有的商品交换都是即时交易，因此，“没有任何与英美法意义上的‘合同’对应的东西。交易中每一方当事人都成为商品的新所有权人，其权利不是取决于允诺，而是取决于财产。”在第二 162
阶段，“当交易未完成时，它首次呈现出合同的外观，从而【仅仅】有一方当事人负担一项债务。”“第三个阶段也是最后的阶段，在这一阶段中，待履行合同成了可以执行的合同”。[5] 依据法律史的通常看法，英国法官在16世纪末就宣称，“每个待履行的合同本身都是一项允诺（assumpsit）”，“有

〔5〕 See, e. g., L. Fuller and M. Eisenberg, *Basic Contral Law* 121 – 22 (1972); F. Kessler & G. Gilmore, *Contracts* 27 – 28 (1970); T. Plucknett, *A Concise History of the Common Law* 643 – 44 (5th ed., 1956).

两个相对的允诺（promise against promise）就可以提起一个类案诉讼（action upon the case）*。”由此，合同作为当事人相互允诺的概念就这样确立下来了。并且，根据普拉克内特（Plucknett）的观点，“这种相互允诺的过程是完整的，结果是明显的。”[6]埃姆斯（Ames）对此补充说，“损害赔偿金也很快就可以被评定出来”，这“不是根据偿还（reimbursement）理论，即赔偿允诺应交付的物的价值，而是依据赔偿（compensation）原则，赔偿另一方没有取得允诺交付的物的损失。”[7]

和传统观点相反，我的目的是要阐明，在16世纪末，第三个阶段并没有完成。相反，有人发现，直到18世纪末，合同法仍旧受所有权交易理论（a title theory of exchange）支配，而且，赔偿金是根据衡平法原则确定的，这一理论最终被现代合同法抛弃了。

从现代观点看来，18世纪合同法最明显的特征是这部法律在很大程度上隶属于财产法。布莱克斯通的《英国法评论》第2卷首次出现了对合同的论述，但该卷论述的完全是财产法。他认为，合同是移转特定物所有权若干种方式——如继承（descent）、买卖和占有（occupancy）——中的一种，[8]在“论

---

* 在普通法上，类案诉讼（action on the case）是为突破早期普通法对令状的限制而发展出来的。一开始是从侵权案件中发展出来的，因为最初的侵权诉讼仅对直接损害提供救济，而对间接损害则不予救济。为了救济间接损害，法官发展了类案诉讼。它分为侵权类案诉讼（trespass on the case，即间接侵害诉讼）与一般类案诉讼。1875年之后，所有的诉讼格式都被取消。——译者注

〔6〕 T. Plucknett，上注5，第634－644页。

〔7〕 J. Ames, *Lectures on Legal History* 144－45（1913）. 另参见 3 W. Holdsworth, *A History of English Law* 452（3d ed., 1923）.

〔8〕 2 W. Blackstone, *Commentaries* ＊440－70.

个人财产的损害”的一章[9]中，合同概念第二次也是最后一次出现。总之，在布莱克斯通的这4卷著作中，有关合同的论述只有40页，而且，他对合同的看法还非常混乱。

合同隶属于财产法的结果是，18世纪的法学家赞同合同交易的所有权理论，依据该理论，合同的功能是移转合同约定的特定物的所有权。所以，布莱克斯通认为，如果卖方没有按照待履行合同的规定交付货物，那么“买方可以扣押（seize）货物，或者对卖方提起扣留（detaining）货物之诉。”[10] 与此相仿，鲍威尔在其英国第一部合同法著述中也认为，没有按照待履行合同的规定交付股票的，其救济是强制履行。[11]

所有权交易理论与18世纪的社会环境是一致的。当时，不存在大范围的市场，因此人们也常常认为货物不具有流通性，也不认为交易可以在未来以金钱履行（future monetary re- 163
turn）。其结果是，在18世纪，法院并没有认识到对预期利益的损害赔偿。只有两个18世纪英国被报道的判例稍微涉及对

〔9〕 同上，第154－56页。

〔10〕 同上，第448页。斯威夫特的著作中同样也出现了（合同的）所有权理论，参见1 Z. Swift, *A System of the Laws of the State of Connecticut* 380－81（1795）.

〔11〕 2 J. Powell，上注1，第232－233页。在美国合同法中，（合同的）所有权理论最后的重要露面是在肯特的《美国法评论》一书中。肯特对合同的处理方法依然集中在所有权何时通过交易转移这一问题上，而没有讨论违约行为损害赔偿救济的蛛丝马迹。参见2 J. Kent, *Commentaries on American Law* ＊449－457（1827）. 在一个市场与投机司空见惯的社会中，肯特的讨论是18世纪将合同仅仅视为移转特定财产方法的观念的最后表述。

违约行为预期利益赔偿。1776年的 *Flureau v. Thornhill* 案[12] 似乎遇到了对失去交易（机会）的赔偿问题。该案的事实是，一个买受人购买了一个出租物，但该物因为权利瑕疵问题不能交付，于是买受人提起了诉讼。他不仅要求退回其定金，而且还要求赔偿他因此失去交易（机会）的损害赔偿金。这一案件的报告没有提到原告是否试图请求赔偿租赁物增加的价值，或者他因为要支付这笔价金而出售股票遭受的损失。不管怎样，法院不允许原告获得超过其应受给付以外的损害赔偿。一个法官曾经轻蔑地评论，原告"无权对空想的交易好处获得损害赔偿，虽然他认为自己受了损失。"[13]

第二个涉及损害赔偿的案件是1720年的 *Dutch v. Warren* 案。[14] 要不是后来法学家四处搜寻英国的案例报告，以寻找承认预期利益的案件而常常引用这个案件的话，这一案例本来是与此无关的。[15] 在这个案件中，买方要求返还他为股票买

---

〔12〕 2 W. Black. 1078, 96 Eng. Rep. 635 (C. P. 1776). *Flureau v. Thornhill* 一案的判决可能应对美国在1800年至1825年广泛接受这一规则负责：卖方在违反对货物享有合法所有权的担保时，买方只能得到购买价金，预期利益的损害是不能得到赔偿的。虽然美国判决采纳这一规则可能是投机商与土地销售者之间深层问
322 题的体现，但是，这也体现了18世纪合同观念的持续影响，这种合同观念还没有发展出对预期利益的损害赔偿理念。

〔13〕 2 W. Black. At 1078, 96 Eng. Rep. at 635. 在18世纪的英国报道中，关于待履行合同的买主因为卖主没有交付而提起诉讼的，我能找到的案件只有一个。在 *Clayton v. Andrews*, 4 Burr. 2101, 98 Eng. Rep. 96 (K. B. 1767) 一案中，买主因为卖主玉米没有交付而提起诉讼，曼斯菲尔德勋爵判定，有关欺诈的制定法不能适用于待履行合同。

〔14〕 1 Strange 406, 93 Eng. Rep. 598 (K. B. 1760). See Moses v. Macferlan, 2 Burr. 1005, 1010－11, 97 Eng. Rep. 676, 680 (K. B. 1760) (Mansfield, J.).

〔15〕 如 Shepherd v. Johnson, 2 East. 211, 102 Eng, Rep. 350 (K. B. 1802) 一案。另可参见 J. Power，上注1，第137－138页。

卖合同支付的价金，一直到股票应交付时，其价格都在下跌。尽管法院认为这起案件“对已经交付的价金提起诉讼，而不是对在那个时候没有移交股票的损害赔偿金提起诉讼的理由充分，”[16] 但很明显，这起案件并没有确立现代法律规则，即在股票价格上涨时，原告没有交付股票的，被告就可以获得超过其购买价格的预期损害赔偿金。实际上，曼斯菲尔德勋爵之所以引述这一判决，并不是要确立损害赔偿金的现代法律原则，而是阐述了金钱诉讼衡平法固有的和其后接受的属性。[17]

在美国独立战争前的少数待履行的合同案件中，其中一个是 1767 年的 *Boehm v. Engle* 案[18]。在这起案件中，两个买方起诉一个卖方。在本案中，原告因为所有权瑕疵而拒绝接受土地契据。因为宾夕法尼亚州没有卖方可以提起特定履行（special performance）的衡平法院，[19] 所以，贝姆提起了“一个对于金钱对价（consideration money）”，或者对于合同价格的特别诉讼。应当强调的是，诉讼不是针对损失的交易价值而提起的。实际上，原告不是因为土地价格的变动而起诉的，而是因为要求强制履行而起诉的。因此，这起诉讼与布莱克斯通的所有权理论（title theory）是一致的：该合同已经把土地所有权由卖方转移给了买方，而剩下的都是有关土地价格的诉讼。”

---

〔16〕 1 Strange at 406, 93 Eng. Rep. at 598.

〔17〕 See Moses v. Macferlan, 2 Burr. 1005, 1011 - 12, 97 Eng. Rep. 676, 680 (K. B. 1760). See also Clark v. Pinney, 7 Cow. 681, 688 - 89 (N. Y. 1827; *Dutch v. Warren* 一案“最明确地判定：一个诉讼基于合同本身提出时，一切都与损害赔偿金问题无关，不能请求赔偿已经支付的价金。”)。

〔18〕 1 Dall. 15 (Pa. 1767).

〔19〕 A. Laussat, *An Essay on Equity in Pennsylvania* 19 - 27 (1826).

要想了解18世纪和现代合同法的根本区别，可以思考在合同的所有权理论的逐渐消亡时期，纽约判决的一个案件。这
164 个案件是1810年的 *Sands v. Taylor* 案[20]。在本案中原告起诉买方，因为买方接受了船上装运的一部分小麦后，拒绝接受剩下的小麦。根据传统的合同所有权理论，很明显，卖方在收到买方的合同价金以前，应保留货物。但在这起案件中，卖方却立即通过将余下的小麦在市场中出售获得了“补偿”，而且控告买方，要求买方赔偿市场价格和合同价格之间的差额。虽然法院承认“在判例报告中没有确认或者否认适用于本案的规则”，但它还是认可了卖方对货物的处理决定，并且允许他对差额提出诉讼。法院认为，“相对于要求……【卖方】遭受小麦腐烂的损失，并以此作为其获得损害赔偿的条件而言，这是更恰当的规则。”为了作出这一判决，法院不得不从根本上改变合同的所有权理论。它认为，在这种情况下，卖方“必然成了买方受托人或代理人。”法院创设这种信托理论（the trust theory）的目的，是为了克服18世纪合同观念的固有效力，这种效力在19世纪的市场经济中逐渐变得反常。传统合同所有权理论认为合同的作用是在特定的商品上设立所有权，因此，在人们订立合同的通常目的是为了从可交易的商品中获得投机价格利益的经济体制中，它就成了没用的理论。大致说来，对合同的所有权理论抛弃，是和组织化市场的形成以及经济体制的转换相呼应的，这种经济体制仅仅把合同视为移转特定财产所有权的一种手段。

〔20〕 5 Johns. 395（N. Y. 1810）.

18 世纪最重要的交易观念是对合同义务的平衡法限制。依据现代的意思说，合同义务取决于当事人个体欲求的合致。而与此相对的是，衡平法理论则通过援引作为交易基础的公正原则，限制甚至否定合同义务。

18 世纪理论最直接的表现是衡平法院精心建立的这一原则：如果合同对价是不充分的，法院就应当拒绝对任何合同提供特定履行的救济。[21] 直到 1817 年，南卡罗来纳州衡平法院的首席法官德索绪尔（Desaussure）才表述了这一理论：

> 如果合同是极不公平的，或者是因欺诈、突然袭击，或者奸诈的人使用机巧，利用他人的软弱、没有经验或者紧迫需要而订立的，我们还不审查并撤销这些合同的话，这对于我们南卡罗来纳共同体是一个巨大的损失，也是这个国家司法的耻辱。[22] 165

7 年后，纽约州法院首席法官也指出了在美国法官中已经

〔21〕 See, *e. g.*, Carberry v. Tannehill, 1 Har. and J. 224 (Md. 1801); Campbell v. Spencer, 2 Binn. 129, 133 (Pa. 1809); Clitherall v. Ogilvie, 1 Des. 250, 257 (S. C. Eq. 1792); Ward v. Webber, 1 Va. (1 Wash.) 354 (1794). 另一方面，斯威夫特认为："从其他所有对价中概括出来的价格不足，似乎本身并不足以为衡平法院提供驳回合同当事人的请求，或提供救济的理由。" 2 Z. Swift, 上注 10，第 447 -448 页。然而，斯威夫特承认，在合同价格不足时，同时参酌其他情况，"法院可以判定当事人的合意是不自由的，或者是附条件的，是基于错误、恐惧、错误陈述或者另外一方明知的紧迫压力缔结的。" 同上，第 448 页。总之，即使依据斯威夫特的观点，在没有发现合同欺诈的情形，对价的不足也可以导致法院不强制执行合同。

〔22〕 德索绪尔（Desaussure）在他对这一案件的报道中，将这一评论作为一个没有编号的脚注，参见 Clitherall v. Ogilvie, 1 Des. 250, 259 n. (S. C. Eq. 1792).

普遍存在的这种观点：不强制执行对价不足的合同。[23]

除了衡平法院外，还存在其他监管合同公正性的方式。普通法有关对价的实体法就起了类似的作用。根据这些规定，陪审团在作出损害赔偿判决前，不仅要考虑合同是否有对价，还要考虑合同对价是否充分。但是，直到1822年，对价的这种主流理论才被衡平法院大法官肯特明确表示出来；而这时也正是衡平法不强制执行不公正交易的法律理论已经日薄西山之时。[24] 肯特认为，由陪审团负责决定违约行为损害赔偿的普通法合同诉讼中，"在决定损害赔偿金时，可以适度依据公平和良知，减免损害赔偿金……在评估损失时，还应恰当地考虑双方当事人的主张和要求，而且评估应受这些主张和要求的控制。"[25]

肯特的主张得到了18世纪美国判例报道的大力支持。例如，18世纪，在没有衡平法院的宾夕法尼亚州，法官在债券诉讼中指示陪审团，他们"应该首先假定一切都已经得到赔偿，但是……出于衡平和良知，则不应该得到赔偿。"[26] 由于没有衡平法院，大法官麦克恩（MccKean）宣布，法院不得不求助于陪审团"依据公正和良知解释当事人的协议。"[27] 结果，

---

〔23〕 Seymour v. Delanc［e］y, 3 Cow. 445, 447（N. Y. 1824）（Savage, C. J.）.

〔24〕 肯特以交易不公正为由，拒绝强制执行一个合同。但是在上诉时，其判决被推翻了。Seymour v. Delanc［e］y, 3 Cow. 445（N. Y. 1824）, *rev'g* 6 Johns. Ch. 222（N. Y. Ch. 1822）.

〔25〕 Seymour v. Delancey, 6 Johns. Ch. 222, 232（N. Y. Ch. 1822）.

323 〔26〕 Holingsworth v. Ogle, 1 Dall. 257, 260（Pa. 1788）.

〔27〕 Wharton v. Morris, 1 Dall, 125, 126（Pa. 1785）. See also Conrad v. Conrad, 4 Dall. 130（Pa. 1793）.

宾夕法尼亚州的律师们通常认为，原告要请求“陪审团作出强制执行其协议的裁决，那么其对协议的主张不仅应当合法，而且还应当是公正的”[28] 并且，“另一方当事人明知价格不足，也是撤销合同的理由。”[29]

18世纪马萨诸塞州规定，在普通合同案件中，被告可以提供合同对价不充分的证据，以减少损害赔偿金。约翰·亚当斯（John Adams）在其1795年前后的学生笔记中，在不同的三个地方提到，他认为“对价充足”是提起合同之诉的必要条件。亚当斯在其中的一个条目后写道，“没有对价，或者对价不充分是中止诉讼的充分诉因。”[30] 在1766年 *Pynchon v. Brewster*[31] 案中，首席法官哈钦森（Hutchinson）在这个确定价格的诉讼中指示陪审团，“如果认为合理，或许……可以减少【原告】请求的价额。”[32] 1年之后，哈钦森认识到，在合同案件的审理中，“似乎很难否定对对价的调查，也很难拒绝认定可以减少赔偿金的证据。”[33] 166

在亚当斯的《自传》中，他深入思考了这些规则中蕴含

〔28〕 Gilchreest v. Pollock, 2 Yeates 18, 19 (Pa. 1795)（律师的辩护意见）。

〔29〕 Armstrong v. McGhee, Addis. 261 (Pa. C. P. 1795)（律师的辩护意见）。

〔30〕 1 *Legal Papers of John Adams* 9 (L. Wroth and H. Zobel eds. 1965). 另可参见上注，第12、15页。

〔31〕 Quincy 224 (Mass. 1766).

〔32〕 同上，第225页（此处删去了着重号）。

〔33〕 Noble v. Smith, Quincy 254, 255 (Mass. 1767). 这个案件是本票的受票人（promisee）对出票人（promisor）提起的诉讼。法院以3∶2的比例，判定不承认对价不充分的证据。但在这个案件中，很清楚的是，法院将票据作为调整合同的一般规范的例外。事实上，本票很快就成了那些希望摧毁对价原则本身的人强调的重要例子。虽然哈钦森投票赞成排除对价不充分的证据，但是，他的陈述并没有承认一般性规则，他也没有争辩。

的客观价值观念。他写道：

> 买方不应该利用卖方的紧迫需要，而以非常低的价格购买其货物，这是理所当然的永恒规则。假设有一个人为了要履行法院的强制执行义务，急需在2小时内获得100英镑，否则他就会被判入狱。而他有价值500英镑的一批东西正待销售。他找到一个买主，这个人愿意出100英镑购买他所有的东西，而且只出100英镑。这个可怜的人儿被迫将500英镑的东西以100英镑卖出。虽然在某种意义上，他是自愿卖出这些东西的，但是他确实有冤屈。买方利用自己邻居的紧迫需要而与其交易，这种行为虽然不公，但还不如将所有对价不充分的合同处理为无效给交易带来的麻烦那样严重。但问题是，如果对价不充分的合同都无效，那么这对交易到底造成了什么样的损害，增加什么样的麻烦。〔34〕

另外一个可以说明18世纪损害赔偿判决衡平法属性的事实是，几乎所有美国法院都不指示陪审团依据严格赔偿规则裁决，也不能推翻他们并不同意的损害赔偿判决。结果导致了社会的公正意识成了合同案件的决定性标准。针对1789年康涅狄格州的一个商业案件，一位评论员写道："陪审团就是合适的裁决者，不仅是案件事实问题的裁决者，也是案件相关法律

---

〔34〕 1 *Diary and Autobiography of John Adams* 112（L. Butterfield, ed., 1961）. 亚当斯认识到了这种做法给商业交易造成的不便，他已经预见到后来发生的对实质性对价规则的抨击。

问题的裁决者。"[35] 无论法官相信他们和陪审团在法律问题上的合理分工是怎样的，大多数法官都愿意将损害赔偿问题交给陪审团处理。例如，在南卡罗来纳州 1786 年的一场诉讼中，陪审团裁决应当执行的价格低于合同约定的价格，高等法院对此案拒绝重审，因为"本案的损害赔偿判决公正，并且……陪审团认为，在合同当事人之间作出合理裁定是恰当的。"[36] 同样，弗吉尼亚州普通法院（General Court）* 也认定，判决超过实际损失的损害赔偿不能构成重审的充分理由。[37] 宾夕法尼亚州的首席法官麦克恩认为，"实定法和司法先例整体上都对损害赔偿这一问题保持了沉默"，在这种情况下，"道德原则、公平和良知，足以提供影响、引导我们判决的充足规则。"[38] 而且，很明显，陪审团的公正感会居于统治地位。在最高法院的巡回法院审理一桩案件时，华盛顿法官发现，陪审团忽视了他关于原告有权获得合同全部损失的指示，作出了低于实际损 167
害赔偿的判决。但是，当原告要求重审时，华盛顿法官拒绝了，其理由是"损害赔偿问题……是专门由陪审团进行裁决的问题，他不会允许自己越权重审。"[39]

---

〔35〕 1 Z. Swift，上注 10，第 410 页，谈及了 Hamlin v. Fitch，（Conn. Sup. Ct. Err. 1789）一案。

〔36〕 Pledrger v. Wade，1 Bay 35，37（S. C. 1786）. See also Bourke v. Bulow，1 Bay 49（S. C. 1787）.

* 美国殖民地时期，马萨诸塞州首创的具有立法权和司法权的机构，在新英格兰地区推行。——译者注

〔37〕 Waugh v. Bagg（Va. 1731），*reported in* 1 *Virginia Colonial Decisions*，R77，R78（R. Barton，ed.，1909）.

〔38〕 Perit v. Wallis，2 Dall. 252，255（Pa. 1796）.

〔39〕 Walker v. Smith，4 Dall. 389，391（C. C. D. Pa. 1804）.

进一步支持 18 世纪实质性对价规则的是美国法院执行“合理价格是良好商品的保证”这一规定。[40] 虽然在 18 世纪的英国，并没有证明实质性对价规则的直接证据，但是，仍有几例没被报道的判决遵循了合理价格法则[41]。直到 1792 年，布莱克斯通在牛津维纳瑞安（Vinerian）教职的继任人，理查德·伍德森（Richard Wooddeson）才公开声明，公正价格规则是

---

〔40〕 See. *e. g.*, Dean v. Mason, 4 Conn. 428, 434 (1822) (Chapman, J.); Baker v. Frobisher, Quincy 4 (Mass. 1762); Garretsie v. Van Ness, 1 Penning. 20, 27 – 29 (N. J. 1806) (Rossell, J.) (dictum); Toris v. Long, Tayl. 17 (N. C. Super. Ct. 1799); Whitefield v. M'leod, 2 Bay 380 (S. C. 1802); Mackie's Ex'r v. Davis, 2 Va. (2 Wash.) 219, 232 (1796); Waddill v. Chamberlayne (Va. 1735), *reported in* 2 *Virginia Colonial Decisions*，上注 37，第 B45 页；1 Z. Swift，上注 10，第 384 页；*cf.* Rench v. Hile, 4 Har. and McH. 495 (Md. 1766). 另参见 Z. Swift, *Digest of the Law of Evidence in Civil and Criminal Cases and a Treatise on Bills of Exchange and Promissory Notes* 341 (1810)（“正如其他所有买卖动产（personal property）的案件一样，我们的法律默示规定了担保条款）”。威奇（W. Wyche）有关纽约诉讼程序的论著包括了“默示担保之诉”这样一个索引条目。参见 W. Wyche, *Treatise on the Practice of the Supreme Court*
324 *of Judicature of the State of New York in Civil Actions* 339 (1794). 该著作评注说，这种诉讼是“对出售不合格的马匹或类似东西中的欺诈”提出的，“尤其是在近年，常常是基于合同之诉（assumpsit）提出来的。”同上，第 23 页。

〔41〕 See Parkinson v. Lee, 2 East. 314, 322, 102 Eng. Rep. 389, 392 (K. B. 1802) (Grose, J.); W. Story, *A Treatise on The Law of Contracts Not Under Seal* 333 (1844); G. Verplanck, *An Essay on the Doctrine of Contracts: Being An Inquiry How Contracts Are Affected in Law and Morals* 28 – 29 (1825). 但是，布莱克斯通认为，“法律默示规定的是买主应担保他享有货物的合法所有权（good title），而不是货物的良好品质（soundness）。参见 2 W. Blackstone, Commentaries ＊451 。一部早期的英国合同法论著就已经主张，在一个基于商品适合销售的品质（merchantability）提起的诉讼中，“卖方应使货物适合销售，而且应合法交付货物给买方，在合同没有任何这种专门约定的情况下也如此。”“Of Contract”，（c. 1720）（Hargrave 手稿，265，大英博物馆）。感谢芝加哥大学的约翰·兰贝恩（John Langbein）教授让我注意到这一手稿。兰贝恩教授相信这一手稿是英国杰出的律师巴伦·吉尔伯特在 1720 年左右写就的。

良法。[42] 由此，我们可以得出这样的结论：无论在英国还是在美国，如果卖价高出商品假定的客观价值，在卖主提起的诉讼中，陪审团有权减少卖方要求的损害赔偿金；在买主提起的诉讼中，法院则将执行对质量的默示担保条款。

前文对18世纪对价规则的探讨表明，合同法根本上是与商人阶层的利益相对立的。法律并不保障商人获得在交易中明确表示出来的价值，最多只是保障合同强制履行。法院和陪审团不是因为商事协议的外表而尊重它，而是在仔细审查交易的实体公正性后才尊重它。

就我们的论题看，法院敌视商业最重要的结果是，造成了合同法和商业交易目的的分离。这样，如果可能，商人之间就会用不正式的方式解决纠纷；如果还不能解决，就将案件交由更正式一些的仲裁程序审理，并且依靠商业陪审团调整普通法规则。[43] 而且，他们最终致力于寻求协议的合法形式，并根据这个形式从事商业交易，避免法院和陪审团的公平化倾向。在这些形式中，最重要的一种就是违约罚金保证书（penal

〔42〕 2 R. Wooddeson, *A Systematical View of the Laws of England* 415（1792）. 依据一个17世纪英国值得怀疑的法律报道的案例，即 Chandelor v. Lopus, Cro. Jac. 4, 79 Eng. Rep. 3（Ex. 1603）, noted in 8 *Harv. L. Rev.* 282（1894）案，其后法院认为，英国从来没有允许默示担保诉讼。See, *e. g.*, Seixas v. Woods, 2 Cai. R. 48（N. Y. Sup. Ct. 1804）. 然而，与英国法律史早期的很多其他判决一样，法院细则更多的是对诉答这一狭小范围考量的产物，而不是任何直面实质性政策问题的产物。参见 Hamilton, "The Ancient Maxim Caveat Emptor", 40 *Yale L. J.* 1133, 116－68（1931）; "Implied Warranty on Sale of Personal Chattles," 12 *Am. Jur.* 311, 315－16（1834）. 另可参见 8 W. Holdsworth，上注7，第68－70页；McClain, "Implied Warranty in Sales," 7 *Harv. L. Rev.* 213（1893）.

〔43〕 参见第五章。

bond)。

违约罚金保证书或者签字蜡封文书（sealed instrument）的很大优点在于，普通法规定这两种形式可以排除所有对于交易对价充足性的调查。在中世纪法律体系中，使用“附解除条件的违约罚金保证书”（penal bonds with conditional defeasance），就像其名称一样，在合同当事人没有按照约定条件履行合同时，相对方可以向违约人主张不受限制的违约罚金。在英国，到了17、18世纪，违约罚金保证书的使用稍微减少了。其原因是，首先是衡平法院，然后是普通法法院，都削弱了违约责任的违约
168 罚金特征，即对双方约定条件的轻微违反，违约方也得支付规定的全部罚金。[44] 尽管美国法院似乎一直都在追随英国法院，而且同样也对这些保证书“基于公平原则调整”（chancered）[45]，但是，实际上，直到19世纪初，美国的所有大宗商业交易才开始采用这两种独立的保证书形式，每一种都对不履行合同的行为规定了损害赔偿金。[46]

尽管有对保证书“基于公平原则调整”的惯例，但在大多数案件中，使用这种保证书还是可以避开对交易公正性的衡平法上的调查。从18世纪初期开始，英国法官开始区分违约罚金和约定违约赔偿金，对于前者，法官可以予以适当削减；

---

〔44〕 Simpson, “The Penal Bond with Conditional Defeasance,” 82 *L. Q. Rev.* 392, 411 - 12, 415 - 21 (1966).

〔45〕 See Worth and Zobel, Introduction to 1 *Legal Papers of John Adams*, 上注 30, at xliii n. 38.

〔46〕 See, *e. g.*, Thompson v. Musser, 1 Dall. 458 (Pa. 1789); Cummings v. Lynn, 1 Dall. 444 (Pa. 1789); Wharton v. Morris, 1 Dall. 125 (Pa. 1785).

而后者则由当事人自由规定，法院不予干预。[47] 直到曼斯菲尔德勋爵升任法官为止，英国法院都倾向于把保证书中规定的大多数损害赔偿金条款作为约定违约金，并执行这些条款。曼斯菲尔德认为，“对那些已有‘支付约定违约金数额’的合同，衡平法院就不能为当事人订立新合同。”[48] 另外，在总结了合同法前几世纪的发展之后，埃尔顿（Eldon）法官在 1801 年宣称，他对任何假定的原则都只能“感到悲叹”，依据这些原则，当事人双方约定的“数额巨大的、过分的”赔偿条款，都会因被视作违约罚金而无效。“对我而言，要合理地把‘过分’一词用在当事人订立合同的条款上是非常困难的……人们认为……仅仅因为‘不公平’而要求削减违约金的请求并不成立。”[49]

从法院记录上，不可能做出美国法院是否同样区分违约罚金和约定违约金的判断。在马萨诸塞州，法官不需要陪审团的帮助就可以“基于公平原则调整”保证书的赔偿金额——只要把合同上规定的赔偿金额减半就可以了。[50] 这种做法考虑到了当地广泛流传的一种习惯——当事人在制作违约罚金保证书时，会填上他们预计要遭受损失数额的两倍。但最重要的

〔47〕 6 W. Holdsworth，上注 7，第 663 页（在那些允诺的总金额已经明显超过损害部分的案件中，衡平法已经开始限制……救济）。

〔48〕 48. Lowe v. Peers，4 Burr. 2225，2228，98 Eng. Rep. 160，162（K. B. 1768）.

〔49〕 Astley v. Weldon，2 B. & P. 346，351，126 Eng. Rep. 1318，1321（C. P. 1801）.

〔50〕 华盛顿大学的大卫·凯尼格（David Koenig）使我注意到了这一做法。 325
他当时在研究 18 世纪马萨诸塞州的普利茅斯法院档案的一个版本。

是，这种做法使当事人可以决定其遭受损害的大小，而不受司法的干预。在其他州，陪审团能在多大程度上参与对违约金的衡平过程，我们无从知晓。如果陪审团的作用只是按照法官的指示去做，不理睬保证书中规定的损害赔偿金，而是依据实际损害作出判决，那么违约罚金保证书就不可能是避免陪审团对交易本质公平性的衡平法调查的重要手段。无论如何，在18世纪的最后10年中，商业贸易中使用的违约罚金保证书数量远远超过了包含双方允诺的合同数量。这也表明，在涉及违约罚金保证书的案件中，法院并没有不受限制的自由裁量权。

169 违约罚金保证书的较晚使用，缺少广阔的市场，以及合同法中的衡平法观念协力阻碍了调整待履行合同的法律发展。实际上，18世纪美国合同法的一个显著情况是，如果合同没有部分履行的话，一些法院根本不强制执行尚待履行的合同。例如，弗吉尼亚州1787年判决的Muir v. Key一案中[51]，一个购买烟草的买主因为对方没有交付，就依据包含双方允诺的违约罚金保证书提起诉讼。但就在同一个诉讼中，卖方也提起了要求支付合同价金的请求。陪审团作出了有利于买方的裁决，法官却推翻了这个裁决，其理由是，只有原告预先付款后，他才可以提起合同之诉。因此，在弗吉尼亚州，直到1787年，买方都必须预先付款后才能提起合同之诉。同理，根据一位法官

〔51〕 1 *Papers of John Marshall*, 215 - 18 (H. Johnson ed. 1974).

的观点，卖方也只能在交付烟草后才能提起合同之诉。[52]

在18世纪，美国其他地方似乎也存在只有部分履行合同条款后才能提起诉讼的观点。威廉·内尔森（William Nelson）在他对马萨诸塞州的法律研究中提到，“只有原告在履行了他那部分合同义务之后……待履行的合同才能强制执行……这是一条普遍规则……”[53] 因此，约翰·亚当斯在《备忘录》(*Commonplace Book*)（1759年）一书中，坚持认为在“在待履行的合同中……履行合同的行为是获得赔偿的先决条件。”比如，两个人就买卖一匹马达成了协议，在这种情形，他认为，“没有理由认为，【卖方】在把马交给买方之前，可就价金提起诉讼。”[54] 直到1795年，康涅狄格州的泽弗奈亚·斯威夫特

---

〔52〕 在本案中，一些法官的表述可作其他解释。例如，在塔兹韦尔（Tazewell）法官声称“在一个基于相互允诺的诉讼中，当事人可以相互提起诉讼”时，似乎就允许在没有部分履行合同时，强制履行待履行的合同。1 *Papers of John Marshall*，上注51，第215－218页。他认为，陪审团“应当按照不同的价格，或者原告本来可以证明但案件中又没有的**特定损害**来评估损害赔偿金；原告没有证明他已经支付了全部价金，损害赔偿金就是过高了，因此必须许可重新审理。”可以看出，他似乎同样承认了预期损害赔偿金。上注。

塔克报道说，在重新审理中，约翰·马歇尔法官赞成被告“提交法院审理这一问题：原告为了提起目前这个诉讼，是否有必要证明他已经履行了支付价金的合同义务。”上注。法院判定被告必须证明，虽然塔兹韦尔法官提出了异议。因此，很明显，直到1787年，在弗吉尼亚州，合同没有部分履行的，法院还没有判决强制执行待履行合同。买方支付价金的要求是否仅仅被当作必要的诉讼程式，还是买方的诉讼仅仅被当作是请求返还已经支付的金钱，这些问题都不是完全明确的。

〔53〕 W. Nelson, *The Americanization of the Common Law* 58 (1975).

〔54〕 1 *Legal Papers of John Adams*，上注30，第4页。当然，在卖方已经交付马后，现代的法律家会认为条件就成就了。但是，在美国，第一个为了这种目的明确使用交付（tender）概念的法学家是丹尼尔·奇普曼。参见D. Chipman, *An Essay on the Law of Contracts for the Payment of Specifick Articles* 31－40 (1822).

（Zephaniah Swift）还在这两种观点之间举棋不定，即认为履行不是合同之诉必要条件的观点，以及认为在没有支付价金或交付货物前，"交易被认为是没有法律效力的，不能约束任何一方【当事人】的观点。[55] 这就不难理解为什么一些法院在没有部分履行合同义务之前，不强制执行待履行合同了。强制执行此类合同的压力在市场经济出现前并不是很大，因为在这个阶段，很少有待履行的合同，[56] 而且商人通过使用违约罚金保证书订立的大多数待履行的合同，确实以独立合同的形式出现了。

不需要部分履行就可以强制执行的待履行合同并不多见，

---

〔55〕 1 Z. Swift 上注 10，第 380－381 页。在 *Gilchreest v. Pollock* [2 Yeats 18 (Pa. 1975)] 一案中，被告的律师重申了 18 世纪的观点，即部分履行是"**支付（payment）的一个先决条件**，应支付的当事人在作为其支付对价的物交付以前，是可以不支付价金的。"同上第 20 页。但是，通过强制执行一个早期的待履行的股票合同，法院拒绝接受这一观点。

〔56〕 考虑到殖民地的经济情况，待履行合同唯一可以想象的对象可能就是农产品。但是，"在殖民地时期，南部农业的根本特征是农产品没有一个广泛的市场"。参见 P. Bidwell and J. Falconer, *History of Agriculture in the Northern United States*, 1620－1860, at 133 (1941). 刘易斯·塞西尔·格雷（Lewis Cecil Gray）指出，在殖民地时期的弗吉尼亚州，"偶尔有待履行的买卖"。1 L. Gray, *History of Agriculture*
326 *in the Southern United States* to 1860 426 (1941). 格雷仅仅提供了一个例子，即乔治·华盛顿与亚历山大市的商人订立的合同。依据该合同，华盛顿**在** 7 **年内**以相同的价格将其小麦卖给这些商人。格雷没有提供国际贸易方面待履行合同的任何例子，而在殖民地时期，国际贸易是主要的商品交易渠道。而且，格雷也没有提到南方殖民地待履行合同的情况。参见，同上，第 409－433 页。Hoe v. Oxley, 1 Va. (1 Wash.) 19, 23 (1791). 此外，在商事交易中，汇票的大量使用使待履行合同没有必要存在了。1791 年，弗吉尼亚州的一个判例指出："请求交付烟草的英国商人的一般习惯是，为了接受交付而指定本地的代理人，代理人有权对植园主垫款，并以委托人的名义出具汇票。" Hooe v. Oxley, 1 Va. (1 Wash.) 19, 23 (1791).

这还延缓了调整这些合同的法律规则的发展。[57] 相反，18 世纪法院经常遇到的是以违约罚金保证书形式出现的商业案件。要求强制执行独立合同的法律类型与依靠相互允诺成立的合同观念根本不同。如果每一个合同都被视为独立的，那么就没有必要调查要约和允诺，以判断是否存在“意思一致”，也没有理由制定任何调整“履行命令”（order of performance）的规则，或者履行提出（tender）的规则。[58] 最终，由于约定违约金条款的存在，违约罚金保证书直到 19 世纪才延缓了所有对损害赔偿金条款的详细调查。 170

在 19 世纪前几十年，无论是在英国还是在美国，违约罚金保证书的使用似乎都明显减少了。如果事实上在 18 世纪违约罚金性保证书依然是避免对交易公正性调查的一种重要手

〔57〕 布莱克斯通对违约之诉的解释是混乱的，这说明了英国法律家很少仔细思考调整待履行买卖合同的规则。首先，他似乎否定了在没有部分履行的情况下，可以强制履行待履行合同。他写道：“如果一个人同意以某种价格购买另外一个人的货物，在他没有支付价金以前，他就不能拿走这些货物。因为没有价金的支付就没有买卖，除非当事人的明确约定与此相反。” 2 W. Blackstone, *Commentaries* *447.

履行命令和合同义务似乎是混淆不清的。“如果没有支付价金，也没有交付货物，也没有提出交付的，而且也没有订立后续合同的，在这种情况下就不存在合同。” 同本注，布莱克斯通书。在这里，布莱克斯通似乎在两种观点之间摇摆不定：将部分履行作为合同义务必要条件的观点；认为待履行合同仅仅通过提出交付（tender）而不是现实交付货物（delivery）就可以成为可强制履行的合同。

〔58〕 直到 18 世纪晚期，履行命令与待履行合同的观念不可分割的问题还没有得到解决。See Kingston v. Preston (K. B. 1773) (Mansfield, C. J.), summarized in Jones v. Barkley, 2 Doug. 685, 689 - 92, 99 Eng. Rep. 434, 437 - 438 (K. B. 1781). 甚至曼斯菲尔德解决了这一问题之后，在一代人的时间里，美国法院依然为这一问题所困惑。See, *e. g.*, Havens v. Bush, 2 Johns. 387 (N. Y. 1807); Seers v. Fowler, 2 Johns. 272 (N. Y. 1807).

段，那么在法官控制了衡量赔偿金的法律规则后，这种保证书就变得越来越没有必要了。而且，在一个投机越来越厉害的经济体制中，约定违约金条款不能很好地预测变化莫测的市场行情。[59] 所以，在19世纪的大多数商业交易中，待履行合同逐渐替代了违约罚金保证书。

无论如何，在与18世纪的法律彻底决裂之前，旧理论和新理论之间还有一段时间的艰难妥协。指出这一点是很重要的。18世纪末和19世纪初的本质变化，最明显的体现在一般诉因*和布莱克斯通对合同分类的冲突关系中。在18世纪末，一般诉因使合同法从古老诉讼形式的专政中解放出来了；而布莱克斯通在1768年将合同分为明示合同和默示合同。[60]

布莱克斯通对合同的分类强调明示合同，这种分类是远离衡平法，转向合同法意思理论的一个早期迹象。同时也体现了创立一个取代旧诉讼形式的理论框架的努力。但是，布莱克斯

〔59〕 See Graham v. Bickham, 2 Yeates 32 (Pa. 1795)（该案允许对在市场剧烈波动时，按照超过罚金付款保证书约定的数额赔偿。）

* 一般诉因（the common counts）指不是基于具体案件事实的普遍诉因，说明被告没有履行合同义务的事实，如没有交付价金等。1873年后为《司法法》废除。——译者注

〔60〕 3 W. Blackstone, *Commentaries* *154－164. 布莱克斯通对明示合同的讨论是简单的，而且基本上没有提供多少信息。布莱克斯通对传统最重要的背离是，他主张，除了封印合同（the seal）以外，一般允诺与盖印法律文件（sealed instrument。普通法上曾区分盖印合同与非盖印合同。盖印合同的证据效力是无可置疑的。现在这种区分已被美国大多数州取消——译者注）是“完全相同的”。3 W. Blackstone, *Commentaries* *157. 这样，一种由共同原则统一的合同法观念开始出现了。这些原则超越了提起合同之诉所依据的特定诉讼程式。但是，在19世纪，还没有出现对合同主要范畴的详细论述：要约与允诺、对价以及最重要的——对合同的解释规则。

通自己却把一般诉因放在默示合同范畴中，[61] 这对把一般诉因的确认与依旧占主导地位的衡平法合同观念联系在一起产生了重要影响。布莱克斯通认为，默示合同“是依据理性和正义的律令指示的，法律也因此假定这是任何人订立合同都应当履行的”。[62] 关于一般诉因之一——对取得并持有资金的债务允诺诉讼（indebitatus assumpsit）——布莱克斯通引用了曼斯菲尔德法官最近在 1760 年 *Moses v. Macferlan* 案[63] 中的开创性观点，在这个案件中，曼斯菲尔德大法官宣称：“一言以蔽之，这种诉讼的依据是，根据案件具体情况，依据自然正义和衡平原则，被告负有归还款项的义务”。[64]

这种不加限制地将合同与“自然正义及衡平原则”联系在一起的结果是，一般诉因的采用有强化衡平法观念的危险。 171
而布莱克斯通对明示合同和默示合同的区分，已经取代了衡平法观念，成了合同的统一原则。英国合同法长期坚持的衡平法原则传统，同样也影响了美国法院。以 1772 年的 *Palfrey v. Palfrey*[65] 案为例。该案涉及一个合同诉讼，孩子控告母亲

[61] 3 W. Blackstone, *Commentaries* *161. 同上。布莱克斯通将默示合同分为 327
两个主要种类。第一类是由法院或制定法强加的义务。他认为，这种义务源于最初的社会契约。同上，第 158－159 页。第二类包括所有一般诉因。他认为，这种诉因源于“自然理性以及对法律的公正解释。”同上，第 *161 页。在后一种类型中，法律假定“每个人都会履行其职责以及正义所要求的义务。”同上，第 *161 页。

[62] 同上，第 *158 页。

[63] 2 Burr. 1005, 97 Eng. Rep. 676 (K. B. 1760).

[64] 同上，第 1012 页，97 Eng. Rep. at 681.

[65] 对该案件的报道，参见 W. Cushing, "Notes of Cases Decided in the Superior and Supreme Judicial Courts of Massachusetts, 1772－1789," at 1－2 and App. 1－7（手稿，哈佛大学法学院图书馆）。

占有他们从父亲那里继承的房屋是不恰当的。马萨诸塞州高等法院没有采纳被告关于本案的恰当诉讼形式是非法侵入的主张，认定本案是合同之诉。在一个冗长而详细的法律意见中，深受诉讼形式拘束并且主张以技术解决问题的埃德蒙·特洛布里奇（Edmund Trowbridge）法官认为，在本案中，存在一个被告需要支付金钱的默示合同。他认为“有必要理解默示合同在今天意味着什么……因为……‘许多以前的判例既奇怪又荒唐，（诉讼形式）的严格性缓和了，随着时间的流逝，它消融在人们的常识中。’”因为原告“很明显有权获得其法定权利（merits）的救济，如果不是在这个诉讼中获得救济的话，也必须在另一个诉讼中获得救济。”法官“应当发挥最高的智慧作出判决。”特洛布里奇法官最后借用布莱克斯通和曼斯菲尔德的话做了总结：

> 似乎可以肯定的是，默示合同是理性和正义律令的指令；因此，如果一个人按照自然正义原则有义务向另一方支付金钱却没有这样去做，法律就赋予受害人以提起类案诉讼（事实上是衡平法上的令状）以获得救济的权利。仅仅正义和公正原则就可以构成这种衡平法诉讼的基础。[66]

然而，因为诉答程序（pleading）制度中存在尚未解决的混

---

〔66〕 Griffin v. Lee（Va. 1792）一案的判决。关于该案的报道，参见 St. George Tucker, “Notes of Cases in the General Court, District Court & Court of Appeals in Virginia, 1786 - 1811,” April 18 and Oct. 15, 1787（手稿，威廉和玛丽大学，斯韦姆图书馆，Tucker - Coleman Collection）。在本案中，塔克法官抗议说，一般诉因的“扩展超过了合理限度”，所以“不需要扩展”了。

乱，布莱克斯通把一般诉因作为默示合同的解释，最终并没有保证衡平法观念占据主导地位。似乎无论是基于明示合同价格还是基于默示合同的起诉，都是在不同方面使用了债务允诺诉讼的一般诉因。当在明示合同案件中使用债务允诺诉讼时，就会在默示合同案件中使用另一种一般诉因，即合理金额（*quantum meruit*）。18 世纪中期的一位英国评论家提到，"在对已完成工作提起的诉讼中，最好的方法是在债务允诺诉讼中确定一个合理金额，因为如果你不能证明双方约定的明确合同价格，你也能获得劳务价值的补偿。"[67] 直到 18 世纪末 19 世纪初，在美国，对明示合同提起债务允诺诉讼是一种流行的做法，而 172
且，债务未到期和合理金额的诉因都"通常同时出现在起诉状中。所以，如果原告不能证明存在明示债务或价格，他也可以求助于衡平法上的债务诉讼（*ad debitum equitatis*），"[68] 即衡平法上的合理金额诉讼。

如此一来，18 世纪末的过渡性质体现在，18 世纪的法学家没有认识到明示合同和默示合同中一般诉因潜在的理论矛盾。之所以如此，无疑是因为一般诉因本身存在的理论冲突。

---

〔67〕 T. Wood, *An Institute of the Laws of England* (9th ed. 1763), 第 555 - 556 页，转引自 C. Fifoot, *History and Sources of the Common Law*: *Tort and Contract* (1949), 第 363 页。

〔68〕 American Precedents of Declarations 95 (B. Perham ed. 1802). 例如，在 *Cone v. Wetmore* [(Mass. 1794). (F. Dana papers, Box 16, "Court Cases A - L," Mass. Historical Society)] 一案中，原告因牲畜的销售和交付提起了履行债务之诉 (indebitatus assumpsit)，高等法院宣称："在这个诉讼中，只要明智的人在【明示】协议专门约定，他就可以享有该协议约定的所有好处。他可以证明（陪审团）对货物评估的价值低于原告请求的价值。" 同本注。因此，这一判例支持了这样一种观点：即使在存在明示协议的时候，基于一般诉因的诉讼也能够成立。

这两种截然不同的合同观念就淹没在依据一般诉因提起的诉讼中了。明示合同以双方当事人之间的明示交易为基础；默示合同则源于根据“自然正义和衡平原则”规定的合同义务。在18世纪很少有人认为这两种学说是相互冲突的。合同在当时还没有成为普通法判决的主要内容。商业仲裁的存在，以及汇票、债券、签字蜡封文书在商事交易中的普遍使用，都意味着，一个现代法律家认为是合同性质的问题，在当时是很少诉讼到普通法法院的。

在18世纪的美国，一般诉因中的衡平法传统不仅和自然公正原则的普遍理论联系在一起，而且还和建立在习惯价格之上的经济体系联系在一起。〔69〕从马萨诸塞殖民地的两个案例中，我们可以看出中世纪公平价格理论的最明显的痕迹。第一起案件是 *Tyler v. Richards*（1765 年）案〔70〕。在本案中，原告就被告儿子的寄宿和教育提出了债务允诺之诉。而被告认为这种债务“不能成立（lye），原告应提出合理金额之诉。”法官约翰·亚当斯（John Adams）和塞缪尔·昆西（Samuel Quincy）认为，对原告来说，“如果可以证明他提供了服务”，就“可以提起诉讼，这一直是法院的惯例。”“我们假定，每个人都应当按照通常价格支付。商人完成了某种服务，通常会提起允诺之诉，而且这通常是得到允许的。在本州，与城镇中量布的尺码、木匠一天的工作一样，学校寄宿和教育的费用是相当确定的。”因此，亚当斯和昆西试图说服法院接受这样的观点：如

---

〔69〕对18世纪英国习惯上的工资的精彩讨论，参见 E. P. Thompson，*The Making of the English Working Class* 235 - 237（Vintage ed. 1966）.

〔70〕Quincy 195（Mass. 1765）.

果商品或服务的价格是确定的，有“通常价格”，那么这种诉讼和“确定金额”的债务诉讼之间就没有区别。但是，被告 173
认为，“如果接受这个证据，那么债务允诺诉讼和合理金额之诉就没有区别了。”最后，法院接受了被告的论点，驳回了诉讼。

第二起案件是 *Pynchon v. Brewster*（1766 年）案。[71] 原告提起了对一个“医生有关医疗费用，到乡村治病以及看护费用的长期帐单”的债务诉讼，这次，亚当斯支持被告，他不赞成 *Tyler v. Richards* 的权威性，该案判决认为，在该案中不存在债务（诉因）。但是首席法官却基于这样的理由区分了该案与 Tyler 案：“对医生而言，外出治病、医药和看护的费用，就像是商店老板卖的东西一样是确定的，因此，要求医生必须列出合理金额，对他们而言是一件很难的事情。”

从这些案件可以看出，美国的债务诉讼案件有时是以确定的或者通常的价格体系为基础的。虽然在 Richards 案件中，法院否定了学校教育费用和一尺布的“固定”价格之间有相似之处，但是，它也没有挑战亚当斯提出这一假设：大多数商品和服务的价格是“确定”的。与此相似，虽然首席法官哈钦森承认学校教育费用的价格是“不固定的”，但是，他却毫不怀疑医药费用和医疗服务费用“与商店老板卖的东西的价格是一样确定的”。[72]

当然，并不是每一桩交易都存在通常价格，可以进入诉讼

〔71〕 Quincy 224（Mass. 1766）.

〔72〕 在平琼案中，哈钦森同样指出，对习惯上的价格提起债务之诉并不是英国的做法。Quincy at 224.

并作为诉讼的对象；在合理金额诉讼中，在有必要填补价格差距时，陪审团有权确定合理价格。实际上，甚至在债务允诺诉讼中，陪审团好像都拥有减少或者增加赔偿金额的自由裁量权。[73] 但是，通常价格却成了独立于缔约当事人约定的公正标准，以及判决合同损害赔偿金的法律机制的必要基础。尽管这样，到18世纪末为止，市场的迅速扩大破坏了通常价格体系，并从根本上转化了合同在一个不断商业化社会中的作用。

市场经济的崛起以及合同意思理论的发展

对18世纪合同理论的早期冲击

基于种种原因，把现代合同法的出现与对预期利益损害赔偿的初步认识联系在一起是恰当的。只有在待履行的买卖合同开始作为“期货”合约的工具时，它们才在经济体制中获得

〔73〕 参见 Pynchon v. Brewster, Quincy 224, 225（Mass. 1766）（Hutchinson, C. J.）；1 *Legal Papers of John Adams*，上注30，第16页。但是，法院对陪审团自由裁量权的让步并不意味着法院已经逐渐取消了合理金额诉讼与债务之诉的各种实际区别。承认陪审团完全有权确立合理金额诉讼中的“合理”价格是一回事；而
328 使陪审团承担调整法院在债务之诉中作为标准尺度的固定价格的义务，则是另外一回事。无论如何，在 *Glover v. LeTestue*［Quincy 225 n. 1（Mass. 1770）］一案中，马萨诸塞州的法院没有理会所有的本土立法。法院在听审了对英国先例的广泛援引之后，判定对于医生的“出诊、输血【或】医疗”行为，只能提起合理金额之诉而不是债务之诉。

中心地位。为了调适这些合约的市场功能，法律必须授予订约
当事人获得其期待的利益回报。这样，人们对预期利益损害赔 174
偿的认识，就标志着待履行合同成为英国和美国法律体系的重要部分。另外，就在法院关注对没有交付的违约行为造成的预期利益的损害赔偿，而不是返还价金或者通过实际履行以弥补受损害一方的损失时，合同法本身也正好开始从财产法中分离出来。在这个意义上，合同的作用开始被理解为创造预期的回报，而不是转移特定财产所有权的工具。由此，合同就成了一种在市场经济中避免商品供应与价格变化的保护手段。

1790 年以后，无论是在英国还是在美国，人们都是在涉及股票投机买卖的案件中才第一次认识到对预期利益的损害赔偿的。一开始，法学家试图用传统法律范畴来囊括这些案件。因此，早在 1770 年，曼斯菲尔德勋爵把股票市场中的投机利益当作“在几年内出现的一种新财产权。”〔74〕 1789 年，康涅狄格州高等复审法院（Supreme Court of Errors）认为，赔偿股票投机合同中的预期利益损失等于高利剥削。〔75〕 直到 1790 年，约翰·鲍威尔法官也同样认为，对股票价格上涨时没有交付股票的违约行为的恰当救济是强制履行，而不是提起损害赔偿诉讼。〔76〕

然而，用旧所有权理论来囊括股票投机合同的尝试不久就被人们摒弃了。1799 年到 1810 年，在英国，有很多起在股市

---

〔74〕 Nightingal v. Devisme, 5 Burr. 2589, 2592, 98 Eng. Rep. 361, 363 (K. B. 1770).

〔75〕 Fitch v. Hamlin (Conn. Sup. Ct. Err. 1789). 对该案的报道，参见 1 Z. Swift，上注 10，第 410 – 412 页。

〔76〕 2 J. Powell，上注 1，第 232 – 233 页。

上涨时不交付股票的案件都适用了预期利益损害赔偿规则。[77]在美国，这种变革要比英国早10年左右。在美国革命后，人们预期新的中央政府将会承担州政府的债务，因此投机州证券的行为增加，使活跃的“期货”市场迅速发展起来了，这种变革就是对这种情况的回应。南卡罗来纳州、弗吉尼亚州和宾夕法尼亚州，出现了允许对股票投机合同判决赔偿预期利益损害的最早判例。

在南卡罗来纳州，从1790年到1794年之间的三起判例确立了对期待利益的损害赔偿规则。第一起是*Davis v. Richardson*（1790年）案。[78]本案涉及南卡罗来纳州的订货单（indents）和政府股票“卖空”（short sale）。被告借了原告的股票，并允诺在一段时间之后支付利息作为回报。“由于国会采用基金制度（funding system）的前景”，导致股市价格上升，而被告只能以相当高的价格“补仓”（cover），购买股票返还。在此以前，南卡罗来纳州高等法院不费吹灰之力就消除了起诉到法院的损
175 害赔偿问题的重要性。“对社会而言，一个极为重要的问题是，现在这个原则应该精准地明确并确定下来”，法院宣布，“本州各个地区大量合同案件的判决都取决于对这个问题的结论；幸运的是，令人尊敬的陪审团集合在一起，为将来的裁决

---

〔77〕 开创性的判例是 *Shepherd v. Johnson* 案［2 East. 211，102 Eng. Rep. 349（K. B. 1802）］。另外可参见 M'Arthur v. Seaforth［2 Taunt. 257，127 Eng. Rep. 1076（C. P. 1810）］；Payne v. Burke（C. P. 1799），有关讨论见 2 East. 212 n. （a），102 Eng. Rep. 350 n. （a）. 这些判例明确处理了这一问题：损害赔偿金应算自约定的交付日期还是审判日期。它们同时还是第一批承认各种确定预期利益损害赔偿的案例。

〔78〕 1 Bay 105（S. C. 1790）.

确定一个标准。”而且，有了“受人尊敬的”商人陪审团建议的帮助，法院宣布裁决：“无论何时，交付特定物的合同一旦订立，那么，标的物在应交付时的价值就是原告应该获得赔偿的价值。”

当然，*Davis v. Richardson* 案中的被告完全可能不像我认为的那样，是一位股票投机商。在美国独立战争后，南卡罗来纳州的硬币稀缺，因此债券和证券经常被作为货币使用。这个被告可能只是一直把订货单当作了货币。结果，他可能成了在联邦政府成立之后，几乎立刻出现的州证券投机市场的一个牺牲者。有关股票交易真正本质的主流经济和法律观念也变动不居。在 *Davis v. Richardson* 案件发生后的四年期间，为了推翻该案的裁决规则，南卡罗来纳州高等法院审理的有关股票预期利益损害赔偿的诉讼〔79〕案件数量增加了一倍。查尔斯·平克内（Charles Pinckney）是南卡罗来纳律师界的领袖，其主要观点是，承认对预期利益的损害赔偿根本就是允许放高利贷。〔80〕在 *Atkinson v. Scott*（1793 年）案〔81〕中，双方争议的证券在一年内价格增长了 850%。高等法院承认，对这样的合同，“每个人乍一看都大吃一惊”，并“觉得是明显的高利贷行为”。平克内认为，如果南卡罗来纳州股票将被人们当作是钱的话，那么借方就应该偿还订立合同时的股票数量加上利息。但是，在“受人尊敬的”商人陪审团认识到股票交易是投机的情况下，法院

〔79〕 Wiggs v. Garden, 1 Bay 357 (S. C. 1794); Atkinson v. Scott, 1 Bay 307 (S. C. 1793).

〔80〕 Atkinson v. Scott, 1 Bay 307 (S. C. 1793)（辩护人的意见）。

〔81〕 1 Bay 307 (S. C. 1793).

就没有理由否认这种以投机为目的的交易了。结果是，法院拒绝接受平克内的论点，而且到1794年，南卡罗来纳州的法律制度将预期利益的损害赔偿规则适用到该州发展起来的第一批有组织的市场中。

在弗吉尼亚州，法律观念的变化经历了相同的过程。在*Groves v. Graves*（1790年）案[82]中，预期利益损害赔偿规则的出现和一位买方的证券诉讼有关。不过，在陪审团判给原告预期利益的损害赔偿金后，衡平法院大法官威思（Wythe）禁止强
176 制执行判决，其理由是，该交易“似乎是用来获取不合理利润的……而且确实已经从在（订立合同时）有紧迫需要的人那里获得了利益”。这体现了18世纪的道德观念和法律观念。威思法官只允许在原价格加上利息的范围内判定损害赔偿。但是，弗吉尼亚州上诉法院推翻了他的判决，判决说：“这一合同既不是放高利贷的合同，也不是法院应当驳回诉讼请求的非常不合理的合同”。而且，与以往法院从来不审查陪审团作出的损害赔偿金裁决的做法明显不同，法院认为，陪审团错误地把衡量损害赔偿金的时间定在审判时而不是交付时。[83] 就这样，这一判例表明，对陪审团作出的损害赔偿判决的司法监督，可能是与对预期利益损害赔偿的认识同时出现的。

在宾夕法尼亚州，1791年出现了第一个对被告在股市上升时不交付股票证书，允许原告获得赔偿预期利益的公开判决

---

〔82〕 1 Va. （1 Wash.）1（1790）.

〔83〕 1 Va. （1 Wash.）at 4. 在Kirtley v. Banks［（Va. 1800），该案的报道见Tucker，上注66（Dec. 9，1800）］一案中，被告没有交付证券，法院指示陪审团说，它可以“以两种时间的任何一种确定价格，但不能以中间阶段的较高价格来确定。”上注。陪审团选择了交付时间作为确定标准。

意见。[84] *Gilchreest v. Pollock*（1795 年）案[85]详细说明了这一规则。在这起案件中，股票卖方起诉买方的担保人，因为他不接受卖方的美国联邦证券，该证券在合同订立后价格下跌了。虽然南卡罗来纳州的商人陪审团毫不费力就达到了目的，但是，宾夕法尼亚州的法院却觉得不得不指示外行陪审团："股票交易既没有违法，也符合道德。但毋庸置疑的是，这种股票投机中的不和谐倾向会导致赌博，而且可能会腐蚀人们的道德。如果公众的心智因此受到影响，它就需要立法机关来干预。"[86]

宾夕法尼亚州的早期判例多少都有点违反常规，因为它们都是根据一种没有公开的观点作出的。这种观点形成于 1786 年，它承认粮食的市场价格，并认为宣称"在这类案件中，确定损害赔偿的标准和规则是，区分合同约定的价格和交付时的价格"。[87] 虽然有这种例外，但是有证据表明，无论是在英国还是在美国，预期利益损害赔偿规则的出现都是和股票投机联系在一起的。[88] 在 1825 年以前，英国还没有从货物买卖案件

---

〔84〕 Marshall v. Campbell, 1 Yeates 36 (Pa. 1791).

〔85〕 2 Yeates 18 (Pa. 1795). 另外两个判例同样也认可了对履行美国证券销售合同的预期利益的损害赔偿。参见 *Livingston v. Swanwick* [2 Dall. 300 (C. C. D. Pa. 1793)] 一案和 *Graham v. Bickham* [4 Dall. 149 (Pa. 1796)] 一案。

〔86〕 2 Yeates at 21.

〔87〕 Lewis v. Carradan (Pa. 1786), cited in 1 Yeates at 37.

〔88〕 马萨诸塞州报道的第一个涉及对没有交付的违约损害赔偿确定的案件也是一个证券案件。Gray v. Portland Bank, 3 Mass. 364, 382, 390 -91 (1807).

的处理中概括出期待损害赔偿原则，[89] 奇蒂（Chitty）在1826年出版的合同法著作中，才第一次把对没有交付货物的预期利益损害赔偿作为一般规则。[90]

在美国，对商品买卖合同案件适用预期利益损害赔偿规

---

〔89〕 Greening v. Wilkinson, 1 Car. & P. 625, 171 Eng. Rep. 1344（K. B. 1825）; Gainsford v. Carroll, 2 B. & C. 624, 107 Eng. Rep. 516（K. B. 1824）; Leigh v. Paterson, 8 Taunt. 540, 129 Eng. Rep. 493（C. P. 1818）.

〔90〕 J. Chitty, *A Practical Treatise on the Law of Contracts, Not under Seal* 132（1826）. 鲍威尔的《论合同法》（*Essay upon the Law of Contracts*）（1790年）没有
329 讨论买卖合同。他对市场变化影响买卖合同的影响的唯一认识是，在订立一个买卖玉米的合同后，价金下降到5英镑，在这种情形，买方“对玉米或者5英镑……享有权利。”参见1 J. Powell，上注1，第409页。他同样也指出了这样的规则：“如果一方当事人没有履行自己的合同义务，那么他应该赔偿对方因其过失没有履行或者拒绝履行合同所遭受的损害。”同上，第137页。鲍威尔援引了著名的 *Dutch v. Warren* 案［1 Strange 406, 93 Eng. Rep. 598（K. B. 1720）］。正如我们所知，这一案件只是一个请求返还（restitution，这里是不当得利的意思——译者注）的诉讼而已。

塞缪尔·科明（Samuel Comyn）的《论合同》（*Treaties on Contract*）一书有一整章讨论买卖合同。虽然科明承认待履行合同，但他的大多数讨论都或者致力于讨论有拘束力合同的构成要件，或者致力于讨论卖方违约时的救济。在其关于不交付之诉的极其简单的讨论中，科明得出的结论只是，如果买方支付了价金，他可以“取得并请求交付标的物。”2 S. Comyn, *Treatise on Contracts* 212（1807）. 为了得出这一结论，他仅仅援引了17世纪的一本论述模糊的作品。事实上，与19世纪的市场方法相比，这一结论与布莱克斯通对合同的所有权理论分析更为一致，即将合同视为是转让财产的一种方法。

最后，约瑟夫·奇蒂的《论合同法》宣布了预期利益损害赔偿规则：“在一个没有按特定期限交付货物的合同之诉中，依据合同价格，与依据具有类似质量和特征的货物的价格或者在货物应当交付时的价格来确定损害赔偿金，这两种方法是不同的。”Joseph Chitty, *Treatise on Contracts* 同上，第131－132页。有趣的是，他只引用了两个5年内的判决。

鲍威尔、科明和奇蒂的著作中论述损害赔偿金的章都没有提到预期利益损害赔偿问题。相反，这些作者完全致力于如何区分惩罚性条款与约定违约金这一问题。这种重点表明了，商事交易对付款保证书的依赖远远大于对合同的依赖程度。

则，是与1815年左右国内商品市场的扩大和发展联系在一起的。其中，开创性判例是 *Shepherd v. Hampton*（1818年）案。[91] 在这起案件中，最高法院裁定，没有按照合同约定交付棉花的损害赔偿金标准，是合同约定的价格和交付时市场价格之间的差额。在随后的十年里，许多法院在审理中设计了如何量化商业合同案件中的预期利益损害赔偿金的规则，[92] 其中有一个法院认为，"【以前】大多数采用这个原则的判例，都是针对根据股票的交付和归还的合同"。[93] 177

合同法吸收商事交易是其现代发展的重要一步。市场的扩大和发展的一个结果是，无论是在防止商品供应价格波动方面，还是在简单的投机方面，"期货"合同都成了一种正式的手段。因此，法官和法学家开始拒绝18世纪的合同法规则，它们体现了合同是公平交易手段的潜在观念。

在18世纪，人们已经注意到，商人就努力使其交易具有法律形式，这种形式避免了早期合同法规则中的衡平趋向。因此，对合同衡平观念的第一次的冲击，顺理成章地出现在对流通票据的案件裁决中，而流通票据是这些法律形式的一种。

18世纪后半期，在有关流通票据的案件中，消除对价实质性意义的趋势更为明显了。1767年马萨诸塞州高级法院以

〔91〕 16 U. S.（3 Wheat.）200（1818）. *McAllister v. Douglas & Mandeville*（15 F. Cas. 1203（No. 8657）（C. C. D. C. 1805），*aff'd*, 7 U. S.（3 Cranch）298（1806）一案与 *Shepherd* 案表面上相似，但是在该案不存在约定的合同价格。

〔92〕 See, *e. g.*, West v. Wentworth, 3 Cow. 82（N. Y. Sup. Ct. 1824）（salt）; Merryman v. Criddle, 18 Va.（4 Munf.）542（1815）（corn）.

〔93〕 Clark v. Pinney, 7 Cow. 681, 687（N. Y. Sup. Ct. 1827）. 一个包括商品的早期案件是 *Sands v. Taylor*［5 Johns. 395（N. Y. Sup. Ct. 1810）］案。

3:2判定，甚至在本票出票行为双方当事人的诉讼中，出票人也不能通过提出对价不充分的证据，请求减轻损害赔偿。[94]首席法官哈钦森宣称，“人们在拿到记载有应付金额的票据时，会认为是相当保险的。因此，可以合理地假设，此时，所有关于对价必要证据的收集就到此结束了；要求人们长期做好收集证明对价充分的辩论证据可能具有很大的危害性，但这对票据的被背书人而言可能具有更强的证明作用。”

一方面，为了使票据流通，主张在票据签发后，无论出票行为当事人之间的对价关系如何，票据的被背书人都可以获得票据金额，这是一回事。当然，这种观点本身就是以牺牲司法对交易的控制为代价的，这些交易开始要求商业便利。但是，另一方面，就像马萨诸塞州法院所判决的那样，排除出票行为当事人之间有关对价的证据则是与此相当不同的另一回事。因为马萨诸塞州法院的这一判决，商人们就可以通过本票这种形式从事商品交易，而不必考虑交易中的公平问题。

曼斯菲尔德法官试图摧毁 *Pillans v. Van Mierop*（1765 年）
178 案[95]中对价原则，这一尝试虽然引人注目，但是没有成功。该案的事实是，商人之间允诺接受汇票。两年后，马萨诸塞州法院的判决被继受了。“我认为”，曼斯菲尔德在附带意见中写道，“关于缺乏对价的传统观点仅仅是出于证据上的考虑；当对价变成书面文件，如合同、专门文件、债券等形式时，就

---

〔94〕 Noble v. Smith, Quincy 254 (Mass. 1767).

〔95〕 3 Burr. 1663, 97 Eng. Rep. 1035 (K. B. 1765). *Nobel v. Smith* 一案没有援引这个判例。伯罗（Burrow）报道的第 3 册初次出版于 1771 年，Nobel v. Smith 一案判决后的 4 年。

没有缺乏对价的异议了。”虽然从这个声明中，不可能看出曼斯菲尔德的判决依据（*ratio decidendi*）是否表明，对价在所有书面文件都是不必要的，还是仅对商人之间的书面合同没有必要。但是，有两个结论是明确的：第一，曼斯菲尔德通过说明对价的唯一价值只是证明合同存在，割裂了传统对价的核心功能，即衡平。第二，无论曼斯菲尔德是否考虑要把这种观点扩大适用于所有书面文件——因为黑纸白字本身就是合同存在的充分证据——至少，他想要把这项规则适用于流通票据。实际上，在曼斯菲尔德法官判决被宣布时，布莱克斯通的《英国法律评论》第二卷也付梓了。该书同样也提出，在流通票据诉讼中，不能接受缺乏对价的证据。[96] 13 年来，英国法律就这样一直处于抛弃要求对价的传统规则的边缘。但在 *Rann v. Hughes*（1778 年）案[97]中，上议院重申了书面文件需要对价。

虽然如此，曼斯菲尔德和布莱克斯通的观点还是要比上议院的判决影响大很多。直到 1800 年，关于上议院该判决的报道才发表，而且直到 19 世纪前几年，它才为美国法官知悉。[98] 因此，甚至在曼斯菲尔德的意见被推翻后，美国第一位法律论著作家泽弗奈亚斯·威夫特（Zephaniah Swift）还认为，

---

〔96〕 2 W. Blackstone, *Commentaries* ＊446.

〔97〕 7 T. R. 350 n. 1. 101 Eng. Rep. 1014 n. 1 (1778). 330

〔98〕 这一时期，法律报道的典型风格是混乱的。在这些报道中，这一判决随意就成了另一个判决报道的脚注。参见 Mitchinson v. Hewson, 7 T. R. 350, 101 Eng. Rep. 1014 (1797). 就我所知，1803 年，乔治·塔克在他编的布莱克斯通著作对这一判例的引用，是美国对英国上议院的判决最早的承认。参见 3 Blackstone's *Commentaries* ＊446 n. 1 (St. G. Tucker ed. 1803). 1804 年，克兰奇承认，在他即将出版的有关流通票据的论著时，他才知道这一判决。5 U. S. (1 Cranch) 445 n. 1.

流通票据法中出现的原则——他引用了布莱克斯通的观点——“明显地破坏了蜡封和非蜡封合同的所有区别。”[99] 他总结说，结果是书面合同“排除了衡平法对对价的调查。”[100] 不过，与没有报道上议院的判决这一事件相比，更重要的一个因素是，曼斯菲尔德和布莱克斯通的观点更适合美国法官，这些法官逐渐倾向于认为，合同是当事人之间的神圣交易。

在美国，曼斯菲尔德观点最执着的鼓吹者当数纽约州高等法院能干的法官布罗克霍斯特·利文斯顿（Brockholst Livingston)。他在升任法官之前是一名商业律师，可能仅次于亚历山
179 大·汉密尔顿。1804 年，利文斯顿重申了曼斯菲尔德的观点：即使流通票据出票行为的当事人，也不能提出无对价来抗辩。“与其他非要式合同一样，（票据）没有必要说明对价；票据本身就包含了一个对价；而且从这点看，票据具有盖印合同【蜡封合同】的性质。”[101] 一年之后，利文斯顿在 *Lansing v. Mckillip*（1805 年）案[102]中扩展了曼斯菲尔德的观点，将其适用到非要式合同中。在该案中，利文斯顿不同意大多数法官的意见：即原告要从违约中得到赔偿，就必须证明对价存在。一开始，他只是强烈要求改变传统举证责任规则，以使想否认合同存在的被告证明合同没有对价。但是，随着案件的发展，他开始转向攻击要求对价这一规则本身。他嘲笑对价规则，认为它“不需要一个绝对的等价物，相反，在很多案件中，它只满

---

〔99〕 1 Z. Swift，上注 10，第 373 页。

〔100〕 同上。另外可参见 Z. Swift，Digest，上注 40，第 339 页。

〔101〕 Livingstone v. Hastie, 2 Cai R. 246, 247 (N. Y. Sup. Ct. 1804).

〔102〕 3 Cai. R. 286 (N. Y. Sup. Ct. 1805).

足于一些可以想象的、极不重要的理由。”同时他敦促法院，在证据方面应“满足于一份能够证明当事人已经获得有价值的约因的证言即可……法院不要纵容自己进一步打探交易的好奇心，这是徒劳的。”利文斯顿完全明白，他的意见直接攻击了对价规则传统的衡平功能。他质问：“为什么法院对被告的权利如此谨小慎微，而不认为被告可以自己判断自己的行为呢？如果这样，他允诺的恰当价值是什么呢？相反，如果签订了这种合同的人，除非他以对价以外的理由质疑合同的有效性，否则他就应当在没有其他相反证据的情况下履行合同。这样的规则不是更公正、更能促进正义的目的吗？”〔103〕

与曼斯菲尔德以前的努力一样，利文斯顿这次对对价规则的攻击一开始也失败了，但利文斯顿的攻击中最为重要的方面最后却成功了。利文斯顿的这次尝试也是开始于英国的一个运动的一部分。这场运动开始于曼斯菲尔德的任职时期，并持续到整个19世纪，其目的是要推翻法院管制协议公正性的传统职能。攻击合同实质性对价规则的潜在观念，因为纽约州的著名判例 *Seymour v. Delancey*〔104〕（1824年）而在美国开花结果。在对这起案件的审理中，纽约州高等上诉法院（the High Court of Errors）的法官明显分成了两派，推翻了衡平法院大法官肯特的判决，肯特以对价严重不足而拒绝强制执行双方当事人订立的一个土地合同。高等上诉法院的多数意见写道：“法院的每一个法官都必须清楚合同中的财产是多少；必须清楚买卖往往是

---

〔103〕 同上，第289–291页（利文斯顿法官，异议意见）。另一个法官，威廉·克兰奇也采取了同样的观点。See 1 Cranch 445.

〔104〕 3 Cow. 445（N. Y. 1824），rev'g 6 Johns. Ch. 222（N. Y. Ch. 1822）.

投机；必须清楚不动产的价值是波动的。”因此，“对于任何一
180 个交易是有益的，还是无益的，都会有真诚的分歧意见。”最终，法院裁决，只有在价格过低本身构成欺诈的证据时，法院才能干涉私人合同的履行。[105]

在19世纪，合同法背离衡平观念尤其明显的体现是，人们迅速适用买主当心原则。尽管有人指出，早在古代就有了买主当心原则，但是，18世纪英国和美国的法院信奉“一分钱一分货”原则。曼斯菲尔德法官在1778年的一个判决［这是那些对锤炼普通法历史非常有影响但又偶然留存的（casual aside）案件中之一］中宣告提起违反担保（warranty）诉讼的唯一基础是明示合同，只是在此之后，[106] 它才为重新审视可否提起违反默示品质担保条款的诉讼奠定了基础。1802年，英国法院最终考量了这种诉讼背后的政策，裁决不能提起任何违反默示担保条款的诉讼。[107] 两年后，在美国开创性判例 *Seixas v. Woods* 案[108] 中，纽约州高等法院根据一个关于17世纪

［105］ 同上，第533页。

［106］ Stuart v. Wilkins, 1 Doug. 18, 20, 99 Eng. Rep. 15, 16 (K. B. 1778). 虽然曼斯菲尔德法官是在为随后抛弃公平价格规则奠定基础，但是，人们并没有清楚地理解他的目的。内森·戴恩就是其中之一。他误解了这一判例，认为它赞成这一规则，因此，在1823年，他试图证明这一判例“与（法学）著作中已确定的判例是相反的。” 2 N. Dane, *A General Abridgement and Digest of American Law* 542 (1823).

［107］ Parkinson v. Lee, 2 East. 314, 102 Eng. Rep. 389 (K. B. 1802).

［108］ 2 Cai. R. 48 (N. Y. Sup. Ct. 1804).

英国判例有疑问的报道,[109] 同样也判决在不能证明商人有意销售瑕疵商品时，买受人不能从商人处获得赔偿。其他司法审判也很快遵循这样的规则了。[110]

虽然 *Seixas v. Woods* 案确立的买主当心原则似乎是曲解历史的结果（这种事情经常发生），但是，这很难充分说明为何在美国其他地方，这一原则也被广泛接受。市场经济的需求也不是一个充分原因。虽然有人因为“没有一个决定买主是否支付了公平价格的标准”[111] 而攻击公平价格原则，但是，最坚定的坚持市场经济的法学家——吉利安·维普莱克（Gulian Verplanck）凭借自己惊人的分析才能，致力于详细批判买主当心原则。[112] 所以，该原则的突然出现，以及彻底取代公平价格原则的原因就必须被解释为，它是对 18 世纪重要的合同衡平

---

〔109〕 这一判例依赖于 Chandelor v. Lopus, Cro. Jac. 4, 79 Eng. Rep. 3（Ex. 1603）案。

〔110〕 See, *e. g.*, The Monte Allegre, 22 U. S.（9 Wheat.）616（1824）; Dean v. Mason, 4 Conn. 428（1822）; Bradford v. Manly, 13 Mass. 139（1816）; Curcier v. Pennock, 14 S. & R. 51（Pa. 1826）; Wilson v. Shackleford, 25 Va.（4 Rand.）5（1826）.

〔111〕 Dean v. Mason, 4 Conn. 428, 434 – 35（1822）（Chapman, J.）.

〔112〕 我并不是想主张买主当心规则比相反的卖主当心规则对市场经济更有益，虽然这可以单独说明。相反，我认为，买主当心规则的重要性在于它既推翻了公平价格规则，又推翻了作为公平价格规则基础的客观价值观念。

观念的根本性颠覆。[113]

合同意思理论的综合

在18世纪19世纪之交，市场的扩大和发展侵蚀了人们对
客观价值理论和公平价格理论的信任。根据建立在支付和取得
价值相等基础上的交易理论，很难解释远期交货的市场经济现
181 象。可替代（或可互换）商品期货合同中商品的价值只能被
理解为是随着市场变化的预期价值，与以往就特定商品订立的

〔113〕 南卡罗来纳州最典型地体现了对“公平价格”抨击的性质。该州是唯
一将这种抨击持续到19世纪很晚时期的州。该州的司法部长强烈要求推翻公平价
格规则，代之以买主当心规则。1802年，他主张，“这样一种规则（即公平价格规
则）……一旦在合同的成立中被承认了，就不会为当事人判断和自由裁量权留下
任何空间。而且，它会摧毁所有的自由力量；人与人之间的每笔交易都要像称量
331 贵重金属一样加以衡量，当发现分量不足时，就一定要最大限度地予以补偿。”
Whitefield v. M'Leod, 2 Bay 380, 382 (S. C. 1802)（律师的辩护意见）。他坚持认为，
如果某人对“所有情况都同样了解”，并且“有机会也有办法获得信息……，”法
院不执行他所订立的合同，那么，“诚实信用和相互信任就到头了……”他得出结
论说，“如果让这种人在所有这些情形下都无法成立合同，且将其确立为一项原
则，该原则会损害每一个合同。”同上，第383页。依据南卡罗来纳州律师休·莱
盖尔（Hugh Legaré）的观点，买主当心规则是值得追求的，因为它拒绝了支持民
法“社会政策”中的“精致的公正。”虽然“这一原则中的衡平具有一些诱惑力，
即合理的价格暗示了卖方担保合格的质量，”但是，他确信，“这一原则会在实践
中带来巨大的不便。”2 *Writings of Hugh Swinton Legare* 110 (M. Legaré ed. 1845). 他
还指出，在南卡罗来纳州，“我们有大量的机会证实这一原则的操作，有经验的法
律家几乎没有人不乐意将首先引入这一规则的判例从书本中删除”同上。另可参
见 *Barnard v. Yates* [1 N. & McC. 142, 146 (S. C. 1818)]。（本案指出，很多人认
为，“对这一规则的曲解和滥用”，为“无穷无尽的诉讼开了方便之门”：在这些诉
讼中，“合同当事人并没有从价值角度将其置于完全对等的地位。”

合同下的静态观念相比，这种观念发生了根本变化。市场体制、投机与社会强加的价值标准之间完全无法调和。因此，现代合同法的兴起，是在根本上赞成商业（procommercial）而抨击客观价值原则这一过程的产物。而客观原则是18世纪合同衡平观念的基础。

虽然如此，我们还是发现，曾经有一段时期，18世纪正统合同理论的残余和刚刚出现的合同意思理论是共存的。直到1820年以后，人们才开始总结各种对衡平法观念的抨击，使之成为贯穿于合同法各方面内容的理论。到了19世纪，合同法学家论证道，如果价值是主观的，那么交易的功能就是使个人之间相互冲突的、可能不成比例的需求最大化。而合同法的作用不是保证协议的公正，而仅仅是为了执行那些自愿达成的交易，交易双方当事人都相信交易对双方是有利的。其结果是，试图颠覆占统治地位的基于合同衡平理论确定合同义务观念这一主要趋向，就完全建立在明示交易的基础上了。例如，丹尼尔·奇普曼（Daniel Chipman）在《论合同法》（*Essay on the Law of Contracts*）（1822年）一书中批评了佛蒙特州的制度，这种制度对用于清偿合同债务的货物，指定了通常价值。他认为，只有市场才是公正交易的基础。他坚决主张，“在交易中，金钱应作为订立所有合同的唯一标准，”因为，“如果可能让法院在司法过程中，将理想的高价作为评估标准，那么，每一项政策考量和对人民利益的尊重，都会禁止法院这样做。”[114]

内森·戴恩的《美国法律摘要》（*Abridgement of American Law*）

---

[114] D. Chipman，上注54，第109－111页。

（1823 年）和约瑟夫·斯托里的《衡平法理论》(*Equity Jurisprudence*)（1836 年）同样也对消除传统衡平法观念作出了贡献。但是，重新审视合同法根本理论基础的最杰出、最系统的著作，莫过于古利安·C. 维普莱克（Gulian C. Verplanck）的《论合同法原则》(*An Essay on the Doctrine of Contracts*)（1825 年）。

维普莱克是英美第一位对“相互冲突的，完全不协调的”合同法“体系”作出论述的作者。[115] 他强调，法律制度中“独一无二的不和谐性，固执地拒绝在很多明显不公正的案件
182 中拒绝调整合同。”而且还“不时地允许以价格不足为由撤销合同”。[116] 他认为，现行法律原则在如下方面存在很多“困难和冲突”：有关“双务合同（mutual interest）中公平的性质和程度问题”，以及“价格不足”和“信息不对等”的标准问题。[117] 因此，他质问，“我们在何处划定公平和不公平，平等和不平等的界限呢？”[118]

维普莱克的评论是为了抨击买主当心原则而写的，该原则刚刚被美国联邦最高法院在 *Laidlaw v. Organ*（1817 年）案[119] 中适用。这一案件是法院审理的第一批有关未来交付的合同案件之一。维普莱克认为，这个判例提出了“一个重要却疑难的

〔115〕 G. Verplanck，上注 41，第 57 页。

〔116〕 同上，第 199 页。

〔117〕 同上，第 14 页（此处删去了着重号）。

〔118〕 同上，第 10 页。

〔119〕 15 U. S.（2 Wheat.）178（1817）. 该案源于一个烟草买卖的待履行合同。买方商人事先就知道美国和英国已经在 1812 年签订了和平条约。首席法官马歇尔写道：“这一案件中的问题是，会影响商品价格的有关外部环境信息，这种信息只有买方知道的，买方是不是应通知卖方？”同上，第 195 页。马歇尔判定，买方没有通知义务，因为“很难限定相反规则的适当界限。”同上。

问题，即在任何合同中，要求合同当事人之间在赔偿、技巧和信息方面对等的程度及其性质的问题……目的是为了使合同在法律上生效，或者使当事人自己感到合同是公正的、正确的……”[120] 他批评买主当心原则，因为这一原则排除了“所有必要的和实质性的事实，这些事实会影响对依据时价对被销售的货物作一般性评估”，所以这种原则具有欺骗性。[121]

因为维普莱克拒绝把法律和道德分开[122]，所以他与其他研究市场经济的理论家显然不同。但是，就其最深层的方面来讲，维普莱克的《论合同法原则》标志着市场经济中的主观价值理论获得胜利了。维普莱克希望把法律理论建立在“更清楚的政治和经济事实”基础之上，[123] 他坚持认为，尽管公正价格原则“包含了崇高的、纯洁的道德观念”，[124] 但它却“充斥着错误”，并且，它是由于“引入了与衡平有关的错误的形而上学”而出现的。[125] 因此，他反对“律师和牧师的观点……即认为所有交易都是在支付和取得价值相等的基础上完成的。”[126] 不仅如此，几乎“没有什么事情像充分价格【或者】公正或不公正的赔偿一样，是根据字面意义来理解的，”因为，“从事物的内在本质来看，价格完全取决于双方的协议，

〔120〕 G. Verplanck，上注 41，第 5 页。

〔121〕 同上，第 125 – 126 页。

〔122〕 维普莱克将欺诈问题作为“这一问题中纯粹的伦理部分”。同上，第 117 页。

〔123〕 同上，第 106 页。

〔124〕 同上，第 96 页。

〔125〕 同上，第 104 页。

〔126〕 同上，第 8 页。　332

是完全由协议约定的。仅仅因为价格不公平，或者更确切地说，是因为在第三者看起来价格不公平，如果没有其他标准作为参考，就不能把它作为反对买卖有效性的理由。"[127]

维普莱克的《论合同法原则》标志着在市场经济中运用合同法过程中的一个重要阶段。他发现，如果商品价值完全由主观价值的冲突来决定，那么，在交易中就没有能够用来衡量一个交易是否公正的客观标准了。因为只有“事实”是客观
183 的，公正永远不能作为实质衡平的标准。而法律所能保证的，只是使交易的每一方当事人获得关于“所有重要事实的充分信息”。[128]值得注意的是，维普莱克界定“重要事实”的目的是为了排除“个人技能，机变和经验的特殊优势，原因是……没有人有权利要求我们放弃这些优势。在缔约时，公正允许我们自由运用我们的优势。"[129]

> 所有人都明白，在这些方面，人们之间的差别很大。而且，无论从这种不平等中产生了何种利益，它们都会在交易过程中被默认。一方的优势，却是另外一方的劣势。也许双方差异还很大，但法律容许这种差异。事实上也必须如此；否则，商业的生命将难以为继。[130]

这样，维普莱克在理论上认为不应分离法律和道德的同时，把欺诈限制在一个非常狭小的合同制度范围内，以强化现

---

〔127〕 同上，第 115 页。另可参见，同上，第 133 页。
〔128〕 同上，第 225 页。
〔129〕 同上，第 135 页。
〔130〕 同上，第 120 页。

有社会和经济中的不平等。

尽管维普莱克对合同法哲学理论基础的反思到目前为止还是法学著述中最有洞察力的，不过，内森·戴恩和约瑟夫·斯托里在推翻合同衡平观念方面的影响却更大。戴恩九卷本著作的第一章对合同法的某些原则做了非常详细的阐述。其中，最重要的一个主题就是有关“道德和法律的区分”的论述。对此，他解释说：“虽然在某些特殊案件中，**国家的法律和道德**是一致的，”但在大多数案件中它们都是不同的，此时“还是要尊重政策、自由裁量规则。”但是，他又说：“‘**德行是道德的唯一主题**’，法律总是要为了其目标……保证社会的和平，并且还要实际可行。因此，尽管在交易中……每一种不合理的优势（一方利用这种优势给另一方造成损害），从道德角度看来，可能是一种不公正的行为；但在法律看来，这却不能作为赔偿的手段（原文作“mean”，所以霍维茨标注了“原文如此”——译者注）；因为【这种赔偿】在微观层面上往往是不可行的。”[131]

同样，戴恩批判了所有实质交易观念。他主张，根据衡平法作出的判决（equity decisions）都是“垃圾”，因为它们都是“低级律师”和“无知又懒惰的法官”制造的，这些人“拿不出任何财产规则和行为规范”。[132]“交易的价格不足，”他写道，“并不能影响到整个合同，如果仅仅是价格不足的话。”但他还是认为，“如果人们在还不了解自己所为的交易时，或是在受到强大压迫时，认为缔约是最好的选择时”所做的不公平

〔131〕 1 N. Dane，上注 106，第 100 页（此处删去了着重号）。
〔132〕 同上，第 107－108 页。

交易可以作为证据。实际上，在推翻这种观念的同时，他又以184 其特有的风格继续重复了这样一种传统观念。“如果某个合同似乎是非常不平等的，并使人有理由怀疑合同中存在胁迫、不公正，或者不当的权力和命令时，那么法院就会利用任何细微的事实，避免执行这项协议。”[133]

不仅如此，戴恩的观点也体现了18世纪的世界观，即当事人之间不公正交易的权力被认为是一种非法的强迫交易形式，而且，只有当事人存在智力缺陷时，才会不理解交易。但是，在一个充满投机和期货市场的世界里，对所有商品的价值，完全会出现“不同的意见，而且每种不同意见是真诚的。”[134]因此，法律规则最终否认了所有要求对压制行为作出裁判的主张。随着1836年约瑟夫·斯托里的《衡平法理论》出版，美国法律最终被迫放弃了交易实质性价值可以作为交易是否公正恰当的标准的旧观念。因此，“对价不充分”，斯托里写道，“本身不能成为获得衡平法救济的重要角色。普通法中没有这种原则……商品价值是自然浮动的，而且取决于数不胜数的不同环境……如果衡平法院想弄清楚所有的交易，就会使所有事情都混乱不堪，而且是把合同拉下水。”[135]

合同法意思理论取代合同法衡平观念，可以从戴恩对18世纪的一种做法的抨击中看出来。这种做法是，在已经有明示协议时，人们还依据默示合同理论提出诉讼。在经过很长的、常常引发争议的技术性讨论后，戴恩认为，一旦有明示合同，

---

〔133〕 同上，第661页。

〔134〕 Seymour v. Delanc [e] y, 3 Cow. 445, 533 (N. Y. 1824).

〔135〕 1 J. Story, *Commentaries on Equity Jurisprudence* 249 - 50 (1836).

就不能依据自然公正和衡平理论，对合同予以应得金额（*quantum meruit*）的救济。[136] 在一种建立在合同当事人主观基础之上的新价值理论出现后，戴恩对应得金额理论的抨击只能理解为：依据刚出现的、建立在合同当事人主观需求基础上的价值理论，摧毁交易的衡平观念的一种努力。如果没有社会强加的价值标准，默示合同就毫无意义。而且，如果"这种财产与那种财产之间没有固定的、不变的比较价值"，"所有的价值都由人们的需要和看法决定，"[137] 就不可能依据通常价值来确定损害赔偿金。那么，确定合同义务的唯一标准，就是当事人双方的"意思"，而关键的法律问题也就变成了合同中是否存在"意思一致"的问题。

一开始，这种新出现的确定合同义务的意思理论，其胜利并不彻底。1828 年，当西伦·梅特卡夫（Theron Metcalf）作关 185
于合同法的演讲时，其观点也体现了旧观念和新思想之间的紧张关系。[138] 对此，他写道，默示合同是从"双方当事人的行为、缔约环境或者相互关系中推导出来的，并且是法律出于正

〔136〕 1 N. Dane，上注 106，第 223 - 229 页。

〔137〕 G. Verplanck，上注 41，第 133 页。

〔138〕 虽然梅特卡夫是 1818 年在他建立的法学院（在马萨诸塞州的 Dedham）做讲座的，但他的讲稿最初是在 1839 年和 1941 年之间第一次出版的。See 1 *U. S. L. Intell. & Rev.* 142（1829）. 1867 年，梅特卡夫出版了《合同法原则》。他确认说，"这一作品最初的手稿……在 1827 年和 1828 年就准备好了"，并且在 1839 年到 1841 年之间发表在《美国法学家》（*American Jurist*）杂志上。T. Metcalf，*Principles of the Law of Contracts* iii（1867）（以下引作 *Law of Contracts*）。他写道："出版的版本最近被修改了，而且参酌了 1828 年以来的报道和案例；但最初的手稿的架构并没有改变。"同上。

义而执行的；以强迫当事人履行法律上或道德上的职责。"[139] 为了支持其观点，他引用了马歇尔大法官的论述，即默示合同"来自于当事人的行为。在这些案件中，双方当事人应该约定那些诚实、正直和公正的人会订立的合同条款。"[140] 尽管梅特卡夫和马歇尔都开始宣称，合同义务的唯一来源是当事人双方的意思，但他们的主导表达方式，仍旧是承认外在于当事人的公平标准。实际上，梅特卡夫仍旧认为，"正确地说，如果除去拟制和技术问题，那些被称为默示合同诉讼的真实基础是公正、责任和法律义务。"[141]

但到1844年，威廉·W. 斯托里（William W. Story）出版《论合同法》(*Treatise on the Law of Contracts*）时，新旧两种理论之间的紧张关系就被消除了。他认为："每一种合同都建立在当事人合意的基础上。"无论明示合同还是默示合同，都"同样建立在当事人实际同意的基础上，两者唯一区别在于证明的方式不同，这属于证据法问题。"他总结说，对于默示合同，"法律唯一补充的是，默示合同是当事人虽然没有明确约定，却想要达成的协议。"[142] 这样，从现代法律范畴角度来看，斯托里就通

〔139〕 *Laws of Contracts* 4; 20 *Am. Jur.* 5 (1838).

〔140〕 Ogden v. Saunders, 25 U.S. (12 Wheat.) 213, 341 (1827); see *Law of Contracts* 4 n. (b); 20 *Am. Jur.* at 5 n. 1.

〔141〕 *Law of Contracts* 5－6. 这一内容并没有出现在《美国法学家》杂志上。虽然梅特卡夫写道："很明显，一个合同默示或者允诺默示只有通过拟制才能揭示出来。而且，事实上，默示合同的各种各样的规则，似乎只是人为的、想象出来的。" 20 Am. Jur. at 9.

〔142〕 W. Story，上注41，第4页。另可参见2 S. Greenleaf, *A Treatise on the Law of Evidence* 87 (1850). [区分一般的或者**默示的**合同，以及特殊的或明示的合同的基础，不在于允诺（undertaking）的本质，而在于证据的模式。]

过强调所有默示合同条款都来自于“事实上的默示”（implied in fact），彻底消除了“法律上的默示”（implied in law）。斯托里认为，因为合同义务的基础是合同双方当事人的意思，所以默示允诺“仅仅补充当事人遗漏的条款，而不能改变明示合同条款”。基于此，他打算宣布默示合同条款的“一般规则”[143]：如果明示合同已经存在，就不存在任何默示合同。

斯托里宣布的“一般规则”标志着合同义务意思说的彻底胜利。现代合同法理论的全部概念——要约和允诺规则、对价的证据功能、合同阐释和解释规则——都明确表达了合同意思理论的观点。而美国法学家通过这一理论，表达了19世纪早期市场经济意识形态的观点。

合同法意思理论对劳动合同的适用

我们已经论述了合同法的变化。为满足英美两国新出现的 186
市场经济的需求，这些变化是必不可少的。但是，有证据表明，18世纪到19世纪的变化也包括法院同情对象的巨大变化。在18世纪，个人交易受制于法院和陪审团的广泛权力，这体现了小城镇的、农民的和小商业者的法律文化和伦理文化。在19世纪，合同的意思说是法院逐渐认可商业利益这一更为普遍的过程的一部分。这种变化中的联系，在19世纪明显地表现在：法院新近承认明示合同和默示合同之间的差异。

〔143〕 W. Story，上注41，第6页。

体现这种差别最重要的一类案件是劳动合同案件。在这类合同中，雇员同意为雇主工作一段时间（通常是1年），在合同期满时拿到工资。如果在合同期满之前，他停止工作，在这种情况下，法学家认为，他就不能为自己已经付出的劳动收取任何报酬。他们认为，合同是一份“完整”的合同，不能把它当作是由若干个小的协定组成的，因为违反这样一个完整合同的任何一部分都等于是违反整个合同。因此，允许雇员获得“合同上的”赔偿是没有依据的。最终，法院引用了法学家们宣称的新正统合同理论，顺理成章地宣布这种案件的必然结果：如果当事人双方之间存在明示协议，那么，“修订”合同并允许雇员获得其劳动的“合理”价值和应得金额，就是一种越权行为。[144]

实际上，法院不得不做出有利于赞成雇主的判决，即合同是一个“整体”，以解决合同中不明确的问题。法院认为，“无论工资是以总数形式一次付清，或者是按周或按月偿付，或是在某一个约定的特定时间内支付，只要雇员同意了一个明确的、整体的期限，那么上述的工资支付方式就没有区别。”[145]在这些情形，需要强调的是，对“确定的、整体的期限”的假定完全是司法对合同的解释，而不是合同要求的期限。另外，“原告停止为其雇主劳动并没有什么区别，因为他相信根据法律上计算时间的方法，在相似的合同条件下，他仍会继续劳动至需要的时间。”而且，“在合同期限内，雇主是否随时为原告
187 的劳动支付报酬”也不重要。这类案件的判决结果是，所有没

〔144〕 See Annot., 19 *Am. Dec.* 268, 272 (1880).

〔145〕 1 T. Parsons, *The Law of Contracts* 522 n. (1) (1st ed., 1853).

有要求劳动后即时支付报酬的、不那么精明和自主的雇员，在合同期限届满以前，如果要离开工作岗位，就会承担什么也拿不到的风险。反过来，在合同期限即将到来时，雇主也有了动力创造各种条件，使雇员主动离开。

然而，法院遵循教条主义对劳动合同无情的处理方法，与有关建筑合同案件的处理并不完全一致。建筑合同和劳动协议的相似之处在于，在一方当事人部分履行后，两者都没有办法恢复原状。不过，在19世纪，法院允许建筑商在其违反了一些明示的合同义务后，“在合同之外”获得赔偿。开创性的判例是马萨诸塞州高等司法法院审理的 *Hayward v. Leonrd*（1828年）案[146]。在这起案件中，法院认定，“如果合同已经履行了，但存在对合同某些特殊要求并非有意偏离的情况”，建筑商仍然可以得到应得金额的赔偿。如果存在“依据合同履行的诚实意图，并实质履行了合同”，法院认定，它就不能判决建筑商丧失获得赔偿的权利。值得注意的是，在本案中，马萨诸塞州的法院明确拒绝采纳戴恩的观点，即认为存在明示合同时，应禁止获得应得金额赔偿。首席法官帕克尔宣称，“双方都援引很多权威理由，很明显，不同的法官，不同的法院都会持不同的理论，有时甚至同一法院在不同时期内也会持不同的理论。”[147] 结果是，马萨诸塞州和大多数其他州就发展了两种独立的判例：一种处理的是服务合同，在这种合同案件中，法院禁止应得金额赔偿；另一种适用于建筑合同，建筑商可以“在合同之外”获得其履行的合理价值。

---

〔146〕 24 Mass.（7 Pick.）181（1828），annotated，19 *Am. Dec.* 268（1880）.

〔147〕 24 Mass.（7 Pick.）at 184，186，187.

其后，西奥菲勒斯·帕森斯说这些判决是“非常混乱的”，但很少有法院试图将其合理化。〔148〕权威性的解释来自 *Hayward v. Leonrd* 这个判例本身。在劳动案件中，受雇人通常“自愿的”而且在雇主“没有过错”的情况下违反合同。但违反建筑合同的行为通常“不是故意的”，而且建筑商有履行合同的“诚实意图”。〔149〕因此，法院并没有违背合同中潜在的道德观念，而是这种道德发生了根本改变。法律关注的焦点不再是应得金额理论阻止“不当得利”的作用。明示合同是极其重
188 要的，相反，对应得金额理论的否定却服务于合同制度的执行。现在，雇主不对雇员付出的劳动支付报酬，被认为是公正的。它是威慑故意违约行为的一种手段。但是，建筑合同的受益人，因为对方在履行合同中出现的诚实错误而获取某种利益，却被认为是不公正的。〔150〕

那些坚持要区分建筑合同和劳动合同的法官，从不承认这种区分背后的经济或社会政策。这似乎是阶级偏见的一个重要

---

〔148〕 2 T. Parsons, *The Law of Contracts* 35 & n. (d) (1st ed., 1855). 这种趋势有两种例外。纽约法院将明示合同理论用于建筑合同和劳动合同。Smith v. Brady, 17 N. Y. 173, 187 (1858). 第二种例外是，新罕布什尔州对在劳动案件中不适用合理金额赔偿的规则单独提出的挑战。See Britton v. Turner, 6 N. H. 481 (1834).

〔149〕 24 Mass. (7 Pick.) at 185.

333 〔150〕 但是，甚至法院在建筑合同案件中修改了法学论著作家的主流观点，即明示合同禁止依据默示合同获得全部救济时，他们也在较大程度上分享了这些作家关于明示合同和默示合同的关系的基本假定。他们都同意，合同价格在合理金额诉讼中为赔偿设置了限制。See, *e. g.*, Hayward v. Leonard, 24 Mass. (7 Pick.) 181, 187 (1828). 类似地，在 Britton v. Turner [6 N. H. 481 (1834)] 这一重大案件中，新罕布什尔州法院的首席法官乔尔·帕克尔（Joel Parker）反对在劳动案件中限制合理金额赔偿这一正统观点时几乎是孤军奋战，他允许雇主在赔偿时，扣除“因合同不履行而遭受的任何损害。”同上，第494页。

例子。违反合同义务的惩罚性观念可能阻碍经济的发展，因为它可能限制对高风险企业的投资。1925 年至 1950 年，就在建筑行业开始要求大批资金投入时，法院就开始关心这一行业，这是美国法院已经为新兴工业准备的礼物。与此相比，劳动合同中的惩罚规定只具有再分配作用，因为这些合同很难阻碍劳动阶层为了生活而出卖劳动。

在 19 世纪，尽管法院和法学家并没有完全摧毁合同和古老自然公正原则之间的联系，但是，他们却能创造出一种体系，借此，法官可以从人口中挑选出一部分群体，使他们受益。而且，最重要的是，他们区分了形式规则与那些古老的道德和衡平诫命，创建这种知识上的区分是伟大的。对于前者，他们试图完全将它与“法治”（rule of law）联系在一起；对于后者，他们则怀疑它们会颠覆“法律规则”（the rule of law）本身。

习惯和合同

随着 19 世纪商业和工业的发展，美国法院又遇到了新的根本性问题，即如何解释新确立的商业习惯和贸易惯例的法律意义。这些习惯和惯例五花八门，形形色色，无法纳入一般法律规则。在 19 世纪初，中世纪的法律知识依然主宰着英国和美国的法律著作，这些知识很难解释商业惯例何以会具有法律规则的强制性特点。比如，戴恩的《美国法律摘要》（1824 年）就只是简单地重复了以往的知识，从而强调对刚出现的涉 189

及商业习惯的问题，传统法律范畴是不能适用的。在“债务允诺之诉（assumpsit）、习惯和法令（prescription）”一章中，戴恩重申了传统法律观点，即“习惯必须是超出记忆的，如果有人能说出习惯的起源，这一习惯就不是好的习惯。”尽管这一章的宗旨在于讨论债务允诺之诉或合同令状，但是，它的全部概念框架都强调中世纪习惯和法令之间的联系，这些联系又主要涉及财产法的范畴。戴恩认为，“习惯的基础就是合意。”而合意的最好证据，就是“依据同一规则的行为不断重复或继续。”或者，换种说法，习惯就是古老的惯行（usage）。因此，他总结说，“习惯和法令是一样的。”〔151〕

然而，到此时为止，在美国的商业诉讼中，法院依据“商人习惯”和“贸易惯例”对海上保险和其他商业案件作出判决在司法中司空见惯。但是，戴恩很容易意识到这样一个事实：商业习惯的拘束力不能依据传统的“超出记忆的惯行”这一范畴来证成。实际上，尽管他认为，“商业惯例的真正检验标准，就是它足够长期存在，且已经众所周知，当事人在缔约时参照了它。”〔152〕但在其著作中，我们根本找不到有关商业习惯约束力的本质和界限的任何一般性思考。

戴恩和其学说继承人的问题在于，如何把法律和习惯联系在一起。只要人们把普通法和超出记忆的惯行当作同义词，这样的问题就不会出现。实际上，中世纪法律之所以认定习惯就是法律，恰恰是因为习惯本身就具有约束性和强制性。戴恩认为，“习惯应该是强制性的，任何人都没有选择使用习惯或者

〔151〕 2 N. Dane，上注106，第515－516页。

〔152〕 同上，第515页。

服从习惯的权利。"[153] 所以，尽管戴恩承认近来的商业习惯，但在很大程度上，他还是根据早期的习惯观念来论述，这种观念把习惯当作确定的法律，当事人不能通过自己的行为或者协议改变习惯。

但是，在 18 世纪后半期，受曼斯菲尔德大法官的影响，英国法院突然不再像以往一样憎恶商业利益，反而把商业习惯作为法律的渊源之一。[154] 因为商业习惯的权威性不容易被有关古老惯行的传统范畴吸收，曼斯菲尔德就转而强调商业习惯的普遍性特点，以及它与自然理性命令的一致性。曼斯菲尔德反 190
复重申，商业习惯不是任何一个国家的法律，而是所有文明世界的法律。因此，特殊商业习惯存在的证据，只是服务于证明普遍商业习惯存在的证据，这些普遍的商业习惯已经成为成熟的法律规则了。曼斯菲尔德在一个涉及提出惯例存在证据的案件中指出，"法律规则就此得以确定，而且，法律规则一旦确定，就不允许以其他特殊的惯例来推翻它。否则一切努力就会付之东流。"[155]

受曼斯菲尔德法官的影响，在 18、19 世纪之交，美国法官仍然认为，法律和商业惯例处于冲突和紧张状态。虽然早在 19 世纪早期，美国的法官们就急切地要把英国已经确立的商业规则吸收到一般国际法之中，但在宣布特定的商业惯例应提升到享有一般法律的尊严，以使法律制定直接反映商业利益，从而把立法职能直接授予商业利益集团方面，他们却又踯躅不

〔153〕 同上，第 516 页。

〔154〕 C. H. S. Fifoot, *Lord Mansfield* 82 - 117 (1936).

〔155〕 Edie v. East India Co., 96 Eng. Rep. 166, 167 (K. B. 1761).

前。肯特根据曼斯菲尔德的观点写道："虽然商业集团的解释常常诉诸习惯，但是它从来没有，也不应该，在被法律吸收时否定业已确定的商事法规则。"[156] 在1807年一个涉及汇票的案件中，最高法院法官华盛顿（Washington）宣称，因为"关于这一问题的法律已经确定了，那么，允许证明存在相反习惯就是不合适的；只有案件有争议时，这才是合适的。"[157] 在另一个判例中，他同样对法律和商业习惯做了明显的区分，"为了证实一桩特殊的交易过程，或者为了探究事实其他方面的本质，我们可以询问证人；但我们不能询问证人法律是什么。最危险的是，根据某些特定的人的意见来确定什么是法律。"[158]

与戴恩（他把习惯当成超出记忆的惯行）不同，华盛顿法官和他同时代的人，都试图采纳曼斯菲尔德的观点，即认为在有争议的案件中，商业习惯乃确定什么是一般商法的证据。但是，一旦这样的法律被法院知悉并因此确定下来后，在其后的案件中，法院就不能再考虑其他商业惯例的证据了。不过，曼斯菲尔德的观点取决于【商业习惯】在一个相对较小的商业共同体的实际贯彻，这个共同体具有基本同质性的利益。以海事保险为例，18世纪的英国商人在不同的时间既可能是保险人，也可能是被保险人，因此，在确定法律规则时，他们是有共同利益的，也不担心法律会因为偏袒某个特别集团而作出歧视性规定。所以，对曼斯菲尔德而言，宣称这种观点是时髦

---

[156] Frith v. Barker, 2 Johns. 327 (N. Y. 1807).

[157] Brown v. Jackson, 4 F. Cas. 402, 403 (No. 2, 016), 2 Wash. 24, 25 (3d Cir. 1807).

[158] Ruan v. Gardner, 20 F. Cas. 1295, 1296 (No. 12, 100), 1 Wash. 145, 149 (3d Cir. 1804).

的：更重要的是确定一条法律规则，而不是正确地确定一条法律规则。但与此相对的是，在 19 世纪的美国，商人阶层的利益逐渐变得不那么同质了，而且他们和非商人阶层的交易也越来越频繁。例如，在 18 世纪的最后 10 年内，美国成立了一些保险公司，第一次形成了保险业者和商人之间永久性的利益 191
对立。

占统治地位商业利益集团的反应是，他们前所未有地热情呼吁，要么把商业习惯完全纳入一般法律，要么承认习惯是一个单独的、独立的法律体系。1802 年，美国出版了自己的第一部商法著作。在这本书中，乔治·凯恩斯（George Caines）坚持认为，“我们要铭记这一点：在贸易范围内，习惯本身就是法律。”[159] 1810 年，在一篇关于汇票的论文中，泽弗奈亚·斯威夫特深化了这种观点，他认为，商业交易是由“各国的习惯和惯例调整的，而不是由国家法律（municipal law）调整的。”[160] 在斯威夫特发表这篇论文的前一年，他还是美国康涅狄格州法院院长时，他认为，商业习惯可以改变一般性的普通法。[161]

不过，在 18 世纪、19 世纪之交，美国大多数法院仍旧不愿意向这种商法观念让步：允许商业集团界定约束其规则的全部范围和内容。例如，1784 年，在马萨诸塞州的一次审判中，法院把“一些有名望的波士顿商人提供的证据”交给了陪审

---

[159] [George Caines], *Enquiry into the Law Merchant of the United States, or Lex Mercatoria Americana* 260 (1802).

[160] *A Digest of The law of Evidence ... and A Treatise on Bills of Exchange and Promissory Notes* 245 (1810).

[161] Halsey v. Brown, 3 Day 346 (Conn. 1809).

团，这些证据表明了“波士顿的商业惯例”，这一惯例是有关调整未付款汇票的规则。“但是，法院却又同时指示陪审团”说，因为存在“明确的法律规则”，因此，陪审团应当“不理睬有关商业惯例的证据。”[162] 然而，在1813年的一个保险案件中，马萨诸塞州高等法院仍旧援引了曼斯菲尔德的观点，认为“只要法律……是明确的、相当确定的，并能被一般公众所理解”，那么，法院就不应该接受习惯存在证据。不过，该法院同时开始根据刚刚出现的经济关系重新解释曼斯菲尔德的观点。法院继续宣称：“没有哪个阶层与法律原则对立的惯例还能被继续保留。”而且，法官承认，考虑到新出现的合同“意思理论”，“在很多案件中，在解释合同当事人的意图方面，有关习惯和惯例的证据是有用的。”所以，尽管法院还是不愿意简单地把商业习惯转化成法律，但它还是准备通过解释合同当事人的意图，达到类似的结果。[163]

1815年后，美国的贸易转向了国内市场，这使商业集团
192 频繁地与农民、种植园主和消费者发生法律关系。小规模的、孤立的商业共同体逐渐为一个强有力的、虽然内部偶尔会分裂的商业阶层所取代，曼斯菲尔德关于普遍商业习惯的观点也开始慢慢不再有影响了。在商业习惯的证据方面，追求商业利益常常只是意味着“［某一］阶层公民的惯例”在“与法律原则对立”时也可以继续保留。这一点越来越明显了。

---

〔162〕 Clark v. Langdon (Mass. 1784), in W. Cushing, “Notes of Cases Received in the Superior and Supreme Judicial Courts of Massachusetts from 1772 to 1789” 47（该手稿藏于哈佛大学法学院图书馆珍本室）。

〔163〕 Homer v. Dorr, 10 Mass. 26, 28－29 (1813).

这样做的结果之一是，到1925年，另一种论述习惯重要性的理论开始出现了。它认为，商业习惯的重要性不在于它是一种已经确立的法律的证据来源，这种来源是由法院决定和适用的，而在于习惯是一个事实问题，其作用是解释合同当事人的目的。如果与“法律原则对立的”习惯不能继续保持，那么它就不能“在很多案件中用来解释合同当事人的意图。”

到1828年西伦·梅特卡夫（Theron Metcalf）关于合同法的演讲为止，法官和法学家已经开始不再把商业习惯的证据作为一般性商事习惯的证据，而是把它作为已经确立的合同意思说的一部分。梅特卡夫解释说，之所以诉诸习惯，完全是为了解释当事人的合同意图。他认为，“解释合同的目的是为了**发现**当事人签订合同的目的，而不是为了把习惯**强加**于当事人。”因此，“商业合同应根据当事人在合同条款中采用的商业习惯的意义来解释。”而且，对其他非严格意义上的商业合同，如果能认定，当事人在订立合同时一定考虑到了某个习惯，对这种合同也应做同样处理。”〔164〕

通过掩饰阶层立法（class legislation）问题，把习惯仅仅当作解释合同意图的证据，就缓解了法院赋予商业习惯以法律尊严的尴尬局面。关于商业习惯的合适适用范围问题一直是法律争论的前沿问题，这一点可以从 *Gordon v. Little*〔165〕这一重大案件中看出来。它是1822年由宾夕法尼亚州高等法院裁决的。该案件涉及经济上的重大问题，即普通法中对公共承运人严格责

---

〔164〕 *Law of Contracts*，上注138，第274－275页。23 *Am. Jur.* at 260－261 (1840).

〔165〕 8 S. & R. 533 (Pa. 1822).

任的规定，可否适用于俄亥俄河和密西西比河上的船舶货运业。原告起诉请求被告赔偿由于被告船只沉没造成货物灭失的损失。被告认为，只有在他有过失时才承担责任，并且提出了
193 “在西部水域，关于承运人责任的一般惯例或习惯”的证据，这相当于一个“默示合同”的证据。但是，初审法院却拒绝接受这个证据，认为这样的证据只能用来解释在提单中出现的“‘不可避免的河流危险’这一条款的普通意义和商业意义。”〔166〕对最高法院来说，它所要解决的问题则是，初审法院拒绝被告提出关于习惯和惯例的证据是否正确。

首席法官蒂尔曼（Tilghman）撰写了多数派法官的判决，他试图折中这两种观点：关于普通商业惯例的传统观念和只把习惯作为当事人合同意图的解释依据的观点。他首先肯定了初审法院认为对合同文义的适当解释并不能支持被告观点的结论。“如果本案完全根据书面合同审理，那么［初审］法院的判决就有很多地方可圈可点，因为，无论普通法是什么，当事人都有权通过特约改变普通法。但是，一旦他们这么做了，问题就成了合同解释的是什么？”〔167〕

这样，法院就承认当事人可以自由地通过合同改变法律规则——这是法律规则与当事人合同权力的关系的重要新观念——但是，蒂尔曼觉得自己必须遵守初审法院的决定，即当事人事实上并没有在普通法的责任规则外缔结合同。这样，他就又回到了以往的核心论点上了，即商业习惯本身就是一般法律规则的渊源。最后，他总结说，被告有权证明俄亥俄河和密西

〔166〕同上，第534页。

〔167〕同上，第550页。

西比河有关船舶运输的地方习惯，这一习惯可以排除普通法规则，将承运人的责任限制在过失造成的损害范围内。[168]

就这样，蒂尔曼试图将曼斯菲尔德关于商业习惯和法律关系的观点实际应用到一个“碎片经济”（fragmented economy）中，在这种经济中，各种各样的商业惯例侵蚀了一般性商业习惯的社会基础和经济基础。就像约翰·吉布森（John Gibson）法官在一个有力的异议意见中所说的那样，蒂尔曼准备赋予地方性通用惯行以“仅仅约束特定地区的法律（law of local obligation）尊严……并且在该习惯通行的地区取代普通法”。吉布森质问：“在这里，习惯的基础到底是什么呢？”

> 全州没有一个普遍性的习惯；因为这种习惯是普通法的一部分，而且法官能决定……对我们而言，特殊的习惯是没有法律效力的。据我所知，最严重的也是最让人难堪的恶，莫过于仅仅约束特定地区的法律。在俄亥俄河上的贸易活动规则，也同样是在朱尼亚塔（Juniata）河、瑟斯奎哈纳（Susquehanna）河、特 194
> 拉华河及其支流从事贸易的规则。假设在每条河流都存在不同的惯例，那么，是不是每条河上的法律也不同呢……要避免得出这样的结论是不可能的。惯例的效力应该是作为一个便利的参照内容，解释当事人表达中的歧义（如果不解释的话，其意思就含混不清），如果我们超出这一范围，赋予惯例更强的效力，我们就不可能摆脱上述荒谬的结论。而如果我们因此废除

〔168〕同上，第554页。

> 普通法已经确立的原则，我担心我们没有这个权力。[169]

吉布森还意识到，允许某些特殊交易习惯改变一般法律规则还会引发另一个问题。“如果依照普通法，”他写道：

> 应该有明确的、众所周知的规则；这样，法院把这些规则应用于事实时，将会产生法律程序所要求的确定结果；如果我们依照惯例，关于一般性惯例的证据以及对惯例的理解这些问题就必须由陪审团决定，这会导致完全无规则可循。因此，在每一个案件中，原告要求赔偿的权利就取决于陪审团认为合适的勤勉程度。而我们就不得不永远要回答陪审团提出的这个地区的法律是什么的问题；而对承运人勤勉程度的要求将随着法院要求确立这一标准的证人意见而变化。[170]

吉布森发现，由于不存在一个独立的、同质性的商业阶层，法律如果允许以地方性习惯为证据，就会赋予外行陪审团控制商业规则的权力。而在曼斯菲尔德生活的时代，他可以挑选商人陪审团。但是，吉布森相信，与反对商业陪审团最终可能会决定商业法的实质规则相比，更可怕的是，这种制度不会提供“一个明确的、众所周知的规则，而这一规则能产生法律程序要求的确定结果。”如果大多数人对习惯的观点成为主流，那么“仅仅约束特定地区法律”的“令人难堪的恶”似乎就

---

〔169〕 同上，第559－560页。

〔170〕 同上，第561页。

不可避免。因为每一个特殊的集团都试图赋予自己的特殊习惯以“法律尊严”，这样，法律制度对公正的要求就会出现问题。所以，商业习惯不仅有建立各种“仅仅约束特定地区的法律”的危险（这会割裂经济的整体性），而且，还会使强有力的集团将其商业习惯强加给那些和他们交易的局外人。

Gordon v. Little 案突出了美国法官试图遵循曼斯菲尔德观点时面临的危险。在一个商业集团越来越强大，种类越来越多的社会中，任何公开赋予商业习惯以法律效力的努力，都是不高明的，并且是不可行的。它使对阶级立法的责难暴露在司法过 195
程中，而且，它还赋予了外行陪审团决定哪些习惯有约束力的自由裁量权。实际上，到 1836 年，大卫·霍夫曼（David Hoffman）在《法律研究教程》(*Course of Legal Study*）一书中，就已经承认“大量的法律疑问”困扰着把商人的法律融入到一般法律中的每一次尝试。[171] 但是，在 *Gordon v. Little* 案中，一种更新的观念已经被推向了前台。如果有人不同意习惯可以改变一般性法律的观点，那么所有人都同意合同可以改变一般性法律。甚至连吉布森法官也承认，如果已经确定的普通法规则“不是最便利的”，那么，“在任何情况下，当事人都有权为自己确立承担责任的标准。”[172] 到 1828 年西伦·梅特卡夫发表

〔171〕 1 D. Hoffman, *A Course of Legal Study* 416 (2d ed. , 1836). “在何种程度上，商法（*lex mercatoria*）可以导源于各国商人的一般性惯例，以及可以在国际法中要求一个位置，作为准公法（*quasi publici juris*）；在多大程度上，英国商人之间一般性惯例构成了英国的商法；或者在多大程度上，地方性惯例可以成为法律，以及在多大程度上全部制度与专门性习惯并列，这些问题对于一个爱刨根问底的学生而言，无疑是应自己研习的。”

〔172〕 8 S. & R. at 560.

关于合同的演讲时，法官们开始摆脱18世纪晚期的观念，即认为法院可以把商业习惯转化为法律。梅特卡夫认为，法官的唯一职责，就仅仅是决定“是否存在一种习惯，这种习惯在当事人在缔约时，可以认为他们必定考虑到了。”[173] 虽然在 *Gordon v. Little* 案中，双方当事人都认为习惯的作用非常有限，仅仅是“在文字的意义有疑问时，解释文字，”但是，到1844年，斯托里却宣称，在解释合同时，应诉诸惯例或者习惯，它们不仅用于解释技术性和有歧义的条款，“在合同对当事人目的的规定有疑问，或者从**合同本身根本看不出合同目的时，（习惯）**还可以为确定合同当事人的目的提供证据。”[174]

实际上，法官并没有意识到，通过合同理论（contractarian justification）来承认商业习惯，为他们减少了相当多的“尴尬”。1847年，马萨诸塞州高等法院[175]评论道，“难点在于”，“商业习惯和那些更一般性的习惯有本质区别。后者是众所周知的，而且是国家一般法律的一部分。”这些商业习惯相对而言可能是新出现的，而且只限于单个城市或者乡村适用。”结果是，“博学的法学家们常常为这种证据的扩大而痛心……这削弱了法律的体系性，并在司法过程中导致了不确定性和令人尴尬的问题。”另外，法院也意识到，遵从习惯“引发了重大异议。这种意见认为，（在缔约时）影响当事人的、存在某种关于习惯的信息，仅仅只是一个法律假定而已，在实际中，可能
196 经常无法发现这种习惯。”但是，一旦认为商业习惯来自合同

334 〔173〕 *Law of Contracts*，上注138，第275页；23 *Am. Jur.* at 261（1840）.

〔174〕 W. W. Story，*Law of Contracts*，上注41，第161页（此处加上了着重号）。

〔175〕 Clark v. Baker，52 Mass.（11 Met.）186，188－189（1846）.

当事人的意思时，这一异议就不能成立了。对此，马萨诸塞州法院总结说："只有在假设当事人缔约时参照了这些习惯时，这种性质的习惯才可以被承认。"

无论人们对把商业惯例当作法律合理来源的疑虑是什么，在19世纪上半个世纪，大多数法官都非常愿意在新的合同基本原理前放弃其异议。如果合同当事人都可以自由地改变法律规则，正如法院在 *Gordon v. Little* 案件中所承认的那样，那么他们当然可以在合同中纳入商业惯例。这样，在实施合同当事人意图的掩盖下，到19世纪中叶，事实上，法院就开始遵循斯托里的观点，即，法官可以把习惯"作为当事人合同目的……的证据……而从合同中也看不出……合同目的。"

这种以解释当事人合同目的为借口，回到预先存在的习惯的理论转向没有被承认，它不久就演变为明确主张合同的"客观"理论。如果合同"主观"理论的历史功能是摧毁客观价值理论的全部残余，那么客观理论也有明显的局限性，它使法律丧失了确定性和可预期性。一旦合同义务完全取决于当事人之间任意的"意思合致"，这就赋予了合同当事人完全重新制定法律的权力。尽管这种做法一度具有掩盖司法造法的重大好处，但是，通过合同理论来证成习惯效力的做法却创造了一个更加个人化、更加任意性的、源于合同当事人意思的"约束特定地区的法律"。当这种理论被严格遵循时，就会使每一份合同成为一个独立的事件，仅仅取决于当事人一瞬间的意图。一旦合同主观理论发挥了促使法官和法学家消除合同法和客观价值理论之间联系的作用，他们就觉得可以自由地复兴合同的客观理论了，而且也可以自由地为这种理论重新引入一个理论伴侣，这就是一般商业习惯观念。

第一位意识到主观合同理论会对商法产生分裂效果的人是约瑟夫·斯托里。他在1837年的一个案件——该案发生在距*Swift v. Tyson*案的判决仅仅5年前——的判决中写道："在过去几年，我不熟知这种几乎不加选择的习惯，即在几乎所有的商业交易和贸易中，确立特殊的惯例或者习惯，以控制、改变或者废除当事人依据普通法和商法应承担的一般责任。"

> 在我看来，有很长时间，法院承认这样松散的、非决定性的惯例和习惯风险不小。因为这些惯例和习
> 197 惯常常不为特定的当事人所了解，而且还在当事人之间产生重大误解、错误陈述和滥用行为，甚至取代众所周知的、已确立的法律原则。而近些年来，我欣喜地看到，无论是英国的还是美国的普通法法院，都开始缩小使用这些习惯和惯例的适用范围，而且阻止它们进一步扩大适用。[176]

其他人——如宾夕法尼亚州首席法官吉布森——则抱怨，依据习惯证据解释当事人的意图，"使法官的作用从审判转向了作证。"如果习惯"只能根据证人的证据"证明，他总结说，这就会破坏法官宣布法律的职能，而法官是"普通法律"

〔176〕 The Reeside, 20 F. Cas. 458, 459 (No. 11, 657), 2 Sumn. 567, 569 (1st Cir. 1837). 在*Donnell v. Columbian Ins. Co.* (7 Fed. Cas. 889, 893 (No. 3, 987) (1st Cir. 1836)) 一案中，他的主张与此类似："一些法官认为，法院在采纳商人之间的习惯作为法院裁判规则时应持保守态度，因为这些习惯常常只是建立在错误的基础上，而且还常常需要对原则的整体含义作扩大的、全面的理解。我也持这种观点。"

唯一的“合宪解释人”。[177]

西奥菲勒斯·帕森斯的《合同法》(*Law of Contracts*)（1855年）第一次详细阐述了合同主观理论与它腐蚀商法可预期性效果之间的关系。帕森斯第一次摒弃了早期法学家对当事人意图的痴迷立场，最重要的是，他强调，合同阐释或解释并不是一个由陪审团裁决的事实问题，而是一个法律问题。他这样开始论述：“对每一个合同作公正且合理的解释的重要性……是很明显的，依据法律解释合同，往往是以明确的原则作指导，这种方法，使司法实践中的合同解释可以一致。但其重要性可能并不那么明显，虽然我们认为这是理所当然的，而且也是重要的。”他承认，对个人的合同作公正的解释是值得追求的。但更重要的是，要有调整“所有合同解释的公正性、一致性和统一性的规则。”这样，当事人才能“预防”，使其利益不受损失。“而且，从此可以得出第一条真正的规则，即，合同的内容是什么是一个法律问题。因此，只有法院才能解释合同。”[178]

为了使法院而不是陪审团享有解释合同的权力，有必要废弃合同意图的主观理论。帕森斯继续阐述客观理论，而这种理论此后在美国法律界占据了主导地位。他宣称，“法律规则并不要求法院总是按照合同当事人想表达的意义来解释合同；而是法院按照当事人采用的、他们认为可以表达其真实意思的文字，贴近这些文字的意义解释合同。法律规则允许对文字作这种恰当解释。” 198
他得出结论说，“因此，法律规则和语言规则，

〔177〕 Bolton v. Colder, 1 Watts 360, 363 (Pa. 1833).

〔178〕 2 T. Parsons，上注148，第3-4页。

都可能阻止依据当事人的意图解释合同。"[179]因此，为了保证合同解释的"公正性、一致性和统一性，"帕森斯准备推翻正统观点，这一观点是由衡平法院大法官肯特在其《评论》(*Commentaries*)（1832年）中提出的。肯特认为，当事人的"明确意图"（the plain intent）甚至比"合同中精确的（strict）文字更重要"。[180]

帕森斯的合同"客观"理论，大致上是在市场的社会重要性经历重大转变的同一时期内发展的。从1790年到1850年，在法学和经济学中，一种无法抗拒的重要观念就是关于价值具有任意性和波动性的本质，这种价值已经被引入到市场经济中。"价值是最容易变化的东西……"维普莱克在1825年写到，"所有商品的市场价格总是在变化……因此，很明显，商品或者其他种类的财产都没有恒定价值，其价值是在和其他商品的比较中存在的。"[181]总之，法学家在市场发展的早期发现的社会意义是：价值是任意的，主观的，只有个人的偏好才能正确地决定商品的价值。

当然，随着市场的发展，又出现了另外一种意义，即稳定的市场价格能够提供衡量社会价值的"客观"标准。甚至连维普莱克偶尔也意识到了可以用市场价格作为衡量交易是否公正的标准性。"如果一个商人给我每桶8美元的价格向我买面

---

〔179〕 同上，第6－9页。

〔180〕 2 J. Kent, *Commentaries* 555 (2d ed. 1832)【下文引作 *Commentaries*】肯特同时还宣称，"为了实现当事人双方的意图并使其……发生效力，在必要时，法律会调整合同的字面条款，如果这些条款违背了当事人的目的的话。"同上，第554页。

〔181〕 G. Verplanck，上注41，第114页。

粉，而他向其他任何人购买时只需4美元一桶……人们会毫不犹豫地说，这种交易是不公平的。因此，价格不足以提供有力的推定证据（presumptive evidence）……来证明合同的实质内容存在错误或是欺诈。”[182]然而，尽管有这样偶然性的退步，维普莱克和其他所有法学家和法官在19世纪中期前，其压倒性的观点还是认为，由于“投机、品味、需求或购买者的反复无常”等因素，价格从根本上说是变动不居的，所以价格不能作为衡量价值的社会标准。[183]

市场逐渐“成熟”了，越来越大，而且越来越统一，这在一定程度上归因于交通的发展。在这种情况下，商品价格稳定了，这种社会经验又倾向于再次引入客观价值观念的力量，尽管这种引进的形式在很大程度上被淡化了。[184] 例如，在19世纪50年代，法院不再根据主观价值理论来为买方当心原则辩护，而是根据完全不同的理论，即缔约双方当事人是否有同样的机会了解一种商品的客观市场价格，来为这一原则辩 199
护。[185]这种变化的结果之一就是，西奥菲勒斯·帕森斯成为了第一位指责买主当心原则的法学家，他认为这一原则是“严厉的，并且……有时适用这一原则会出现错误或困难；所以，公

---

〔182〕 同上，第115-116页。

〔183〕 同上，第114页。

〔184〕 在1816年到1826年以及1856年到1860年期间，不同市场价格的差异明显减小。See. G. Taylor, *The Transportation Revolution*, 1815-1860 333 (1951). 当然，这只是表明市场越来越扩大，而不是表明市场更为稳定。我假定随着市场越来越扩展，价格波动也会趋于减小，当然，这可能被证明是不正确的。

〔185〕 See. *e. g.*, Cronk v. Cole, 10 Ind. 485, 489 (1858); Kertz v. Dunlop, 13 Ind. 277, 280-281 (1859).

众和法律界都谴责这一原则。这不足为奇。”事实上，客观价值观念也开始在帕森斯的作品中重新露面。虽然起初，在“销售一件商品时，因为某些瑕疵会实质性地影响价格，但买方却并不知情，也不能发现这些瑕疵……”的所有案件中，帕森斯似乎倾向于推翻买主当心原则。但是，他对正统理论的偏向最终使他得出结论：现存规则“经过调整，可以在总体上很好地去伪存真。”[186]

不过，全国性市场的不断发展似乎对帕森斯的作品影响很深。随着南北战争的临近，“国外和国内的贸易组织都在一定程度实现了专业化，出现了现代全国性经济的典型融合……在纽约和新奥尔良，棉花销售是样品买卖；而在芝加哥和布法罗，大批量粮食交易的基础不过是人们公认的粮食等级。”[187]对一套统一的、一致的、基本上非人身性的商业规则的需求，开始逐渐推翻了诸如买主当心原则一类的法律规则，但是，这一原则依然是面对面的交易的基础。

这种规则非人身化倾向最有趣的表现之一，同样典型体现在这种方式中：在环境已经变化的条件下，普通法中很小的例外，最终也常常破坏规则本身。早在1816年，马萨诸塞州高等法院就判决，样品买卖必须保证销售的商品与样品的品质相同，这一规则对买主当心原则而言，是一个小的例外，但又是明确的例外。[188] 1831年，宾夕法尼亚州高等法院评论说，“在交易和商业贸易中，每天都会出现经常性的变化，”所以法院

---

〔186〕 1 T. Parsons，上注145，第460、466页。

〔187〕 Taylor，上注184，第398页。

〔188〕 Bradford v. Manly，13 Mass. 139（1816）.

进一步放松了规则的要求，判定所有通过卖契（bill of sale）* 销售商品的，其合同都包含了一项（默示）担保。[189]

有限地复兴司法强制执行合同（默示）担保条款的做法，也体现了宽广的市场使商品标准化的加强得以可能。

与以往相比，法院更愿意在卖契中强制执行质量担保（默示条款），在这种买卖中，常常有明确的主流商业质量标准。虽然在大多数案件中，法院依然区分可以强制执行的种类担保（默示条款）和质量担保（默示条款），但在司法操作中，这两种条款是非常不明确、不确定的。[190] 事实上，法院不断发展 200
了一系列新规则，目的是为了在老练的商人之间的非人身性大宗商业交易中适用，而这种交易形式，我们已经看到，正迅速地取代原本作为主要交易模式的面对面交易。[191]

到 1920 年萨缪尔·S. 威灵斯顿出版《论合同》(*Contracts*) 时，仍然深受帕森斯作品影响的美国法学家，开始致力于建立合同义务客观理论在历史上的有效性。“在合同的形成过程中，”威灵斯顿写道，“很久以前就确定了这种规则：最初，在

---

* 卖契是指通过担保方式销售动产的方式。最常见的是以设备、马匹等卖契作为债的担保。但是物的占有并不转移。可以说是质押的一种变体形式。英国 1878 年颁布了《卖契法》。——译者注

〔189〕 Borrekins v. Bevan, 3 Rawle 23, 43 (Pa. 1831). 另外可参见 Henshaw v. Robins, 50 Mass. (9 Met.) 83 (1845) 一案。帕森斯认为，本案确立的规则是已经“相当确定的”。1 T. Parsons, 上注 145, 第 464 页, note P.

〔190〕 比较 Hastings v. Lovering, 19 Mass. (2 Pick.) 214 (1824) and Osgood v. Lewis, 2 Harr. and Gill 495 (Md. 1829) 与 Hogins v. Plympton, 28 Mass. (11 Pick.) 97 (1831).

〔191〕 Jennings v. Gratz, 3 Rawle 168 (Pa. 1831); 参见对买主当心规则的例外的评论, 90 *Am. Dec.* 426 (1868).

决定合同法要求的当事人相互合意时，当事人隐秘的目的是不重要的，只有明显的行为才会被考虑。”虽然威灵斯顿积极确定历史上对客观理论的诚信（bona fides）要求，他也不得不承认，“在19世纪的上半期，（合同）很多表示似乎表明了与此相反的意思，其中最重要的就是我们熟悉的红字（rubric）*，在认为合同要求当事人双方意思合致的司法异议意见中还体现了这种观点。”〔192〕

威灵斯顿的追随者毫不费力就推翻了早期的合同主观理论。其中一个追随者写道：“误导了一些美国法院的历史性错误，就是借用了……民法法系的理论……它与英美法系的合同理论不同……在民法法系理论发挥作用的渠道中，斯托里和肯特的作品影响最大。”〔193〕

但是，到底什么可以解释合同“意思说”或合同的“主观”理论的最初胜利呢？这种胜利绝对不是任何“外来”法律理论灌输的结果，而是因为19世纪初法律基本结构的改变。早期的合同理论提出了合同客观价值标准，这种理论与市场经济格格不入。摧毁这种理论的最主要的知识武器来自这种观点：所有的价值都是主观的，而且法律义务的唯一基础是个人意思的任意合致，或者是“意思合致”。所以，衡平法院大法官肯特认为，合同解释规则只能是确定“当事人双方的目的……”而且，肯特还认为，“……为了发现当事人的目的并使其具有法

---

* 红字条款通常为格式合同中的免责条款。——译者注

〔192〕 1 S. Williston, *A Treatise on the Law of Contracts* § 22 (rev. ed. 1936). 在1920年的第1版中，威灵斯顿的论点与修订版是一样的，虽然文字稍微有些区别。

〔193〕 E. Patterson, "Equitable Relief for Unilateral Mistake," 28 *Col. L. Rev.* 859, 889－890 (1928).

律效力”，“如果书面条款与合同目的明显抵触时，法律甚至有必要控制合同的书面条款。”[194]

由此，极端的主观主义成了一面旗帜，使合同法在19世纪上半期获得了胜利。然而，事实不久就明显表明：这种新思想的胜利过了头。如果合同“主观”理论的历史功能是摧毁客观价值的全部残余，那么这种理论也有明显的局限性，它使法律丧失了确定性和可预期性。一旦合同义务完全取决于当事 201
人之间任意的“意思合致”，这就赋予了合同当事人以完全重新制定法律的权力。当这种理论被严格遵循时，就会导致每一份合同都是一个独立的事件，仅仅取决于当事人一瞬间的意图。[*]但是，全国性市场要求统一性和标准化，至少在理论上，这就不可避免地要牺牲个人对合同的权力。

那么，合同客观理论的出现就是在美国法律形成的过程中，商业集团发挥影响的另一种方法。他们发现，没有必要再使用这种理论参加反对18世纪公正价格规则的战斗。在19世纪下半期，他们就投身于建立一种保证法律确定性和可预期性的客观法律体系。并且，在摧毁了衡量交易公正性最重要的基础后，他们就可以精心阐释形式主义的法律意识形态了。其主要代表人之一就是威灵斯顿。这种意识形态不仅可以在中立的、形式的合同法的规则的外表下，掩盖交易能力的重大差异，而且可以通过“合同解释”缓和技术性红字的效力，使商业惯例得以实施。

---

〔194〕 2 *Commentaries*，上注180，第554页。 335

* 此处与前文重复。——译者注

侵权与合同

在18世纪，合同的根源是自然正义和公正交易的习惯观念。此后，合同永久性地摆脱了这种根源，此时，人们第一次要求改革法律体系，以调适合同义务和非合同义务之间不断加深的鸿沟。在18世纪，普通法强制规定的责任，无论从逻辑上说还是从规范意义上看，都依然被普遍地当作优先于私人协议中约定的义务。事实上，直到1825年合同意思理论在社会意识形态中取得胜利之后，法学家还是没有认识到合同义务和一般性义务（customary duties）之间存在根本性冲突。甚至对那些涉及商业习惯与惯例的案件，人们通常也不会认为，这些案件涉及预先存在的法律义务和商业惯例之间的根本冲突，相
202 反，人们把它们当作另一个与此相当不同的问题，即何种程度上，新的法律规则来源于已经确立的商业习惯。但是，在1800年至1825年期间，有一种情况逐渐明显，即在一些特定的案件中，法院准备允许私人协议暂时取代法律强制规定的义务。这样，法学家就面临这样一个问题，即在何种程度上，法律规定的义务应当被强制执行，而不考虑个人通过合同修改法律的决定。

这个问题第一次出现是和保险合同联系在一起的。在多大程度上，个人可以通过保险合同，对由于自己的过失行为造成的损失获得赔偿呢？直到1830年左右，对这一问题普遍的、流行的观点是，对投保人因自己的过失而造成的损失，保险人

不承担保险赔偿义务。菲利普斯（Phillips）在《论保险法》（*Treatise on the Law of Insurance*）（1823年）一书中写道，“一份由一方当事人赔偿另一方当事人因故意造成的损失的协议”：

> 似乎明显违背了社会的普遍利益，以至于任何法院都很难强制执行。不仅如此，对没有故意行为那么严重的行为，还有人反对那些赔偿投保人因自己的过失行为造成的损失的保险合同。因为在这样的协议中，一方同意完全将自己处在另一方的控制之下，而且这种合同的实施只能给当事人双方都带来损失，并且给社会造成损失。[195]

同样，在《评论》（1828年）第一版中，衡平法院大法官肯特认为，“更合理的观点”是，“对那些当事人尽适当注意义务就可以防止的损失，以及……人类的谨慎和明智可以控制的损失……保险人无需承担责任。”[196] 他引用了纽约州的一个开创性判例 *Grim v. Phoenix Insurance Co.*（1816年）。[197] 在这个判例中，法院裁定，保险公司的赔偿金额不包括由于被保险人

〔195〕 W. Phillips, *Treatise on the Law of Insurance* 158（1823）.

〔196〕 3 *Commentaries* 248（1st ed.，1828）.

〔197〕 13 Johns. 451（N. Y. 1816）discussed in 3 *Commentaries*，上注180，第252页。

自己过失引发的火灾造成的海损。[198]

但是，在1830年以后，司法界的观点却突然发生了转变，允许个人为自己的过失所造成的损失投保。为了体现这一变化，肯特法官在《评论》的第二版（1832年）中，新增加了一章论述火灾保险。尽管有人质疑这一变化，但现在，肯特认为，“对（投保人）的过失行为和欺诈行为都提供财产的火灾保险，是否会抵销（保险）的好处……在英格兰和本国，公众的意见早就已经为这个问题提供了一个相当令人满意的答案。”[199] 对19世纪30年代期间的一系列保险案件，美国最高法院第一次裁定，对被保险人因自己的过失所招致之火灾损失，保险公司应支付保险金额。[200] 不过，法学家却花费了相

---

〔198〕 因为这些判例涉及过失责任的可保性，而从技术角度看，在今天，产生这一问题的保险规则已经陌生了。因此，进一步解释几句可能是必要的。

从当代范畴看，海事保险单提供的是“第一当事人”（first party）保险范围，即，保险单是用于补偿个人损失的，而不是用于补偿对其他人的责任（“第三方保险”）。保险单不对船长或船员的不法行为的后果承保，这一行为是由投保人自己的船长或船员的故意（design）造成的。这是海事保险法确定的规则。这一规则与雇主不对雇员有意造成的伤害承担责任这一普遍规则类似。因为在19世纪出现了对故意行为与过失行为的诉讼区分，所以，法院就面临着这样一个问题：过失造成的伤害是否属于保险业者所谓的“船长或船员的不法行为”的抗辩范围。法院援引的1825年以前的判例和司法意见一般都判定，“船长或船员的不法行为”抗辩包括过失，因此，过失行为就是不能投保的。简言之，因为“船长或船员的不法行为”抗辩事实上引出了与其后排除合同责任的努力同样的政策问题，而且被认为与其后涉及对其他人的责任问题没有区别。

〔199〕 3 *Commentaries*，上注180，第370页。

〔200〕 Patapsco Ins. Co. v. Coulter, 28 U. S. (3 Pet.) 222, 232－238 (1830); Columbian Ins. Co. v. Lawrence, 35 U. S. (10 Pet.) 507, 517－518 (1836); Waters v. Merchants' Louisville Ins. Co., 36 U. S. (11 Pet.) 213, 220－225 (1837). See also Catlin v. Springfield Fire Ins. Co., 5 F. Cas. 310 (No. 2, 522), 1 Sumn. 434 (1st Cir. 1833).

当长的时间将这一项新规则完全合理化。约瑟夫·安杰尔（Joseph Angel）在其1854年论保险法的作品中，重申了“一般规则”：“如果损害主要是由于受害方自己的过失或者缺少应有的谨慎造成的，或者由于受害方代理人的错误行为造成的，受害人不能获得赔偿。”他简单地总结说，保险合同“是这一规则的一个例外”。[201] 203

不过，随着合同理论意思理论影响的不断增长，在1830年以后，法官和法学家都渐渐地接受了这样的观点，即许多由国家强制规定的法律义务可以被合同修改甚至废除。1830年，美国很有影响的一个法律刊物——《美国法学家》（*American Jurist*）发表了一篇名为《论习惯及习惯法的起源》（*Customs and Origin of Customary Law*）的论文。这篇论文明确表述了这种新出现的知识体系，作者认为，“在一种追求自由和自然的法律体系中，人们有权随意订立协议，即使这种协议与通常的习惯对立。”而且，只要这种协议不与最初的社会契约抵触，那么，“这种协议就是当事人之间的法律。”[202]只有那些“非自然的、人为扩大的”公共机构才会创设一种“推翻个人之间明示合同的权力……”因为，“无论人们允诺了什么，他都受自己允诺的约束，而不受其他东西的约束。”所有的习惯都源于合意。所以，习惯创设的法律规则“除了作为当事人合同目的的间接证据外，对当事人没有明确约定的事项是没有权威的。”[203]

---

[201] J. Angell, *A Treatise on The Law of Fire and Life Insurance* 158－159 (1854).

[202] 4 *Am. Jur.* 28, 35 (1830).

[203] 同上，第54、41页。

> 举例来说，公共承运人或者旅馆主人，对处于他监管之下的财物因任何意外受到的损失，都应承担责任，除非损失是由于天灾或者国家的敌人的行为（the acts of God or the King's enemies）造成的。这一规则源于商业交易政策。因为它只具有法律推定的强制力，并且，它常常被认为是当事人之间最便利的协议，所以，在那些当事人明确表示了与它内容相反的意思的案件中，它并不是适用于这些案件的法律。[204]

他继续写道，因此，"假设……这项……关于旅馆店主和公共承运人的……政策，变得没有任何用处；假设与这一规则有利害关系的当事人，不断重复适用相反的规则，对地方法官而言，这种事实是不是可以作为公共感情（事实本来就如此）的明确证据？如果当事人没有明确约定这样的（相反）规则，地方法官是否不应当假定，当事人具有适用这些规则的意图？或者不应当以这种习惯是众所周知的，就假定当事人必定知道或者应当知道呢？"[205]

因此，合同体现了"社会自我立法的本能"，可以合法地废除先前存在的所有普通法规则。"合同的这种特征被认为是……来自于法院的，所以它是一种家长式的、规制性的、解释性的和维护性的立法制度。这种制度的目的不是限制或控制，
204 而只是为了把人们主动的发明创造与进取心相结合，使其系统化，彼此协调。"这种"政治经济制度"的"主要优点"之一

〔204〕 同上，第38页。
〔205〕 同上，第56页。

就是它“允许人们自己作出安排，并且满足于这种调整。”[206]

在这种合同论者的理论及其基础——自由放任主义原则的影响下，到1830年以后，普通法的法官们就开始允许私人协议可以暂时取代长期存在的通常义务。这种新法则的受益人首当其冲的就是公共承运人——主要就是铁路和蒸汽轮船运输人——这些人早在数个世纪前就试图摆脱一条古老的规则，即承运人对货物的安全运送承担严格责任，除非他们能证明损害是由于“上帝的行为或者公众敌人的行为”造成的。

在1830年以前，法院曾暗示，公共承运人可以自由订立合同，免除其法律责任。[207] 偶尔也有人曾试图区分水路运输和陆路运输，以使前者不适用普通法对公共承运人承担严格责任的规则，但这些努力都以失败告终。[208] 但是，在1830年以后，在很多案件中，美国法院却一致允许承运人通过合同限制其承担的严格责任，甚至允许他们通过合同免除其承担的过失责任。

在合同论者观念的影响下，在18、19世纪之交，英国法院开始允许公共承运人用简单提示的形式限制其责任。[209] 不过，这些英国人的判决，仅仅是通过肯特的《评论》一书（1872年）和斯托里的《委托法》(*The Law of Bailments*)（1832

[206] 同上，第62－63页。

[207] Barney v. Prentiss, 4 H & J 317 (Md. 1818); Gordon v. Little, 8 S. & R. 533, 550, 558 (Pa. 1822); Schieffelin v. Harvey, 6 Johns. 170, 177 (N. Y. 1810).

[208] Gordon v. Little, 8 S. & R. 533, 550 (Pa. 1822); Aymar v. Astor, 6 Cow. 266 (N. Y. 1826).

[209] Nicholson v. Willan, 102 Eng. Rep. 1164 (K. B. 1804). See also Forward v. Pittard, 99 Eng. Rep. 953 (K. B. 1785).

年）一书才在美国法律中获得“确定的”地位。肯特指出，在一些英国法院的判决中，曾经有人“强烈地指出”，一方面，法院允许承运人订立合同排除自己的严格责任，另一方面却不允许承运人限制对其“过失行为或不法行为”所承担的责任，这种“区分是不合理”。对此，肯特得出结论说，通过合同限制责任唯一“合理的限制”是，协议不能限制对“重大过失”承担的责任。[210]

5年以后，约瑟夫·斯托里法官宣告了有关承运人可否自由地通过合同改变自己所承担的责任这一争议问题的终结。一方面，他承认，“以前，这是一个聚讼纷纭的问题。”但另一方面，他却完全根据英国法院判决的权威性，宣称“这一规则现在被充分承认了，并不受合理怀疑地确定下来了。”因此，斯托里总结道，对承运人改变普通法上责任的唯一限制是，承运人“不能免除自己在重大过失和欺诈案件中的责任。”[211]

美国法院立刻接受了这种规则。1835年，宾夕法尼亚州
205 高等法院援引斯托里的观点，“在何种程度上，陆路公共承运人可以通过合同限制其责任”，“以前，这是一个聚讼盈庭的问题”。“但是，现在似乎可以明确，他们享有这样的权力，这已经被承认了，尽管许多博学的法官曾明确对承认承运人限制其责任的**提示**的效力表示遗憾。”虽然这种提示的拘束力“现在都必须承认了，”但是，承运人还是不能通过合同“使自己免于所有的责任，尤其是重大过失行为和欺诈行为的责

---

〔210〕 2 J. Kent, *Commentaries* 471 (1st e. 1827).

〔211〕 J. Story, *Commentaries on the Law of Bailments* §549 (1st ed., 1832).

任。"[212]尽管这段话听起来是赞同这种规则的，但实际上，宾夕法尼亚州依旧继续抵制合同主义思想。1839 年，该州高等法院首席法官吉布森指出，"现在说可能还不是太晚：阐释普通法的政策要求，对普通法的例外情况应严格解释。"[213]并且，直到 1848 年，宾夕法尼亚州法院还再次重申，"我们法院很多法官觉得遗憾的是，公共承运人可以限制自己的……义务。"实际上，法官托马斯·贝尔（Thomas Bell）认为："如果这个问题在宾夕法尼亚州还悬而未决，那么我会毫不犹豫地……断然拒绝接受这一规则，因为这一规则使托运人（bailor）完全受制于承运人，而且，在多数情况下，托运人自己别无选择，只能将财产交付承运人运送。"[214] 尽管宾夕法尼亚州的法官们一直表示"极不情愿"允许公共承运人订立合同免除其普通法上的责任，但是，在 1851 年以后，这一规则还是确立下来了：除了过失行为造成的损害外，承运人还可以限制自己承担的所有责任。[215]

在南卡罗来纳州和纽约州，法官对这一规则的看法比宾夕法尼亚州的法官还有过之而无不及。到 1838 年，南卡罗来纳州高等法院"【曾】提醒汽船的船主，他们必须公开提示，表明自己将对……不承担责任。无论何时，只要符合他们的基本利益，他们可以通过专门的允诺减轻其责任。"[216]但是，在 1846 年，法院对认为"承运人不能通过提示，当然也就不能

[212] Beckman v. Shouse, 5 Rawle 179, 189 (Pa. 1835). 336

[213] Atwood v. Reliance Transportation Co. , 9 Watts 87, 88 (Pa. 1839).

[214] Laing v. Colder, 8 Pa. st. 479, 484 (1848).

[215] Camden & Amboy R. R. v. Balduf, 16 Pa. 67, 76 - 77 (1851).

[216] Patton v. Magrath, 23 S. C. L. (Dudley) 159, 163 (1838).

通过协议，免除自己对过失行为或疏忽行为的责任”的观点提出异议。法官埃文斯（Evans）得出结论说：“我找不到任何理由，在个问题上和许多其他的问题上，为什么不可以让人们自己关心自己的利益。”[217]

虽然纽约州的法院偶尔暗示了相反的观点，[218]但实际上，在19世纪的30年代和40年代，法院还是坚定地裁决，不允许承运人通过合同排除自己的责任。[219] 1838年，法官考恩（Cowen）曾说：[220]“在法律中，最明确的原则莫过于，无论什么行为，只要它有明显鼓励应受责难的过失行为、欺诈行为或者犯罪行为的倾向，那么这一行为就违背了公共政策。从事物最本质的角度看，这就是允许公共承运人逃脱其法律责任或者以任何方式限制其法律责任的后果。”

> 旅客和财产的托运人处于某种道德强制之下……
> 206 我的结论是，【承运人】不能以任何形式与其客户讨价还价，除了提示外，甚至也不能通过订立明示允诺，或者专门的允诺确立一个又一个的例外来强取豪夺。

结果，在开创性的 *Gould v. Hill*（1842年）案[221]中，纽约高等法院就是根据这种观点裁决，公共承运人不能通过合同来

---

〔217〕 Swindler v. Hilliard, 31 S. C. L. (2 Rich. L) 286, 303 (1846).

〔218〕 Orange County Bank v. Brown, 9 Wend. 85 (1832).

〔219〕 Cole v. Goodwin, 19 Wend. 251 (N. Y. 1838); Hollister v. Nowlen, 19 Wend. 234 (N. Y. 1838); Clark v. Faxton, 21 Wend. 153 (N. Y. 1839); Camden & Amboy R. R. v. Belknap, 21 Wend. 354 (N. Y. 1839).

〔220〕 Cole v. Goodwin, 19 Wend. 251, 280－81 (N. Y. 1838).

〔221〕 2 Hill 623 (N. Y. 1842).

改变其承担的普通法上的义务。

但是，1848 年，美国最高法院的判决允许承运人通过合同限制自己的责任。[222]受这一判决的影响，纽约州司法界对这一原则的抵抗开始分崩离析了。从 1850 年开始，纽约州法官推翻了 *Gould v. Hill* 案确立的规则，并允许承运人限制其责任。[223]有一个法院觉得自己“不得不”推翻 *Gould v. Hill* 案的规则，因为“这一问题对于从事商业的人非常重要；尤其是对保证各州法院与联邦法院在调整商事交易的法律方面的一致性有重要意义。”[224]另外，还有法院认为，如果拒绝允许承运人通过合同限制自己的责任，那将“是……一种对贸易和商业没有正当理由的限制，是对个人权利相当明显的侵犯。”[225]

实际上，美国最高法院曾经暗示，它甚至还可能允许承运人免除自己对重大过失行为的责任。[226] 1853 年，纽约州法院依据这一暗示裁决，承运人通过合同特殊条款，甚至可以免除

---

〔222〕 New Jersey Steam Navig. Co. v. Merchants Bank, 47 U. S. (6 How.) 344, 383 - 385 (1848).

〔223〕 Mercantile Mutual Ins. Co. v. Chase, 1 Smith 115 (Ct. Com. Pl. 1850); Dorr v. N. J. Steam Navig. Co., 6 N. Y. Super. Ct. Rep. (4 Sanf.) 136 (Super. Ct. N. Y. 1805); Stoddard v. Long Island R. R., 7 N. Y. Super. Ct. Rep. (5 Sanf.) 180 (Super. Ct. N. Y. 1851); Parsons v. Monteath, 13 Barb. 353 (Sup. Ct. N. Y. 1851); Moore v. Evans, 14 Barb. 524 (Sup. Ct. N. Y. 1852); Dorr v. N. J. Steam Navig. Co., 11 N. Y. 485 (N. Y. 1854).

〔224〕 Dorr v. N. J. Navig. Co., 6 N. Y. Super. Ct. Rep. (4 Sanf.) 136, 141 - 142 (Super. Ct. N. Y. 1850).

〔225〕 Dorr. v. N. J. Navig. Co., 11 N. Y. 485, 493 (1854).

〔226〕 New Jersey Steam Navig. Co. v. Merchants Bank, 47 U. S. (6 How.) 344, 383 - 385 (1848). 同上，第 333 页。但是，法院判定，合同“当事人的意图”不免除承运人的过失责任。

对重大过失行为的责任。[227]另外一家法院还准备允许铁路运输人通过合同限制自己“由于过失行为或者仅仅因不作为”[228]对旅客造成的人身伤害的责任。最终，在1859年，纽约州的一位法官总结了10年来的经验，认为在当事人“完全明白【自己的】权利”[229]并同意免责条款的情形，法院准备允许承运人限制自己对“任何程度的过失行为”承担的责任。直到1873年，在“农民协进会运动”（Granger Movement）的影响下，美国最高法院才开始阻止这场合同论的潮流，最终认定，公共承运人不能通过合同排除自己对过失行为应承担的责任。[230]

在19世纪40年代和50年代，著述法学家一般都反对承运人试图限制自己责任的做法。但需要强调的是，因为他们不能摆脱占主导地位的合同论思想的束缚，所以他们为此做出的努力基本上徒劳无功，没有达到预期效果。西蒙·格林里夫（Simon Greenleaf）虽然并不同意承运人“限定、限制或者是避免责任的做法，”但是，在1846年，他却试图通过制定一个最高责任限度，以便认可那些限制承运人责任的“合格”合同。[231]而约瑟夫·安杰尔和西奥菲勒斯·帕森斯则致力于限制承运人提示的拘束力，虽然他们也承认——正如安杰尔指出的——
207 “人们订立**明示**合同的权力。”[232]不仅如此，佛蒙特州首席大法

[227] Wells v. Steam Navig. Co., 8 N. Y. 375 (1853).

[228] Welles v. N. Y. Central R. R., 26 Barb. 641, 644 (1858).

[229] Smith v. N. Y. Central R. R., 29 Barb. 132, 138 (1859).

[230] N. Y. Central R. R. v. Lockwood, 84 U. S. (17 Wall.) 357 (1873).

[231] 2 S. Greenleaf, *Law of Evidence*, 205－206 (1st ed., 1846).

[232] J. Angell, *A Treatise on the Law of Carriers* 241 (1849); 1 T. Parsons, 上注145, 第711 n. (h).

官艾萨克·雷德菲尔德（Isaac Redfield）也追随帕森斯和安杰尔，在其论文中，全面关注铁路运输中与明示合同对立的提示可否限制承运人的责任这一问题。他的结论是，虽然承运人可以限制自己的“特殊责任”或严格责任，但不能免除自己对过失行为的“一般”责任。[233]他认为，英国的判决允许承运人通过提示来主张“免除其责任，甚至是对重大过失行为，或者故意的不当行为的责任”，这就走得太远了。结果是，“本国所有商界人士几乎都受……这些承运人的支配。”他得出结论说，这种后果，正说明了“司法部门的一种倾向……即他们被这种信念所迷惑：遵循任何理论或抽象观念都是安全可靠的；而不论它们多么似是而非”，甚至在适用这种理论或者观念的结果不再“符合人类的正义感”也如此。[234]

但是，论著法学家在把注意力完全集中在讨论总是更为适切的有关提示的技术性问题时，他们自己也会被合同论者的“理论”和“抽象观念”所迷惑。确实，承运人的单方面提示会受到正统理论的批判，因为承运人单方面的提示不是当事人真正的“意思合致”，而“意思合致”却是缔结有拘束力的合同的充分条件。但是，没有一个论著法学家愿意回到哪怕一代人之前的观点上去，在那时，正统理论还在那种认为任何普通法义务都可以暂时被合同取代的观点面前步步退却，这一点没有显示出法学论著传统的辩论性和理性化特征。结果，他们不再寻找任何理由来反驳“个人之间的积极协议”（安杰尔语）

---

〔233〕 I. Redfield, *A Practical Treatise upon The Law of Railways* 280－282（2d ed., 1858）.

〔234〕 同上，第278－279页。

对责任的限制。[235] 同样，他们也不再努力解释为什么承运人暂时取代“特殊”责任的提示可以被合同理论吸收，而那些废除“通常”责任的提示却不可以。总之，在寻求不会使“所有商界人士……处于……承运人支配下”的责任限制形式的实际需求下，他们的理论使命和“正义感”都被淹没在其中了。

根据合同重新界定所有的经济关系，在19世纪上半期获得了其经典表述。但是，这种表述并不是出现在有关公共承运人的判例中（这类判例中的理论是混乱的），而是出现在雇主对雇员的过失行为承担责任的案件中。

208 在殖民时代，雇员和雇主之间最基本的关系模式是学徒制度。早期，“在角色和责任方面，雇主与父亲基本相同；而从整体上来说，从道德的或者人身的角度看，雇员的义务都和儿子的义务基本相同。”[236] 在18世纪期间，

> 从正式的、法律的角度看，一直存在这种假定：雇主处于父母的位置，其义务也包括一个正直的父亲的所有义务；而如法律和传统所认可的那样，雇员义务的范围和特征是孝顺。但现在，这两种义务却越来越被忽视……道德教化、基督教训练以及读写能力，似乎都是对有限目的的（雇佣关系的）合同安排的妨碍。[237]

---

〔235〕 J. Angell, *Law of Carriers*, 上注232，第241页。

〔236〕 B. Bailyn, *Education in the Forming of American Society* 17 (1960).

〔237〕 同上，第30－31页。

1861年，塔平·里夫发表了一篇有关家庭法的论文。在这篇文章中，他还是继续倡导传统的观点，即在雇主和学徒的关系中，雇主处于“父母的地位”（*in loco parentis*）。[238]并且，虽然法院在19世纪上半叶一直适用孝顺理论（filial theory），但在实际中，这种制度早期中的大多数道德内容都被在工厂体系中发展出来的纯粹金钱关系所取代。1845年，宾夕法尼亚州的首席法官吉布森判决，依据1770年该州的制定法，学徒可以不在雇主的房子里居住。这一判决就反映这种变化。尽管他注意到“在农村”，学徒“仍旧是家庭的一个部分”，但是，在城市里却再也不是这样了。根据“在解释制定法时，一定要使解释……与当时的商业和习惯相一致的原则，”他觉得不能再无视当时的经济情况，即雇主往往不再管学徒的食宿，代之以付给学徒一定的报酬了。[239]

雇员和雇主之间父子型关系和等级关系的逐渐没落，部分说明了在19世纪40年代以前，为什么美国没有出现过雇员起诉雇主，要求雇主赔偿因雇员过失行为造成的损失的案件。在1840年前，确实有很多工人受伤的事件，但是，许多受伤的工人都是雇主出于爱心和仁慈而获得赔偿的。而且，这种赔偿还取决于雇主和雇员之间的关系。但在1830年后，铁路的出现不仅增加了雇员遭受严重工伤的风险，而且，似乎也在美国历史上第一次确立了非人身性的雇佣制度。只有在雇员和雇主之间的父子关系在公司经济结构的发展过程中瓦解之后，雇员才诉求法院，以获得对其在工作时受到的损害的赔偿。

---

〔238〕 T. Reeve, *The Law of Baron and Femme* 374 (1816).

〔239〕 Commonwealth ex rel. Gear v. Conrow, 2 Pa. 402, 403 (1845).

值得注意的是，英美两国雇主对雇员因其过失而受到的损
209 失的法律责任问题，实际上是在同一个时期内出现的。1837年，一位英国雇员第一次向法院提出诉讼，要求雇主为他在工作时受到的人身伤害承担责任。[240]而在美国，这个问题首次出现于1841年南卡罗来纳州一起诉铁路公司的案件中。[241]而且，在次年具有里程碑意义的 *Farwell v. Boston and Worcester R. R.* 案[242]中，马萨诸塞州首席法官肖将合同理论范式拔高到了19世纪法律思想的最高位置，他对这一案件的解决对19世纪产生了深远的影响。

在所有这些案件中，法官们厮杀于各种有关雇佣法律关系相互竞争的观念中。首先，古老的习惯性原则——雇主责任制度（*respondeat superior*）认为，雇主应该对其雇员的侵权行为负责。所以，南卡罗来纳州法院承认，“毫无疑问，一般而言，本人应对其代理人履行其代理职责的行为承担责任。”[243]在19世纪以前，法学家不会认为这一原则来源于私人协议，而是认为，它来自于更高级的、规范性的习惯法。但是，如今南卡罗来纳州法院却准备认定，雇主责任制原则不适用于交易关系中，而且雇主责任，“一般而言，可以很容易根据合同目的和当事人之间的关系确定。”[244]简而言之，不论是铁路公司的责

〔240〕 Preistley v. Fowler, 150 Eng. Rep. 1030（1837）.

〔241〕 Murray v. South Carolina R. R. , 26 S. C. L. （1 McMul. ）385（1841）.

〔242〕 45 Mass. （4 Met. ）49（1842）.

337 〔243〕 26 S. C. L. （1 McMul. ）at 399.

〔244〕 同上，第400页。

任，还是受伤的共同雇员（fellow servant）* 的法律权利都只能根据合同确定。

> 公司应保证雇员不受其同伴的过失行为的伤害，这是不是合同的附带内容呢？雇员应承担其职业中的一般风险，这是被承认的。那么，为什么他不承担其职业的特殊风险呢？这两种风险在合同中都没有规定。[245]

但是，为什么合同论者的理论框架必然会要求法院假定合同排除了雇主对“特殊的”风险的责任呢？一个法官对此作了回答：“任何谨慎的人都不会从事危险工作，除非他受到更高工资的诱惑，而这种高工资是他在没有特殊危险的工作中无法得到的。”[246]

因此，合同论者的理论首先要表达的是法律关系中的市场观念，而工资正是衡量这种关系的精细标准。凭借工资，法律假定地位平等的当事人就可以磋商，形成合适的工资与风险的“混合体”。在这样的一个社会中，以往由实质正义理论的规范标准所形成的法律关系观念几乎无法存在。因为，衡量正义的唯一标准就是当事人自己订立的协议，所有预先存在的法律义务都不可避免地受制于合同关系。

在19世纪判例中，首席法官肖在 *Farwell* 一案中的观点最 210

---

* 在普通法上，如果雇员对雇主提起损害赔偿之诉时，雇主可以以雇员的损失是由于其他雇员造成的作为抗辩理由，主张减轻或免除自己的责任。——译者注

〔245〕 同上。

〔246〕 同上，第402页。

能反映这些理论命题的胜利。而且，对于这些命题的深刻影响，其最明显的表现莫过于这个令人震惊的事实，即就连雇员的律师一开始也承认，该案件只能根据合同原则判决。肖承认，“原告并没有把自己的案件……建立在这样一个原则上，即本人应对其代理人的行为承担责任的原则，而是建立在雇主依据他与雇员所订合同的本质，应保证雇员在工作中的安全基础上。[247]

这种“令人耳目一新”（肖法官语）的重要判例，完全是由于律师知识的贫乏决定的。在美国法律史上，这种判例是罕见的。肖的判决一开始就认为，“人们承认”，雇主责任制度，只适用于雇主对雇员的过失行为造成**他人**损失的赔偿。而在眼前这个案件中，当事人之间是交易关系。“所以，原告的主张根据，也必须是合同。”在说明了这点之后，结果就显而易见了。肖总结道，“源于正义和政策的要求，处理此类案件的一般规则是，受雇于他人的人要求赔偿时，……他应承担履行其职责的过程中可能发生的自然的、通常的风险与危险，而依法提起的赔偿诉讼，其理由也相应加以调整。[248]

这种在雇员受伤案件中的风险负担（assumption of risk）理论，与19世纪的其他法律创造相比，更彻底地体现了合同论者的理论胜利。它出现在一种新的经济形态中。在这种经济形态中，雇主和雇员之间以往规范关系模式的痕迹被彻底根除了。由于不需履行任何先在的道德义务，法官和法学家也不再把任何目的归源自优于当事人明示“意思”的法律义务。就

---

[247] 45 Mass.（4 Met.）at 51.

[248] 同上，第56－57页。

这样，随着合同思想对以往所有实质正义观念的逐渐削弱，法律不可避免地确认了当事人的平等磋商能力，并将它作为所有法律分析和经济分析默认的主要前提。这个循环结束了（循环是指合同客观理论—主观理论—客观理论—主观理论的循环——译者注）；法律成了仅仅认可市场体系产生的不平等形式的工具。

第七章
商法的发展

211 19 世纪中叶，合同论者的思想取得了胜利。在这种情况下，商人和企业家集团经由私法体系的转型，广泛地扩展自身的利益。在法学界，支持商业集团的法律精英开始出现。他们摧毁了早期的保护性和管制性法律规则，或者使这些规则中立化。与此同时，他们限制了陪审团适用粗糙的、随意性的社会公正这一标准的权力。通过这些方式，他们可以与迅速崛起的商业集团结盟。

但是，在整个 19 世纪上半叶的美国社会中，反对扩展市场经济价值观的势力依然很强大。这些势力所持的观念，是在前商业发展时期美国乡村和宗教领域十分盛行的观念。虽然在整个 19 世纪中，这种势力一直处于下风，但他们还一直都是一支值得重视的政治力量。在 19 世纪，法院不断将支持商业的规则吸收到美国私法中，与此同时，这些反对势力却在州的立法机关中断断续续地抵抗这种做法。实际上，19 世纪 20 年代和 30 年代法典化运动的一个重要方面也体现了这样一个观点：美国法院正在成为富有和权势阶层的仆人。

无论是在英国还是在美国，法律史学家撰写商法史时，往往忽略这些政治和经济领域的斗争，似乎商法史与这些斗争毫无瓜葛。虽然“辉格党的历史”（Whig history）现在受到了宪法史学家的普遍谴责，但是，在宪法之外，“辉格”传统的残余影响依然很大。例如，在编纂商法史学时，学者依然普遍相信一种假定：“现代化”是一种绝对的善（unqualified good）。法律规则的发展会体现市场经济的胜利，这是必然的，也是值得追求的。确实，在解释商法兴起的原因时，学者常常不加批判地 212
提出诸如“商业一致性”和“法律的确定性和可预期性”之类的观念。这些解释者丝毫没有理解，这些空洞的概念掩盖了一整套政治价值和经济价值，事实上，这些概念在19世纪初就遭到了抵制。

本章试图揭示，到美国南北战争时，美国法官，尤其是积极支持商业发展的联邦法官，设法推翻早期反商业的法律规则。当法官确实在为实现法律的“一致性”和法律的“确定性和可预期性”而奋斗时，他们发展新法律规则和法律理论的主要目的是，保护那些在市场经济扩张过程中的受益人。

票据流通性的发展

在18世纪的最后10年里，制定一套商法规则的必要性动摇了美国合同法本质观念，这是其他别的因素所无法比拟的。所有商业问题的核心是：票据的可流通性以及在美国法律体系中，是否可以在前商业社会形成的合同观念中纳入流通性原则。

流通性问题对公认的一整套法律观念提出了挑战。首先，流通性与古老普通法反对转让的规定截然相反。在普通法中，不允许个人转让其起诉他人的权利。对这一政策，伍德森（Wooddeson）解释道，“其目的是为了避免导致多重诉讼，并防止那些不亲自主张权利的人将其权利转让给那些更喜欢打官司的人。尤其是禁止将‘虚幻的产权’（pretended titles）* 转让给那些‘大人物’”，这些“大人物”有能力把一些小土地所有者卷入无穷无尽的诉讼中。[1] 但是，在19世纪以前，美国的所有各州都已经修改了普通法规则，允许某些形式的权利转让。

流通票据的特征对传统合同观念的另一个挑战是，它突破了合同相对性原则。例如，A向B签发了一张本票，B将其转让给了C。在A和C之间并未发生任何关系时，C怎样才能起诉A呢？因为他们之间并不适用合同相对性规则，所以普通法的法律家认为，在这种情况下，他们之间既没有允诺，也没有约因的转移。虽然允许转让的制定法似乎可以解决这个问题，但无法解决另一个非常相似的问题：当C将票据背书转让于D，B就成了前手背书人，如果原出票人A不履行票据义
213 务，D可否起诉B？在这种情况下，普通法对合同相对性的要求就成为流通性无法克服的观念阻碍。

第三个问题涉及流通性原则的核心。C作为B的后手被背

---

* 本意是某人对他人占有的土地主张权利时，对该土地享有的一种在诉讼中推定的权利。虚幻权利买卖在普通法上是无效的，1540年的《虚幻权利法》（Pretended Title Statue）禁止这种买卖。而且，《非法转让权益法》（Bill of Bracery and Buying Titles）还禁止买卖土地，除非有特殊情况。——译者注

〔1〕 2 R. Woodeson, *A Systematical View of the Laws of England* 387, 388 (1792).

书人，他对该票据享有的权利是否比 B 更多？在一个通常的 A 和 B 之间的合同关系中，如果 B 基于允诺对 A 提起诉讼，A 可以提出各种抗辩。例如，他可以提出，他的支付允诺没有相应的约因，如果其抗辩成立，其承担的合同义务就是无效的。他也可以提出其他各种抗辩——未成年、已支付、与以往债务抵销、欺诈、根据破产法免责、合同违法、高利贷等——其中任何一项都可以免除他清偿该票据的义务。但是，流通性理念要求该票据应当像货币一样自由流通，以使票据的善意后手取得人可以得到清偿，而无需顾及遥远的票据当事人之间的原始交易所生债务是否存在某种不为其所知的瑕疵。

所有这些法律争议的中心问题是：合同范畴能够控制交易双方当事人的明知目的。早期那些禁止转让的法律政策可否继续不考虑当事人双方的目的？全部合同法的基础——相对性原则是否应服从当事人明确的目的，拘束他们，使他们清偿那些不断易手的可流通票据？还有，受让人对财产的权利，不能优于其让与人的权利，这一规则的法律性质是什么？

最后，潜藏在所有这些问题背后的是一个重大的公共政策问题。如果允许个人同意以票据替代国家发行的货币，这将使货币供给量增加，法律制度能认可这样的安排吗？

当然，到 1790 年至 1800 年，所有这些争议都已经不新鲜了。在 18 世纪初的英国，一些问题就已经争议出结果了，甚至还有一些问题的解决比这些问题还要早。早在 18 世纪初，商业法院承认汇票（bills of exchange）在英国商人之间可以流通的历史就已经超过 150 年，同样，英国主要的法院通常也执行流通性规则。但是，本票（promissory notes）由于才刚刚出现，

因而遭到了英国法院更强烈的反对。直到17世纪晚期，商人
214 们才开始使用本票。在 *Clerke v. Martin*（1702年）一案中，首席法官霍尔特（Holt）拒绝承认这些票据的流通性。他宣称，"票据是依据普通法规则创造的新事物……对于普通法来说是陌生的，它们产生于朗伯德街大街（Lombard Street，伦敦的金融中心——译者注）。就汇票方面的事项而言，它试图代替威斯敏斯特大厅立法。"〔2〕两年以后，回应这项判决的是，英国议会通过了安妮女王第3和第4号法律，依据这一法律，本票可以流通。〔3〕

但是，1704年英国的制定法并没有在美国确立票据流通性原则。事实上，在独立战争之前，只有三个殖民地的立法机关明确采用了这部英国法律。〔4〕即使在英国，对票据流通性原则的全面阐释，也仅仅开始于曼斯菲尔德勋爵担任首席法官的期间（1765年至1788年）。而且，当他离任以后，还有许多问题没有解决。

虽然美国在18世纪已经广泛使用汇票，〔5〕但在独立战争之前，涉及本票流通性的案件相对较少。在18世纪的纽约州，虽然我们不知道法院是否愿意适用检验流通性的真正测试标

---

〔2〕 Clerke v. Martin, 2 Ld. Raym. 757, 758 (1702).

〔3〕 J. Holden, *The History of Negotiable Instruments in English Law* 79 (1955). J. Reeder, "Corporate Loan Financing in the Seventeenth and Eighteenth Centuries," 2 *Anglo－American L. Rev.* 487, 515－516 (1973).

〔4〕 新罕布什尔州、北卡罗来纳和南卡罗来纳州。英国王室拒不赞同1767年纽约一项采纳了英国制定法的法律。Ch. 1327 [1767], *Laws of* N. Y. 497 (Gaine, ed. 1774). 1773年，纽约市通过了另外一部法——《本票救济法》(An Act for giving Relief on Promissory Notes)，该法律可能并没有使票据流通。Ch. 1612 [1773], *Laws of* N. Y. 772 (Gaine, ed. 1774). See Lewis v. Burr, 2 Cai. Cas. 195, 197 (N. Y. 1796).

〔5〕 See, e. g., A. Jensen, *The Maritime Commerce of Colonial Philadelphia* 14－16 (1963).

准——即限制票据义务人（promissor）* 的抗辩权利，但是，本票在那时经常被转让。[6]在马萨诸塞州，很明显，殖民地的法

---

* “promisor”依上下文翻译为“票据义务人”（兼指出票人及票据背书人，且主要使用于本票关系）或“出票人”、“票据前手”等；“original promisor”译为“出票人”或“原始票据义务人”；“promisee”译为“票据权利人”或者“票据前手”。——译者注

〔6〕 现存大多数有关殖民地时期美国的流通票据史作品，在试图寻求早期承认票据流通性的先例这一点上，似乎都过分扩展了证据材料。在“美国流通票据法的殖民地渊源” ［“Colonial Sources of Negotiable Instruments Law of the United States,” 34 *Ill. L. Rev.* 137（1939）］一文中，弗雷德里克·K. 布托尔（Fredrick K. Beutel）认识到了“可转让性”（assignability）与“可流通性”（negotiability）之间的区别，他还正确地认识到，可转让性“依然被很多人作为证明流通性确实可靠的证据之一。”同上，第140页。作为最后一代法律史的权威（fashion），他试图表明，在18世纪，“保守的英国普通法规则”在美国获得了统治性地位，这些法律对17世纪和18世纪票据流通性的“自由发展”起了“阻碍作用。”同上，第148、150页。然而，布托尔提出的证明早期承认流通性的证据，似乎只是阐明了票据可转让性这一更有限的原则的存在，而没有进一步论证流通性。无论如何，不管在18世纪对商业的反对有没有退步——这是一个成问题的命题——我们对美国独立革命前不久的法律状况实质上没有争议。

赫伯特·艾伦·约翰逊（Herbert Alan Johnson）同样认为，到1730年，“纽约州的法律已经确立了相当完善的本票制度。” *The Law Merchant and Negotiable Instruments in Colonial New York*, 1664 to 1730, at 36（1963）. 正如约翰逊所指出的那样，确实，在英国的安妮法令通过后，“此后，许多纽约的诉讼都特别宣称该法令的存 338
在。”同上。但是，依然还存在一些问题。这些票据有多少事实上流通过？在理查德·B. 莫里斯（Richard B. Morris）编的《纽约市市长法院案例选：1674－1784》（*Selected Cases of the Mayor's Court of New York City*, 1674－1874）公布的18世纪的5个有关本票起诉状中，4个发生在票据的原始当事人之间，这些票据从来没有流通过。只有1个诉讼是由票据的被背书人提出的。同上，第132－137页，513－526页。我相信，约翰逊援引的只是另外2个由票据“受让人”提起的诉讼，这些诉讼没有公开报道过。同上，第71页，注释43和44。

佩奇（Elwin L. Page）在《新罕布什尔州司法的起源：1640－1700》（*Judicial Beginnings in New Hampshire*, 1640－1700）（1959）一书中，进一步推进了这一论点。他认为，“将本票作为汇票处理，似乎是新英格兰的发明。在我们最早的实践中，转让本票（note）与转让汇票（bill）的效力相同……极其清楚的是，我们17世纪的法律承认本票和汇票具有相同的流通性。”同上，第88－89页。

与约翰逊不同，佩奇确实援引了很多转让本票的判例。但是，正如我在正文中所争议的一样，甚至这些票据转让的证据也不能阐明流通性的关键性特点：即限制出票人的属人抗辩权（personal defense）。例如，我们知道，18世纪，在马萨诸塞州，如果出票人已经向原始受票人支付了本票金额的，被背书人依然不能从出票人处获得赔偿。事实上，一个法院的大多数法官意见明确承认了本票和汇票的差异，参见 Russell v. Oakes, Quincy 48（Mass. 1763）. 我们也知道，19世纪初，在美国，属人抗辩这一问题几乎还没有得到解决。而且，18世纪的诉讼文件也没有真正进一步对这一问题提供启示。无论是约翰逊，还是佩奇，都不能从纽约州的法院还是新罕布什尔州的法院的诉讼文件中，阐明它们是否承认被背书人获得的票据权利，较背书人转让的权利的效力要强。

官不承认本票的充分流通性。在 *Russell v. Oakes*（1763年）一案中，意见并不统一的马萨诸塞州高等法院认为，本票的出票人如果在该票据背书前已经清偿了其票据债务，那么他对该票据的善意购买者就不承担法律责任了。首席法官哈钦森（Hutchinson）在异议意见中断言，在这种情况下，拒绝一个善意购买者的赔偿请求，就否定了票据流通性的基本原则。结果会造成"因为这些交易的结算都使用这些毫无信用的票据，这一做法同时也破坏了可流通票据和不可流通票据之间的区别。"[7] 在 *Tuttle v. Willington*[8]（1772年）一案中，马萨诸塞州高等法院重申了这一原则，票据的购买者必须承担该票据可能已经被清偿了的风险。

无论是否受这些判决的影响，总之，在独立战争之前的马萨诸塞州，很少有人使用本票。内森·戴恩（Nathan Dane）写道："甚至直到1770年，所有关于这个商业主题和流通合同主题的英文法律书，在刚出版几周内，就被英国或美国的律师阅读甚至研究过了。从那以后的40年间，这些书籍的数量差不多增长了10倍。至今，这些书籍的厚度和价格依然在迅速增长。"[9]

将流通问题推到前台的主要因素是，美国独立战争之后，
215 硬通货普遍短缺。虽然在战前，殖民地商人就不断抱怨货币短缺，但在战后，这种情况还愈演愈烈了。而且在战前，这些商人就通过购买英国大贸易公司出具的汇票来从事大部分经营活动。但是，独立战争却一度摧毁了这个跨国贸易网络，并因此

〔7〕 Quincy 48（Mass. 1763）.

〔8〕 Quincy 335（Mass. 1772）.

〔9〕 9.1 Dane *Abridgement* 378.

摧毁了票据流动的重要渠道。因此，在独立战争之后，本票迅速替代了汇票。另外，在美国银行准备贴现本票以前，这些票据还没有一个现成的交易市场，因此，这些票据很少转手。[10]事实上，在1785年和1800年之间，每一个州的法官们都被迫在票据流通性问题上做了妥协。并且，在这个过程中，他们对其所持传统合同观念也同样做了让步。

在1790年，美国只有三个州承认本票的完全流通性。到1800年，增加了两个州。[11] 1810年，泽弗奈亚·斯威夫特(Zephaniah Swift) 出版了《论汇票和本票》(*A Treatise on Bills of Exchange and Promissory Notes*)。他承认，由于"受让人所持的票据受制于各种法律上的抗辩，而所有的抗辩又都附属于出票行为

〔10〕"在本国各个地区……银行机构的设立，意味着商业票据有一个相当大的潜在市场。" A. Greef, *The Commercial Paper House in the United States* 6 (1938). 格里夫认为，"最初有记载的本票交易最多只能追溯到1793年。这仅比【美国】【第一批】11家银行的最后一家建立的时间晚1年。这不仅仅是巧合。"这一观点走得太远了。同上，第6-7页。事实上，关于本票的背书还有更早的例子——其中一些还是殖民地时期的——虽然我们不知道这些本票是否流通。同上注6。

〔11〕在殖民地时期，新罕布什尔州、北卡罗来纳州和南卡罗莱州采纳了英国票据流通法。直到1794年，纽约州才颁布了明确的票据流通法。Ch. 48 [1794], N. Y. *Laws*, 17th Sess. 140 (Greenleaf, ed. 1794). 虽然殖民地时期的律师常常辩论说，票据诉讼"是基于最近制定的……成文法"提起的，但他们明显指的是英国的制定法。参见 Mills v. Richardson in Joseph Murray, "Form Book" (1740-1741)(手稿藏于哥伦比亚大学法学院图书馆), at 137; Peter Sander, "Forms of Sundry Presedents" (1764) at 87, 89 (手稿藏于纽约历史协会)。1799年，乔治亚州通过了一部票据流通法。特拉华州和马萨诸塞州最后虽然通过司法判决完全采纳了票据流通性原则，但到1800年，它们还承认阻碍票据流通性的主要事由。参见 McKnight v. Welsh, 1 Del. Cas. 451 (1797); Pierce v. McIntire, 1 Dane Abr. 111 (Mass. 1785), Webster v. Lee, 5 Mass. 334 (1809). 339

当事人”，因此，“票据的流通性依然面临极大的困境”。[12]例如，在弗吉尼亚州和宾夕法尼亚州，法官们认为，制定法的缺乏是实现票据流通不可克服的障碍。这两个州的立法机构都允许票据和付款保证书（bond）* 的受让人以其自己的名义起诉出票人，这样，受让人就无需像以往那样必须获得原始票据权利人（original promisee）的合作了。但是，在独立战争之后，律师向法官施压，使法官又前进了一步，将这些制定法解释为认可了票据的完全流通性。这样就切断了出票人所有的原始抗辩。但在当时，两个州的高级法院拒绝接受这一意见。它们认为，制定法只是使票据的转让更方便。[13]结果是，在18世纪和19世纪之交的弗吉尼亚州和宾夕法尼亚州，还有肯塔基州[14]（该州效法了弗吉尼亚州的法律），本票要作为货币的一种替代品，还有很长的路要走，而此时，本票在英国作为货币

〔12〕 Z. Swift, *A Digest of the Law of Evidence . . . And A Treatise on Bills of Exchange and Promissory Notes* 345 (1810).

* 这里的付款保证书是普通法上的债务担保的一种特殊方式。依据合同相对性原理，保证合同的保证人和被保证人都是特定的。这里的付款保证书其实是一种对票据付款责任的担保，这里的票据只是一种债权证明文书，但可以流通。前手应对后手承担票据付款的担保责任。当然，依据本书此处的叙述，此时票据的无因性还没有被认可。所以，前手之间的抗辩可以直接对抗持票人。——译者注

〔13〕 Norton v. Rose, 2 Wash. 233 (Va. 1796); Mackie's Exec. v. Davis, 2 Wash. 219 (Va. 1796); *cf.* Buckner v. Smith, 1 Wash. 296 (Va. 1794). M'Cullough v. Houston, 1 Dall. 441 (Pa. 1789); Wheeler v. Hughes, 1 Dall. 23 (Pa. 1776).

〔14〕 Bibb v. Prather, 2 Ky. (Sneed) 136 (1802); Drake v. Johnson, 3 Ky. (Hardin) 218 (1808); Spratt v. M'Kinney, 4 Ky. (1 Bibb) 595 (1809); Duncan v. Littell, 5 Ky. (2 Bibb) 424 (1811).

使用差不多快一个世纪了。[15]

在18世纪80年代的马萨诸塞州，法官最终确立了没有制定法依据的票据流通性原则，这使背书的本票首次开始频繁出现。但1785年，在善意的被背书人要求背书人付款时，高等法院还是允许背书人通过证明原始交易行为缺乏约因来抗辩。[16]直到1809年，法官们依然坚持殖民地时期的法律规则。他们认为，在出票人能证明票据在背书前就已经清偿时，他就可以在其与善意被背书人的诉讼中获胜。[17]在马萨诸塞州，票据完全流通的实现还有一个渐进过程。 216

南卡罗来纳州早在殖民地时期就制定了成文法，确立了票据流通性原则，但是，甚至该州在1783年和平条约订立后的10年间，货币的极度缺乏也把票据流通性问题突然推向了前台。在这段时期，“总量高达几十万英镑的付款保证书（密封的本票）通过大量的交易，在人们的手中转来转去……在本州现金已经枯竭，或者大量输出国外时，这些票据作为买卖的一种流通媒介，极大地缓解了国家的货币压力。”这些付款保证书可否流通的问题，是由南卡罗来纳州高等法院通过 *Parker*

---

〔15〕 然而，在宾夕法尼亚州，立法机关对票据流通性作出了重要让步。1793年，立法机关规定，在该州，银行贴现的票据可以流通。Ch. 147，§13（1793），3 *Laws of Pa.*，1790－1795 329－30（A. Dallas，ed. 1795）. 1797年，在宾夕法尼亚州的城市和县（county）签发的本票都可以流通了。

〔16〕 Pierce v. McIntire，1 Dane Abr. 111（Mass. 1785）.

〔17〕 Webster v. Lee，5 Mass. 334（1809）. Jones v. Alexander，2 Mass. 36（1806）.（ms. Francis Dana papers，Mass. Historical Society）. 达纳（Dana）法官指出了在很大程度上，美国依然没有解决票据流通性问题。在一个涉及保险合同转让的案件中，他指出，“受让人必须继受原合同当事人应履行的衡平义务。”但是，他补充说，“如果适用了这一规则，汇票和本票就不具有流通性了。”

v. *Kennedy*（1795 年）一案[18]解决的。这是“一起公众赋予很高期望、影响巨大的案件，”因为“在南卡罗来纳州，从来没有任何一起案件关系到这么多金钱的命运。”

这些付款保证书大多数都是在 1783 年之后流通的，但是，分期付款法律规则禁止债权人获得其债权清偿；其他法令也为债权人设置了障碍；许多债务人离开了本州，消失得无影无踪，并未留下清偿其债务的资金；许多债务人在无力还债的困境中死去；另有一些人又陷入破产境地。”由于这些原因，导致“付款保证书仅有一半多一点被证明有效”。另一方面，“一部分付款保证书的流通价值只是票面价值的一半……很多时候，它们成为了投机分子投机的对象。”在这种情况下，马萨诸塞州高等法院被迫决定“一个重大问题”：在原始票据义务人不能履行票据义务时，中间背书人（intermediate endorsor）是否负有清偿责任。[19]

一方面，法院以 3 比 2 的比例判决，根据南卡罗来纳州制定法，付款保证书不具有流通性，也就是说，票据的持有人不能获得赔偿。*Parker v. Kennedy* 一案引发了大量的特殊问题，即法院在何种程度上应受一个社会的商业习惯拘束。另一方面，所有法官都认为，根据普通法，付款保证书本身不是流通票据，前手票据权利人（promisee）的背书行为仅仅表示他对自己权利的转让。总之，在起诉票据前手时，被背书人还是受制
217 于原始合同当事人（即出票行为基础合同关系当事人——译者注）之间的抗辩。但是，背书人和被背书人之间的法律关系是

〔18〕 1 S. C. L. （1 Bay）398.

〔19〕 同上，第 399－440 页。

什么呢？付款保证书的转让仅仅是一种传统的转让过程呢？还是同时成立了一种持续的保证（如流通票据中的背书人一样）？在前者，让与人在让与权利后不再承担债务；在后者，如果出票人没有支付的话，背书人就应承担支付责任。

正是在这最后一个问题上，法院产生了分歧。持异议意见的法官认为，"如果考虑到整个社会的观念，我们就会发现：当背书人在保函上以背书方式签名时，如果债务人不能够清偿其债务，那么这些背书人最终将承担清偿责任。"〔20〕 在这一时期，由于"本州【国家】的通货逐渐枯竭，用于支付债务的任何流通媒介都非常紧缺……对流通媒介的需求……使这些保函被用于支付。"因为"合同当事人的意图如果能被发现，就应规制整个合同，"〔21〕 所以，判断票据转让行为的唯一标准是"商业用途"或者"商业便利和效用"。

格里姆克（Grimke）法官在撰写大多数法官的意见时宣称，他"对有关认为付款保证书不适宜（*ad inconvenienti*）流通的观点毫不在意，对付款保证书流通性带来的便利也不关心。"虽然"有人告知法院，立法机关有关付款保证书和票据的立法目的是什么"，但法院认为，"他们本身受法律技术性用语的拘束，受他们自己理解的法律含义束缚，这一切与立法机关的真实目的相去甚远"。他得出结论说，付款保证书从未被认为是一种流通票据，因此，转让行为不应使背书人承担责任。〔22〕

因此，*Parker v. Kennedy* 这一判例是票据流通性这一主题

---

〔20〕 同上，第415页［沃特斯（Waties）法官的异议意见］。

〔21〕 同上，第428－429页。

〔22〕 同上，第402页。

在南卡罗来纳州的特殊变体，在其他许多州，这一主题也不断重复。在独立战争之后，直接照搬了英国制定法的州，其第一批有关票据流通性的案件并不是涉及本票的案件，而是涉及付款保证书或其他密封票据的案件。流通性问题首先出现在付款保证书中，这似乎确证了一个假设：即在19世纪前，付款保证书被广泛使用，其目的是为了避免司法对商业交易的干预。无论付款保证书是否被用于防止陪审团确定损害赔偿金，几乎可以说，它们确实成功地防止了法律对高利贷合同的打击。

218 但是，大多数美国法院拒绝改变普通法有关付款保证书和票据区别。[23] 结果，无论债权人通过付款保证书可以获得什么利益，他依然不能将该付款保证书作为流通性票据加以转让。即使货币极度缺乏，这种情况也没有促使大多数美国法官承认付款保证书的流通性。

要调和流通性和普通法的一些观念，使它们保持一致，除了这些技术性问题外，还有一些主要的政策问题也妨碍了流通性在美国的发展。首先，人们一直担心，票据流通将会使立法机关丧失对货币供给量的控制。比如说，1777年弗吉尼亚议会禁止所有用于向持票人支付的票据。议会的理由——用制定法的话来说就是——“这种方式会增加流通领域的货币供给量，有可能导致欺诈行为，损害个人利益，而且还可能极大损害公众利益”。乔治·梅森（George Mason）推测，这种立法的理由是，“私人信用凭证（bill of credit）是由商人签发的，他们为本

〔23〕 在19世纪，只有5个州承认债券的流通性：乔治亚州、伊利诺伊州、爱荷华州、北卡罗来纳州和田纳西州。英国有关债券流通性的案例，参见Reeder，同上注3，第517－519页。

州及整个（北美）大陆货币（state and continental currency）持续贬值的情况激怒，因此采取了签发本票的办法。"[24]

反对流通性最重要的声音，并非来自于对政府的货币政策的考虑，而是来自于在前商业发展时期要求人与人的关系应符合"一般公正和信义"（common justice and honesty）的观念。[25] 甚至，即使没有佛蒙特州有关票据流通性制定法的帮助，1793年，纳撒尼尔·奇普曼（Nathaniel Chipman）法官也试图从"源于交易本身性质的权利原则中"寻求票据流通性的证据。[26] 但是，他最终却不愿意承认流通性的精髓：被背书人的权利不受出票人（或票据前手）基于原始交易关系抗辩的影响。他认为，这种理念"是由制定法确立的，它更多地考虑了公共政策，而不是个人的诚信。"

> 司法机关在司法中，应当与立法机关的立法一样，重视这样一个问题：所有人都不得从欺诈行为中获利，也不能在法律上指控一个善意的人。这一规则是由法律的本质、理性原理和普通的诚实原则决定的。[27]

在佛蒙特州高等法院审理一个案件时，奇普曼法官就此提出了质疑，他问道，法官为何要"引入一个专断的习惯，让一

---

〔24〕 9 Hening's *Laws of Virginia* 431. See 3 Tucker's *Blackstone* 469 n. 26 (1803); 1 *The Papers of George Mason*, 1725 – 1792, at 423 (R. Rutland, ed., 1970).

〔25〕 Rhodes v. Risley, 1 Chip. Rep. 52, 53 (Ver. 1791).

〔26〕 "A Dissertation on The Negotiability of Notes" (1792) in N. Chipman, *Reports and Dissertations* 89, 95 (2d ed. 1871). 340

〔27〕 同上，第106页。

个人受到约束，但却违反其明示的协议，并且与真正的衡平原则相冲突呢?”他还指出，“据说”，流通性“是在交易过程中建立起来的，并有利于商业的发展。这一说法至少是成问题的。但本州的情况不是，并且从当地的实际情况看，也不可能是高度商业化的，因此，这一点也无需考虑。”〔28〕

219 除了公共政策的考虑外，1777 年弗吉尼亚州的制定法认为，票据的流通性导致“欺诈行为，并损害个人利益。”弗吉尼亚州的法官也以类似理由拒绝适用流通性原则。一个法官写道：“拒绝接受以前观点的一个理由是，摧毁……流通性……有可能导致欺诈公众的行为，从而阻碍商业的发展。但是，在我看来，与其说流通性阻止了，不如说它支持了这些欺诈行为……在这里，少数人的贪婪和不公牺牲了大多数公众的利益。”〔29〕

事实上，在 19 世纪早期，人们引述了许多例子以证实这种担心：流通性票据有可能会压迫那些欠缺商业经验的群体。1822 年，一位肯塔基州的律师在一份报告中写道，因为“没有注意”到肯塔基州的法律保留了票据义务人的抗辩权，“沿海地区及联邦其他地区的商人和其他人在这个州遭受了成千上万的损失。〔30〕但同样重要的是，可流通票据似乎已被广泛地用以规避州高利贷法的限制。因为在流通票据案件中，许多美国法院都已经对高利贷的证明设置了重大障碍。在 *Walton v. Shel-*

---

〔28〕 Rhodes v. Risley, 1 Chip. Rep. 52, 53 (Ver. 1791).

〔29〕 Norton v. Rose, 2 Wash. 223, 252 (1796) (Carrington, J.).

〔30〕 3 William Griffith, *Annual Law Register* [7]. ［哈佛大学法学院有这一页的副本，但是伊利诺伊州大学法律图书馆藏的阿尔诺（Arno）出版社的翻印本中没有这一页。］

ley（1786年）一案[31]中，由于受曼斯菲尔德勋爵的影响，英国法官确立了这样一条规则：在被背书人起诉票据出票人的案件中，不许中间背书人证明原始交易是高利贷交易。虽然英国法官并没有伪称，该规则完全运用的是传统普通法禁止与案件审判结果有利害关系的证人出庭作证这一规则，但是，许多人依然认为，这一判例是对该规则的扩展。实际上，这一规则有很大的负面效果。因为，如果原始交易是高利贷交易，被背书人将会单独对背书人本人提出诉讼。所以，仅仅在12年后，英国法官就意识到，在英国法律中，*Walton v. Shelley* 案完全是一个创新（novel），于是就推翻了这一判例。[32]

Walton v. Shelley 案确立的规则的实际效果是，它使可流通票据从高利贷法的束缚中解脱出来了。所以，就像曼斯菲尔德勋爵提议的其他许多规则一样，虽然该规则在英国被否定了，但却在19世纪的美国找到了一个适宜的生养地。1795年，马萨诸塞州采纳了这一规则。[33] 1802年，纽约州也采纳了这一规则。在 *Winston v. Saidler* 一案中，纽约州高等法院法官的意见存在尖锐分歧。但法院承认，*Walton v. Shelley* 案的规则与证据的技术问题无关，相反，这一规则乃是立基于广泛的商业利益之上。汤普森（Thompson）法官写道，如果允许流通票据的 220
一方当事人作证，将会“极大地妨碍贸易和商业的发展，而且

〔31〕 99 Eng. Rep. 1104（K. B. 1786）.

〔32〕 Jordaine v. Lashbrooke, 7 T. R. 603（K. B. 1798）.

〔33〕 Parker v. Lovejoy, 3 Mass. 565（1795）.

差不多会完全阻止这些票据的流通。”[34] 1808年，马萨诸塞州的首席法官帕森斯以同样的理由维护这一规则。“流通票据的流通对贸易极为重要，因为它繁荣了商业信用，使这些票据可以像现金一样在人们手中流通。所以，任何法律规则，如果限制了票据的流通，都是违背公共政策的。”[35]

为什么支持商业的法官如此赞同票据流通性，却还得继续认可交易完全是高利贷性质的抗辩，唯一原因在于它是立法机关的规定。结果，尽管马萨诸塞州和纽约州的法官继续接受高利贷抗辩，但借助证据规则的技术性保护，他们可以使高利贷实际上无法得到证明。这为非商人群体中间广泛存在的一种疑虑提供了合理根据，即流通票据正成为这样的工具：它使美国法院执行那些压榨性的协议。

到1842年，美国联邦最高法院在 *Swift v. Tyson* 一案中裁定，允许联邦法院适用“一般商法”（general commercial law）。大多数州法院，主要是西部的法院，实际上拒绝了 *Walton v. Shelley* 案确立的规则，而允许背书人指控票据的签发行为是一个高利贷行为。[36] 但是，到美国联邦最高法院自己适用 *Walton v. Shelley* 案确立的规则时，[37] 商人集团就转而寻求联邦法院的保护，以依据一般商法执行高利贷票据。甚至在大多数已经不

〔34〕 *Stafford v. Rice* ［5 Cow. 23，25（N. Y. 1825）］及 *Bank of Utica v. Hillard*（5 Cow. 153，160（N. Y. 1825）.）驳回了3 Johns. Cas. 185，197（N. Y. 1802）（原文如此——译者注）

〔35〕 Churchill v. Suter，4 Mass. 156，161（1808）.

〔36〕 1 S. Greenleaf, *Treatise on The Law of Evidence* 430－431 n. 2（1st ed. 1842）.

〔37〕 Bank of the United States v. Dunn，31 U. S.（6 Pet.）51，57（1832）.

再采纳 *Walton v. Shelley* 案确立的规则的案件中也如此。[38]

即使 *Walton v. Shelley* 案确立的规则与商业交易地所在的州普通法规则矛盾，联邦法院依然可以适用该规则。在 19 世纪，这一做法为联邦司法权提供了一种影响商业发展的手段。在联邦司法制度中，票据流通性的发展史是一个很吸引人的主题。因为它不仅能让我们追溯流通性一般观念的演进过程，而且还能让我们得出这一问题的结论：在何种程度上，联邦法官通过推行高于州判例法（state decision law）的“一般商法”，促进了商业发展。

联邦法院审判的第一批非常重要的、涉及流通性的案件，事实上都出现在“选择法院”（forum shopping）* 的诉讼中，选择到联邦法院诉讼的目的，恰恰是为了规避不承认票据流通性的州法律。例如，在 18、19 世纪之交，弗吉尼亚州法院依据 1748 年的制定法，不承认票据的流通性。该制定法允许票据转让，但却保留了票据义务人对间接后手受让人（remote assignee）的所有抗辩。[39] 而且，弗吉尼亚州的法官一方面通过普通 221
合同的解释规则，允许受让人向其直接前手让与人（immediately prior assignor）提起诉讼，这就背离了普通法上限制性的转让观念；[40] 但是，另一方面，他们又坚决反对受让人对间接前手让与人提出诉讼。[41]

〔38〕 Smyth v. Strader, 4 How. 404, 417, 418 –420 (1846).

* 是指在两个以上的法院对案件都有管辖权时，当事人为了获得对自己有利的裁判而选择法院。——译者注

〔39〕 Norton v. Rose, 2 Wash. 233 (Va. 1796).

〔40〕 Mackie's Exec. v. Davis, 2 Wash. 219 (Va. 1796).

〔41〕 Dunlop v. Harris, 9 Va. (5 Call.) 16 (Va. 1796).

由于票据的持有者无法促使弗吉尼亚州的法院认可票据的流通性，他们就转而求助于联邦法院。1801年和1802年，哥伦比亚特区的联邦巡回法院审理了两个案件。法官的意见出现了分歧。法院最后判定，当票据的出票人没有清偿票据时，被背书人可以向前手背书人请求清偿。〔42〕这一判决结果不仅与弗吉尼亚州高等法院的明确判决截然相反，而且，该判决的合理性依据的完全是一个已被否认的法律原则：票据具有流通性。

Mandeville v. Riddle 一案的当事人立即将案件上诉到美国联邦最高法院。〔43〕首席法官马歇尔驳回了联邦巡回法院的判决。他认为，如果弗吉尼亚州的制定法没有承认票据的流通性，联邦法院不能审理这个案件。他质问，由于弗吉尼亚州的制定法并没有授权这一诉讼由联邦法院审理，在这种情况下，是否存在可以使诉讼得以成立的普通法原则呢？马歇尔法官参考了他在弗吉尼亚州从事司法实践期间的一些判例后，宣称，“根据教科书的论述，票据的让与人（assignor）和直接受让人之间的法律关系是符合合同相对性的，但票据让与人和间接受让人之间的法律关系则不符合合同相对性。”简言之，有必要由制定法来认可流通性，因为流通性构成普通法一般合同原则的例外。一个争论较大的、最重要的问题是，联邦司法机关可否适用一般商法。马歇尔法官将这一问题仅仅视为一个适用弗吉尼亚州制定法的问题。对于联邦法院是否有任何确立商法规则的权力，他没有作任何评论。

---

〔42〕 Donlop v. Silver, 1 D. C. (1 Cranch) 27 (D. C. Cir. 1801); Riddle v. Mandeville, 1 D. C. (1 Cranch) 95 (D. C. Cir. 1802).

〔43〕 Mandeville v. Riddle, 5 U. S. (3 Cranch) 290 (1803).

但就在同时，联邦巡回法院的法官威廉·克兰奇（William Cranch）（在下文所述的案件中，他赞成被推翻了的多数意见），就票据流通问题的历史渊源，写下了一篇著名的长篇评论。作为联邦最高法院的报道员，他把这篇评论作为一个附录放在登载马歇尔意见的报道册子中。[44]克兰奇评论的要点是，票据的流通性是普通法的一个原则，并不需要制定法的认可。这样，他就驳斥了霍尔特勋爵（Lord Holt）认为普通法不承认票据流通性的著名判决，并维持了第3号和第4号安妮法令（3&4Anne）。他认为，这部法令与霍尔特勋爵的裁定背道而驰，并断言安妮 222
法令仅仅是对普通法以往规则的确认。他得出的结论是，“商人们的习惯”，

> ……不应被认为是与普通法相抵触的，而应视为是普通法的一个组成部分。而且……习惯与普通法具有同样的权威……事实似乎是，引入……一些商业原则后，普通法的原则并没有变化，也没有创新产生。而且，这些商业原则很早就出现了，甚至是在商业发展的最初时期就已经出现了。我们之所以没有在古老的文字中找到这些原则，其原因是，在以往，从来没有出现过需要对习惯作出司法裁决的情况。[45]

值得一提的是，克兰奇的策略是批驳这种特殊的普通法正统观念的基础，而不是从更广泛的角度坚持商法的独立性。仅

〔44〕 Appendix to Mandeville v. Riddle, 1 Cranch 367, reprinted in 3 *Select Essays in Anglo – American Legal History* 72（A. A. L. S. ed., 1909）.

〔45〕 1 Cranch，同上注44，第374页，3 *Select Essays*，同上注44，第74 –75页【该书省略了部分引文】。

仅在10年前，詹姆斯·威尔逊（James Wilson）还认为，商法“不是某一地区的法律，而是普遍的国际法。”[46]在过渡期间，人们开始抵制一般商法的观念。这不仅因为它与联邦普通法上的犯罪的争论相关，而且因为它越来越体现了为特殊阶层立法的倾向。所以，克兰奇最有力的观点是，主张流通性的原则“起源于很早的某个时候”。

而且，就在这篇评论的最后部分，克兰奇甚至不再诉诸历史来支持其观点，而得出了一个新结论。他不经意地宣称，即使普通法并没有有关票据流通性的规定，但是，衡平法往往承认票据的流通性，“对这一点是没有任何疑问的”。[47]尽管他用了很长的篇幅从普通法的历史中寻求证据，这虽然是重要的，但正是最后的这个观点最终获得了美国最高法院的认可。两年以后，在美国联邦最高法院的一个与票据流通性无关的辩论中，其中一位律师顺便提出，被背书人可以起诉间接前手背书人。首席法官马歇尔不接受这种观点，认为被背书人没有这种权利。马歇尔宣称，他“一直认为，在衡平法院中，这些诉讼是得到支持的，虽然我想不起来任何一个案件，其争点被明确判决了。”[48]克兰奇将这些记录下来，准备在其后对这个案件的报道中将马歇尔的观点作为脚注。可以肯定，这是把*Mandeville v. Riddle*案带到另一轮司法审判的一个明显暗示。

在1809年首席法官马歇尔判决的第二个案件中，他就像

---

〔46〕 1 *Works of James Wilson* 279（McCloskey ed.，1967）.

〔47〕 1 Cranch，同上注44，第461页。

〔48〕 Harris v. Johnson，7 U.S.（3 Cranch）332，331（1809）.

人们预期的那样，完全反过来了。他判决，被背书人可以依据 223
衡平法原则要求间接背书人清偿票据债务。马歇尔认为，虽然“制定法没有规定……这种诉讼，这样的合同必须，也十分必要，服从于对交易的一般性理解”。他又说，“通常认为”，决定信用风险的基础是背书人的信用，所以，一般认为“两个或者更多的资信良好的背书人要比一个背书人强”。因此，为了保护后手被背书人的利益，有必要采取一些措施。其中，“衡平法当然会提供救济手段”。[49]

尽管美国联邦最高法院法官的意见与弗吉尼亚州法官的意见背道而驰，然而，美国联邦最高法院法官出人意料地诉诸独立的衡平法上的权力，在联邦法院系统确立了票据流通性原则。马歇尔最终诉求的“对交易的一般性理解”，当然与弗吉尼亚州法官明确表示出来的理解截然相反。弗吉尼亚州法官不仅认为票据的流通性并不是普通法上的实质性权利，而且，毫无疑问，他们也反对通过衡平法上的救济措施维护这些假想的权利。仅仅在六年间，马歇尔法官关于票据流通性潜在渊源的观点就发生了根本性的转变。起初他认为，票据流通性来源于制定法的规定；后来他认为，票据流通性建立在对合同本质的“一般性理解”基础上。从此以后，有关可流通票据的原告，如果在州法院不能胜诉，就可以在联邦法院获得救济。

在 *Riddle v. Mandeville* 一案中，联邦法院系统第一次明确主张一般商法可以独立于各州判例法存在。*Band of United States v. Weisiger*[50]（1829 年）案又一次运用了这一观点。在这

〔49〕 Riddle v. Mandeville, 9 U. S. (5 Cranch) 332, 331 (1809).

〔50〕 27 U. S. (2 Pet.) 331 (1829).

个案件中，肯塔基州高等法院不理睬肯塔基州不断重申的反对流通性的法律规则，再次认可了被背书人向间接背书人请求清偿这一衡平法上的诉讼。[51] 这种新主张绝非只有暂时利益：联邦法院为了支持商业发展，有权不顾各州的相反规则而实施一般商法，建立一项在州级层次一贯受到反对的法律规则（此处指流通性规则——译者注）。

依据普通法，在背书人和被背书人之间没有法律关系时，他们之间是不能存在诉讼的。但是，在推翻这一规则之后，距离承认本票的特殊流通性法律性质就只有一步之遥了。因为最终的关键问题依然存在：对于善意的票据购买者，出票人的抗辩是否继续可以适用。

1845 年，当约瑟夫·斯托里出版关于本票的专题论著时，有关流通票据的法律还处于矛盾和混乱的状态。当然，通过强
224 调某些原则，例如票据的充分流通性，来夸大美国法律的统一性，这符合法律论著传统（treatise tradition）的天性。而商人集团和其法律界的盟友都致力于强调这些学说。斯托里的专题论述虽然使用了某种伪装和轻描淡写的手法，但是依然暴露了美国商法自相矛盾的状况，即使在 19 世纪中期，这种状态也依

〔51〕 虽然约翰逊法官在其司法意见里承认了肯塔基州有关起诉被背书人的诉讼，但是，他认为，这些案件完全不是普通法上的案件。他写道："那么，从这些判决中得出的结论是，应从平衡法上考虑被背书人（的主张）……我们认为，这与肯塔基州已经接受的观点和实践是一致的。" 27 U. S.（2 Pet.）331，348（1829）. Duncan v. Littell，2 Bibb. 424（Ky. 1811）. 事实上，肯塔基州并不存在这种"已经被接受了的观点"。即使是在 *Riddle v. Madndeville* 一案后，肯塔基高等法院还是坚持被背书人不能起诉非直接背书人，这是因为，这不符合合同相对性原则，因而也缺乏对价。参见 Duncan v. Littell，2 Bobb. 424（Ky. 1811）。无疑，在衡平法中，这一抗辩也盛行。

然故我。斯托里承认，“在一些州，本票的流通的确仍然受到限制，这有许多实际操作上的困难。这一切都极大地阻止了这些票据的使用和流通，损害了票据的价值。”〔52〕实际上，在斯托里写作专题论文时，有10个州继续通过限制票据的转让和拒绝切断前手的抗辩权，来禁止票据的完全流通。〔53〕

在1850年，美国联邦最高法院第一次被要求决定这些州法律的法律性质。这些州法律允许出票人对间接被背书人主张其在原始交易中对受票人的所有抗辩。阿拉巴马州的一部制定法规定票据义务人享有这样的利益，即他可以以“票据已经偿付、贴现或者抵销”为由，向被背书人主张抗辩，即使他已经对受票人主张过这些抗辩。*Riddle v. Mandeville* 一案中再度出现了这一问题：在何种程度上，联邦法院可以认为，有关流通性

---

〔52〕 J. Story, *Commentaries on the Law of Promissory Notes* 10 (1845).

〔53〕 这些州是阿拉巴马州（1812年12月18日的法律，*Robinson v. Crenshaw* 341
[2 S. & P. 276, 312 (1832)] 一案引用过；阿肯色州（1818年12月8日的法律，*Ark. Terr. Laws* 24）；印第安纳州 [1818年1月29日的法律，第12章，(1838) *Rev'd Stat. of Ind.*]；马里兰州（见下文）；密西西比州（1822年6月25日的法律，§9, *Laws of Miss.* 385），密苏里州 [1825年2月11日的法律，§9 (1825) 1 *Laws of Mo.* 143]；新泽西州 [1799年1月30日的法律，§4 (1820) *Rev'd Laws of N. J.* 395]；宾夕法尼亚州（1797年2月27日的法律，ch. 1920, 1 *Stat. at Large of Pa.* 484）以及弗吉尼亚州 [Ch. 68, (1786) *Laws of Virginia* 358]。比较 Story, *Promissory Notes* 10 n. 1. 1829年，马里兰州高等法院似乎假定，英国的安妮制定法3-4第9章已经为该州所接受。参见 Bowie v. Duvall, 1 Gill & Johns. 175, 179 (1829). 但是，次年一部制定法在本票诉讼中，保留了对出票人的全部抗辩。Ch. 51 (1830), *Laws of Md.*, 1829-1830 *Gen. Ass.* (J. Hughes, ed., 1830). 迟至1839年，马里兰州的法院才宣布：“债务人也享有同样的抗辩权……如果诉讼是以转让人的名义提出的。”参见 Harwood v. Jones, 10 Gill & Johns. 404, 405 (1839). 在密苏里州和新泽西州，当事人通过使用制定法专门规定的用语，可以实现票据的流通性。

的一般商法不受反商业的州法律对票据流通性强加限制的干扰。但是，因为完全流通的真正本质在于被背书人将票据当作不受限制的货币使用，所以，这次的问题就不仅仅限定在寻求对票据流通这种法律权利的合适救济手段了。在 *Withers v. Greene*[54] 一案中，尽管美国联邦最高法院还处于斯托里法官最近在 *Swift v. Tyson* 一案中认可一般商法的热情中，但是，它依然拒绝推翻阿拉巴马州的这项制定法。

这次，人们可以期望，被背书人主张票据的流通性权利只是合同权利本身的一部分而已。事实上，早在 1804 年，威廉·克兰奇就认为，票据的流通性可以从合同原则中简单地推导出来。他写道："每一个人都有随意订立合同的自然权利"，只要这些合同不违背实定法或道德规则。"依据合同的精神和当事人的目的，如果当事人订立的合同不存在欺诈和强迫（force），那么它在法律上和道德上都有约束力。"[55] 但是，在 *Withers v. Greene* 一案中，丹尼尔（Daniel）法官反对那种认为保留允诺人在衡平法上的权利（equities）是对合同违宪干预的观点。他认为，对阿拉巴马州的制定法，"我们既不能认为它改
225 变了合同本身产生的当事人权利，也不能认为它授予了其他人以新的权利，而这种权利不是原始合同所固有的。"

票据流通性想要达到普通法固有权利的高度，还要克服很多法律历史中的障碍。丹尼尔也承认，制定法规定的票据转让不能同完全的流通性相混淆。"普通法中的合同与由商法所产生和支配的合同有本质区别。而且，它与制定法明确规定的、

---

〔54〕 50 U.S.（9 How.）213（1850）.

〔55〕 1 Cranch，同上注 44，第 422 页。

构成商法基础的合同也有本质区别。对于普通法上的合同，单纯的合同转让权依制定法已经得到扩展。"[56] 所以，尽管丹尼尔的前辈一直在努力通过重写票据流通的法律史，以论证商业的一致性，但是，丹尼尔在某些观点上又部分回到了正统观念，即从严格意义上说，票据流通性是立法的创造。即使如此，在前半个世纪里，流通性的法律地位已经被巧妙地改变了。现在，在州法律没有积极干预允诺人的抗辩时，美国联邦最高法院就会援引"一般商法"促使票据完全流通，而不顾这种规则与州的司法政策相反。即使在旧式的、反对商业发展的意识依然非常强大的南部和西部各州，通过联邦司法部门和法学著述作家的努力，流通性也已经被提升为法律规则了。任何背离票据流通性的规则反而成了例外。

然而，这个有关票据流通性的故事并未到此结束。仅仅在5年以后，丹尼尔法官引述了 *Swift v. Tyson* 一案，判定密西西比州制定法对汇票流通性的规定"违反了一般商法。因为州的制定法无权对票据的流通性施加影响，对这些制定法，美国法院应当不予理睬"。丹尼尔认为，"任何一个州的法律"，如果它否认了"商法……保障的……权利"，"就必然是无效的、不能适用的。"[57] 这样，美国联邦最高法院似乎推翻了 *Swift v. Tyson* 案的一个限制：就有关商业问题，联邦法院至少要遵从州的制定法。后来，联邦最高法院在这个问题上更进了一步。在1879年，联邦最高法院审查了阿拉巴马州制定法中完全一样的法律条款。在 *Withers v. Greene* 一案中，法院很不情愿

---

〔56〕 50 U. S. (9 How.) 213, 222 (1850).

〔57〕 Watson v. Tarpley, 59 U. S. (18 How.) 517, 521 (1855).

地适用了这一条款。现在，法院可以简单地主张，对于本案，应由“联邦法院依据自己的判断决定”商法的“规则和学说”是什么。[58] 在 *Withers v. Greene* 一案之后，各州似乎无法抵抗票据完全流通的规则了。现在，联邦法院已经将这一规则作为一般商法的一部分适用了。联邦最高法院得出结论说：“这是一
226 个涉及一般法律的问题，绝不能依靠地方法律和地方习惯来解决。”[59]

保险法：风险精算观念的发展

从1790年到1820年，在所有的商法领域中，海事保险法吸引美国法官和律师精英的注意力最多。正是由于海事保险诉讼的标的巨大，才使美国第一代商业律师完全通过从事律师业就成为富翁。亚历山大·汉密尔顿在1795年离开联邦政府后，在纽约州的大多数商业活动都是担任保险案件的律师。而布罗克霍斯特·利文斯顿（Brockholst Livingston）被任命为纽约州高等法院大法官之前也是如此。

---

〔58〕 Oates v. National Bank, 100 U. S. 239, 246, 249 (1879). 1873年，阿拉巴马州修改了其制定法，好像不再保留出票人的所有抗辩权。Law of Apr. 8, 1873 [1872 - 1873] *Acts of Ala.* 联邦最高法院虽然判定，新规定明显采纳了阿拉巴马州高等法院的解释，但是，它又宣称，这一规定是否误解了“我们对阿拉巴马州高等法院判决的解释都无关紧要”，因为无论如何，一般性的商法会调整这一问题。同上，第246页。

〔59〕 同上，第249页。联邦最高法院明确拒绝考虑在阿拉巴马州“直接违反反对高利贷的法律的行为”。在决定这些抗辩的有效性时，它判定：“我们不受州法院的判决拘束”。同上。比较 Gaither v. Bank, 1 Pet. 37 (1828).

霍勒斯·宾尼（Horace Binney）也从事过大量的商业活动。对大西洋海战（Atlantic sea war）带来的"费城律师前所未有的收获"，他感到非常高兴。宾尼的传记作家指出，"在1807年至1817年间，费城的保险案件从来没有这么多，也没有这么重要"。"这个城市是美国的第一个商港，城市里的保险商和商人一样活跃。"[60]

我们可以简单地通过计算出版的案例报道中海事保险案例所占的比例，来粗略地估计海事保险案件的重要性。纽约州的海事保险案例报道要略早于其他城市，这些报道也阐明了总的变化趋势。在1799年和1807年之间，纽约州高等法院判决的海事保险案件的比例在8%至18%之间变动，在这9年中，平均比例是12%。在1808年至1810年，平均比例降至2.5%，反映了由于贸易禁运导致航运业的衰落。在1811年至1814之间，每年的平均数升至5%到8%之间。但在1815年和1820年之间，它所占的比例在全部案件的1%到3%之间。最终，在1821年和1822年都没有被报道的海事保险案件，这一情况表明，海事保险作为一个重要诉讼主题的时代已经结束。[61]

1790年以后，就英国保险法对美国法律的影响而言，它最重要一个特征就是，英国保险法只是在此前的30年或者40年才发展成熟的。詹姆斯·帕克爵士（Sir James Park）1787年

---

〔60〕 C. Binney, *The Life of Horace Binney* 60－61（1903）.

〔61〕 这些总数都应被视为近似值。这里没有1802年纽约州的报告。而且，我分别计算了每年的百分比，然后简单将求得平均值。所以，这里我没有考虑在任何一年中，被判决的（或者被报道的）案件数量都可能要多的情况。有关1789年之后纽约州海事保险的变化，参见2 *Law Practice of Alexander Hamilton* 404－406（J. Goebel, ed., 1964）.

227 颇有影响的关于保险业的论著提到，在曼斯菲尔德担任首席法官之前，英国法院裁决的保险案件不到60件。[62] 另一位作者总结道，在曼斯菲尔德1756年被任命为英国王座法庭的大法官（King's Bench）之前的150年，"就保险法的发展历史而言，几乎是毫无结果的虚度光阴。"[63]

由曼斯菲尔德详细阐述的英国保险法的实质性原则，反映了这样一种情况：18世纪的英国商人团体是由关系密切并且相似的人组成的。"大多数情况下，保险商依然是从事其他生意的商人……很明显，大量的保险事务依然由从事其他商业活动的人来承担的。"[64] 在18世纪中期，保险业集中在劳埃德咖啡馆（Lloyd's Coffee－House），当时劳埃德咖啡馆"仅仅是一个通向世界的小咖啡馆。"即使在1769年之后，当"一个相当精密的组织开始成形……在这个地方的任何人（不考虑他用什么方式）都可以对航运签发承担任何风险以及任何保险金额的保险单。"[65]

就像一个同时代的人评论的那样，在这个体制之外，商人之间还发展了"一种相当普遍的做法，许多商人都是保险商，他们互相承担对方的风险，以期互惠。"[66] 总之，海事保险业就是依靠"一群临时聚集在一起的无组织、不受控制的人们之间"的循环和互惠关系来维系的。在不同的海上运输中，这些

〔62〕 J. Park, *A System of the Law of Marine Insurances* xl (1st ed., 1787).

〔63〕 W. Vance, "The Early History of Insurance Law," 3 *Select Essays in Anglo－American Legal History* 115 (1909).

342 〔64〕 Wright and Fayle, *A History of Lloyd's* 39, 56 (1928).

〔65〕 D. Gibb, Lioyd's of London 45 (1957).

〔66〕 Quoted in B. Supple, *The Royal Exchange Assurance* 189 (1970).

人有时可能是保险人，有时又可能是被保险人。[67]

在曼斯菲尔德任职期间发展的大多数海事保险规则都表明了这样一个基本前提：任何没有说明影响风险的重大事实的行为，都足以导致保险单无效。对 18 世纪英国小规模的同质性团体而言，法律规则要求投保人充分说明影响风险的事实，这与个人对恰当的商业行为的预期完全一致。然而，当英国保险法律规则漂洋过海传入美国时，也带来了一些复杂的问题。

在 18 世纪 90 年代的美国，随着保险股份公司的成立，海事保险业的性质发生了决定性的变化。在这段时期以前，保险业似乎只是在遵循——虽然是小范围地遵循——英国劳埃德保险业创建的非正规、无组织的经营模式。“在美国的贸易中心，商人们同时也是保险人。他们自己提供保险所需的资金；多个商人在一份保险单签名是常事。”[68] 事实上，一名研究 18 世纪海事保险业的学者发现，在殖民地时期的波士顿，海事保险业“从来不追求利润”，相反，它更像商人们保护其共同商业利益的一个工具。这些商人交替担任保险人与被保险人这两种角色。[69]

特许成立的美国保险公司出现后，最重要的一个结果就 228
是，它摧毁了 18 世纪保险商和商人之间循环和互惠的关系，而且还使这两个团体之间产生了永久性的利益冲突。这又反过

〔67〕 Gibb. 同上注 65，第 55 页。

〔68〕 2 *Law Practice of Alexander Hamilton*，同上注 61，第 397 页。另可参见 Heubner，“The Development and Present Status of Marine Insurance in the United States” in 26 *Annals of the American Academy of Political and Social Science* 432－433（1905）.

〔69〕 M. McLaughlin，“Marine Insurance in Boston，1724－1781” 31（Harvard College senior thesis）.

来对正统的、已被认可了的保险法律规则提出了一系列挑战。一开始，法院依这些规则作出有利于保险公司的判决，而且几乎没有例外。为了保护保险公司的利益不受商人陪审团的侵害，简单地颁布有利于保险公司利益的法律规则是不够的，还有必要缩减陪审团的权力。在19世纪初期，美国法官和陪审团关系的最大转变就出现在海事保险案件中，当时，法官构造了新的司法程序，使其可以推翻陪审团作出的损害赔偿金裁决。[70]

19世纪美国保险法的发展过程，也是我们所称的社会风险精算概念被逐渐接受的过程。但是，这样说并不意味着，我认为正式的精算理论直到这么晚才出现，实际上，它可以追溯到17世纪中期概率论的发展，以及随后这一理论在死亡率统计中的应用。[71] 人们逐渐认为，在偶然性的领域内，越来越多的活动是合适的。确切地说，我希望强调的就是这种社会意识的发展。

另一个非常类似的例子是，在19世纪的美国，商人们对于破产立法的态度也发生了变化。尤其是在1819年经济大恐慌（Panic）之前，大多数有声誉的公司都坚决反对破产法。他们认为，破产法给那些挥霍无度、不负责任的商人和业主提供

〔70〕 Silva v. Low, 1 Johns. Cas. 184, 199（N. Y. 1799）; Barnewall v. Church, 1 Caines 217（N. Y. 1803）; Mumford v. Smith, 1 Cai. R. 520（N. Y. 1804）; Byrnes v. Alexander, 1 Brev. 213（S. C. 1803）; Wallace v. Depau, 1 Brev. 252, 2 Bay 503（S. C. 1803）.

〔71〕 See B. Supple，同上注66，第54－55页。有关1800年以前精算理论的发展，也可参见J. Cassedy, *Demography in Early America: Beginnings of the Statistical Mind*, 1600－1800（1969）.

了一笔非法的横财。[72] 但是，彼得·科尔曼（Peter Coleman）在其有关破产立法的研究中写道：随着商业关系中“人身因素的解体和商业的发展壮大”，18 世纪商业中“受人尊重”（respectability）的观念已经逐渐发生了转变。“客户逐渐成了商业文件中的一个名字，而不再对应某一张面孔和某一个有独特个性的人”。反过来，这种变化又促成了对“商业关系更正式的、更法律化的认识”。

> 债权人和债务人之间存在形式化和法律化的关系，这种关系的逻辑直接导致人们把破产这种免除债务的方式理解为：公平、理性和系统处理坏账的方法。这种认识表明会计思想已臻成熟……人们对破产救济的看法也因此发生转变：从敌视态度转向交织了 229
> 漠视、容忍与完全赞同的态度。[73]

随着人们态度的变化，在那些有名望的商人和律师中间，出现了一种引人注目的全新认识：他们要努力制定破产法。他们那时经常宣扬，商业上的失败往往是无法控制的经济力量造成的偶然结果。[74] 1832 年，在一篇有关破产的专题论文中，

---

〔72〕“该社区的商人常常认为自己是破产法的反对者。”［J. Gallison］, *Considerations on an Insolvency Law* 4（1814）.

〔73〕 P. Coleman, *Debtors and Creditors in America* 283 – 285（1974）.

〔74〕 C. Warren, *Bankruptcy in United States History* 25 – 45（1935）. Gallison，同上注 72，第 36、6 页。他可能是第一个在其作品中提到需要对那些“正直和没有过失的债务人”提供救济的人，这些人的失败是因“生产造成的，这种失败无法通过通常的谨慎和预见避免。”另可参见“On a National Bankrupt Law,” 1 *Am. Jurist* 35（1829）；“A Bill to Estabish a Uniform System of Bankruptcy Throughtout the U. S. ,” 7 *North Am. Rev.* 25（1818）.

作者列举了一长串“重大而广泛的……风险。这些风险一直与商人们的企业和事业紧紧相随，经常让他们陷于不幸之中……这些商人们没有迈达斯（Midas）* 的金手指，不能把所触摸到的一切都变为金子。有时候，他们会发现他们所有的期望都会破灭，围绕他们的，是满目疮痍、一片荒凉的景象。”〔75〕曾经一度被认为属于个人控制和负责的基本事项，开始被视为——毫无疑问是出于自利的理由——超越了道德和法律的控制。

19 世纪保险法的兴起，也逐渐体现了社会风险概念的类似变化。海事保险——目前被认为是 19 世纪前最重要的保险类型——在精算最初发展前的道路上步履蹒跚，耗时最多。首先，18 世纪私人保险商既不正式也没有组织性的结构排除了对风险的共同承担（pooling of risks）。反过来，这又促使人们认为，每一份保险单都是独特的、人身性的交易。这使保险单不具有普遍的统计学价值。而且，在 18 世纪的英国，海事保险法从出现到繁荣，都一直致力于限制海事保险的保险范围，其根本目的是把保险单和法律禁止的赌博合同区分开。结果，一份标准的海事保险单就仅仅包括“海上的特殊风险”，而不包括“一般”风险。这反映了海事保险发展初期的道德氛围。如果把“一般”风险转换成一般赔付条款（a general policy of indemnity），保险单看上去更像是在赌博。保险商常常使用两个成功的抗辩事由，即货物不适于航行以及船长或船员们的不法行为（barratry），这些事由强调了海事保险单对风险的有限承保

---

* 希腊神话中的佛里几亚（Phrygia）国王，酒神狄奥尼索斯赐给他一种力量，他用手触摸的任何东西都可以变成金子。——译者注

〔75〕 J. Dorsey, *Treatise on the American Law of Insolvency* 16（1832）.

范围。

船长或船员的不法行为这一抗辩事由，最能表现18世纪保险法和19世纪保险法的差异。在大多数海事保险单中，如果货物的损失是由船长或被保险人的其他代理人的过失行为造成的，那么保险人就可以据此抗辩被保险人提出的赔偿要求。船长或船员们的不法行为这一抗辩事由是一个更为一般的原则 230
的适用：一个人不能为自己的不当行为（misfeasance）投保。这也是区别“特别的”（因此是可以投保的）和“一般的”（或不能投保的）风险的基础。但是，在19世纪早期，法院逐步开始把“船长或船员们的不法行为”这一抗辩事由限定为造成海上损失的故意行为。在1830年以后的火险案件中，法官进一步扩大了对抗辩事由的限制，开始不接受保险人提出的火灾是由投保人的过失行为造成的抗辩理由。而且，在火灾保险规则领域和其他一些保险领域，法官开始在保单的保险范围条款中纳入越来越多的风险种类。总之，法官们开始表达19世纪法律意识更普遍的变化，即认为越来越多的商业风险只是“做生意的成本”，这些风险大部分是个人能力无法控制的。

美国保险法领域最重大的变化发生在1840以后，当时，火灾保险开始超过海事保险，成为保险业的领头羊。[76] 实际上，在19世纪40年代以前，法院判决的有关火险的案件很少。1837年，马萨诸塞州的一个委员会指出，“整部（火灾）保险法……如果使用普通尺寸的纸张陈述的话，不会超过30

〔76〕 到1850年代后期，费城的保险公司对火险的保险金额比海事保险金额还多。J. Fowler, *History of Insurance in Philadelphia* 217 (1888).

页。"[77] 直到1852年，马萨诸塞州高等司法法院依然认为，"火灾保险（法）……还处于萌芽阶段，海事保险（法）对当前面临的一些问题如果有启发的话，也微乎其微。"[78]

后来出现的火灾保险带有神秘色彩。在18世纪，当海事保险公司和互助保险公司（mutual stock companies）把火险纳入保险单的保险范围时，"直到1835年纽约州大火灾之前，在美国，火灾保险单还仅仅在小范围存在。而且，其基础绝大部分——虽然不是全部——是地方性的。"[79] 19世纪早期的法律可能起了阻碍火灾保险发展的作用。直到19世纪30年代之前，法官和陪审团还都否认这样的观点：由于个人及其代理人的过失行为造成的火灾，投保人可以得到赔付。1832年，衡平法院大法官肯特写道："一些人认为存在这样一个问题，即财产的火灾保险引致的疏忽和欺诈，是否抵销了这类保险为极度不幸的情况所提供的所有好处和救济。"尽管他认为"公众意见……长期以来一直支持"火灾保险，但是，直到1854年，约瑟夫·安杰尔（Joseph Angell）在其专著《保险》（*Insurance*）中，
231 仍继续提出疑问：就普遍或全国性的观点看来，（火险）所产出的利益是否并不比偶尔发生的不当行为造成的损害更多（原文是 then 不是 than，所以霍维茨标注了"原文如此"——译者注）。这些不当行为包括，"与安全与生俱来的过失、疏忽和纵火的诱惑。"不过，他总结道，火灾保险"在国家目前的情

〔77〕 Quoted in 2 C. Warren, *History of the Harvard Law School* 244 (1908).

〔78〕 Scripture v. Lowell Mutual Fire Ins. 10 Cush. 356, 363 (1852).

〔79〕 G. Taylor, *The Transportation Revolution*, 1815 － 1860 322 (1951); F. Oviatt, "Historical Study of Fire Insurance in the United States," 26 *Annals*, 同上注68，第342－343页。

况下是非常重要的，因为它可以保护制造业的重大利益和寄存在仓库中的货物。"[80] 事实上，到1854年，所有美国法官都得出了这一结论。

随着越来越多的人认为，火灾保险是一种保持经济安全和推动经济增长的手段，美国法官开始主动区分火灾保险法律规则与那些在海事保险法中流行的法律规则。当时的实际情况是：所有海事保险规则都侧重于保护保险人的利益。而火灾保险的出现导致了法律规则的一个重要变化，即法律规则侧重于保护被保险人的利益。1852年，马萨诸塞州法院宣称，"海事保险法"对火灾案件"如果有启发的话，也微乎其微"。这一观点反映了这样一个司法政策：逐渐把火险保险从海事保险法律规则中解脱出来。

火灾保险法律规则的变化可以用来阐释随着涉及火灾保险案件的增加，精算意识发生的潜在变化。海事保险法彻底地区分了关于船只状况、海上航线性质的保证与单纯的事实陈述。即使没有证据表明违反了这些保证会增加风险，任何违背保证的行为也都会导致该保险单完全无效。相反，单纯的不实陈述如果是有意做出的，而且事实上也增加了风险，这种情况只是导致保险人可以据此对抗投保人的赔付请求。依据完全披露这一优势原则，海事保险法严格实行各种默示保证。即使投保人轻微地违背了这些保证，保险人也可以据此对抗投保人的赔付请求。例如，如果船只在海上航行中背离了原来规定的路线，即使保险人没有证明这样增加了货物损失的风险，也会导致保

〔80〕 3 J. Kent, *Commentaries* 320 (2d ed. 1832); J. Angell, *A Treatise on the Law of Fire and Life Insurance* 41 (1854).

险单无效。

另一方面，美国的法官从一开始就倾向于给被保险人更充分的实质性自由，允许被保险人不受火灾保险单中严格条款的限制。1808 年，在可能是美国第一起火灾保险案件中，马萨诸塞州高等法院没有适用这样的海事保险规则：任何背离行为
232 都足以导致保险单无效。在一个案例中，虽然原告对其建筑物做了某些改变，在没有通知保险人的情况下扩建了建筑，但法官依然认为，影响赔付的唯一问题是，这一变化是否增加了火灾的风险。[81] 这样一来，法院就从通过传统担保范畴调整背离行为的规则，转向了更加自由地调整陈述的规则。也许更重要的是，法院调查的关键问题也从一个法律问题转移到了一个事实问题。在这种情况下，原告主导的陪审团的裁决就只剩下一个事实问题了：投保人的对保险单的特殊改变事实上是否增加了风险。

在火灾保险案件中，为了缓和严格的保证条款，一般司法解释都强调：与海事风险不同，保险公司自己也能像被保险人一样决定火灾风险的程度。[82] 但同样明显的是，在 1825 年至 1850 年，许多法院认为，在为经济发展提供稳定的预期方面，保险的作用尤为重要。1827 年，马里兰州高等法院表示支持这一做法，认为有必要放松以往海事保险法采用过的“严厉和过分谨慎”的法律原则。他们认为，如果不这样做，“将会

〔81〕 Stetson v. Mass. Mutual Fire Ins. Co., 4 Mass 330 (1808). “我们发现，这些书中涉及火灾损害保险标的的案例，只有少数被思考过。” Harris v. Eagle Fire Co., 5 Johns. 368, 373 (1810).

〔82〕 Burritt v. Saratoga County Mutual Fire Ins. Co., 5 Hill 188, 192 (N. Y. 1843); Holmes v. Charlestown Mutual Fire Ins. Co., 10 Met. 211, 214 (Mass. 1845).

……使人口稠密的城市里，最有用的、最不可缺少的机构——保险公司——变得毫无用处，甚至比这还要糟糕。而且，这会给那些积极进取的企业家以致命一击。”[83]

实际上，一些法院在这个问题上走得更远。在火灾保险案件中，他们推翻了所有传统保险规则。我们已经看到，事实上，所有法官都认为，在订立保险合同后改变原建筑物的，除非这样增加了火灾的风险，否则依据火灾保险单，保险人不能拒绝投保人的索赔要求。至少，这一转变与强调事实陈述的现行规则是一致的。在 *Stebbins v. Globe Ins. Co.* （1829）一案[84]中，纽约州高级法院（superior court）完全突破了传统法律条文，判决认定，除非对该幢建筑物结构的改变实际上引发了火灾，否则，被保险人依然可以根据保险单要求保险人赔偿。法院认为，从理论上说，改变建筑物的结构增加了风险，但这是“无关紧要”的。

调整“背离”保险单行为规则的主要变化，是一个更一般的趋势的一部分，这个运动将保险作为一种一般的补偿保险单。支持人们这种认识的一个主要制度变化是，在 18 世纪 90 年代，拥有巨额资金的股份保险公司出现了。结果，法官逐渐否认，他们审理的个别保险诉讼关系到某个商人和保险人的个人命运，而且其生计也取决于诉讼结果。相反，他们仅仅将这些诉讼视为更普遍的风险流（risk pool）的一个小的组成部分而
已。在 1840 年后，随着火险取代海事保险成为主要的保险形 233

---

〔83〕 Jolly's Admin. v. Baltimore Equitable Society, 1 Har. and Gill 295, 300, 302 343
(1827).

〔84〕 2 Hall 632 (N. Y. 1803).

式，认为保险单是对各种风险的一般保护方式的趋势就昭然若揭了。但是，我们可以在更早时候，看到导向保险精算意识的这一趋势。

亚历山大·汉密尔顿在纽约州 *Barnewall v. Church*（1803年）一案[85]中的辩护，是这种新兴精算思想出现的最早例子。在本案中，保险人试图以被保险的船只不适宜航行为理由，拒绝投保人的索赔要求。根据当时已经确立的规则，不适宜航行不仅包括船只所有潜在的故障，而且包括那些连船主自己也不知道的故障。在本案中，汉密尔顿为投保人辩护。他根据“精算”观念，提出了一个全新的论证，认为海事保险单的范围包括所有种类的风险。汉密尔顿认为，“保险人在决定是否承保的过程中，会考虑船只遭受损失的可能性与安全抵达的可能性在数量上的比例关系。依据这些资料，他确定了他的估算。船只的适航性也在其估算之中。在海上沉没的【船只】中，很多是因为潜在的故障造成的……因此，这种风险也是应当被计算的一部分。如果对于船只风险的计算依据的是上述原则，那么，对这些潜在故障，投保人是支付了保险费的，保险人实际接受的保险费中就包括对这些故障的承保。”[86]

汉密尔顿不但反对把潜在故障划入到不适航性类型中的传统做法，而且，他还试图通过统计数据，推翻区分一般风险和特殊风险的做法，并将海事保险单转变成为一般补偿保险单。虽然他的主张都失败了，但是，他的主张与当时的商业思想更一致。因为保险人的律师也承认，“被告以‘不适航性’……

〔85〕 1 Cai. R. 217（N. Y. 1803）.

〔86〕 同上，第 227 页。

为理由抗辩时，【商人】陪审团不会作出有利于被告的判决。现在，这几乎已经成了公理。”〔87〕

当然，就逻辑而言，汉密尔顿的论证是不能被证实的。虽然纽约州首席大法官对汉密尔顿的“新颖立场”留下的“第一印象”是，“尽管权威力量反对他的观点，但它却是正确的。”他最终承认，对“不适航性”抗辩的司法适用，“减少了（法律上）损失的数量，而且减少了对（保险人）提起诉讼的机会。”〔88〕结果，损失的总数量减少了，而保险费的计算依据却是损失的数量。

Barnewall v. Church 一案，一方面说明了 19 世纪早期法官们对统计思想相对生疏，另一方面反映了思维模式的渐进变化，这种变化导源于风险经营的集中化，而保险公司的出现使之成为可能。英国在精算思想完全出现之前，海事保险规则就已经确立了。正因为此，英国不支持商人们将所有的海事风险都投保的愿望，这一立场改变甚少。后来，火灾保险规则的发展更充分地反映了 19 世纪风险统计思想的发展。 234

精算思想发展的一个结果是，法官们或多或少地倾向于把保险条款看成是更一般性的补偿保险单。体现在规则上，最清晰的变化就是对担保和事实陈述的司法区分。在 19 世纪，法学家逐渐通过将保险合同中的许多条款解释为纯粹的事实陈述，以反对因违反担保所产生的惩罚性后果。因为违反陈述条款只有在风险增加的情形，才导致保险单的无效。例如，约翰·杜尔（John Duer）在其颇有影响的著作《海事保险》（*Marine*

〔87〕 同上，第 225 页。

〔88〕 同上，第 245 页［刘易斯法官（Lewis, C. J.）的意见］。

Insurance)（1846年）一书中宣称，他“确信在担保和事实陈述这个主题上，出于很多原因，【大陆法系】的保险法比我们的保险法更可取。”他攻击英美法把担保解释为“一种条件，整个合同的效力都取决于字面解释或者担保的实现。”相反，他建议将担保简单地作为事实陈述。这些陈述如果是“实质的、真实的，而且已经履行”，投保人就有充分理由依照保险单得到赔偿。而且，他认为最重要的是，这些保险条款应当“作出有利于投保人利益的解释，在解释时，法官有很大的自由。”〔89〕

杜尔关于担保和事实陈述的技术性论述，反映了一个更普遍的倾向，即人们希望弱化保险单在保险范围上有关特殊风险和一般风险的区分。例如，1824年，费城商业大律师彼得·S. 杜庞塞乌（Peter S. DuPonceau）抗议说，英国各种缩小保险范围的保险规则，都“与任何公正的法学规则背道而驰”。〔90〕1842年，宾夕法尼亚州的首席法官吉布森说：“虽然从法学著作的观点看，有时人们同意这样的观点：特殊风险和一般风险之间确有区别……但是，在最近的案例中，这种区别即使没有完全被取消，也近乎被取消了。”他也和其他人一样，举了这样一些案例：“在被损船只的负责人自己的过失造成损失时”，
235 投保人依然根据保险单获得了赔偿。〔91〕与此类似的是，就在此时，法官也正开始从技术角度区分侵权法中的远因和近因，目的是减轻企业对意外事件的责任。在保险法中，法官也通过

〔89〕 J. Duer, *The Law and Practice of Marine Insueance* 654 (1846).

〔90〕 P. DuPonceau, *A Dissertation on the Nature and Extent of the Jurisdiction of the Courts of the United States*, 22 (1824).

〔91〕 Fleming v. Marine Ins. Co. 3 Watts & Serg. 144, 153 (Pa. 1842).

取消同样的区分来扩大保险范围。斯托里法官在一个海上碰撞的保险案件中支持原告获得赔偿。他写道："如果有一种商业合同比其他合同更需要在说明时运用恰当的常识和实践理性……那么，它一定是保险合同。因为它处理的是商业利益和普通人利益，还涉及一般普通人不习惯的抽象概念和精确区分。"[92]斯托里在保险法中想要推翻的这些"抽象概念和区分"是早期保险法规则，也是将保险单的保险范围扩大到覆盖所有风险的普遍障碍。

虽然在杜尔和斯托里撰写其著作时，海事保险法规则已经根深蒂固，难以进行任何广泛的变革，但是，法官已经用精算思想这一透镜来看待保险法规则，并在火灾保险法律方面发动了一场彻底的改革。于是，1836 年，纽约州衡平法院大法官决定，反对在火灾保险领域推广这种原则："无论保险单上的条款对于风险是否重要，都要将保险单上全部单纯陈述性条款解释为明示的担保，要求投保人严格遵守这些担保。"[93]

实际上，到 19 世纪中期，法官已经减弱了担保规则的惩罚性效果。即使在海事保险法中，他们也逐渐削弱了"适航性"规则的效力，这一规则是相当严格的。尽管商人持反对意见，但是，在 19 世纪的前 10 年里，纽约州高等法院还是确立了一项著名的规则：如果船只不是因为显而易见的原因在海上

〔92〕 Peters v. Warren Ins. Co. , 14 Pet. 99, 109 (1840).

〔93〕 Farmer's Ins. Co. v. Snyder, 16 Wend. 481, 493 (1836).

沉没，就可以不容反驳地推定，沉没的原因是“船只不适宜航行”。[94] 这一规则似乎体现了 19 世纪早期保险案件判决中更一般的模式，即“保险人的利益优于航运业的利益。”[95] 但是，到 19 世纪中期，许多法院改变了立场，要求保险人证明“船只存在不适航性”。另外，他们还把早期不容反驳地推定转化为仅仅是一个证据上的推定。这样一来，他们就把认定“船只是否适宜航行”的任务交给了陪审团，而陪审团一直以来都反对限制保险赔偿的做法。[96] 以往，被保险人一直把船只适航性的担保作为抗辩被保险人赔偿要求的技术手段，现在，其效力却逐渐淡化了。

在西奥菲勒斯·帕森斯（Theophilus Parsons）的著述《论海
236 事保险法》(*Treatise on the Law of Marine Insurance*)(1868 年）中，我们可以看到这些变化的一个结果，即这些规则几乎完全转向了精算思想。他写道，全部保险法，都依赖于“伟大的平均律（law of average）……这一规则或者事实的力量无边。只是在最

---

〔94〕 Barnewall v. Church, 1 Cai. R. 217 (1803); Talcot v. Commercial Ins. Co., 2 Johns. 124 (1807). 利文斯顿法官试图颠覆 *Patrick v. Hallett* 一案［1 Johns. 241 (1806)］的规则，但实际上是 *Talcot v. Commercial Ins. Co.* 一案悄悄地（*sub silentio*）推翻了这一规则。同上。在 *Barnewall v. Church*（同上注，第 225 页）一案中，为保险人辩护的律师的陈述似乎道出了反对适航性规则的商人的意见。而且，在 *Talcot v. Commercial Ins.* Co. ［2 Johns. 467 (1807)］一案中，尽管法官四次指令陪审团作出裁决，但陪审团仍不愿意对适航性问题作出判定。

〔95〕 M. Howe, “The Creative Period in the Law of Massachusetts,” 69 *Proceedings of the Massachusetts Historical Society* 232, 237 (1947 - 1950).

〔96〕 T. Parsons, *Treatise on the Law of Marine Insurance* 380 (1868); Walsh v. Washington Marine Ins. Co., 32 N. Y. 427, 436 - 437 (1865); Deshon v. Merchants Ins. Co., 11 Met. 199, 207 (Mass. 1846); Snethen v. Memphis Ins. Co., 3 La. Ann. 474 (1848).

近几年，它才开始成为科学调查的一个主题。”虽然即使到现在，我们对它也还“并不十分了解。”

从此，海事保险不再认为是对个别风险的保险。帕森斯承认，仅仅对某一艘船可否返回，“是不能做出确定预测的。”但是“如果预测 10 艘船，就会发现某些概率；预测 100 艘船，这种概率就会更加明确；预测 1000 艘船，概率就变成了规律。”因此，“除了很少的例外，保险金的数额不再根据每一个保险个案做出调整。在相当大的程度上，保险金的数额必须根据一般规律来确定和估计。”

帕森斯认为，“当所有的海上财产都被保险，而且所有的风险都广泛分配时，”保险的“理想的完美状态”将“会成为现实”。在保险人和投保人就风险和保险金达成均衡的过程中，那些短期出现的、与理想状态之间的“偏差”是由于供需规律造成的。无论如何，在促使市场平衡的过程中，保险法起了关键的作用。帕森斯以“船只适航性”为例说明这一问题。“让我们首先假定，自由而宽松的规则有利于投保人。”这将鼓励那些“粗心大意的，但不是欺诈之徒的船主”投保。这样，保险人支付的保险金就会增加，使保险费因而提高，从而让小心谨慎的人不参加保险，这又将使保险费进一步提高。
相反，如果调整船只适航性的规则“非常苛刻而且严厉”，那 237
么就“将导致许多仍在使用的船只不投保”，而且会给“贫穷的底层阶级”增添负担。

帕森斯认为，虽然要规定一个在保险人和被保险人之间产生均衡的“确定规则或者精确定义”是“不可能”的，但他认为，保险法的主要目的就是“在保险人和被保险人之间寻求中道（just medium）。”法院在各种规则之间摇摆不定：“在某段时期，规则是有利于保险合同一方当事人而牺牲另一方当事人，”但随后，出于“法院的……权宜之策”，规则又明显呈现出“走向另一个极端的趋势……但确定无疑的是，作为一门科学和一种制度，保险法根据其在所有此类问题上所达到的中道状态而改进，并逐步完善。”〔97〕

帕森斯是最早系统阐述法律中的精算观念的人之一。在19世纪末，人们更广泛地阐述了精算概念。当时霍姆斯宣称：“未来属于知悉统计学又精通经济学的人”。〔98〕就像霍姆斯一样，对帕森斯来说，保险法律规则完全是传统的。它们之所以发展和改变，其主要目的都是为了在保险基金的货币进出之间寻求一种平衡。依据这种观念，在具体案件中寻求公正几乎是不可能的。实际上，在法律规则使供求关系严重不平衡时，改变保险法规则的范围是合适的。

但重要的是，我们要看到，帕森斯并没有认为，法律只是简单地提供了一个消极的、正式的结构，这一结构仅仅反映了个人交易的结果。简而言之，他没有采纳这种观点：确定的规则比正确的规则更重要。这种观点回应了这样一种信念：只要法律提供了一个明确的、可预见性的规则环境，私人就保险金和风险的讨价还价会使供需和谐。相反，他认为，法律制度像交通警察一样，需要积极调整规则，目的是调节供给和需求。

帕森斯的合同“客观”理论潜在的假设和他的保险法精算观念之间有着惊人的相似。两种理论的目的都是使个人之间

〔97〕 T. Parsons. 同上注96，第6－10页。

〔98〕 Holmes, “The Path of the Law,” 10 *Harv. L. Rev.* 455, 469 (1897).

的交易服从法律规则的社会效率机制。两种理论都强调法律规则的整体效果，而不关注个案中的个体化公正。两种理论都反映了19世纪中期以后经济不断集中的现实，而且也反映了这种现实带来的人们对美国经济的标准化和个性化的期望。但是，两者反映的方式略有不同。

高利贷

废除高利贷法律（指禁止或限制高利贷的法律——译者注）的运动是反映经济交易本质的法律观念变化的另一个优良晴雨表。在1825年前，规定高利贷不合法的美国制定法还没有遭到任何重大打击。虽然杰米·边沁的著作《为高利贷申辩》(*Defense of Usury*，1796年）为后来美国人废除高利贷法律规则提供了思想支持，但在当时及此后相当长一段时间，边沁的作品对美国思想的影响都是微乎其微的。实际上，在1825年之前，支持高利贷法律的小册子比支持高利贷的小册子要多 238
得多。

在美国，最早抨击高利贷立法的是威廉·谢尔登（William Sheldon）的小册子《高利贷法散论》（*Cursory Remarks on the Laws Concerning Usury*）（1798年）。谢尔登撰写小册子的目的是反对康涅狄格州诺威奇市（Norwich）成立的一个协会对放高利贷者提起的诉讼。他指出，欧洲战争（European War）使美国的贸易急剧增长，而“贸易的增长又导致了对现金的迫切需求”。在这种情形，有必要“求助于……富人，这些富人与商人一样，认为金钱的价值应与需求量成比例。”他们“在一些大城镇，比如费城、纽约和波士顿”按照高利贷的利率贴现各种票据。谢尔登认为，高利贷法“既不道德，也不公平”，尤其是因为高利贷法鼓励了“一种对占有财富的人的迫害”。他引述了纽约州州长约翰·乔伊（John Joy）的一句牢骚话，“本来无可指责的人，如果放高利贷，就会受到责难。”

看来，谢尔登是美国第一个追随边沁的人。他认为，货币与其他商品一样，应该服从供求规律。他质问：

> 如果与阻止农民或商人运用良好的时机销售其产品或商品获得收益，或阻止 Susquehanna 或其他地方的经纪人（jobber）从其投机买卖中获得50%、100%甚至500%的收益（如果他可以的话）相比，更应阻止有钱人运用良好时机从他拥有的货币中获益，那么，这种必要性和妥当性存在于何处呢？[99]

但是，在此后的30年，这些言论基本上没有引起注意。直到大约1825年左右，在美国法律规则中，18世纪的“公平价格”观念依然占统治地位。例如，1820年，弗吉尼亚州的律师弗朗西丝·吉尔默（Francis Gilmer）依然从传统理由出发为高利贷法辩护。他认为，高利贷法保护了在公平交易中处于弱势的人，使他们免受剥削。他写道：“如果我们可以想象一个……缔约当事人之间的不平等造成压迫的例子，那么，利息极高的借贷就是这样的例子。其他情形许可法律干预的任何理

〔99〕 W. Sheldon, *Cursory Remarks on the Laws Concerning Usury*, iiiiv, 28－29 (1798).

由，在这种案件中都更应该适用。”吉尔默补充道，即使制定法没有禁止高利贷，“毫无疑问”，高利贷交易也会与“我提到过的其他大量合同”的“命运一样”，即“因为不平等和不公正，而被衡平法院撤销。”[100]

支持高利贷的言论如此晚才出现的另一个原因是，1825 239
年前，在美国的法律观念和经济观念中，对土地和商品的投机活动还没有完全合理化。例如，1789 年，康涅狄格州终审法院（Supreme Court of Error）的一个判决就反映了“公平价格”观念依然盛行，而这种观念又是反高利贷法律的基础。法院判决一份交付股票的投机“期货”合同是不能强制执行的。法官宣称，股票价格大幅度波动这一事实与本案无关。“因为不存在任何这样的标的物：它们可以被出借，但其相对价值可能并确实经常发生变动。”法官认定，对“支付高于商品实际价值的金钱，以隐藏高利贷目的的合同”，法院应拒绝执行合同。[101]

在 1825 年之前，偶尔也有人依据功利主义理论论证高利贷立法的合理性。1811 年，杰里迈亚·梅森（Jeremiah Mason）（此后不久，他就被认命为新罕布什尔州的美国参议员）与杰

〔100〕 F. Gilmer, *Vindication of the Laws Limiting the Rate of Interest on Loans*, 43, 62（1820）. 有关美国的罗马天主教神父以宗教观念为基础对高利贷的抨击，参见 J. O' Callaghan, *Usury*, *Funds and Banks*（1824）.

〔101〕 *Fitch v. Hamlin*（1789）一案［reported in 1 Z. Swift, *A System of the Laws of the State of Connceticut*, 410 – 12（1795）］推翻了 *Hamlin v. Fitch* 一案［Kirby 260（1787）］的规则。对同一诉由的第二次审理是在 2 Kirby 42（1789）中。有关高利贷类似的观点，参见弗吉尼亚州衡平法院大法官乔治·威思（George Wythe）的意见，*Groves v. Graves*［1 Wash. 1（Va. 1790）］案报道并推翻了他的意见。

西·阿普尔顿（Jesse Appleton）牧师（Bowdoin 大学校长），就高利贷法问题有过通信。阿普尔顿认为，高利贷法的目的是“保护穷人免受剥削”，梅森对阿普尔顿的这种看法表示怀疑，因为，“很多不重视穷人权利的国家也适用高利贷法。”梅森又写道，高利贷立法的“首要目的是，促使富有的资本家使用自己的资本（stock），而且使他们勤勉。”

> 富有的资本家将资本投入自己的工业生产中，而不是游手好闲，把钱投入到别人的工业生产中，从中获得利益，这对社会是更有利的。高利息的借贷会促使资本家无所事事。因此我们应反对这种高利贷。

梅森继续写道，但是，高利贷法的目的并不是反对所有的借贷行为。因为资本家们“应该把他们不能利用的那部分资金，而且仅仅是这一部分借贷出去。如果他把所有的钱都借出去了，那么他自己必将无所事事。”梅森得出结论说，为了达到这一目的，“法定【利率】率应该和市场利率基本相同，如果不能通过立法确定利息率，那么借贷利率也应依市场利率来确定。”[102] 因此，当梅森开始运用市场理论论证高利贷立法的合理性时，他得出结论说，应把市场利率作为衡量法定利率的唯一依据。然而，梅森将金钱借贷行为与鼓励资本家“无所事事”的后果联系在一起，这反映了一个仍然占统治地位的前商业发展时期的心态，即试图运用市场理论去解释一个正迅速消逝的世界。

240 1825 年后，反对管制利息的重要运动出现了。在 1825 年

〔102〕 *Memoir of Jeremiah Mason*, 46－49（1873）.

和1838年之间，美国出现了公开抨击有关高利贷法律的大量书籍、小册子和演讲。1826年，约翰·拉姆齐·麦卡洛（John Ramsey M'Culloch）在其作品《利息产生平等》(*Interest Made Equity*) 中说，体现“自然正义和明智策略的所有原则”都要求废除高利贷法。“如果地主可以从其土地中获得最高的地租，农民可以从其产品中获得最高的价钱，商人可以从他的商品中获得最高利润，为什么一个资本家使用其资本要受到限制和束缚呢？”[103]在1825年之后，在政治经济学和法学领域中，这是一种典型的论证方法（writing)。它将不平等的交易能力问题转换成了简单的智识上的理解问题，并“推定”，在没有智力缺陷的情形，所有人都被赋予了同样足够的理解能力。例如，南卡罗来纳州的托马斯·库柏（Thomas Cooper）的著作《政治经济基本问题讲座》(*Lectures on the Elements of Political Economy*)(1826年)，标志着美国重新恢复了对边沁有关高利贷的“深刻研究”的兴趣。他写道：“高利贷法是掌控权力者一再实施有害干预的结果。当两个人为共同利益而订立合同时，如果他们的年龄合适，而且思维正常，他们之间就能达成协议，这种协议比其他任何人代替他们订立的协议要强……我们应当推定，人都享有同样的、恰当的理解能力。”[104]

1828年，威拉德·菲利普斯（Willard Phillips）的《政治经济手册》(*A Manual of Political and Economy*) 认为，高利贷法不仅“明显地不公正”，而且“在商业领域几乎毫无用处”。因为

---

[103] J. McCulloch, *Interest Made Equity* 30 (1826).

[104] T. Cooper, *Lectures on the Elements of Political Economy* 111 - 112 (1826).

“任何一个从高利贷中获利的人都会声名狼藉。”[105]另外，1830年《法律杂志》(*Journal of Law*) 一连发表四篇文章，标志着反对高利贷立法的法律战役的开始。[106]

首先，有必要除去对高利贷的宗教束缚。菲利普斯一开始就写道：“无论犹太教立法者在高利贷问题上的诫命是什么，基督教的神意 (dispensation) 并不包含类似规则。”[107]其次，货币仅仅是另外一种商品，而且应赞颂不受束缚的商品市场。这一点很重要。“与其他每种商品交易的情况一样，自由的货币市场将会产生对货币的公平并且受管制的竞争。”最后，高利贷法的干涉并不能有效地阻止这个时代中的无情无义现象。“高利贷法在防止人们挥霍无度和保护穷人方面，并没有什么作用，反而限制了勤勉和有进取心的人。”[108]

241 如果对每一个反对高利贷法的主张都详细叙述的话，那将是乏味的。但是，总的来说，足以有理由认为，这些主张整体上反映了市场观念获取最终胜利过程中的每一个阶段。1834年，威廉和玛丽大学的政治经济学教授托马斯·迪尤 (Thomas Dew) 写道：“从本质上说，货币和货币交易并不需要立法特别干预。而且，这种做法也是没有正当理由的：限制某个资本家阶层获得的收益，而其他人则可以自由地获得市场所允许的利润。”[109] 另一位评论员宣称，“限制高利贷合同的理由并不同

〔105〕 W. Phillips, *A Manual of Political Economy* 66 (1828).

〔106〕 1 *The Journal of Law* 49, 64, 81, 97 (1833).

344 〔107〕 同上，第52页。

〔108〕 同上，第88页。

〔109〕 T. Dew, *Essay on the Interest of Money, and the Policy of Laws Against Usury* 8 (1834).

样适用于任何其他形式的合同，这是没有道理的。”[110] 许多高利贷法反对者都强调，自由竞争会降低利率。其中一位作者认为：“在其他条件相同的情况下，如果制定法不限制利率，获取货币将更加容易，而且，与限制高利贷法的情况相比，实际的利息补偿水平（即利率——译者注）也会更低。”[111]

1834 年，马萨诸塞州的一些公民向州立法机构请愿，要求废除反对高利贷的法律。他们说，高利贷法“与这个时代的商业精神格格不入”：

> 我们坚定地主张，与其他商品的交易情况一样，所有的货币交易都应仅仅受到充分竞争精神的制约，在这一时代，与其他商品完全自由的交易相比，不受限制的货币交易并不会，也不可能产生更大的坏处（evil）。

虽然权衡这一请愿的马萨诸塞州立法机构的委员会“毫不犹豫地表示，他们完全赞同”请愿者的主张，但是，他们认为，“大幅度地修改高利贷法，总的说来，是不太合适的。”但是，他们确实建议，在流通票据（合同）中，这些法律应当废除。因为“我们觉得，与其他合同相比，在这类合同中，目前制度的坏处更明显。”[112]

---

[110] “Usury Law,” 6 *Am. Jur.* 282, 295 (1831).

[111] *A Familiar View of the Operation and Tendency of Usury Laws*, 58 (1837).

[112] 请愿和委员会的报告，参见 A. Everett [and J. Bowles], “Usury and the Usury Laws,” 39 *No. Am. Rev.* 68 (1834).【虽然这一索引将该文的作者归于埃弗雷特，但是，哈佛大学威德纳图书馆（Widener）另外一份索引则将其作者归为埃弗雷特和鲍尔斯（Bowles）】

约翰·鲍尔斯（John Bowles）曾与埃弗里特（A. H. Everett）一道，起草了马萨诸塞州公共立法（legislature public）委员会的报告。1837年，他出版了《论高利贷法》（*A Treatise on Usury Laws*）一书，进一步详细说明了今天人们熟悉的“历史证据和……论点”，以说明控制利息的法律“是没有用的、绝对有害的。”他写道：高利贷法“既违背了政治上的最基本原则，又违背了政治经济学上的最基本原则……政治的基本原则是，最
242 好的政府应该是：机构最精简、程序最简化、对个人自由的侵害最小；实现人民规定的政府目的——公众福利。”不仅“防止挥霍和轻率的投机行为”不是法律干预（高利贷）的充分理由，而且反对高利贷的法律还处罚了那些“最公正、最谨慎和最仁慈的人。”〔113〕

1837年，托马斯·库柏在《南卡罗来纳州制定法》(*Statutes of South Carlina*）的评注中，强调了抨击高利贷法观点中的自由放任政策假设。库柏在书中写道：“公众对高利贷的认识已经完全被杰米·边沁简短的作品改变了。我们可以指望，在几年之后，立法机关将会稍微改变他们管制过多的错误习性，而且法律将让那些已经到了有判断力年龄的人们，根据具体情况达成双方交易的合适条款。”库柏指出，“金钱的价值因为时间不同而有所变化。而且利润（compensation）应与风险一致……整个股票交易的基础就是这一原则，因为这是符合常识的原则。”最后他总结道：“立法机关对普通商业公司干预越少越

〔113〕 J. Bowles, *Treatise on Usury and Usury Laws*, 28－29, 33, 47 (1837).

好。这些公司应当知道他们该做什么。”[114]

1825年至1838年间，对高利贷法的辩护主要有两种。第一种意见是由罗得岛州的约翰·惠普尔（John Whipple）提出的。他的意见代表了对边沁的自由货币市场观念的一般性抨击。他认为，货币“与其他商品完全不同，因为货币掌握在少数人手中，人为制造货币短缺就比人为制造其他商品短缺更为便利。”最后，惠普尔强调说，当事人双方在订立货币合同时，“没有处于平等的地位，这比囚犯与债权人（creditor）订立合同还不平等。”但他承认，“在其他商品交易中，人们的地位是平等的。”他最后总结道：“在其他大多数国家，都存在对利息的审查制度。这种制度从道德角度出发，限制高利贷利息的过高部分。但在一个自由贸易制度中，这么做不会产生什么效果。”[115]

第二种对高利贷法的辩护是由衡平法院大法官肯特提出的。1837年，他评价了呼吁废除高利贷法的运动。他引用了这一观点，即限制高利贷“是一个一般性的、统一的、普遍适用的……道德限制……建立在各个时代多年积累的经验上”。他认为，高利贷“产生于人性的弱点，以及在货币合同中滥用权力的诱惑。”[116]

惠普尔和肯特在试图区分货币和其他商品时，都服从了时 243
代的商业精神，没有将反对高利贷的言论与更具有一般性的公平价格价值理论这一历史源头联系在一起。他们认为，对以下

[114] 2 *Statutes at Large of South Carolina* 713（T. Cooper., ed., 1837）；3 i 同上第784－785页（1838）。

[115] “On the Usury Law,” 17 *Am. Jur.* 331, 343, 348, 359, 362（1837）.

[116] *Opinion of Chancellor Kent on the Usury Laws*, 9－11（1837）.

两个问题，无法再坚持以往的观点了：一是，商品本身具有内在的或通常的价值；二是，因为担心交易双方在交易过程中交易能力不平等，就有理由制定管制货币价格（利率）的特别规则。他们承认市场在总体上具有至高无上的地位，这就支持了另一个普遍的信念：市场是价格的唯一决定者。因此，他们试图做的事情就是——运用世外高人的观念（monkist prejudice）优势反对金钱，而衡平法院大法官肯特对此则极力否认。

尽管对高利贷立法有这么多抨击，然而，在南北战争之前，除了加利福尼亚州以外，美国其他各州都继续通过法律管制利率。但管制的形式已经显著变化了，实际上，大多数州都不存在高利贷的法律障碍了。

1820 年以前，美国绝大多数州都遵循 18 世纪英国有关高利贷的制定法模式。英国制定法规定，意图获得不法利息的合同无效。这种制定法使债权人不仅不能取得合同约定的利息，而且还将丧失全部贷款。例如，在 1819 年，16 个州的法律都有各种形式的严厉罚没条款。弗吉尼亚州的制定法甚至规定，对高利贷合同的债权人处以贷款额两倍的罚款。对高利贷合同的罚款，只有 8 个州对高利贷合同规定的罚款低于合同总金额。其中，较为严厉的是新罕布什尔州的制定法，规定对债权人处以超过法定利息部分金额 3 倍的罚款；佛蒙特州的制定法，规定对债权人处以整个贷款额 25% 的罚款。印第安纳州对债权人处以 2 倍于利息的罚款。当时，仅仅有 5 个州的高利贷行为没有因处罚而被根本阻止。伊利诺伊州、密西西比州和路易斯安那州没有规定处罚规则。在密苏里州，债权人如果不退还超过法定利息以外的利息，将被处以 3 倍于这部分利息的罚款。[117] 在宾夕法尼亚州，1785 年，州高等法院削弱了该州高利贷法的严苛效力。这一法律已经有 60 年的历史了。它判定，债权人仅仅丧失超过法定利息部分的利息。[118]

但是，到了南北战争时，大多数州都已经在州法律中删除了限制高利贷的法律。只有在大西洋沿岸的 7 个州依然规定，高利贷合同是无效的，或者应没收全部的合同金额。[119] 而且在其中的两个州，流通票据还被排除在高利贷法的适用范围之外。与此相比，有 19 个州对高利贷的处罚比较温和。这些州要么规定债务人可以要求偿还超过法定利息部分的利息，要么 244

〔117〕 这一资料来自于 William Griffith, *Annual Law Register of the United States*, vols. 3 and 4 (1822).【第 1 卷和第 2 卷从来没有出版】。格里菲思基于发放给著名法律家的调查问卷，编制了各州法律的概要。问题 122 到 123 是关于高利贷的。在选择以 1819 年为分界线时，我只是在将肯塔基州计入禁止高利贷的一个州这一点上修改了格里菲思的细目表。格里菲思的概要计入了 1819 年肯塔基州废除规定高利贷合同无效的条款，而我则没有计入。

〔118〕 1722 年至 1723 年宾夕法尼亚州的一部制定法规定，在任何付款保证书和合同上"收取"不法利息的人，"都应当……没收其借出的钱或者其他东西"，一半给政府，"另外一半给将要为同一标的起诉的人。"宾夕法尼亚州制定法，第 262 章。但在 *Wycoff v. Longhead* [2 Dall. 92 (1785)] 一案中，宾夕法尼亚州高等法院在这个有关本票的诉讼中，判定债权人有权获得债权加上法定利息的救济；而且，只是在债权人"实际上已经获得了"不法利息时——而不是仅仅在合同中约定将来收取这些利息，制定法才可以没收规定全部数量的款项；"但提起诉讼的目的在于获得借出去款项的，不应作出有利于债务人的判决，因为实际上这会使钱落到债务人的腰包，而不是归于共和国。"如此一来，法院不仅不理睬制定法的条款，而且也使没收取决于政府机关启动的法律程序。这样就完全将法律的执行与私人的自我利益分离了。在《北美法律概论》(*A Summary Review of the Laws of the United States of North America*) 14 (1788) 中，一个匿名的"弗吉尼亚州出庭律师"写道："高利贷法律在弗吉尼亚州是有效的，但在宾夕法尼亚州确实是无效的。在其他一些州也如此。这些法律都没有实施。"

〔119〕 Connecticut, Delaware, Maryland, New Jersey, New York, North Carolina, Virginia. 345

规定债务人可以要求偿还所有的利息。加利福尼亚州根本就不处罚高利贷。还有一些州处在这两种极端之间，马萨诸塞州、新罕布什尔州和威斯康星州对高利贷行为处以3倍于高利贷金额的罚款。而印第安纳州依然允许对债权人处以2倍于超过法定利息的部分的罚款。[120]

在许多州，高利贷不再是使合同无效的理由。这些州的法官此时也认为，在对流通票据的善意购买者提出的诉讼中，高利贷行为并不是一个合理的抗辩理由。[121]而且，在那些允许付款保证书流通的州，普通法还禁止调查密封票据的对价。[122]因此，到南北战争时期，用这种方式进行高利贷交易以避免与高利贷法相冲突是完全可能的。

尽管大多数反对高利贷法的作品集中出现于19世纪30年代，但是，1819年之后，立法的变化就已经相当普遍了。肯塔基州1819年第一个废除了规定高利贷合同无效的法律条款。罗得岛州和马萨诸塞州在1822年和1825年相继效法。南卡罗

〔120〕 这一概括来自于 J. Murray, *History of Usury* ix－x（1866）一书中的图表。但是，他并没有提供有关明尼苏达州惩罚高利贷的信息——如果有的话。所以，我在概括中排除了该州的情况。

〔121〕 艾奥瓦州、新罕布什尔州、马里兰州和纽约州的制定法也这样规定。Hackley v. Sprague, 10 Wend. 113（N. Y. 1833）, Sauerwein v. Brunner, 1 Har. and Gill. 477, 481－482（Md. 1827）（报道者的评注）。而且，肯塔基州法院通过 *Chiles v. Coleman*［9 Ky. 296（1820）］一案，伊利诺伊州法院通过 *Conkling v. Underhill*［4 Ill. 388（1842）］一案，也达到了相同的结果。有关出票人是否可以抗辩，被背书人是通过高利贷的折扣（usurious discount）接受票据，参见“Law of Usury,” 2 U. S. *Law Jo.* 51（1826）.

〔122〕 有五个州，乔治亚州、伊利诺伊州、艾奥瓦州、北卡罗来纳州和田纳西州允许付款保证书流通，虽然前三个州甚至在未封印流通票据（unsealed negotiable instruments）中也禁止对高利贷交易进行审查。

来纳州（1830 年)、田纳西州（1835 年)、缅因州（1840 年)、佐治亚州（1845 年）和俄亥俄州（1848 年）也废除了早期有效遏制高利贷的法律。

除了改变最重要的救济性（remedial）法律条文以外，到南北战争时，还有一种重要趋势，是不断提高法定利率。加利福尼亚州的法律不限制利率。明尼苏达州和得克萨斯州允许法定利率高达 12%，伊利诺伊州、印第安纳州、艾奥瓦州、密歇根州和威斯康星州将法定利息率封顶在 10%。

根据这一分析，反对高利贷法最彻底的做法出现在南部和西部各州。在这些州很难获得贷款，因此，1820 年至 1860 年，这些州摧毁了对高利贷的限制，处于各州的最前列。1820 年以后，所有新加入联邦的州，在效法东部禁止所有高利贷交易的做法时，都受到了种种压力。另一方面，在所有以商业为支柱产业的州中，只有纽约州直到 1860 年还规定高利贷合同是无效的。悖谬的是，该州 19 世纪早期的做法是，“如果……抗辩的基础是高利贷时，商人陪审团不应当作出有利于债务人的判决”。这“几乎成了一条公理。”[123] 但是，到 1833 年，即使纽约州立法机关也不允许在流通票据诉讼中以高利贷作为抗辩。[124]

从 19 世纪 20 年代开始，市场体系观念已经深入人心，这 245
使人们激烈地抨击传统“公平价格”价值观念。不受管制的

---

〔123〕 Barnewall v. Church, 1 Cai. R. 217, 225 (1803)（律师的辩护意见）。另外可参见 *Wilkie v. Roosevelt* [3 Johns. Cas. 206 (1802)] 一案。在本案中，连续两个陪审团都不理睬初审法官的指示，不顾原始交易的高利贷特征，作出了有利于票据善意购买者的判决。之后，法院指令进行第三次审理。

〔124〕 Hackley v. Sprague, 10 Wend. 113 (1833).

交易理念，不仅改变了司法观念，也同时改变了立法观念。因此，到南北战争时，从事高利贷交易就已经相当容易了。尽管如此，没有一个立法机构实际上取消了对高利贷的所有限制。但是，对高利贷交易的处罚被弱化了，而且可以适用高利贷的商业交易的例外范围增大了。此时，对高利贷残存的限制通常被认为是完全武断的，人们已经不可能再回到早期市场经济发展前更具有一致性的道德中了。

Swift v. Tyson 案：一般商法的兴起

在美国法律史中，联邦最高法院1842年对 *Swift v. Tyson* 一案的判决，是最令人感兴趣，同时也最令人迷惑的法律发展事件之一。[125] 这一判决在1938年被推翻，存在了差不多100年。它宣布了这样一条规则：联邦法院在行使其对不同州的当事人之间的多元管辖权（diversity jurisdiction）时，不受州司法裁决的约束，可以根据“商法的一般原则”，完全独立地裁决案件。

虽然1789年的《司法法》(the Judiciary Act) 第34节明确规定，联邦法院应当遵守州的“法律”（law），但是，斯托里法官在 *Swift v. Tyson* 一案的审判中，认定“就语言的一般用法而言，很难认为，法官们的判决会构成法律。法官的判决至多仅仅构成法律是什么的证据而已，并非其本身就是法律。”因

〔125〕 16 Pet. 1（1842）.

此，根据斯托里的解释，对不同州的当事人之间的诉讼，联邦法院在审判中应当遵守州制定的法律，而不是州的司法判决。

Swift v. Tyson 案通常被认为体现了法律的“宣告”理论（declaratory theory of law），或者体现了这样一种观点：法官仅仅发现和宣告已经存在的规则。人们还认为，这一案例体现了这样一种观念——用霍姆斯法官的那段名言来说就是——普通法是“宇宙中理性的遍在”（brooding omnipresence in the sky）。[126]

在 1780 年之后，法律“宣告论”观点事实上不断被削弱。指出这一点对本书在第一章中提出的观点意义重大。在 1842 年判决 *Swift v. Tyson* 一案时，斯托里法官依然深信这种法律宣告论吗？幸运的是，与这一观点密切相关的法律冲突领域内的发展情况，为我们了解法学基本假设的变化提供了初步的线索。斯托里法官曾在 1834 年对法律冲突问题做了重要的专题论述。因此，从一开始，理解法律宣告论的衰落和解决州际法律规则冲突的“冲突”方法的兴起就很重要。正如克罗斯基 246
（Crosskey）教授所指出的那样，在 18 世纪，“目前流行的解决法律冲突的技术还很少适用”，“其后，它才慢慢发展起来。”这一时间大约是 1820 年之后。[127] “冲突”方法的转向反映了正统法律观念的弱化。正统观念认为，司法判决只是“真正”法律规则的一个“证据”，这样，司法判决之间的冲突仅仅意味着，这些判决适用的法律规则之一是错误的。于是，在法律冲突问题上，出现了一种新奇的观点：相互矛盾的法律规则可

〔126〕 Southern Pacific v. Jensen 244 U. S. 205, 222 (1917). See also G. Dunne, *Joseph Story and the Rise of the Supreme Court* 406 – 408 (1971).

〔127〕 1 W. Crosskey, *Politics and the Constitution* 573 (1953).

以追溯到不同的社会政策，因此，不能假定存在唯一正确的法律规则，背离这一规则就完全是错误的。这样不能解决法律冲突问题。

在1820年以前，法学家们就已经明确认识到，某些种类的法律冲突只能解释为社会政策的差异。我们看到，[128] 这种观点恰恰是约翰·密尔顿·古德诺（John Milton Goodenow）在1819年提出的观点的基础。古德诺抨击普通法上的犯罪，他坚持认为，只有制定法才能让个人充分了解"本质上是任意的政治决定"。但是，即使古德诺也没有对普通法的全部判决都进行分析。他写道："私法学与刑法学的原则和目的，两者可以区分……侵害公共利益的违法行为*（public wrong）、犯罪和刑罚，取决于立法者使其如何存在的意志；而私人权利以及侵害私人利益的行为则建立在永恒的自然法原则和抽象正义的基础上，依它们加以斟酌确定。为它们所衡量。"因此，即使是古德诺这样一个自觉的普通法的批判者，依然在1819年总结道，"在所有国家和所有时代，自然正义和理性都是一样的。"[129]

从这一角度出发，就应当进一步认为，普通法规则的冲突仅仅是在某种程度上违背了"永恒的自然法原则和抽象正义"的证据，需要更深入的理性分析来"解决"。美国最早讨论法

---

〔128〕 参见本书第一章，第15－16页（本书边码——译者注）。

* 与下文侵害个人利益的行为相对，是指侵害国家或公众利益的行为。在这类案件的程序中，国家是一方当事人。但并不是所有的这类行为都构成犯罪，如行政合同中个人的违约行为。——译者注

〔129〕 J. Goodenow, *Historical Sketches of the Principles and Maxims of American Jurisprudence in Contrast with the Doctrines of the English Common Law on the Subject of Crimes and Punishments* 36.

律冲突的作品是塞缪尔·利弗莫尔（Samuel Livermore）撰写的《论各州与国家实定法之冲突问题》（*Dissertation on Questions which Arise from Contrariety of the Positive Law of Different States and Nations*）（1828年）。该作品就体现了这样的观点。就像标题提到的那样，该作品仅仅讨论了各州制定法在适用中的冲突问题。但是，这种讨论并没有背离正统的法律理论。长期以来，正统理论一直认为，各州的制定法会出现冲突，因为这些法律仅仅是主权意志的体现。实际上，利弗莫尔作品的主题反映了在独立战争后， 247
随着各州破产法数量急剧增多而出现的一个越来越引起关注的问题：某一个州的制定法可否在其他州的司法管辖权范围内作为合理的抗辩。

然而，从1828年利弗莫尔价值不高的专题论述，到1834年斯托里的不朽名著《法律冲突》（*Conflicts of Law*），其间的变化反映了人们认识到了法律宣告理论的根本性衰落。斯托里在其作品的开始写道："一个国家的法律，依其本身的效力（*proprio vigore*），除在该国的领域内，或其司法管辖权范围内，并没有固有的强制力。这一点是非常清楚的……无论一国法律在域外具有何种强制力，这种强制力都不是因为法律有扩展到域外适用的原始权力，而是因其他地区对该法律的尊重而产生的。这种尊重是其他国家出于公共政策的考虑而决定给予外国法律的。"〔130〕

由此，一个司法辖区适用与本辖区法律冲突的另一个司法辖区的法律，也是"出于公共政策的动因"，而不是因为这一

〔130〕 J. Story, *Commentaries on Conflict of Laws*, sec. 7 (1st. ed., 1834).

法律本身有什么“内在的强制力量”。斯托里继续写道：“在主权之上都不存在一个被承认的、更高的主权。而且，其主权范围内，就一切属于主权的事项，它都可以制定效力最高的法律。它服从什么，是它自己选择服从的；另一个主权没有权力命令它服从什么。”因此，法院可以“不理睬在其管辖权所在范围外的地方官员颁布的法律。”〔131〕

那么，斯托里如何解释为什么处于不同司法辖区的法官制定的法律会相互冲突呢？他赞同当时一个法院的意见。“这么多天资聪颖、学识渊博的人……都没有确定固定的原则，在这种情况下，我们就只能得出这样的结论：他们的失败不是因为缺乏能力，而是因为在这个问题上，不太可能确定某些固定的原则。”法律之间的差异产生于“（每个州）的立法、政策及其制度特色。”〔132〕因此，一个州肯定不会承认“有损于其利益的”法律，承认另一个司法管辖权辖区的法律是一件慎重的、涉及“功利”和“礼节”的事情，但并不是绝对的、至高无上的、没有任何自由裁量余地的义务。总之，适用法律的职责是一个州的“专属权力”（exclusive right），即根据该州自身的主权意志与政策，在其辖区范围内管制人和事的权利。〔133〕

与以往相比，斯托里在处理法律冲突问题时，除了坚定地主张法律的“意志”论外，最大的变化就是，他毫不犹豫地把

〔131〕 同上，secs. 7 and 8.

〔132〕 同上，sec. 28，quoting Saul v. Creditors，17 Martin 569，595－596（La. 1827）.

〔133〕 同上，sec. 36，22，and 28.

调停普通法规则的冲突问题纳入自己的理论。例如，他对普通法中合同规则和商法的差异的整体处理方法强调，与制定法冲突一样，解决这一问题的任何方法都取决于是否“便利”及恰当地尊重其他州法律的“必要性”。“否则，（各州）彼此广泛交往和通商就无法操作。”[134]简而言之，法律世界不再划分为制定法和普通法两个世界了。以前，人们简单地将制定法视为主权者的随意命令，认为普通法是从“永恒的自然法原则和抽象正义”中发现的规则。而且，在刑事法律和民事法律之间也不再存在一条根本的分界线。以往，人们则认为刑事法律产生于社会政策，是专制性的；民事法律原则是从“自然公正和正确理性”中推导出来的。相反，在斯托里的作品中，关于法律冲突部分的认识完全成熟了，这表明人们完全承认这种观点：法律规则并不来自于霍姆斯所说的“宇宙中理性的遍在。” 248

依据这些法学变化，在 8 年以后的 *Swift v. Tyson* 一案中，我们如何确定斯托里法官的观点呢？我们可以想起，斯托里曾经判决，在商法问题上，联邦法院不需要遵守纽约州的司法判决，因为这些判决仅仅是法律的“证据”。这是对法律宣告论的经典陈述。反过来，假如在这个案件中，斯托里法官在州司法系统中担任法官，其角色完全不同，那么，斯托里的专著《法律冲突》又会给我们什么样的指引呢？

当然，即使相关交易发生在纽约州，斯托里的专著《法律冲突》也没有要求其他州的法官是否要专门遵循纽约州的判例

〔134〕 同上，sec. 242.

法。斯托里指出，法官的决定要考虑到“审慎”和“政策”问题。但是，依据斯托里的著作，州法院的法官从来就不能仅仅因为纽约州的判例不是“法律”而是“一般商法”的“证据”，就拒绝遵循纽约州的判例。这一点是相当清楚的。斯托里的专著并没有体现这一理论，即可以通过参酌至高无上的一般商法来调和不同的商法规则。事实上，斯托里之所以写这一作品，其原因恰恰就是这种法律理论不能令人满意地解释相互冲突的法律规则逐渐增多的现象。总之，斯托里法官在 *Swift*
249 *v. Tyson* 一案中提出的法律观念与仅仅 8 年前他在《法律冲突》中的法律思想截然不同。

在我们转到 *Swift v. Tyson* 一案非法学上的解释之前，有必要指出，此后，在司法解决法律冲突问题时，本案提出的法律观点可能比斯托里在《法律冲突》中的观点更有决定性影响。在 19 世纪后半叶，州法官在遵循斯托里作出的判决时，又质问是否应承认与本州法律相冲突的其他州的司法判决，或者从“一般法”的立场出发，将这种判决看作是“错误的”。这种趋势暗中削弱了斯托里对法律规则统一性的追求。这可谓是美国法律史上一个无情的讽刺。[135] 毋庸置喙，如果另一个司法辖区的普通法规则与本州的法律规则不同，在这种情况下，事实上，不可能指望法官承认，其他州的法律规则是对“一般法”的正确适用，因此应适用其他州的法律。但是，如果其于谨慎、操作性和必要性，都需要适用其他司法辖区的普通法规则时，仅仅从这三个方面劝说法官适用其他司法辖区的普通法

〔135〕 See Meigs, “Decisions of the Federal Courts on Questions of State Law,” 45 *Am. L. Rev.* 47, 68－73 (1911).

规则就是十分容易的事情。而这些方面也正是斯托里专著中适用其他司法辖区法律的决定性因素。总之，在19世纪后半叶，人们将 *Swift v. Tyson* 一案的法理延伸到了各州的法律冲突领域，这一变化是出乎意料的。它严重损害了 *Swift v. Tyso*n 案的判决本身对促进法律统一性的贡献。而该判决的本来目的也是为了促进法律的统一性。

所以，*Swift v. Tyson* 一案象征着一种更为普遍的思想，即法律形式主义思想在19世纪中期开始复兴。本书将在最后一章详细讨论这种变化趋势。现在，完全有理由认为，*Swift v. Tyso*n 案的判决在法律冲突内领域出人意料的延伸，是法律形式主义产生特殊的、不确定的结果的一个最明显例子。该案促使州法官再次相信"普遍法学"和法律"宣告"论。在这个意义上，他们对如何处理法律系统已经变得更加复杂、矛盾更多的现实还没有完全做好准备。在这种情况下，法学著述传统（treatise tradition）教条主义的胜利是创造法律统一性的唯一希望，因为教条主义可能会把所有背离形式主义的法律倾向在其产生之前就镇压下去。

如果不能严格地认为 *Swift v. Tyson* 一案是对正统法律理论的简单应用，那么，我们应如何理解这个问题呢？首先应当指出的是，在相当长的一段时间里，美国联邦最高法院和斯托里法官在这个问题上所起的作用是相似的，虽然他们以前从来没 250
有形成过这种宏大的法律理论命题。

我们已经提到，早在19世纪前10年，即使在州的判例法不承认流通性原则的情况下，美国联邦最高法院也允许本票的被背书人对间接背书人提起“衡平之诉”（in equity）。[136]其结果是，商业集团就通过诉求联邦法院，来绕开自己所在州的前商业时期的判例法。但是，由于最高法院这些早期判决只是在认可“补偿请求”（remedies）的有限范围内作出的，因而法官一度可以避免过多介入法律权利的特殊来源这一争执问题。总之，联邦法院最初可以在向商人集团提供救济时，仍然坚持遵循州的判例法。

我们看到，*Swift v. Tyson* 一案被判决时，在流通性和高利贷之类的问题上，支持和反对商业发展的力量明显分裂了。一般认为，*Swift v. Tyson* 一案的判决代表着一种颇受欢迎的对法律统一性的寻求，它可以被更具体地视为这样一种努力：在那些不愿意支持商业发展的州法院中，强行建立有利于商业发展的法律秩序。*Swift v. Tyson* 一案的判决最早确立了法律统一性，它要求联邦法院受州制定法的约束，因为州制定法完全可以构成“法律”。事实上，不久以后，这一重要的束缚就变弱了，后来甚至被人们忽略了。在一些案件中，联邦最高法院直接要求州制定法服从“一般商法”，在另一些案件中，联邦法院索性不受反商业发展的州法院对该州制定法的“解释”拘束。[137]

联邦最高法院不仅通过操控法律上的赔偿保护了商业利益，而且在 *Swift v. Tyson* 一案很久以前，就推翻了州的一些政策。另外，斯托里法官也从一开始就试图通过扩张联邦的司法

〔136〕 同上注，第220－223页。

〔137〕 Watson v. Tarpley, 59 U. S. （18 How.）517, 521（1855）; Pease v. Peck, 59 U. S. （18 How.）595, 598－599（1855）; Oates v. National Bank, 100 U. S. 239, 246, 249（1879）.

管辖权来推动商业发展。1815年，斯托里在担任巡回法院法官期间对*DeLovio v. Boit*一案[138]的判决，就是早期支持商业发展这种隐而未显的思想的一个例子，这种思想最终在*Swift v. Tyson*一案中开花结果。斯托里法官将联邦法院的海事管辖权扩张解释到了令人吃惊的程度，依靠这种手段，他认定，所有海事合同争议——尤其是常常涉讼的海事保险合同——都属于联邦法院的司法管辖范围。他主张扩大联邦法院的海事管辖权力，其渊源是，英国海事法院早在17世纪就已经获得了广泛的司法权力。当时，英国的商人集团为了避免受普通法法院
敌视商业态度的影响，把海事法院作为解决纠纷的替代性法 251
院。尽管英国海事法院的司法权在18世纪就被严重削弱，斯托里法官仍然把这个英国先例视为创建联邦法院解决商业纠纷的依据。应当强调的是，在1815年以前，商法几乎完全以海事交易为中心，因此，*DeLovio*一案的作用就是创设了联邦法院对商事案件的管辖权（federal commercial forum）。

在商人集团看来，将海事保险诉讼置于联邦法院海事法庭的管辖权之下，最明显的好处就是，联邦法院审理海事案件无需陪审团。斯托里本人对此评论说“我惊奇地得知，【*DeLovio*】案的判决意见很受商人们的欢迎。他们宣称，在商业案件中，他们不喜欢陪审团。特别值得一提的是，波士顿的保险业者对这个判决十分满意。”[139]

实际上，正如前文讨论保险法时我们看到的那样，海事保险公司对陪审团持有敌意，这种态度逐渐成为他们一贯的立

〔138〕 7 Fed. Cas. 418（No. 3，776）（CCD. Mass. 1815）.

〔139〕 1 *Life and Letters of Joseph Story* 270（W. Story，ed.，1851）.

场。保险公司认为，陪审团必然会偏袒被保险人。因此，斯托里把陪审团排除在联邦海事保险诉讼之外的做法，可能是以牺牲更多商人集团的利益为代价，以便作出有利于保险公司的判决。后来，由于商业共同体中出现了利益冲突，在这种压力之下，一度建立在合意基础上的商法领域正分崩离析。此时，在法律界确实存在一种强烈的、单独的压力，它再次对法律统一性提出了要求。但是，通过海事案件管辖权产生的法律统一性，就它取得的成绩而言，很明显是保险人以牺牲商人利益为代价获得的胜利。

但是，在实践中，*DeLovio v. Boit* 一案的判决并不具有重要影响。〔140〕斯托里法官在联邦巡回法院的一些同事，就拒绝把联邦法院对海事案件的管辖权作如此宽泛的解释。〔141〕而且，一直到南北战争后，法院才最终接受了斯托里法官的观点，此

---

〔140〕斯托里本人在 *Peele v. Merchants Ins. Co.* ［19 Fed. Cas. 98（1822）］一案
346 中指出，他“至今都假设【*Delovio* 一案判决】的争点是修辞性的，不具有实际重要意义。从私人便利、陪审团审判的好处，以及对我们州司法有充分依据的信心出发，投保人几乎一般都会选择一个本州的法院审理案件。”但是，在 *Delovio* 案件判决后，他立刻发表个人声明说，该判决“在商人中间相当受欢迎”，因为这些商人“不喜欢陪审团。”上注 139。他对陪审团制度的“好处”并不是非常热衷。事实上，因为保险公司通常都不是原告，他们一般都不能选择联邦法院，并不能获得在不采用陪审团审判的海事法庭审理的好处。

〔141〕Ramsay v. Allegre，12 Wheat. 611，638（1927）（Johnson，J.）；Bains v. The James and Catherine，2 Fed. Cas. 410，416（C. C. D.，Pa. 1832）（Baldwin. J.）；Taylor v. Carryl，20 How. 563，615（1857）（塔尼法官的异议意见）。

前，法院也试图避免解决这一问题。[142] 实际上，这一问题并没有在实践中产生重要影响。这主要是因为，斯托里并没有充分阐述联邦法院对海事合同的独占性管辖权。在早期的美国社会，这种权力肯定会引起最强烈的反联邦主义（antinationalist）反应。最终，在1815年之后，海事贸易在美国贸易总量中所占的比例开始下降了，因此，在1851年联邦最高法院进一步 252
将其海事管辖权扩展到国内通航水域后，[143] 联邦法院海事管辖权的范围与商业生活就不再相同了。其结果是，就如斯托里意识到的那样，*DeLovio v. Boit* 一案在实际中几乎没有意义，因为大多数保险诉讼依然由州法院审理。

从实践角度看，斯托里在 *DeLovio v. Boit* 一案中试图要达到的目标，和他在后来的 *Swift v. Tyson* 一案中努力的目标几乎完全一致。这一点还没有被我们充分认识到。在1815年或1820年之前，大多数商法问题都产生于海上贸易。因此，每一次将统一的联邦法律规则适用于这些交易的努力，都相当于确立了一条一般商事法律规则。只有在1825年至1850年，为适应国内经济的发展，商法扩展了之后，通过联邦法院的海事管辖权来左右全部实际商法的发展才变得不可能。就是在这种经济不断变化的背景下，*Swift v. Tyson* 一案的判决试图运用联邦法院对不同州的当事人之间的诉讼管辖权，来完成以前在

---

〔142〕 New England Mutual Marine Ins. Co. v. Dunham, 78 U. S. (11 Wall.) 1 (1870). See also [F. Loring], "Of the Jurisdiction of Admiralty over Contracts of Marine Insurance," 3 *Am. L. Rev.* 666 (1869); "History of Admiralty Jurisdiction in the Supreme Court of the United States," 5 *Am. L. Rev.* 581, 582-583, 617-619 (1871).

〔143〕 Genesee Chief v. Fitzhughu, 12 How. 443 (1851). 另可参见 The Daniel Bell, 10 Wall. 557 (1870).

DeLovio v. Boit 一案中努力过但没有实现的目标。

无论是 *Swift* 案的判决，还是 *DeLovio* 案的判决的作者，都没有实现其宏伟的目标，即渴望确立联邦法院对商业诉讼的独占性管辖权。这可以使法律具有一致性和确定性。而且，它可以使商业案件不受那些环境不利于商业发展的，或者反对商业的州所属的法院审理。另外，由于其他业已确立的制度要求和法律教条的阻碍，这两个判决都没能成为商法发展中的绝对支配性事件。

第八章
法律形式主义的兴起

在美国独立战争后的七八十年，普通法政策的主要方向是，颠覆18世纪普通法中前商业和反商业的法律规则。在独立战争后，随着政治权力和经济权力向商业和企业集团的转移，这些集团开始与法律职业联盟，以改变法律制度，增进其自身的利益。 253

到1850年前后，这种转型基本上完成了。如扶助企业发展，以及允许为了商业上的新进入者的利益而破坏调整旧财产形式的法律规则获得了胜利。反商业的法律规则被摧毁或者逐渐被破坏了，而且，法律制度已经彻底地放弃了它在18世纪时的调整经济交易实质公平的任务。以前，法律关系被认为来源于自然法或者习惯，而现在它们则屈从于不均衡的个人和公司的经济权力，这些个人和公司有把许多现行法律义务“承包出去”（contract out）的权利。以前，人们认为法律是保护性的、管制性的、父爱性的，最重要的是，法律被认为是社会最为重要的道德感的表达，但现在，法律逐渐被认为是用以实现个人欲望的工具，而且，它反映的仅仅是当下经济和政治权力组织的利益。

在当时，美国社会不断向市场化方向发展，美国法的变迁

帮助和支持了一个重要的权力转型。到19世纪中期，法律制度以农民、工人、消费者及其他相对无力的群体的利益为代
254 价，以有利于商业界和工业界的方式重塑了。法律不仅确立了维护经济权力与政治权力再分配的规则，而且，在社会的其他任何一个领域中，只要可能，法律都积极促进不利于社会最弱势群体的财富再分配。

法律形式主义的兴起完全可以和实质性的法律变革紧密相连。即使一种灵活的、工具性的法律观念对促进美国独立战争后法律制度的转型是必要的，一旦这种变革的主要受益人达到了他们的大部分目的后，这种法律观念就没有存在的必要了。事实上，一旦法律变革完成后，只有这些变革政策产生的根源与基础，以及新确立的法律规则所代表的集团的自我利益被掩饰起来的时候，这些集团才可以从中受益。总之，创造一个普通法的智识体系（intellectual system）有重大利益：使普通法成为自我包容的、非政治性的、中立无私的体系，而且，这会通过使“法律推理像数学一样”，传播一种关于法律判决“……必然性的论调……”〔1〕

法律形式主义（legal formalism）是1850年以后发展起来的。它的来源可以追溯到此前美国法律的两种对立的思想。这是因为在独立战争后，美国存在两种针对现实的、相互竞争的思想倾向。第一种思想1850年前后在法律中取得了统治地位，在很大程度上，它是基于商业界和工业界夺取和重塑1776年即已存在的私法体系的努力形成的。

---

〔1〕 O. Holmes, “Privilege, Malice and Intent,” 8. *Harv. L. Rew.* 1, 7 (1894); K. Llewellyn, *The Common Law Tradition*: *Deciding Appeals* 38 (1960).

在商法中，企业集团从一开始就努力改变殖民地时期遗留的法律，并限制国家执行公正交易这一实质标准的权力。同时，他们也常常寻求国家的支持，以创建一种更有效率的债务清偿（debt collection）制度。在1819年经济恐慌之后，他们要求制定破产法的热情高涨，但是，他们只是希望破产法是为了“商人和贸易商”的利益。[2] 然而，一般而言，19世纪商法的方针是，完善救济制度，并限制法院——更重要的是立法机关的实质干预权力。

在财产法和侵权法中，国家干预主义与最早的低成本发展目标紧密联系。在这个领域，那些一直雄心勃勃的开发者尽可能先从法院寻求对变革的支持，而只是在不可能获得法院支持的情况下，才求助于政治上反复无常的立法机关。他们的成就引人注目。侵权法和财产法的基本制度［而不是继承法的规 255
则，也不是所有权登记体系（system of title recordation）］是由司法创造的。而且，大体上，这种制度是非常适合那些从低成本经济发展政策中取得大部分所得利益的人的雄心壮志。

在美国内战前，推翻前商业时期反发展法律规则和制度的努力，有力地支持了私法的工具主义特征。但是，第二种法律思想，虽然看似矛盾，但同样很早就为美国独立之后的宪法所规定。通过禁止州制定溯及既往的法律的宪法合同条款*铸造宪法规则，以及对“既定权利”（vested rights）赋予宪法地位，这一思想发展的方向基本上是试图限制法律制度（尤其是立法

---

〔2〕 参见C. Warren, *Bankruptcy in United states History* 25, 45 (1935).

* 这里的“合同条款”（Contract Clause）是指美国宪法第1条第10款第1项，它规定对州不能制定追溯既往的法律或者损害合同义务的法律。——译者注

机关）对财富再分配的权力。就在第一种倾向强调并承认法律的可塑性，随后是法律的政治性时，第二种倾向则寻求消除法律的政治性，并坚持法律的特征应是客观的、中立的、工具性的。

这样，在商业和企业集团看到私法按照其需求和利益被塑造的同时，他们也设法从公法中发展出来的反对财富再分配思想中获得好处。19 世纪早期私法的特征是功利主义和工具主义，而公法同样显著的特征则是反功利主义和形式主义特征(cast)，两者对比非常强烈，每个人都会为此震惊。如果在这个时期，公法中出现了一种占主导地位的守旧主义的恐惧感，即害怕立法机关可能会侵入“既定财产权利”——即公法可能因为要实现平均主义目的而被用于对财富的再分配——那么，私法制度的实际情况则是，一直容忍且有时还鼓励以司法裁决这种隐蔽形式对经济进行再分配，而事实上，这种形式加剧了不平等。

与 19 世纪的其他法学家相比，约瑟夫·斯托里将这两种矛盾的倾向推向了其极致。大致说来，他的私法观点是极其功利主义的，而且他还自觉调和促进有利于商业的目标与法律规则发展之间的关系。相比而言，他的公法观点则常常是明显的形式主义的，往往是守旧的，而且，他的观点总是与他那个时代盛行的经济需求相冲突，正因为此，历史学家往往对此大惑
256 不解。无论如何，公法与私法特征的差异，可以直接追溯到 19 世纪正统法学家的一个根本确信，即如果可能的话，美国法律的变革过程应由法院而不是由立法机关实现。总之，公法中一直存在的形式主义是与这一担心联系在一起的：制定法在

干预经济时具有再分配的巨大危险。

因此，19 世纪早期美国法的基本的分歧在于：公法致力于阻止再分配，而私法的大量规则都发生了变化，且造成了对经济再分配的结果，即使这种结果是无意造成的。而且，那些把公法规则确立为宪法和意识形态障碍的手段，以阻止法律“政治化”使用的领导者，同时也是私法制度转型以扶持经济发展的最重要倡导者。他们认为，在必要的时候，私法可以对财富进行再分配。虽然在南北战争之前的大部分时期，商人和企业家们为了实现低成本经济发展的目标，一般都热衷于工具性私法观念，但是，他们同时也推动了非工具性公法观念的发展。

然而，1825 年或 1830 年后，当私法规则开始呈现出盛气凌人的、与政治无关的社会地位（castle）后，它也新出现了形式主义苗头。内森·戴恩（Nathan Dane）强调法律与道德的分离，此后，大多数论著的作者也常常警示，为了再分配的目的而使用法律是危险的。[3] 坚持法律与道德分离的一个例子是，抨击合同法中有关实质正义的衡平法规则。因为只有市场才能提供摆脱了所有“政治”（就是危险的平均主义）影响的“中立”原则，所以，创造完全反映市场真实的法律规则就成了法律的任务。19 世纪法律思想中大多数二元论逐渐出现了，如法律与政治、法律与道德、客观标准与主观标准、财富分配（distributional）目标与资源配置（allocational）目标，以确立市场的客观属性，并将法律中的政治潜能和再分配潜能中立化，进

〔3〕 参见 M. Horwitz, “The Conservative Tradition in the Writing of American Legal History,” 17 *Am. J. L. Hist.* 275, 281 -282（1973）.（正文中无注释 3，但原书的尾注系连续编码，这里参酌上下文，增补于此。——译者注）

而缓和其危险。

分离法律和政治一直是美国法律职业者的最大抱负。从第一次在独立战争的宪法理论化身（incarnation）开始，美国思想中的政治就常常代表了权力、意志和利益的冲突以及价值的主观性。相反，美国思想中的法律似乎是要求客观性和政治中立的唯一角色。反过来，法律职业坚持其自身自治也有足够的理
257 由。如果法律仅仅是权力和意志的产物，那么，法律职业者对决定法律发展的本质和范围的任何要求都会受到损害。美国社会法律职业者享有特殊权力，这一直是建立一些有关法律本质的理论上的，这种理论认为法律的本质是突出的客观性和自治性。

直到1820年左右，法学家才开始努力按照“保管人”或者权力的委托理论，论证律师和法官享有特殊地位的合理性。这与独立战争后的主权理论（theories of sovereignty）是一致的。但是，1820年法典化运动逐渐发展，而这一运动的根本主张是法律本质上是权力和意志的产物，此时，对法官享有普通法上的权力的一种全新的、不同的论证迅速发展起来了。这种论证存在于1820年后的整个19世纪。为了回应激进的法典编纂者主张普通法具有政治性的观点，正统的法律理论还同时强调法律的“科学”本质，以此作为新的辩护理由。

佩里·米勒（Perry Miller）指出，在美国南北战争以前的法律理论科学中，法律和科学之间存在等式。[4] 然而，除了将体系化和分类等同为“科学”外，这些对法律科学特征的坚

〔4〕 P. Miller, *The Life of the Mind of America*: *From the Revolution to the Civil War* 156 - 164 (1965).

定主张并没有一致的内容，也没有一致的方法论。不过，非常明显的是，试图把法律置于“科学”旗帜下的目的是为了把政治从法律、把主观性从客观性、把外行推理从法律职业推理分离出去。

在19世纪20年代和30年代的法典化论战中，法律职业
者努力使法律变得非政治化。这种努力的最重要的后果之一是 258
建立了法学界的著述传统（treatise tradition）。1826年，肯特的《评论》（*Commentaries*）首创了这一传统，这部作品在法典化运动蓬勃发展的时候出版，绝对不是巧合。而且，肯特强调私法规则的科学性，这也毫不为奇。例如，如果我们比较肯特的《评论》与独立战争后早期的法律文献形式，我们就可以理解法律著述传统体现的法律意识的重大变化。就我们对几个法律讲座的了解看，如衡平法院大法官威恩（Wythe）在“威廉和玛丽”法学院的法律讲座，以及詹姆斯·威尔逊在费城法学院（Philadelphia College of Law）的讲座，事实上也包括肯特本人1794年在哥伦比亚的第一次法律讲座，在19世纪20年代和30年代，法律思想和法律作品出现了一个决定的职业性转折。[5]那些模仿布莱克斯通的、为不从事法律实践的法律绅士（gentleman lawyer）撰写的早期作品，重点是法理学、宪法和政治科学。相比而言，在很大程度上，肯特寻求的是为执业律师撰写高度技术化的手册。其著述传统的继承者，如约瑟夫·安杰尔（Joseph Angell）和约瑟夫·斯托里更是如此。

---

〔5〕威恩的讲座材料已经不存在了。威尔逊1790年至1791年的讲座发表在1, 2 *The Works of James Wilson*（R. McCloskey, ed. 1967）。肯特的讲座，参见*An Introductory Lecture to a Course of Law Lectures, Delivered November* 17, 1794（1794）。

当然，著述传统确实体现了法律书籍的专业市场在不断扩大。但是，我在这里想要强调的，主要是这个问题背后存在的法律意识。这些著作的爱慕者认为，这些著作首要的是阐述法律的“科学”本质。通过对主题的分类，这些著作试图表明，法律程序不是来源于意志，而是来源于理性。这些假定的法律“一般原则”以“黑体字”标示出来，它们在促进法律的逻辑性、体系性，更重要的是法律的不可改变性这些令人鼓舞的观念时，压制所有有关政治的争论。最终，这些著作的焦点落在了私法的技术性问题上，而这正说明了职业法律人越来越具有良好组织和自我意识，并向往建立客观的、与政治无关的法律观念。

在19世纪20年代和30年代期间，法典化运动指责法律和法律界专业人士的基本观点都是政治性的，此时，正统的法律思想便果断地转向为其进行辩护。结果是，正统的法律思想开始从制定政策的自觉目标中撤离，在法律推理方面，越来越多地突出其非政治性的、演绎性和“科学性”。但是，1840年前，著作传统中潜在的形式主义依然多少与日常的司法观念脱节。在独立战争后，变革普通法的目标依然居于支配地位。法律变革依然是为新兴的工业集团和金融集团的利益服务。到19世纪40年代，人们最终发现，法学家越来越强烈的形式主义观念开始与新出现的、势力强大的经济集团更为普遍的要求汇合。这些集团要求大幅度减少法律制度对财富进一步再分配的能力。

理解了这种背景，法律形式主义的出现就可以理解为独立战争之前存在于美国社会中的三种主要因素的汇聚与综合。首先，法律形式主义是独立战争后法律界力量兴起的大致尺度，而且法律界将法律视为一种客观的、中立的、非政治性的制度，其自身独立的、自治的专业利益也达到了顶点，在法典化 259
运动之后尤其如此。其次，法律形式主义反映了法律界精英的利益与新兴的商人集团和企业集团的利益相汇合。两者的联盟始于美国独立战争后，这使法律界第一次真正获得了威望和权力。最后，法律形式主义代表了商业集团和企业集团在上半个世纪，为了其利益而成功变革法律的高潮。而且，它也是这些集团第一次希望“冻结”法律规则，并且不再认为法律会因为其自身的意愿和利益而改变。相反，他们认为法律是固定的、不可改变的逻辑推理规则体系。

这样，在19世纪40年代甚至在19世纪50年代，人们致力于限制对法律公开的政治性使用，并建立一套截然区分法律与政治的法律思想体系。当然，那些要被确认为是纯粹的“法律的”规则，正是那些在前半个世纪为了实施市场制度而建立的法律规则。这些规则基本上是有关合同、财产和商法方面的新规则。现在，这些规则已经排除了早期的保护主义和父爱主义（paternalistic)，并且为了富裕的和有力的阶层的利益而被重塑。

到1850年左右，我们可以确认，在不同的法律领域中，对实质性目的的兴趣消失了，相反，对形式和程序的关注则复苏了。从“政治”标准向法律标准转变的一个结果是，法院突然开始出现了明显的反立法主义倾向。例如，在19世纪40年代，纽约最早出现了明显的法律工具主义观点，虽然这里曾经是最早把明显的工具主义引用到法律中的地方，但法官也还是带头推翻支持立法机关鼓励经济发展的早期司法政策。表现之一就是对立法的司法审查急剧增加。在 1820 年以前，只有 3 部制定法被纽约法院宣布为违宪。在此后的两个 10 年里，也各只有 3 部制定法被宣布为无效。但是，在 1840 年至 1850 年，这一数字上升到 14 部，在 1850 年至 1860 年，这一数字上升到 25 部。当然，在美国内战后，这一数字还在继续上升。[6]

有三个主要的法律领域（此外还有其他许多领域）说明了人们法律意识发生变化的原因。其中一个领域是有关征收的法律。这是在美国南北战争前唯一真正具有爆炸性的法律“定时炸弹”。从美国独立战争后，把企业集团的命运和其所在的州的命运紧密联系在一起的，正是这种征收权。无论公正补偿
260 理论是什么，在实践中，这种征收权都常常强调了国家对财富再分配的潜力。正如在类似的作坊法案中，在实际损失和被征收的土地的公正市场价值之间，往往存在相当大的“落差”。在“间接的”和“假定的”（presumptive）损害常常得不到赔偿的情形尤其如此。无论如何，一直到 1840 年左右，新兴的企业集团虽然常常怀疑这种没收的权力（confiscatory potential），但他们常常会为了自己的利益无情地行使这种征收权。然而，在 1840 年以后，私法扩张性的、以经济增长导向的功利主义法律范畴，开始向公法限制性的、形式性的范畴转变。在此之

〔6〕 E Corwin, “The Extension of Judicial Review in New York: 1793 - 1905,” 15 Mich, L. Rev. 281 (1917). 我仅仅计算了科温列举的数目，参见此处所引科温的论文，第 306 - 313 页。这一数字仅仅是指法院事实上认定违宪的制定法，而不是法院仅仅通过解释制定法，使之避免合宪性问题的制定法的数量。

前，在法院占主导性的倾向是实质性地界定“公共目的”。[7] 只要能与促进经济增长这一目标似是而非地联系在一起，就可以主张补偿性的财产征收。但是，在此后的10年间，一种重大的变化出现了。它可能是和两种情况有关：一是1837年经济大恐慌（Panic）后州的税收急剧增长；二是随之而来的早期融资经济制度的崩溃。总的来说，对立法机关授权再分配的普遍担心，降低了把征收作为一种低成本发展经济的工具的积极性。因此，1843年，内部意见尖锐对立的（divided）纽约法院宣布了一个基本上全新的观点，即它将最终决定征收是否具有公共属性。[8] 该法院宣布殖民地时期的一部曾经被引用过上百次的殖民地制定法违宪。该制定法允许土地所有权人穿过他人的土地建造私人公路。这样，法院就第一次区分了公共征收和私人征收。毫无疑问，这一区分吸收了早期与此类似的达特茅斯大学案中的公共公司——私人公司规则（public - private corporation doctrine）的精神。法院也拒绝接受以前对这些制定法的标准的、事实上没有任何争议的功利主义的辩护理由。

作坊法案的情况与此类似。[9] 以前，人们往往成功地论证了有关私人铁路的法案推动了“公共目标”，原因很简单：这些法案促进了经济发展。事实上，人们往往以类似的公共目的这种功利主义论点，驳斥对私人收费公路及铁路公司享有的征收权最早提出的挑战。一些铁路公司的律师事实上还走得更

---

〔7〕 M'Clenachan v. Curwin, 3 Yeates 362 (Pa. 1802); Beekman v. Saratoga & Schenectady R. R., 3 Paige 45 (N. Y. 1831); Harvey v. Thomas, 10 Watts 63 (Pa. 1840).

〔8〕 Taylor v. Porter, 4 Hill 140 (N. Y. 1843).

〔9〕 参见本书第二章。 347

远，认为宪法对出于公共目的的补偿性征收作了限制性规定，这意味着出于私人目的的征收可以不补偿，这没有任何宪法阻碍。[10] 因此，通过这种解释，他们强调了征收法极端的再分
261 配潜能。在19世纪40年代和50年代，无论何地的法官都开始抛弃了这种观点：州的任何促进经济发展的行为（这些行为只是增加国民生产总值）都内在地具有公共目的。纽约的法官在推翻州有关私人铁路的制定法时，拒绝接受正统的"公共目的"观点。纽约州高等法院解释道，"如果存在不经过他人同意就征收其财产，并将财产让与他人的权力，那么，人们在实际实施该项权利时，根本就不会考虑补偿问题。"这种解释是不合逻辑的（*non sequitur*），但是，它却表达了对再分配问题最根本的担心。[11] 与此类似，在1840年以后，公营性质的铁路公司就不能再简单的依据它对经济发展的贡献，就可以主张是有行使征收权的正当性，而是需要依据平等接近公共设施的公众权利这一更有限的、更不具有"政治性"的正式标准。[12]

首席法官肖试图使有关作坊的法案合理化，这种努力也体现了法律意识从工具主义向形式主义的转换。从有关作坊法案

---

〔10〕 Beekman v. Saratoga & Schenectady R. R. , 3 Paige 45 （N. Y. 1831）；（律师的论点）；Harvey v. Thomas，10 Watts 63 （Pa. 1840）.（Gibson，C. J. ）.

〔11〕 Taylor v. Porter，4 Hill 140，143 （N. Y. 1843）.

〔12〕 West River Bridge Co. v. Dix，6 How. 507，545－548 （1848） （Woodbury J. ）；People v. Salem，20 Mich. 452. 470 （1870）（Cooley，J. ）；Memphis Freight Co. v. Mayor，44 Tenn. 419，425－426；429－430 （1867）；Reeves v. Treasurer，8，Ohio St. 333，345 － 347 （1858）；比较 *Sharpless v. Mayor of Philadelphia* 案［（21，Pa. . St. 147，167，169 － 171 （Black C. J. ）（1853）］与 2 *Am. L. . Reg.* 34 － 35，92－93（Lowrie 与 Lewis 法官的异议意见）。比较 *Boston & Roxbury Mill Dam Corp. v. Newmann* 案［12. Pick. 467，475－477（Mass. 1832）］。

扩大到棉花厂开始，这些法案就是征收权侵入私人领域的一个最极端的现象，也是无情地发挥这种权力的财富再分配结果的最明显例子。但 1814 年以后，马萨诸塞州高等司法法院从未怀疑过，因为对土地的“私人”征收（private flooding）可以增加国民财富，所以它就可以促进公共目。[13] 但是，在肖担任马萨诸塞州的首席法官期间（1830 年至 1860 年），因为任何立法授权的征收都仅仅因为它会促进经济发展而得到支持，法院并不愿意认为作坊法案行使的是征收权而将其合理化。事实上，在肖任职的后期，他成功地创造了一种完全独立的原理，即将作坊法案作为历史上的河岸法（riparian law）的特殊原则而适用，这样，作坊法案与征收法律就完全脱离了，不再具有征收法更普遍的再分配潜力。[14] 肖的努力非常成功，以至于连战后满腹怀疑的美国最高法院，也以这些法案与州征收财产的一般权力范围无关为由，消除了对作坊法案的宪法挑战。[15] 肖把法院调查“形式化”，即依据假定的非政治性的范畴对问题重新分类，削弱了这些法案对财富再分配的重要性。

对 19 世纪法律形式化的重大压力，合同法提供了另一个出色的阐释。在 19 世纪前半期，法学家和法官基本上成功地从合同法中排除了公正价格的观念，而且还成功地将合同法的焦点转移到了决定是否存在“意思一致”这一问题上。其结果之一是，“新”合同法的一个关键问题是，既要发展区分合 262

---

〔13〕 Stowell v. Flagg, 11 Mass. 364 (1814).

〔14〕 Fiske v. Framingham Mfg. Co., 12 Pick. 68. 70 (1832); Murdock v. Stichney, 8 Cush. 113. 116 (1851); Chase v. Sutton Mfg. Co. 4 Cush. 152. 169 – 170 (1849).

〔15〕 Head v. Amoskerag Mfg. Co., 113 U. S. 9 (1884).

同当事人“自由”和“不自由”意志的非政治性的假定标准，又要避免对交易的公平性问题进行实质性调查，因为在当时，这种调查本身已经被认为是“主观性的”“政治性的”。禁止审查合同的“影响”或者“后果”，最终创造了意思“不自由”（unfree）这一无实质性（disembodied）观念。这种“不自由”可以了解合同某一方当事人利用“意志”（will）对另一方造成损害的程度。这一标准完全脱离了具体的社会的和经济的强制形式。法院认为“强制必然意味着：被强制的一方当事人没有自由意志。”从这一抽象观念出发，法院推论说，“相反，当事人有做出选择的意志和能力时，就不存在强迫或者被强迫。”[16] 结果是，“对破坏了意志‘自由’的证据的寻求”，支持了这样一种论点：“免除任何类型的强制，取决于提供缺乏合意的证据”。而且，因为“存在更严重压迫的合同，恰恰是那些合同的合意表达得更‘真实’的合同”，所以，法院在实务中倾向于采取这种观点：“其他选择越是难以让人接受，那么避免这些选择的合意就越是真实的”[17]。这样，法律思想开始不把缔约中的不正当影响和胁迫作为不平等交易能力的连续体现，这种能力取决于当事人之间微妙的互动和缔约环境的压力。相反，法院把它们作为抽象的、形式化的意志范畴，这些范畴用于检验当事人是否“拥有”充足的理由说明其意志被“压迫”了。这种观念造成的结果是，严格限制法院确认合同

---

〔16〕 R. Hale, “Bargaining, Duress, and Economic Liberty,” 43 *Col. L. Rev.* 603, 616, (1943).

〔17〕 J. Dawson, “Economic and—An Essay in Perspective,” 45 *Mich. L. Rev.* 253, 266－67 (1947). 同时参见 J. Dazell, “Duress by Economic Pressure,” 20 *N. C. L. Rev.* 237, 240 (1942)；“同意接受合同可能远比典型的合同合意更真实。”

中存在经济压迫的案件。

发展抽象的、形式化的法律范畴，压制衡平法上的个体化调查，这是市场机制所需要的。理解这一点意义重大。

> 市场的“自由”基本上是个人和集团运用强制权力强制他人的自由，这种权力还被州的机构本身所强化。即使这种观念隐含的更多含义无法理解，我们也可以得出这样简单的、相当明显的推论，即，如果“市场”是自由的，那么对市场任何形式的管制都会遭到人们的反对。法院管制私法规则，似乎与制定法及行政行为的管制一样不明智，也是危险的。根据这种观点，利用他人的紧迫需要或者特定的不利而强制对方按照自己提出的条款订立协议时，这些缔约因素都不应该考虑，因为它们与整个社会调整商品和服务交易的基础条件只存在度的差别。[18]

263

同样，对于欺诈规则，市场经济基本原理要求发展对“事实”和“估计”、“意见”的区分，这一区分的后果大大限制了法院对欺诈的裁决。其原因是，意见、估计和解释都被认为是主观性的，受个人的素质和看法的影响，这种不同是法律许可的，市场机制公正地保证人们的认知免受虚假陈述的影响，而虚假陈述的唯一的形式完全是对“事实”的陈述。[19] 这样

---

〔18〕 参见上注，J. Dawson，第256页。

〔19〕 Bostwick v. Lewis，1 Day 250，254（Conn. 1804）；Foley v. Cowgill，5 Blackf. 18，20（Ind. 1838）；Page v. Bent，2 Metc. 371，372 - 374（Mass. 1841）；Gatling v. Newell，9 Ind. 572，576（1857）；Gordon v. Parmelee，2 Allen 212，213 - 214（Mass. 1861）.

就发展出了一套精细的区分“事实”与“意见”的正式规则。这也极大地限制了私法对交易制度的干预。[20]

在19世纪上半叶，人们努力使合同制度摆脱实质性公正原则。这对“自由意志”和“意思合致”的“客观”和“非政治化”衡量规则的产生提供了内在的驱动力。从19世纪50年代开始，这些驱动力进一步被归纳为合同的“客观”理论（“objective” theory of contract）。“客观”理论最明显的特征是，它坚持确立有关当事人应在合同时应参照的统一的、一般性的规则。随着这种变化的出现，合同法不再被认为仅仅是实施当事人“意志”，在某种程度上，合同法范畴常常被认为是优先于个人交易的。[21]

我曾在以前的章节中讨论过要求统一性和可预期性的经济推动力，以及限制陪审团自由裁量权范围的努力，这些因素最终促进了法律向形式性、客观性的规则的转变。但重要的是，要理解这种统一化倾向也必然会需求更为抽象和更一般性的规则，反过来，这对合同法规则从具体个案中解脱出来产生了影响，而且还产生了将合同法理解为一个抽象的、逻辑的、相互关联的体系的内在推动力。在整个19世纪的下半个世纪，这

---

〔20〕 英国第一个区分事实与意见的案例是 Parsley v. Freeman，3 Durf. and East. 51（1784）. 基顿教授认为，这种区分“产生于这一时期……法律的特征是极端个人主义和法律的非道德态度。法律假定每个人都有能力追求自己的利益。法院的陈腐意见认为，欺诈的形势是由当事人自己的愚蠢造成的。所以他必须承担这一后果。” W. P Keeton，“Fraud：Misrepresentation of Opinion，” 21 *Minn. L. Rev.* 643，651.（1937）. 同时参见 Harper and McNeely，“A Synthesis of the Law of Mispresentation”，22. *Minn. L. Rev.* 939，956 - 957.（1938）.

〔21〕 参见本书第6章，第197 - 201页。以及 G. Gilmore，*The Death of Contrac*，*t*41 - 43（1974）.

种寻求更高程度的概括化和综合性的法律规则的倾向，是与法律形式主义发展联系在一起的更重要的特征。这种倾向造成的最重要的结果之一是，阻止了衡平法上对具体个案情况的调查，并且推翻了以促进“法治”为名的更多特殊规则。 264

但是，这种向一般性法律转型的运动实际上是如何实现的呢？19 世纪的保险法历史为此提供了一个重要例证。在 1800 年，大多数法学家把海事保险合同作为合同最重要的子范畴。然而，到 1850 年，保险法完全脱离了主流合同法，并且在当时已经被认为是一部独立的、技术性的部门法。这种根本性变化的来源似乎可以追溯到这样一个事实，即保险法的经济条件和道德前提，对买卖合同这种在经济上占统治地位的新兴合同起到越来越大的破坏作用。18 世纪，海事保险规则发展起来了。当时的经济环境是同质性的，在交易力量相对平等的商人之间的互惠性商业关系中，海事保险规则产生了。相反，在买卖法中，19 世纪发展起来的明显有利于卖方的合同规则，似乎体现了这样一个事实：在经济上老练的“卖方内行”（seller - insiders）和相对不老练的“买方外行”（buyer - outsiders）之间的经济关系占据统治地位的时期，有关买卖的法律才发展成熟。

在 19 世纪早期，这两种完全不同的商业交易模式中的假定第一次出现碰撞。这次碰撞围绕是否采取“买主当心”（caveat emptor）这一规则。法院每次在买卖合同中采取了“买方当心”规则后，律师都会主张说，在保险法中，已经出现了“真正的”普通法的合同规则。这一规则要求，对于交易中的所有重大事实，只要对理性判断风险是必要的，当事人都应当披露。结果，在 19 世纪的前半个世纪，法院开始“区分”保险合同与买卖合同，此后又主张合同的“真正”典范是买卖合同，而不是保险合同。最后，法院通过将保险法作为一个独立的、自治的法律领域，认为保险法的原则与合同法无关，消除了所有矛盾。总之，通过排除那些逐渐与19世纪市场经济下潜在的不干预规则背道而驰的法律规则，合同法“纯化”了自己，获得了一般性。我们已经讨论了首席法官肖区分作坊法案与有关征收权法的努力，肖通过排除那些越来越与州的干预和再分配原则“不相容”的先例而纯化了征收法，这与区分合同法与保险法的模式是一样的。

法律形式主义倾向不断增长的另一个有说服力的标志是，
265 1848年的纽约菲尔德法典（Field Code）第一次合并了普通法与衡平法。这个法典的民事诉讼部分表明，早期法典化运动最根本的法典化目标和实体法的变革最终走到了尽头。正如在法典化运动的最后阶段，该运动的特征是将实体法冲突转换为绝对的、技术性的程序争论一样，菲尔德法典合并普通法与衡平法，也体现了衡平法形式主义的胜利。

一些不加批判的法律史学家常常将普通法与衡平法的混合描述为实现了民事诉讼程序的“理性化”，事实上，这标志着衡平法作为独立法律标准的渊源最终被彻底削弱。衡平法应服从形式规则，是19世纪将法律作为一门科学这一正统运动中的重要议题。实际上，衡平法常常因为被法律论著作者抨击为具有固有的任意性和“政治性”。斯托里法官1836年出版的《衡平法理论》（*Equity Jurisprudence*）这部“科学”论著，标志着衡平法从18世纪源于“自然公正”的实质性规则体系转换成了19世纪实证主义者的衡平法观念，即衡平法只是一个提供更彻底和更综合的程序救济体系。例如，斯托里的论著在最终推翻 18 世纪的“公正价格”规则（依据这一规则，衡平法院不强制执行显失公平的合同）时起了重要作用。〔22〕

也许，衡平司法权中最重要的主题是对抵押（mortgages）的监管。抵押法本身即汇聚了数个世纪以来已被接受的衡平法规则，这些规则很早就形成于前市场经济和父爱主义的社会秩序之中。〔23〕与此形成对比的是，在 19 世纪早期，肯特大法官单枪匹马地破坏了牢固的抵押权保护规则，即衡平法上抵押回赎权的终止是一种专属的救济。〔24〕通过赋予债权人对其在变卖抵押物后尚未被清偿的债务（defiency）以普通法上额外的合同救济，肯特为颠覆衡平法长期存在的管制性职能做出了贡献。另一个对传统衡平法权力的侵蚀是，制定法体系化地缩短了抵押人（mortgagee）行使其衡平法上的回赎权期间，这种模式的效果是，破坏衡平法对债权人与债务人关系这一主要领域的管制。〔25〕这种对广泛监管抵押的衡平法传统，一度也阻碍了最近才开始建立的动产抵押（chattel mortgage）的开发性用途。但是，在形式战胜实体的重大胜利中，19 世纪的普通法法官开始将这些交易作为附条件买卖（conditional sales）*，这样，法 266

〔22〕有关使衡平法“科学化”的努力，可以参考斯托里法官抨击“公正价格”规则，以及他同意 *Seymour v. Delanc* [*e*] *y* [3 Cow. 445 (N. Y. 1824)] 案判决规则。

〔23〕5 W. Holdsworth, *A History of English Law*, 330－332 (2d. ed., 1937).

〔24〕[J. Lansing, Jr.], *An Introduction of the Law of Mortgages in the States of New* 348
York (1824); J. Holcombe, *An Introductionto Equity Jurisprudence* 186 n. 1. (1846).

〔25〕L. Friedman, *A History of English Law*, 217－218 (1973).

* 即通常理解的分期付款买卖。——译者注

官就彻底将这种经济关系从管制性的、父爱主义的衡平法抵押规则中解放出来了。[26]

合并普通法与衡平法的运动是从1848年菲尔德法典开始的，这是另一个内部已经被侵蚀的实质正义传统让步于越来越强的一套形式法律规则的例子，现在，这些形式规则通过与道德无关这种不和谐的方式来获得其合理性。

总之，在1850年后，出现了将美国法律推向形式主义的极端深刻的和有力的潮流。随着对私法的“政治性”使用的担心与日俱增，现在，早期决定公法与私法特性明显区别的前提也开始融合了。法律界独立的职业意识形态，一度因为新兴的经济集团强烈的变革雄心而受到局限和限制，现在却第一次开花结果了。一种科学的、客观的、非政治性的法律观念，以往基本上是社会地位不高的精英法学家为获得垄断使用的华丽辞藻，现在却已经拓展了它的应用领域，渗透到了日常的判决范畴之中。

只有在美国独立战争后法律活动变革的浪潮与其受益人志趣不投时，这种知识与权力的联盟才可能最终形成。因为法律形式主义在社会中繁荣昌盛必不可少的、最重要社会条件是，对掩饰和压制法律不可避免的政治性功能和再分配功能，权贵集团有巨大的利益。

---

〔26〕 比较 *Otis v. Wood* ［3 Wend. 498 （N. Y. 1830）］ 与 *Strong v. Taylor* ［2 Hill 326 （N. Y. 1842）］； *Dresser Mfg. Co. v. Waterson* ［3， Met. 9 （Mass. 1841）］； *Herring v. Hoppock* ［15 N. Y. 409 （1857）］“Bailment and Conditional Sales，” 44 *Am. L*, *Reg.* 335 （1896）. 对 *Palmer v. Howard* 案的评论，参见” Question Whether Transaction is Mortgage or Conditional 2Sale，” 1 *Am. St*, *R.* . 63 （1887）； 2 J. Kent. *Commentaries* 496－498. 注释 1 （12th ed. ，O. Holmes， ed. 1873.

索引

（页码为原版页码，即本书边码）

C

D

E

N

Q

R

S

W

Walton v. Shelley（1786）219，220
沃尔沃思，鲁本·H.（Walworth，Reuben H.）129
合法所有权担保（Warranty of good title）：违反的损害赔偿（measure of damages for breach of）58－60；及土地投机（and speculation）60－61；及发展（and improvements）61－62
沃伦桥（Warren Bridge）130
华盛顿，布什罗德（Washington，Bushrod）166－167，190
土地毁损（Waste）：英国法的变化（changes from English law of）54；土地保有人的权利（rights of tenants to）54－55；除去改良作为土地毁损（removal of improvements as）55－56；寡妇对寡妇地产的权利（rights of widows to dower land）56－58
土地毁损法（Waste law）：与经济发展（and economic development）34－42；在马萨诸塞州的历史（history of，in Massachusetts）277 页注 40
沃茨，查尔斯（Watts，Charles）60－61
沃茨，约翰（Watts，John）146
韦伯斯特，丹尼尔（Webster，Daniel）135，138－139，141
维斯特，理查德（West，Richard）6，17
西北内河航运公司（Western and Northern Inland Lock Navigation Companies）67
西部铁路（Western Railroad）70
Wheatley v. Baugh（1855）105
辉格党历史（Whig history）211
维普，约翰（Whipple，John）242－243
寡妇，对未改良土地寡妇产的权利（Widows，right of，to dower in unimproved lands）56－58
维尔德，山缪尔（Wilde，Samuel）133
合同意思理论（Will theory of contract）：的综合（synthesis）180－185；对劳动合同的适用（application of，to labor contract）186－188
法律意志理论（Will theory of law）22－26
威利斯顿，塞缪尔（Williston，Samuel）200，201
威尔逊，詹姆斯（Wilson，James）23，257；论普通法（on common law and sovereignty principle）18－19，20；“法律讲座”（“Law Lecture”of）18－19，143－144，148；论一般国际法（on general law of nations）222
Winston v. Saidler（1802）219－220
Withers v. Greene（1850）224－225
Wolcott Woolen case（1827）50，51
伍德森，理查德（Wooddeson，Richard）167，212
维思，乔治（Wythe，George）175－176，257

译后记

本书是论述美国内战前的普通私法史的唯一经典著作。它在美国史学界享有盛誉，甫一问世，即获美国历史著作的最高奖——班克洛夫特奖（Bancroft Prize）。正如作者在前言中的夫子自道，美国有关公法史尤其是宪政史的著作可谓汗牛充栋，但有关私法史的著作却是凤毛麟角。

因而，本书最重要的贡献在于，它详细地描述和分析了美国这一时期私法的变迁，为我们提供了美国处于“能量释放”阶段（赫斯特语）的私法的波澜壮阔的工笔长卷。这一阶段也是美国私法的现代化阶段。

霍维茨对战前美国历史的分析，脱离了“进步论”和“一致论”历史学派的窠臼。他采取微观分析方法，抛弃了整体史观、目的史观的假设，详尽地揭示了美国私法演变过程中的各种争斗、妥协和平衡，最为精彩的是对美国经济发展过程中各个阶层的利益分析。因此，我将书名翻译为《美国法的变迁》而不是《美国法的转型》，以突出霍维茨对美国私法史的动态分析和过程分析。这种方法论，恰好是霍维茨与美国法律史的另一巨擘威拉德·赫斯特的重要区别之一。赫斯特微言大义，激扬文字；霍维茨则勾沉索隐，精雕细作。霍维茨虽然剔抉梳爬于故纸堆，但也不乏高屋建瓴的气象。他没有拘泥于私法本身，而是剖析了私法赖以存在的各种复杂、深厚的社会条件。另外，对美国法律史中的若干重要问题，如美国法与英国普通法、制定法的关系、美国衡平法与制定法、普通法的关系等都着墨甚多，为我们了解美国法的整体变迁提供了颇有价值的线索。

本书讨论的两个核心问题是：第一，在美国亟需发展经济的时期，美国何以没有采取税收制度，而采取了法律制度来推动经济发展？第二，美国法官是如何变革普通法制度，使之适应社会需要的？其中曲折，还容日后撰文申论。

作者莫顿·霍维茨是哈佛大学法学院法律史教授，其代表作为《美国法的变迁》（共两册，本书为上册，论述的是1780年至1860年的美国法律史；下册论述1870年至1960年的美国法律史）、《沃伦法院对正义的追求》（*The Warren Court and the Pursuit of Justice*）。

本书的翻译，缘起于张志铭老师的推荐。在翻译过程中，张家勇、杨卫东、赵保庆、钟青等好友校对过翻译的部分内容。就一些文字的翻译，还请教过诸多师友。高情厚谊，以文字实难报答万一。本书中文版的问世，如果还是对学术界的一个微末贡献，我想把它归于多年来扶助我、关心我的人们。

本书的部分译注参考了《元照英美法词典》（法律出版

社，2003年版）。在此我对本书的工作人员表示崇高的敬意和深深的谢意。

译者虽备极惶恐，以临深履薄之心，为雕肝琢肾之功，无奈绠短汲深，谬误纰漏多有。野人献芹，贤达诸君，匡之正之，不胜感激！

谢鸿飞

2004年11月10日于北京东南陋室

再版后记

本书初版于2004年，为中国政法大学出版社“美国法律文库”之一，后又被纳入“当代法学名著译丛”。

15年来，本书在国内受到较多关注。除名家代表作之外，可能还有一个重要原因是，本书描述的这段细微又不失恢弘的法制变迁史中的诸多问题，对正处于国家和社会双重急剧转型时期的中国而言，多少似曾相识，或者正在经历。

将促进经济发展甚至社会发展的各种改革纳入“法治轨道”，庶几已经成为法学界乃至整个社会的一个常识，至少是一种法治理想。霍维茨也告诉我们，在美国1780年后经济高速发展的时期，经济发展是由法律“保驾护航”的，而不是通过税收等公法机制或产业扶持等政策来实现的。而且，本书讨论的“美国法”限于私法的主要原因，是彼时美国推动经济发展，需要破旧立新的法律几乎都是私法。在法律诸领域中，私法历来被认为最具有自然法属性和超越时空的普适性。晚近以来，汉语学界更津津乐道私法超越时代的“体制中立”、“水过石头在”的优势。然而，霍维茨指出，美国低成本发展经济的代价，是由社会中相对无力的、穷困的阶层承担的，私法事实上承载了政治功能，政治不过被转化为聱牙诘屈的法律术语或深不可测法律技术而已；私法的“中立”也最多是一种政治修辞甚至依附于权力的、赤裸裸的借口而已。最为明显的例子，是一些州法院在解释征收无需补偿的理由时认为，国家在授予土地所有权时，多给了土地权利人6%，目的是为了保留其后征收土地的权利。工商阶层在各个经济领域都推动法院修改不利于经济发展的规则，在仰取俯拾、稛载而归后，又极力将现有规则固化，不再容许通过变法来侵蚀其既得利益。美国法这一宏观变迁或可概括为“普通法的形式主义——美国法的实质主义——美国法的形式主义”。

不难想象，刚接触本书时这样的观点对我的冲击——简直可用“震撼”来形容。2002年，蒙张志铭教授推荐，我接手本书翻译。当时博士毕业刚工作，在德国历史法学、潘德克顿法学花了不少时间，对部门法制史的研究方法相对熟悉。

然而，如果霍维茨的全部分析仅仅到此为止，可能也像大多数批判法学的作品一样，在让读者激动万分后，除了结论外并没有多少印象。或许还难免受“先入为主”之讥，即先形成观点（甚至是某种感觉和印象），再按需寻求材料。此外，所谓“左派”法学对真实社会中权力结构和运行的分析，中国人早就烂熟于心甚至还感同身受。最后，私法以两个理性人的法律关系为模本，本身就蕴含了权利冲突或权利相互性（霍维茨提到了科斯“权利相互性”的洞见，但未充分展开）。如源于罗马法的所有权绝对观念，在传统英国普通法中也被具体化了（尤其是经过布莱克斯通的努力），它意味着两个相邻的土地所有权人都对其土地享有绝对权，都可以不受限制地开发。既如此，认为鼓励开发就是支持了强者对弱者的欺凌和压迫，可能并不恰当。它体现的毋宁是扶助创新而不是守成，强调财产动态利用而不是静态归属的观念而已，并未涉及双方的强弱。在合同关系中，甲方和乙方的权利也此消彼长，在当事人存在角色互换的可能性时，恐怕也不好得出合同中强者和弱者的对立；本书分析的美国早期保险业发展过程中投保人和保险人角色互换，就是一个显例。而且，这一时期美国法律规则的反复，也说明这一过程很难用单一的权力宰制关系说明。也就是说，私法规则践行的结果可能出现经济上的强者和弱者，但私法规则并非预先做了有利于强者的制度安排。

在我看来，本书的最大贡献是，它试图通过对法律进行历史社会学分析，展示今天的普通法规则（这一时期奠定的普通法规则几乎都是今天的主流规则）是如何集中在这一时期形成的？有哪些影响它们变革的重要因素？本书讨论的是农业时代形成的英国普通法规则在美国的变革，它们诞生于权利冲突较少的时期，往往限制了充分竞争的市场经济，更不适合经济发展。决定这些变革的因素众多，除了美国的政治、经济因素外，地理因素也发挥了举足轻重的作用，霍维茨列举了大量分析英美地理环境差异的判例，足可佐证。当然，本书关注的核心，还是法律变革中极为复杂的利益博弈。这些利益的主体多元，如联邦与州、立法机构与法院、法院与仲裁机构、法律界与工商界、铁路公司及运河公司与土地被征收或受损的权利人、上游与下游的作坊主、寡妇地产制度中的寡妇与土地购买人、同一河流先后建设桥梁的公司、投保人和保险人、合同（尤其是买卖合同、雇佣合同和建设工程施工合同）双方当事人、侵权行为中的加害人与受害人、票据行为的各方当事人……这些博弈不断调适守成与创新、归属和利用、管制和自治、竞争与垄断等相互冲突的价值，最后形成了今天的“普通私法”规则，如合同法中的合意规则和法定义务并存、财产法中善意购买人的信赖保护、侵权法中的过错责任、票据法中的票据流通性等。霍维茨运用的材料主要是法院判决，同时，为了展示决定法律变革中的政治、社会和经济因素，尤其是经济因素，他也尽可能运用了相关领域的材料，虽然这些材料相对不充分。

或许正是因为历史社会学方法的引入，本书的写法也更为生动。尤值一提的是，它通过大段直接引用和对人物的评价性用语，塑造了一些生动的法律人形象，如法官肯特、斯托里、律师汉密尔顿等。也正因为此，翻译尽可能使用了原文略显繁复的表述，尤其是标点符号，以求保留原文对这些社会场景和历史人物的“想象性重构”。

对中国读者而言，本书的另一个价值可能是对普通法私法规则和司法技术的阐释。本书涉及财产法、合同法、侵权法、票据法、保险法、仲裁法等领域的核心规则，对其形成和变革的缘由，有不少精到的阐释。大量案例也展示了法律拟制、类推方法等司法技术是如何真实被运用的，这些内容展示了霍维茨作为法律史大家钩沉索隐的学术能力、刮摩淬励的学术精神。然而也恰好可能构成阅读障碍，尤其是如本书有关水权和地产权利的内容，脱离英国封建社会的语境就基本无法理解。

翻译本书至今已 17 年，白云苍狗，时异事殊。十余年前翻译本书时的各种困顿，依然清晰如昨。往者不可谏，来者未能追。蒙中国政法大学出版社刘海光编辑、“雅理译丛”主编田雷教授不弃，本书得以再版。校勘译稿，重温经典，感慨系之。感谢为本书慷慨撰写推荐语的张志铭、郑戈、熊丙万、张泰苏、乔仕彤、阎天诸师友，他们是霍维茨真正的学术知音；也希望本书能遇到更多的中国知音。

《雅理译丛》编后记

面前的这套《雅理译丛》，最初名为“耶鲁译丛”。两年前，我们决定在《阿克曼文集》的基础上再前进一步，启动一套以耶鲁法学为题的新译丛，重点收入耶鲁法学院教授以“非法学”的理论进路和学科资源去讨论“法学”问题的论著。

耶鲁法学院的师生向来以 Yale ABL 来“戏称”他们的学术家园，ABL 是 anything but law 的缩写，说的就是，美国这家最好也最理论化的法学院——除了不教法律，别的什么都教。熟悉美国现代法律思想历程的读者都会知道，耶鲁法学虽然是“ABL”的先锋，但却不是独行。整个 20 世纪，从发端于耶鲁的法律现实主义，到大兴于哈佛的批判法学运动，再到以芝加哥大学为基地的法经济学帝国，法学著述的形态早已转变为我们常说的“law and”的结构。当然，也是在这种百花齐放的格局下，法学教育取得了它在现代研究型大学中的一席之地，因此，我们没有理由将书目限于耶鲁一家之言，《雅理译丛》由此应运而生。

雅理，一取“耶鲁”旧译“雅礼”之音，意在记录这套丛书的出版缘起；二取其理正，其言雅之意，意在表达以至雅之言呈现至正之理的学术以及出版理念。

作为编者，我们由法学出发，希望通过我们的工作进一步引入法学研究的新资源，打开法学研究的新视野，开拓法学研究的新前沿。与此同时，我们也深知，现有的学科划分格局并非从来如此，其本身就是一种具体的历史文化产物（不要忘记法律现实主义的教诲“to classify is to disturb”），因此，我们还将“超越法律”，收入更多的直面问题本身的跨学科作品，关注那些闪耀着智慧火花的交叉学科作品。在此标准之下，我们提倡友好的阅读界面，欢迎有着生动活泼形式的严肃认真作品，以弘扬学术，服务大众。《雅理译丛》旨在也志在做成有理有据、有益有趣的学术译丛。

第一批的书稿即将付梓，在此，我们要对受邀担任丛书编委的老师和朋友表示感谢，向担起翻译工作的学者表示感谢。正是他们仍“在路上”的辛勤工作，才成就了我们丛书的“未来”。而读者的回应则是检验我们工作的唯一标准，我们只有脚踏实地地积累经验——让下一本书变得更好，让学术翱翔在更广阔的天空，将闪亮的思想不断传播出去，这永远是我们最想做的事。

六部书坊
《雅理译丛》主编 田雷
2014 年 5 月

《雅理译丛》已出书目

民主、专业知识与学术自由
——现代国家的第一修正案理论
[美] 罗伯特·C. 波斯特　著
左亦鲁　译

林肯守则：美国战争法史
[美] 约翰·法比安·维特　著
胡晓进　李丹　译

兴邦之难：
改变美国的那场大火
[美] 大卫·冯·德莱尔　著
刘怀昭　译

司法和国家权力的多种面孔
——比较视野中的法律程序
[美] 米尔伊安·R. 达玛什卡　著
郑戈　译

摆正自由主义的位置
[美] 保罗·卡恩　著
田力　译　刘晗　校

战争之谕
胜利之法与现代战争形态的形成
[美] 詹姆斯·Q. 惠特曼　著
赖骏楠　译

创设行政宪制：
被遗忘的美国行政法百年史（1787-1887）
[美] 杰里·L. 马肖　著
宋华琳　张力　译

事故共和国
——残疾的工人、贫穷的寡妇与美国法的重构（修订版）
[美] 约翰·法比安·维特　著
田雷　译

数字民主的迷思
[美] 马修·辛德曼　著
唐杰　译

同意的道德性
[美] 亚历山大·M. 毕克尔　著
徐斌　译

林肯传
[美] 詹姆斯·麦克弗森　著
田雷　译

罗斯福宪法：
第二权利法案的历史与未来
[美] 凯斯·R. 桑斯坦　著
毕竞悦　高瞰　译

社会因何要异见
[美] 凯斯·R. 桑斯坦　著
支振锋　译

法律东方主义
——中国、美国与现代法
[美] 络德睦（Teemu Ruskola）著
魏磊杰　译

无需法律的秩序
——相邻者如何解决纠纷
[美] 罗伯特·C. 埃里克森　著
苏力　译

美丽新世界
《世界人权宣言》诞生记
[美] 玛丽·安·葛兰顿　著
刘轶圣　译

大屠杀：
巴黎公社生与死
［美］约翰·梅里曼 著
刘怀昭 译

自由之路
“地下铁路”秘史
［美］埃里克·方纳 著
焦姣 译

黄河之水：
蜿蜒中的现代中国
［美］戴维·艾伦·佩兹 著
姜智芹 译

我们的孩子
［美］罗伯特·帕特南 著
田雷 宋昕 译

起火的世界
［美］蔡美儿 著
刘怀昭 译

军人与国家：
军政关系的理论与政治
［美］塞缪尔·亨廷顿 著
李晟 译

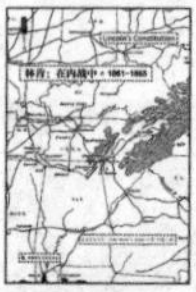

林肯：在内战中
（1861–1865）
［美］丹尼尔·法伯 著
邹奕 译

正义与差异政治
［美］艾丽斯·M.杨 著
李诚予 刘靖子 译

星球大战的世界
［美］凯斯·R.桑斯坦 著
张力 译

财产故事
［美］斯图尔特·班纳 著
陈贤凯 许可 译

乌托邦之概念
［美］鲁思·列维塔斯 著
李广益 范轶伦 译

法律的文化研究
［美］保罗·卡恩 著
康向宇 译

鲍勃·迪伦与美国时代
［美］肖恩·威伦茨 著
刘怀昭 译

独自打保龄
［美］罗伯特·D.帕特南 著
刘波 祝乃娟 张孜异
林挺进 郑寰 译

孟德斯鸠
［美］朱迪·斯克拉 著
李连江 译

为什么速度越快，时间越少
从马丁·路德到大数据时代的速度、金钱与生命
［美］马克·泰勒 著
文晗 译

法和经济学的未来

［美］圭多·卡拉布雷西 著

郑 戈 译

欧洲法律简史

两千五百年来的变迁

［美］塔玛尔·赫尔佐格 著

高仰光 译

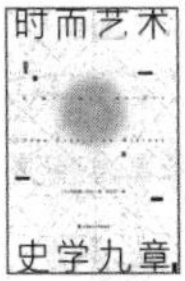

时而艺术：

史学九章

［美］伯纳德·贝林 著

孙宏哲 译